JA

DANS LA MÊME COLLECTION

AFRIQUE AUSTRALE
de I. Dor

ALSACE
de Régis Hanrion

ANTILLES
de J.-P. Jardel

AQUITAINE
de Jean-Louis Delpal

BIRMANIE
de G. Le Ramier

BOURGOGNE
de Christine Rivet

BRÉSIL
de D. Camus et C. Manoncourt

CHINE
de R. Giudicelli,
M. Holzman et D. Crisà

CORÉE DU SUD
de C. Rivet

CUBA
de E. Bailby

ÉGYPTE
de M.-F. Bonnet, E. Husson

LA FRANCE
par les fleuves et les canaux
de Hugh Mc Knight

LA FRANCE
par les petites routes
Ouvrage collectif

INDE DU NORD
de Y. Beigbeder

JAPON
de H. Cornevin

LADAKH
de G. Doux-Lacombe

MAROC
de Céline Debayle

MEXIQUE
de Jean-Pierre Courau

MOSCOU
de Toumanova

NÉPAL
de R. Rieffel

PAKISTAN
de José Roleo Santiago

PARIS
de Dominique Camus

PAYS BASQUE
dc Jcan-Louis Delpal

PÉKIN ET SES ENVIRONS
de R. Giudicelli,
M. Holzman et D. Crisà

SRI LANKA/MALDIVES
de I. Trey et Y. Piel

TAHITI ET LA POLYNÉSIE FRANÇAISE
de R. Kay

THAÏLANDE
de G. Le Ramier

TIBET
de M. Buckley et R. Strauss

TURQUIE
de Tom Brosnahan

VENISE
de Renzo Salvadori

JAPON

Hélène Cornevin
avec la collaboration de Masako Hashizume
Préface de Haroun Tazieff

GUIDE ARTHAUD

Remerciements

Nous restons naturellement reconnaissants au Père Julien Gayard, à Erika Peshard-Erlih, à René de Berval aujourd'hui disparu, à Bernadette Scius, à Michiko Tamai, à Hervé Gigaroff et à Yumiko Fujie pour l'aide précieuse qu'ils nous ont apportée lors de la première édition de ce guide en 1979.

Aux 20 000 acheteurs des précédentes éditions, nous exprimons, aussi naturellement, notre gratitude.

Mais surtout, à ceux qui, ce guide en main, ont sillonné le Japon, ont gardé précieusement cartes de visite et boîtes d'allumettes des endroits qui les ont ravis, puis nous ont fait part de leurs découvertes, nous disons *Dômo Arigatô gozaimashita*. Ils se reconnaîtront et nous pardonneront de ne pas tous les nommer.

Remarques préliminaires

Bien avant que le *yen* ne grimpe face au dollar, Tokyo était déjà la ville la plus chère du monde. On ne s'attendra donc pas à ce qu'un voyage au Japon soit bon marché ! Au pays des cadeaux, rien n'est gratuit. Pas une navette de bus, pas un tronçon d'autoroute, pas un musée qui ne réclame péage ou droit d'entrée. Beaucoup d'informations de ce guide ont été retenues en conséquence, afin de limiter attentes, déplacements et dépenses inutiles.

Le Japon a un problème d'adresses. Les noms des grandes artères ne servent qu'à la circulation. Les adresses postales ne sont déchiffrables que par les facteurs. Pour bien faire, les adresses devraient toutes renvoyer à des plans. C'est ce que souhaitent tous les auteurs de guides sur le Japon, et ce qui fait hurler de la même douleur leurs éditeurs. A défaut de centaines de plans, nous indiquons les numéros de téléphone qui permettront à toute personne parlant japonais de localiser l'adresse.

Enfin, prononcer le japonais correctement n'a rien de difficile. Le « e » se dit « é » (Takéshita et non Tacqueshita) ; « u » se prononce « ou » (Teikokou pour l'hôtel Impérial Teikoku) ; « ch » correspond à « tch » (Otcha pour le thé japonais o-cha). Le « r » est intermédiaire entre « r » et « l », ce qui explique que les Japonais prononcent Paris « Pali » et Londres « Rondon ». Le « g » est dur (Roppongui pour Roppongi à Tokyo). Le « h » est aspiré et le « w » se prononce comme en anglais.

 I.S.B.N. : 2-7003-0704-6. I.S.S.N. : 0982-6769.
Imprimé en France.

Préface

La perfection des paysages japonais est demeurée identique à elle-même, les gradins de ciel liquide des rizières s'étagent toujours aux flancs des hautes collines, les légères maisonnettes de bambou et de papier se fondent dans leur cadre de cerisiers, la courtoisie souriante et exquise des paysans est vivace, de même que leur dureté, leur cruauté peut-être. Tout cela rend le Japon cher à ma mémoire, avec ses îles, ses volcans et ses vulcanologues qui m'attirent d'autant plus que je les connais et les estime.

Il y a une façon de vivre, au Japon, des traditions et une éthique. Il y a un Japon peu connu, celui des campagnes éloignées, protégées par la distance des grandes villes commerciales et industrielles. Pourtant, l'immeuble le plus moderne au cœur de Tôkyô cache des merveilles de pièces japonaises ou des jardins qui concentrent la beauté et le vide dans un espace réduit.

Les volcans sont admirables : le Sakurajima, loin au sud, et l'Aso-San dans Kyûshû, l'Asama-Yama en plein Honshû, le Komagatake, l'Usu, le Tarumai dans Hokkaidô. Et tant d'autres, et les 2000 sources thermales aussi originales qu'agréables. Du Japon de ma mémoire, resurgissent Shikoku, Hokkaidô, et des îles souriantes et belles.

Haroun Tazieff

Sommaire

Table des cartes et plans

Crédits photographiques

Couverture : Thomas Höpker-Magnum

Illustrations in texte
Jean Bottin, 32, 88, 153, 172, 240, 312-313, 316 ; Christian Coudert, 62, 270-271.

Présentation

Les données géographiques

4 000 îles au terminus de l'Asie

L'archipel japonais s'égrène sur quelque 4 000 îles. Les plus extrêmes au nord, à l'ouest et au sud, sont séparées par moins de 170 km de mer respectivement de l'U.R.S.S., de la République de Corée et de Taiwan. L'île principale, **Honshû,** occupe avec les îles de **Hokkaidô** au nord, **Shikoku** et **Kyûshû** au sud, 98 % du Japon, soit les 3/5 de la superficie de la France. **Honshû** est divisé en 5 régions du nord au sud : le *Tôhoku,* le *Kantô,* le *Chûbu,* le *Kinki* et le *Chûgoku.*

Rapporté à nos longitudes, l'archipel nippon s'étendrait de Bordeaux au sud du Sahara occidental.

28 % du sol japonais consiste en plaines ou en bassins qui se confondent désormais avec les mégalopoles. Le reste est constitué de montagnes, que ce soient les « Alpes japonaises » qui culminent à plus de 3 000 m avec la chaîne des monts **Hida,** les monts **Ezo** qui prolongent l'arc de **Karafuto** (Sakhaline) dans Hokkaidô, ou le millier de pitons rocheux qui surgissent de la mer Intérieure. Les trois quarts du pays consistent en pentes supérieures à 15 %.

Un milieu violent

En pleine ceinture de feu du Pacifique, le Japon subit de l'ordre de 1 000 tremblements de terre perceptibles par an. Lorsque les épicentres sont sous-marins, ils peuvent provoquer des raz de marée. De juin à octobre, c'est la saison des typhons, dévastateurs des côtes et des logements.

Un pays de volcans

Le système montagneux japonais est volcanique : 291 volcans dans tout le pays, dont 66 sont encore en activité. Le **mont Miyake** et le **Mont Mihaka** dans les îles Izu ont fait irruption, l'un en 1983, l'autre en 1986 et 1987. Au cœur de l'île de Kyûshû, la caldeira du **mont Aso** atteint 20 km de diamètre.

Conséquence du relief accidenté, les rivières sont courtes et rapides. Les lacs abondent : le **Biwako** oppose ses 695 km^2 de pollution au nord-est de Kyôto au deuxième lac le plus propre du monde, **Mashûko** dans Hokkaidô.

Pour protéger ses montagnes, ses paysages volcaniques, ses forêts et ses côtes des appétits pantagruéliques de l'industrialisation, le troisième géant économique mondial a créé 27 parcs nationaux, dont 14 autour de volcans, et 54 parcs quasi nationaux, couvrant 8,4 % de la superficie du pays. Le relief volcanique engendre plus de 1 800 sources thermales *(onsen)* aux propriétés médicinales reconnues. Quelquefois, ces sources thermales entretiennent des vasques naturelles d'eau chaude, les *rotenburo,* sortes de piscines chauffées aménagées par la seule grâce de la nature.

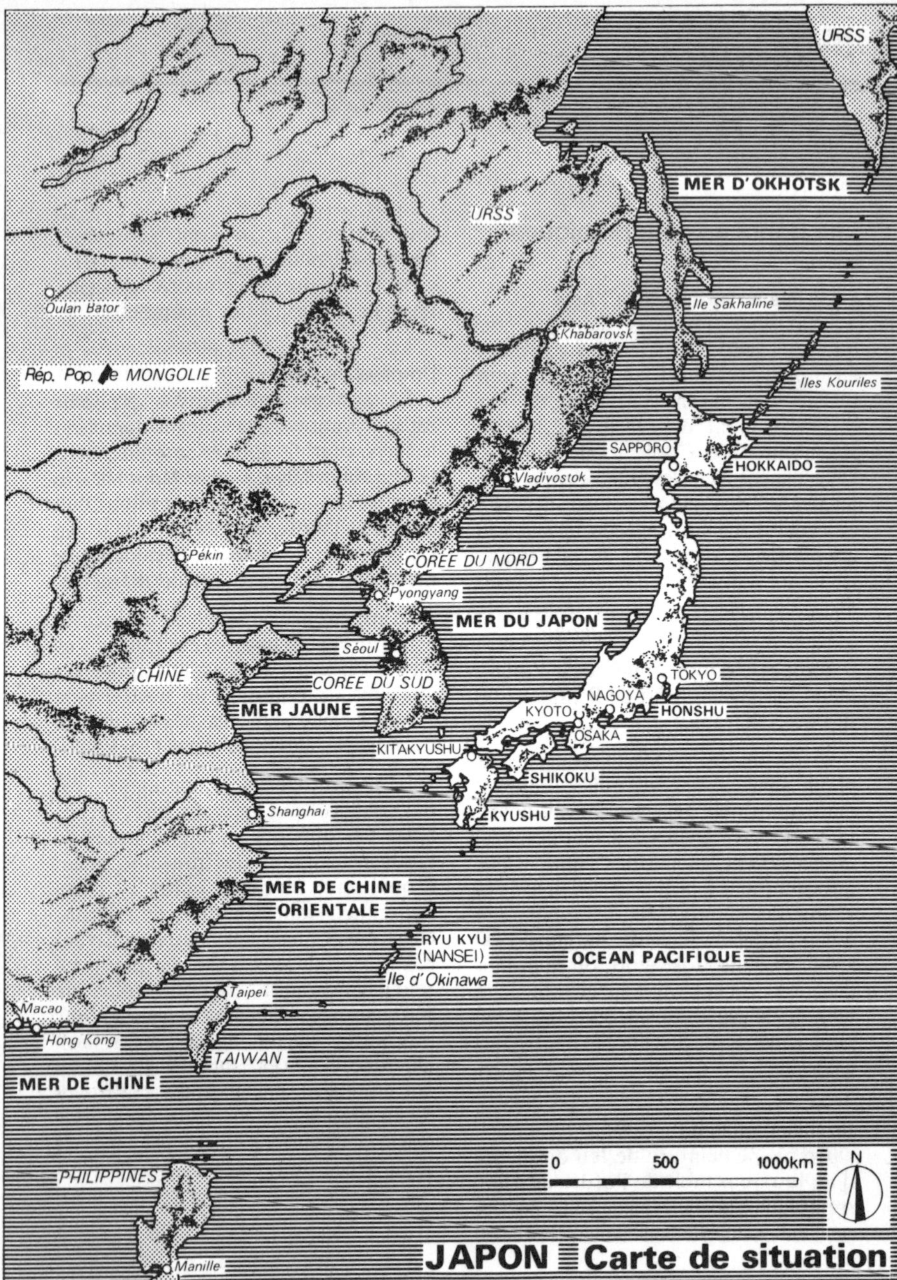
URSS
MER D'OKHOTSK
URSS
Oulan Bator
Ile Sakhaline
Khabarovsk
Rép. Pop. de MONGOLIE
Iles Kouriles
SAPPORO
HOKKAIDO
Vladivostok
Pékin
COREE DU NORD
Pyongyang
MER DU JAPON
Séoul
CHINE
COREE DU SUD
TOKYO
NAGOYA
KYOTO
HONSHU
MER JAUNE
OSAKA
KITAKYUSHU
SHIKOKU
Shanghai
KYUSHU
MER DE CHINE
ORIENTALE
RYU KYU
(NANSEI)
OCEAN PACIFIQUE
Ile d'Okinawa
Taipei
Macao
Hong Kong
TAIWAN
MER DE CHINE
0
500
1000km
N
PHILIPPINES
Manille
JAPON Carte de situation

Des saisons très marquées

3000 km du nord au sud de l'archipel expliquent les variations climatiques. Quoique baigné par la mer, le Japon manifeste une influence continentale. Les contrastes sont accentués par les courants marins : le *Kuroshio,* courant équatorial chaud, vient du sud de Kyûshû et se partage en deux bras qui adoucissent tout le Japon occidental et l'Est de Honshû. Par contre, au nord et au nord-est, le *Oyashio,* courant froid, rafraîchit Hokkaidô et le Nord de l'île principale, le long des côtes du Pacifique.

L'hiver, très froid dans Honshû et Hokkaidô (5° en moyenne à Kyôto, – 5° à Sapporo) mais ensoleillé surtout à Tôkyô, contraste avec un été très chaud (25°7 à Kyôto, 24°1 à Tôkyô et 18°9 à Sapporo). La moiteur asiatique n'épargne pas l'archipel. Il fait pratiquement aussi chaud et humide à Tôkyô qu'à Singapour au mois d'août.

De juin à début juillet, c'est la saison des pluies : *Tsuyu,* la « pluie des prunes », qui n'admet que Hokkaidô comme exception dans son arrosage systématique du Japon. Une seconde vague de pluies, provoquées par les typhons, se présente en septembre, avec des précipitations plus abondantes et plus ramassées.

Les typhons, phénomène tropical, se forment au large des Philippines. Ils frappent la Chine, puis le Japon, en s'accompagnant de vents très violents (force 11 à 12) et de pluies diluviennes. Lorsque des typhons ravageurs pointent dans la mer de Chine, les Japonais redoublent de prudence et suspendent les services de bateaux, parfois même de trains.

Okinawa et les îles coralliennes de Yaeyama jouissent d'un climat subtropical : il y fait bon toute l'année, mais on ne peut réellement s'y baigner que d'avril à novembre.

LA VEGETATION

Un pays de forêts

Le Japon est une véritable réserve botanique : on y reconnaît 2743 espèces végétales dont 168 espèces d'arbres, soit deux fois plus qu'en Europe. Grâce aux pluies et à la chaleur, 68 % des terres sont couvertes d'un manteau forestier. Au nord de Honshû et dans Hokkaidô, ce sont les arbres à feuilles caduques de nos forêts françaises sous des espèces plus diversifiées. Dans le reste du pays, chênes verts, bambous, camphriers, lauracées se mêlent aux fougères, aux palmiers et aux pins.

Les forêts sont exploitées à 80 %. Aussi abondantes et fournies soient-elles, elles ne satisfont pas la consommation de papier de l'archipel et le Japon importe massivement de la pâte à papier des Etats-Unis. L'humidité excessive, en favorisant toute végétation sans exception, a ses inconvénients. Elle oblige à consacrer presque autant d'énergie au désherbage qu'à la culture.

Pins et sapins, rizières et bambous se retrouvent dans tout le paysage japonais. Typiques mais plus localisés, sont les cryptomères géants *(sugi),* le *gingko,* arbre aux 40 écus, l'arbre à laque *urushi,* le très majestueux camphrier *kusunoki,* le santal blanc ou le chêne dentelé.

La flore

Les fleurs sont admirées avec respect au fil des saisons : les fleurs de pruniers, *ume,* annoncent la fin de l'hiver dès janvier ou février dans le sud, et en mars à Tôkyô ou dans la région du Nord. On va respirer ensuite les daphnés, petites fleurs blanches perdues dans de longues feuilles minces vert foncé. En avril, le Japon fête les cerisiers, *sakura,* dont les fleurs roses, presques blanches, tombent à la première bourrasque. Les glycines restent écloses jusqu'en juin. En mai, les azalées et les pivoines. En juin, les iris. Les camélias fleurissent toute l'année, selon les variétés. Les lotus s'ouvrent en été. En automne, on aime se promener dans les forêts rouges et fauves. En novembre, les expositions de chrysanthèmes (blason de la famille impériale) se font concurrence par l'incroyable diversité des formes et les couleurs des espèces présentées.

Le végétal dans l'habitat et le folklore...

Les *tatami* qui tapissent les pièces japonaises traditionnelles sont faits de paille et de joncs tissés. Le papier blanc tendu sur les cadres de bois des cloisons intérieures coulissantes, *shôji,* est fabriqué à partir du broussonetia à papier, *kôzo,* arbuste de 2 m environ qu'on trouve dans tout le sud du Japon. Les chapeaux des paysans sont faits de paille, de jonc, de carex ou d'écorce de pousse de bambou. Pour les pèlerinages religieux et dans les campagnes, on se chausse encore de *waraji,* simples semelles de paille avec une cordelette pour retenir le gros orteil et le talon.

... et dans l'alimentation

Les confiseries japonaises sont souvent enrobées dans des feuilles de cerisiers, de hêtres ou de bambou. Dans les *wagashi-ya* (pâtisseries japonaises), les formes des gâteaux à base de haricot rouge et de riz sont inspirées par les fleurs ou les feuilles et varient avec les saisons. La cuisine qui accompagne la cérémonie du thé s'adapte de la même façon à la végétation de chaque saison. Les tranches de poisson cru, *sashimi,* sont présentées sur fond de feuilles de « pérille de Nankin », *shiso.* Aux étalages des supermarchés, on trouve des fleurs de chrysanthème en barquette qu'on déguste avec du sel et du vinaigre selon une préparation minutieuse. Le thé vert *ocha,* qui pousse en massifs ronds dans la moitié sud du pays, est bu du matin au soir et du nord au sud du Japon.

Les fruits, au Japon, sont encore souvent très chers, et ajoutent la note de luxe dans l'alimentation quotidienne. La plupart du temps, ils sont vendus sous une présentation qui permet d'en faire le cadeau idéal et indispensable pour les amis chez qui l'on se rend. Beaucoup de ces fruits sont importés (cerises et oranges américaines, bananes de Taiwan, papayes et mangues de Hawaï) mais le Japon développe de plus en plus sa production fruitière. Les fraises, cultivées sous serre et dans du sable, sont chez les épiciers en plein hiver. Kiwis et myrtilles poussent désormais dans l'archipel.

Les fruits les plus consommés sont : les *mikan* (mandarines japonaises) et les pommes, que l'on trouve pratiquement toute l'année. Puis, les pastèques et les melons d'eau en été, les *kakis,* le raisin de Kyûshû ou de la préfecture de Yamanashi, les *nashi* (poires-pommes), les pêches qui peuvent atteindre des proportions énormes, les ananas d'Okinawa, etc.

Enfin, un végétal indispensable à l'alimentation japonaise : les algues. On les aime surtout séchées, *nori,* avec du riz et un œuf cru au petit déjeuner, ou bien autour de boules de riz fourrées d'une prune salée, les *onigiri.* Le *kombu,* notre varech, donne du goût à toutes les soupes et bouillons de cuisson.

L'approche religieuse de la nature

La relation des Japonais avec la flore comme avec les animaux peut revêtir un caractère sacré. Les Japonais cultivent avec art, religion et passion les jardins de mousse, les arbres nains, *bonsai,* et les paysages miniatures, *bonkei.* La valeur esthétique des plantes se double d'une valeur symbolique. Dans la poésie et l'iconographie japonaises reviennent toujours les pruniers qui expriment la beauté, les cerisiers associés à l'éphémère, le pin et le bambou, symboles de longévité.

Dans le monde animal, la grue *tsuru* symbolise le bonheur, la tortue exprime la longévité, et le renard, la prospérité. Le dragon, le serpent, le singe et le faisan sont les figurants habituels des contes pour enfants et des légendes bouddhiques. Le *tanuki,* sorte de blaireau, est un grand ami des Japonais. On en voit des reproductions devant les restaurants ou les bars. Le phénix, *hôô,* est représenté dans beaucoup de temples bouddhiques. La carpe, *koi,* qui est capable de remonter les rivières et de survivre au coup fatal du pêcheur, symbolise l'énergie et la résistance. Le saumon est un poisson sacré chez les Ainu. (Voir : « Les hommes. »)

LA FAUNE

Le monde animal

Les zones climatiques du Japon délimitent les zones d'habitation des animaux sauvages. Dans Hokkaidô, on retrouvera une faune sibérienne avec des ours bruns, des phoques, des morses, des lions de mer, des belettes, des hermines, des visons, des aigles de mer, des guillemots des îles de Behring, des cormorans huppés, des cygnes, des grues *tsuru,* des canards sauvages, etc.

Le Japon central, Shikoku et Kyûshû abritent toutes sortes de mammifères : ours à collier de poil blanc, cerfs, sangliers, loups, renards, fouines, blaireaux, *tanuki,* etc.

Le macaque habite les forêts japonaises, surtout celle de l'île de Yakushima au sud de Kyûshû (20 000 singes). C'est dans cette île que l'on trouve, comme à Shikoku et dans Kyûshû, les tortues de mer géantes. Plus au sud, à Okinawa et à Amamiôshima, il faut prendre garde à ce très grand serpent venimeux qu'est le *habu.*

Les enfants aiment beaucoup apprivoiser les animaux. En été, ils sont inséparables de leurs sauterelles ou de leurs cigales *(semi)* insectes nettement plus sympathiques que les énormes cancrelats *(gokiburi)* contre lesquels tout le monde part en guerre dès les premières vagues de chaleur. Aux chats japonais à la queue avortée, on préfère les oiseaux comme les *hototogisu,* dont le chant rappelle celui des rossignols, les zosterops verts aux yeux cerclés de blanc, les colombes ou les faucons.

L'industrialisation accélérée du Japon a été un facteur destructeur pour les mammifères et les oiseaux. On essaie aujourd'hui de protéger les espèces en voie de disparition dans les parcs nationaux. Le Japon est signataire de l'accord international sur la protection des animaux, ce qui lui interdit, entre autres, d'importer les peaux de serpents qui tendent les banjos à trois cordes, *sanshin,* d'Okinawa.

La pêche et les poissons

Le Japon dépasse tous les autres pays du monde pour le tonnage de ses prises et pour la consommation quotidienne par tête, de poisson et de coquillage. Le poisson est essentiel dans la cuisine japonaise. On le consomme cru (en *sashimi,* délicieux quand il fond dans la bouche après avoir été trempé dans de la sauce de soja relevée de raifort), mais aussi grillé, cuit à la vapeur, bouilli dans la soupe, séché, mariné, etc. Une visite à 5 h du matin dans les 20 ha du marché central de Tôkyô Tsukiji donne un aperçu du volume des transactions sur le poisson, et de la variété des étalages des 1 500 courtiers. De la mer qui borde le littoral japonais, on tire surtout des dorades *(tai),* symboles de bonheur, des maquereaux, des thons, des mulets, des éperlans, de la morue, des poissons volants et, dans la mer qui baigne Hokkaidô, des harengs et des saumons.

Avec des prises annuelles de plus de 12 millions de tonnes, le Japon se réserve 1/7 des prises mondiales. Depuis 1975, la limite des 200 milles marins et l'obligation qui en découle de payer une redevance aux pays contrôlant ces zones de pêche ont obligé les Japonais à diversifier leurs approvisionnements et à repenser leur régime alimentaire. Les ressources de la pêche côtière étant limitées, voire anéanties dans certaines zones de grande pollution industrielle, ils se sont tournés vers l'aquaculture. Ils obtiennent aujourd'hui d'excellents résultats, surtout pour l'élevage de sérioles, de coquilles Saint-Jacques, de crevettes et d'huîtres.

Dans une bonne *sushi-ya* (restaurant de *sushi :* boulette de riz vinaigré, surmontée d'une épaisse tranche de poisson ou de coquillage), le client peut choisir lui-même la garniture de ses *sushi* parmi une trentaine de poissons. En plus des espèces déjà citées, il peut goûter l'abalone, *awabi,* la seiche, *ika,* la pieuvre, *tako,* la sériole, *buri,* le chinchard, *aji,* la limande, *karei,* le crabe, *kani,* la crevette, *ebi,* les oursins, *uni,* les œufs de morue, *tarako,* etc.

A côté des 423 000 pêcheurs professionnels, l'halieutique distrait des milliers d'autres pêcheurs amateurs auxquels les journaux du dimanche consacrent toute une page.

Les hommes

Aujourd'hui, 122 millions de Japonais font du Japon le septième pays le plus peuplé du monde. Le taux d'augmentation de la population diminue depuis 1975. 76 millions de Japonais vivent dans les villes. La plus grande agglomération urbaine est celle de

Tôkyô, avec 11830000 habitants (le taux d'augmentation est en baisse). Elle est suivie par les 8700000 habitants d'Ôsaka et les 7432000 de la préfecture de Kanagawa, avec Yokohama et Kawasaki. Chaque foyer abrite en moyenne 3,14 personnes. En 1985, les Japonais avaient la plus longue espérance de vie du monde avec 80,5 ans pour les femmes et 74,8 ans pour les hommes.

Très tôt, les Japonais sont partis chercher à l'extérieur l'espace qui manque sur l'archipel : 1500000 Japonais vivent à l'étranger (y compris les citoyens non japonais d'origine japonaise), dont le tiers au Brésil. Ils sont 465000 aux Etats-Unis et plus de 12000 en France.

On reconnaît au Japon deux ethnies : les **Japonais,** très majoritaires, fusion d'éléments mongoloïdes arrivés par la Corée, et d'éléments indonésiens venus du Sud par la mer, et une poignée d'**Ainu,** dont les origines sont encore mal expliquées, mais dont le groupe sanguin révèle l'appartenance à une race également mongoloïde. La civilisation a fait ensuite du Japon une nation homogène, même si les caractères ethniques ne sont pas uniformes. Au nord, la couleur de la peau est pâle, tandis que les habitants de Kyûshû et des Ryû-Kyû sont très mats. Partout les cheveux sont noirs ébène avant de virer au blanc avec l'âge. Les chevelures rousses, blondes et frisées que l'on voit néanmoins, ne sont que purs résultats des techniques capillaires modernes.

Les Ainu ne ressemblent en rien aux Japonais. Ils ont développé leur propre culture et leur langue, entièrement différente du japonais. Aujourd'hui, il reste à peine 24000 hommes de cette race trapue et barbue, cantonnée dans une centaine de villages de Hokkaidô. Les Japonais arborent la plus grande indifférence à leur égard. Très peu d'entre eux se rappellent les massacres répétés d'Ainu dans leurs villages *(kotan)* afin d'étendre la domination nippone sur les territoires du Nord. La grande majorité pense que les Ainu se sont maintenant mélangés à la race japonaise, et que ceux qui continuent à vivre avec des ours, à se tatouer les lèvres et à s'habiller de *atsushi,* le font à fin touristique et lucrative.

D'impassible devant la minorité Ainu, l'attitude des Japonais devient hostile ou suspicieuse à la seule prononciation du nom de *Eta,* et méprisante à celle de *Coréen.*

Les 3 millions d'anciens parias, les **Eta** et les **Hinin,** sont volontiers passés sous silence. Les *Eta* regroupent les métiers touchant le sang (bouchers et bourreaux) et par extension, les métiers du cuir. Les *Hinin* correspondent à nos Gitans : c'est avec eux qu'ont débuté le Nô et le Kabuki. *Eta* et *Hinin* vivent en ghettos dans le *Buraku* (bloc de maisons, village) d'où vient leur nom de *Burakumin.* Ils ont créé en 1922 une association de libération qui, après avoir été dissoute en 1933, s'est reconstituée en 1946. Cette association s'est scindée en 1971 : l'aile la plus importante est subordonnée au P.S., tandis que la tendance minoritaire est d'obédience communiste.

Nombreux et discriminés également sont les 650000 **Coréens** qui se sont trouvés bloqués au Japon du fait de la division de leur pays. Ces Coréens avaient été contraints à venir grossir la main-d'œuvre japonaise ou à former les recrues de l'Armée impériale pendant 36 années de période coloniale. Aujourd'hui, la moitié d'entre eux vivent à demeure au Japon et se réclament de la Corée du Sud. Ils jouissent d'un statut de résidents permanents en vertu de l'accord Tôkyô-Séoul de 1965, qui donne au Japon le pouvoir d'interdire à 140 000 autres Coréens se réclamant de Pyongyang d'entrer en Corée du Sud. Les Coréens qui se réclament du Nord possèdent à Tôkyô leurs écoles et même une université à Kodaira-Shi, où l'on peut voir les jeunes filles vêtues de la robe nationale coréenne, et une impressionnante collection des œuvres du général Kim Il Sung. Ils sont tous membres actifs de l'organisation des Coréens résidents du Japon, organisation solidaire du Parti socialiste.

LA STRUCTURE SOCIALE

Les longs siècles d'isolement du Japon ont renforcé une cohésion sociale aussi solide qu'originale. Celui qui ne fait pas partie de ce groupe homogène, c'est le *gaijin* (*gai :* dehors, *jin :* l'homme). C'est ce que sont les étrangers occidentaux au Japon, avant d'être canadiens, suisses ou français.

En 1944, une sociologue américaine, Ruth Benedict, reçoit mission d'étudier l'ennemi le plus étrange que les Etats-Unis aient jamais combattu dans leur histoire. Au bout de sa mission, elle publie *Le Chrysanthème et l'Epée.* Cette *gaijin* qui n'est jamais venue au Japon a été le précurseur des sociologues japonais.

Les Japonais, toujours à la recherche de leur image, multiplient les études à caractère sociologique, voire psychiatrique, et quelquefois sous des pseudonymes de *gaijin.* Ces livres qui constituent un genre — la nippologie — sont toujours d'énormes succès de librairie. Ils offrent au lecteur de longues observations subjectives sur le caractère unique du Japonais, à la fois poli et rustre, conservateur des traditions et très adaptable à l'avant-garde, loyal et traître, calme et sauvage, raffiné et vulgaire, etc.

Parmi les mots idées clés qui permettent de comprendre quelques attitudes japonaises, citons :

On. Le bienfait, l'obligation que l'on reçoit sans l'avoir demandé. Par exemple, l'enfant est redevable envers ses parents d'un *on,* comme l'élève est redevable envers son professeur, etc. Tout le monde est à plus ou moins grande échelle l'obligé ou le bienfaiteur d'un tiers. Offrir quelque chose à son voisin est une manière de devenir son « bienfaiteur » inattendu. Il y a de très grandes chances pour qu'il ne tarde pas à faire de vous son « obligé », en vous offrant à son tour quelque chose. Cette nouvelle obligation, de même valeur que celle reçue, s'appelle le **giri.** Ce peut être de la reconnaissance, mais aussi une revanche. C'est la vertu du *samurai.*

Les exigences du *giri* règlent la vie quotidienne. Il régit l'entraide dans les travaux d'agriculture, et dans toute manifestation demandant l'aide de la communauté : construction, funérailles, etc. Il arrive alors souvent que les sentiments personnels, **ninjô,** comme l'amitié, l'amour, entrent en conflit avec les obligations du *giri.* Ce dilemme *giri-ninjô,* devoirs moraux contre élans de cœur, est la base des mélodrames favoris des Japonais.

Haji. C'est la honte, la pudeur, un sentiment fondamental qui explique beaucoup de gestes et d'attitudes.

Uchi. « Ma maison » ou l' « intérieur ». Se distingue de **soto,** le monde extérieur. Chaque personne vit au milieu d'un cercle de famille établi par les liens de sang, ou dans un cercle géographique délimité par le village ou le quartier. A l'intérieur du cercle, l'intimité et la solidarité sont telles qu'elles pardonnent tous les abus des saoulards ou des fêtards. Par contre, le comportement change dès que l'on quitte *« uchi »*.

La base de l'organisation sociale japonaise repose sur une conscience hypertrophiée du groupe, qui relègue la conscience individuelle au second plan. *« Uchi »* souligne la conscience de la maison. Jusqu'à la Seconde Guerre mondiale, le fils aîné de la famille restait avec son épouse chez ses parents et assurait la pérennité du pouvoir familial. La bru jouait alors un rôle plus important que les filles de la maison qui avaient quitté le foyer familial pour se marier et rejoindre une autre maison.

Par ailleurs, un Japonais se présente toujours en déclinant d'abord l'identité de son université ou de sa compagnie avant son propre nom. La nature de l'emploi qu'il occupe n'a qu'une faible importance par rapport au nom de l'entreprise à laquelle il appartient. Le terme **kaisha,** « compagnie », ne désigne pas n'importe quelle entreprise, mais *son* entreprise, celle qui le prend en charge jusqu'à la mort et peut lui assurer mariage, logement, naissances et décès, comme c'est le cas dans les entreprises de type paternaliste comme Matsushita, entreprise de matériel électrique basée à Osaka.

Tout Japonais se définit par rapport aux gens plus âgés que lui, **sempai,** aux plus jeunes que lui, **kôhai,** et a ceux de son âge, **dôryô.** Cette distinction se retrouve dans le langage. Prenons l'exemple de M. Suzuki. Ses collègues de travail l'appelleront par le titre de son poste ou, déjà plus familièrement, *Suzuki san* s'il est plus âgé et a un rang plus élevé, *Suzuki kun* s'il est plus jeune, ou *Suzuki* tout court s'il occupe le même rang qu'eux dans la compagnie. La promotion, autrefois fonction de l'âge et de l'ancienneté plutôt que du diplôme, est de plus en plus liée à ses capacités. Une fois dans l'entreprise, *Suzuki* consacrera toute son âme, ses talents et son temps à la servir. Ce dévouement général à la production, ajouté à la cohésion des cercles dirigeants, fait toujours du Japon une immense entreprise qui explique son image de marque de *Japan Incorporated.*

Enfin, le Japon forme une grande famille extrêmement soudée, autour du système impérial. Le Palais Impérial, vaste oasis de 115 ha, occupe tout le cœur de Tôkyô. L'empereur en ouvre une petite grille deux fois par an, le 2 janvier et le jour de son anniversaire, pour répondre par des signes de mains aux *banzai* de la foule.

L'histoire

Les origines

Les origines du peuple japonais restent mystérieuses. La polémique se poursuit entre archéologues et savants. Les Japonais soutiennent avoir occupé et dominé la Corée dès les débuts du Paléolithique, alors que les Coréens prétendent que le Japon aurait été créé par une tribu coréenne. Ce problème de domination d'un pays par l'autre demeure obscur et tabou.

Les fouilles archéologiques de Sôzudai (préf. d'Oita dans Kyûshû) et plus récemment (1970) de Iwajuku (préf. de Gumma) attestent de toute façon de l'existence d'un Paléolithique japonais, dès 45000 av. J.-C. Mais, contrairement à l'archéologie chinoise, la science archéologique japonaise est une science jeune, fondée par Arai Hakuseki, à la fin du XVIIe siècle. Avant, on se contentait de la légende et des chroniques compilées au VIe siècle apr. J.-C. pour expliquer les origines du pays. Le **Kojiki** — chronique des choses anciennes — rapporte que les huit premières îles de l'archipel (Kyûshû, Shikoku, Honshû, Awaji, Sado, Tsushima, Iki et Oki au large de la mer du Japon) furent engendrées par les deux divinités Izanagi et Izanami. D'après la légende, les îles naquirent en 660 av. J.-C. des gouttes d'eau tombant d'une hallebarde que les deux divinités avaient agitée dans la mer, alors qu'elles se tenaient sur un pont imaginaire entre le Ciel et la Terre.

La préhistoire

Dans la préhistoire japonaise, l'époque **Jômon** marque l'avènement d'une poterie ornée d'un dessin cordé (*Jô :* cordon ; *Mon :* décor). Les hommes de cette époque vivaient en sédentaires, de chasse, de pêche et de cueillette. Les études de *kaizuka* (monceaux de coquillages caractéristiques de cette époque) fixent les débuts de Jômon au VIIIe millénaire av. J.-C., et sa fin vers le IIe siècle av. J.-C. dans Kyûshû.

L'époque Yayoi

La période **Yayoi,** du nom du quartier de Tôkyô où l'on découvrit un vase caractéristique de cette époque, s'étendrait jusqu'au IIIe siècle apr. J.-C. Cette période est marquée par un apport, venant du continent, de beaucoup de traits de civilisation. La riziculture se développe, en même temps que l'irrigation. Les Japonais découvrent le bronze de Chine et de Corée. La poterie revêt des lignes plus simples avec l'utilisation du tour. C'est à cette époque que l'on voit apparaître, venant de l'étranger, le *palladium* qui protège le royaume, et qui est constitué par le miroir, l'épée et le *magatama,* ces bijoux en pierre polie.

L'époque des tumuli

Elle succède à la période des **Kofun,** les grandes sépultures, appelée aussi période du **Yamato,** qui s'étend jusqu'à l'aube du VIe siècle. L'agriculture se répand dans tout le pays, favorisant la concentration des tribus. Le fossé se creuse entre paysans et notables, qui ont dorénavant domestiqué les chevaux et se sont équipés d'un armement métallique. Les grands sont peu à peu inféodés à un pouvoir central dans la plaine du Yamato. A partir du milieu du IIIe siècle, le pays est unifié et, dès la fin du IVe siècle, la cour du Yamato essaie d'étendre son pouvoir en Corée du Sud, mais en vain.

C'est dans ces grandes sépultures qu'ont été retrouvés les *haniwa* (*hani :* argile, *wa :* cercle), cylindres de terre cuite rougeâtre, surmontés de figurines. Les représentations des figurines *haniwa* sont encore mal expliquées, mais elles sont considérées comme de très grands trésors artistiques, et l'expression d'une pureté de la « race » japonaise indéniable à cette époque. En 1972, on a découvert à Asuka, à l'intérieur du tombeau Takamatsuzuka, des fresques représentant des hommes en costumes d'origine sino-coréenne.

L'introduction du bouddhisme

Le bouddhisme est introduit au milieu du VIe siècle à Asuka, capitale de l'époque, par une délégation de Coréens. A la fin du VIe siècle, la Cour se convertit au bouddhisme et le prince Shôtoku encourage cette religion, dans la première constitution, rédigée en 604.

L'impératrice Gemmei (661-721) déplace la capitale à Nara. Le siècle d'or de Nara durera 74 ans, pendant lesquels non seulement le bouddhisme, mais les lettres et les arts se développeront à l'école de la Chine.

Kyôto devient capitale : les fastes de Heian

Kyôto devient capitale en 794, au début de l'époque **Heian,** et jusqu'en 1192. De nombreux temples bouddhiques sont édifiés, permettant à l'architecture, à la sculpture et à la peinture de s'épanouir. A la cour impériale, des talents, tels **Sei Shônagon,** auteur des *Notes de chevets,* et **Murasaki Shikibu,** à qui l'on doit *Le Dit de Genji,* ne sont pas immédiatement reconnus, car ces femmes écrivent en japonais et non en chinois. Le faste de l'aristocratie excite les convoitises. La corruption gagne les pouvoirs locaux. Les guerres civiles de Hôgen et de Heiji éclatent (1156 et 1159) donnant l'occasion à Taira-No-Kiyomori de se distinguer et de devenir ministre. Il installe tous les membres de sa famille au pouvoir. Mais le pompeux train de vie des Taira est brusquement restreint, lorsque Minamoto Yoritomo prend le pouvoir en 1185.

Le gouvernement militaire de Kamakura

Yoritomo déplace la capitale à Kamakura. En 1192, il devient *shôgun,* c'est-à-dire généralissime, et établit les bases d'un gouvernement militaire, qui régira le Japon jusqu'à la restauration Meiji avec, entre autres, le code de loyauté du *samurai,* le *bushidô,* qui ne sera nommé ainsi qu'à partir du XVIIe siècle. Le dernier des Minamoto est assassiné en 1219.

Le règne des Empereurs retirés et l'époque Muromachi

Le Japon, aidé par les typhons (le « vent divin », *kamikaze*), refoule à deux reprises, en 1274 et 1281, les assauts des envahisseurs mongols, commandés par Kubilai Khan. Les soldats demandent à être récompensés par le *bakufu,* signifiant littéralement : « gouvernement sous la tente », qui ne peut répondre à leurs demandes, faute d'argent. Les *bushi,* guerriers, perdent confiance, et c'est le retour au pouvoir d'un empereur Godaigo en 1333. Les *bushi,* mécontents, se groupent derrière la bannière de Takauji Ashikaga, pour aller établir un *bakufu* à Kyôto, en 1336, alors que l'empereur s'est réfugié dans les monts Yoshino (préfecture de Nara). Jusqu'en 1573, le Japon sera gouverné par un empereur et un *shôgun,* installés au même endroit à Muromachi, à Kyôto. C'est la période **Muromachi,** que l'on divise en deux époques : **Nambokuchô** (1336-1392), époque des cours du Nord et du Sud, et **Sengoku,** l'époque des royaumes combattants (1467-1573). Le bouddhisme Zen influence la vie culturelle et artistique de l'époque : la cérémonie du thé, l'arrangement floral deviennent très prisés. Les poèmes *Renga* et le théâtre Nô se développent.

Les *shôgun* se laissent séduire par une vie somptueuse et négligent les affaires d'Etat. Le mécontentement grandit, les rivalités éclatent, et la guerre civile ne s'interrompra guère pendant 100 ans. C'est à la fin de cette époque Muromachi que le christianisme fait son apparition, avec saint François-Xavier débarquant en 1549 sur les côtes du Kyûshû. Il arrive après les marins portugais, qui avaient été les premiers à atteindre le Japon en 1543, et avaient développé rapidement un commerce d'armes à feu avec les seigneurs du Kyûshû.

Les grands unificateurs : Oda Nobunaga et Toyotomi Hideyoshi

Oda Nobunaga renverse le *shôgun* Ashikaga en 1573, et commence à réunifier le pays. Il est assassiné en 1582. Toyotomi Hideyoshi, qui achève son œuvre, meurt en 1598, après avoir tenté de combattre l'armée chinoise en Corée. Sa mort fournit un prétexte aux Japonais pour regagner l'archipel et fuir les « bateaux-tortues » coréens, *geobugson.* Cette période d'apogée des guerres civiles est appelée **Azuchi-Momoyama,** des noms respectifs des châteaux de Nobunaga et Hideyoshi.

En 1580, le Japon compte déjà une solide communauté de 150 000 chrétiens, et trois seigneurs du Kyûshû envoient des missions à Rome. La persécution des chrétiens commence en 1596, avec Hideyoshi. Le romancier catholique Endô Shûsaku, dans *Le Silence,* a rendu compte du combat des missionnaires chrétiens contraints d'apostasier pour échapper à la condamnation à mort, devant des seigneurs qui comparent le christianisme au Japon à l' *« amour opiniâtre d'une femme laide ».* Au début du XVIIe siècle, le nombre des chrétiens a doublé. En 1613, Tokugawa Ieyasu, successeur de Hideyoshi, voyant dans le christianisme une menace contre l'unité japonaise, prononce un édit d'expulsion contre les missionnaires. En 1638, 37 000 chrétiens de Nagasaki sont massacrés après avoir soutenu un siège pendant trois mois, à Shimabara. Le christianisme japonais est obligé de se cacher pour ne réapparaître au grand jour qu'avec la réforme Meiji.

Ieyasu avait éliminé le clan Toyotomi (de Hideyoshi) dans une première victoire à Sekigahara, puis lors de deux autres combats. En 1603, il avait repris le titre de *shôgun,* et établit son *bakufu* à Edo (Tôkyô). Quinze générations de Tokugawa marqueront l'histoire du Japon pendant deux siècles et demi, sous le signe de la paix intérieure, mais au prix d'un centralisme coercitif et d'un conservatisme absolu.

Le shôgunat des Tokugawa

En 1635, le successeur de Ieyasu condamne les ports japonais aux « barbares du Sud », *namban,* qui venaient commercer avec le Japon. Cette décision est prise à la suite du développement de réactions nationalistes dans le pays, encouragées par l'inquiétude des marchands devant la concurrence étrangère et le mécontentement des paysans. Nagasaki demeure la seule porte entrebâillée au commerce extérieur, grâce à quelques Chinois, quelques Coréens, et un comptoir hollandais. Le Japon, replié sur lui-même, stagne dans le domaine scientifique et industriel. La population se maintient à 30 millions d'habitants. Au sommet de la pyramide sociale se trouvent les *bushi* (7 % de la population) qui se distinguent des paysans (85 %), des artisans et des marchands (au dernier échelon) par le port de deux sabres. Hors castes, se classent 2 % de la population composés des *rônin* (*samurai* sans seigneur), des acrobates, lutteurs, bouchers, tanneurs, etc.

Ieyasu encourage le confucianisme. Le *bushidô*, la voie du soldat, est une symbiose des préceptes confucéens et des valeurs guerrières traditionnelles.

La paix profite aux distractions : les quartiers de plaisir prospèrent. Les *geisha* apparaissent. Kabuki, *haikai*, estampes se multiplient. Le Japon, isolé, est obligé d'exploiter ses propres richesses. Une nouvelle classe de bourgeoisie intellectuelle et commerciale se crée, d'où naîtront les trusts *zaibatsu*.

La fin de la féodalité : la restauration Meiji

1853 : les navires noirs du Commodore Perry entrent en rade d'Uraga, près de Tôkyô. L'année suivante, le traité de Kanagawa est conclu, ouvrant les relations commerciales à Shimoda et Hakodaté. Le Japon prend soudain conscience de son retard, multiplie les ambassades à l'étranger. En 1868, c'est le retour au pouvoir de l'empereur, événement que l'on appelle restauration Meiji. Les militaires perdent leur puissance : le port du sabre est interdit en 1876. Les terres des seigneurs sont redistribuées, et les biens du clergé sont laïcisés. Le pays est découpé en 47 préfectures sous le contrôle de la capitale rebaptisée Tôkyô.

La course à l'Occident

De 1868 à 1895, les réformes se succèdent pour faire du Japon un pays moderne et le doter d'une armée puissante. On copie sur la France un système d'éducation, mais le Japon façonne l'université selon ses intérêts et l'Etat transforme l'école en instrument de pouvoir. La constitution promulguée en 1888 est inspirée du droit allemand. L'empereur garde son caractère sacré. Le Parlement se compose d'une Chambre des pairs nommée par l'empereur, et d'une Chambre des députés, élue au suffrage censitaire. L'égalité de tous est reconnue devant la loi et l'impôt. En fait, on retrouve les anciens samurai aux postes clés du pouvoir, aux commandes de l'armée et à la tête des entreprises.

Sur le plan économique, la sériculture constitue la principale exportation. L'épidémie de pébrine en Europe profite à l'industrie de la soie japonaise qui se modernise et permet d'amorcer le décollage économique. Les transports se développent. En 1872 est mis en service le chemin de fer Yokohama-Tôkyô. Le plan d'austérité, destiné à redresser la situation financière, facilite en fait la cession des entreprises nationalisées aux capitaux privés. Les conglomérats ébauchent leurs formes.

La soif d'expansion

A l'extérieur, la quête de nouveaux marchés s'accompagne d'une frénésie de colonisation. En 1874, le Japon prétexte le massacre d'une cinquantaine d'Okinawais, entraînés vers les côtes de Formose, pour lancer une expédition punitive et forcer la Chine à reconnaître la domination nippone sur les Ryû-Kyû. Les Ryû-Kyû deviennent la 47e préfecture de l'archipel.

La guerre sino-japonaise

Elle éclate en 1894, alors que les deux pays répondent à l'appel du roi de Corée pour réprimer une révolte. A la grande surprise des observateurs occidentaux, les Japonais battent les Chinois, qui se révèlent mal équipés et mal commandés. En 1895, le Japon envahit Taiwan, et contraint la Chine à signer le traité de Shimonoseki. Le traité reconnaît l'indépendance de la Corée, cède au Japon Formose, les îles Pescadores et les presqu'îles du Liaodong, voisines de la frontière nord-ouest de la Corée. La Chine doit en plus payer une lourde indemnité de guerre au Japon et ouvrir de nombreuses villes au commerce nippon.

La guerre russo-japonaise

En 1902, le Japon conclut une alliance militaire avec l'Angleterre afin de parer les visées russes sur la Corée. Le premier conflit des Japonais contre un ennemi blanc éclate lorsque des hommes, envoyés par Nicolas II en Mandchourie, pénètrent en Corée. En 1904, les Japonais bloquent Port-Arthur et détruisent la flotte russe dans le détroit de Tsushima, prouvant leur supériorité sur terre comme sur mer. Le traité de Portsmouth, en 1905, reconnaît les droits du Japon en Corée et dans la péninsule du Liaodong. De plus, la Russie concède au Japon le contrôle du chemin de fer en Mandchourie, la moitié sud de Sakhaline et le Guandong, à l'extrémité de la presqu'île du Liaodong. En 1910, le Japon annexe la Corée.

Les guerres ont alimenté les carnets de commande des chantiers navals et des industries sidérurgiques. Les victoires ont gonflé le moral des troupes et fait apparaître le Japon sur la scène des grandes puissances impérialistes. La concentration financière a engendré les toutes-puissantes castes des *zaibatsu,* dont les plus grands noms sont Mitsui, Mitsubishi, Sumitomo et Yasuda. C'est par eux que le capital japonais fructifie dans les possessions à l'étranger. Jusqu'à la défaite de la Seconde Guerre mondiale, le Japon se pose en conquérant affamé de nouveaux marchés et de nouvelles matières premières.

En 1914, en déclarant la guerre à l'Allemagne, le Japon peut occuper la concession chinoise de Qingdao et les îles de Micronésie. Le traité de Versailles lui accorde le mandat sur les anciennes colonies allemandes du Pacifique. Non satisfait, le Japon essaie de profiter de la faiblesse de la Chine, et adresse au gouvernement Yuan Shikai un ultimatum connu sous le nom des « 21 demandes », dont la moindre n'est pas moins que le stationnement permanent de personnel d'encadrement japonais sur le sol chinois. L'ultimatum est rejeté, mais la haine des Chinois contre l'impérialisme nippon s'enflamme.

Un totalitarisme grandissant

A l'intérieur du pays, l'époque **Tai-**

shô (1912-1926) semble placée sous la loi de la répression. En 1918, les mauvaises récoltes et l'augmentation du prix du riz provoquent la révolte de 200 000 paysans. Ces « émeutes du riz » dégénèrent en grèves dans les mines et les chantiers navals et sont durement réprimées. Le Parti communiste, créé en 1922, est interdit l'année suivante. En 1925, le Parlement vote une « loi sur la protection civile » qui permet de réprimer toute idée subversive. La crise s'accentue avec le grand tremblement de terre du Kantô, le 1er septembre 1923, qui détruit Tôkyô à 75 % et Yokohama à 95 %, puis avec la répercussion au Japon de la grande crise capitaliste des années 20.

Les généraux se succèdent au pouvoir. La force des militaires devient évidente lors du premier incident de Mandchourie, en juin 1928, lorsqu'ils tiennent tête au gouvernement civil en refusant de dénoncer les soldats responsables de l'attentat contre le gouverneur chinois de la région, pourtant acquis à la politique nippone. Trois ans plus tard, des officiers japonais prétextent un sabotage du chemin de fer pour accuser les Chinois et conquérir la Mandchourie. En 1932, le Japon place à la tête du Mandchoukouo, devenu un Etat indépendant de la Chine, un souverain fantoche.

La montée du totalitarisme au Japon correspond à l'avènement de l'hitlérisme en Allemagne. La propagande s'infiltre partout, mais d'abord dans les manuels scolaires, dans lesquels on exalte l' « esprit japonais » et le culte de l'empereur.

La guerre du Pacifique

Le Japon signe le traité de l'Axe, le 27 septembre 1940. En décembre 1941, il lance son plan de guerre éclair : la flotte détruit Pearl Harbor, le 7 décembre 1941, et poursuit les opérations pour s'emparer de Hong Kong, Manille, Singapour et Java. L'Empire japonais englobe alors le Pacifique, des Aléoutiennes aux îles Salomon, les Indes néerlandaises (Indonésie), l'Indochine, le Mandchoukouo et les Kouriles. Le « Conseil économique de la Grande Asie » est mis en place, qui permet de disposer de toutes les quantités voulues de matières premières, et d'en priver les Alliés.

La contre-attaque américaine ne se fait pas attendre. L'armée nippone est vaincue à Midway, le 5 juin 1942, et doit amorcer son repli. En 1944, les forces du Japon, en hommes comme en ravitaillement, s'épuisent. Le 15 juin 1944, les Américains débarquent à Saipan et y installent une base d'où ils peuvent bombarder Tôkyô. Ils reprennent les Philippines, débarquent à Okinawa et détruisent la marine de guerre japonaise. Il faudra les bombes atomiques de Hiroshima, le 6 août, et de Nagasaki, le 9 août, et la déclaration de guerre de l'Union soviétique pour que l'armée impériale capitule. Le 15 août, aucun Japonais ne veut croire le rescrit radiodiffusé de l'empereur.

Sous l'aile américaine

Le Japon sort complètement rompu de la guerre. Les pertes humaines sont évaluées à 2 800 000, mais avec les quelque 7 millions de réfugiés de Sakhaline, Formose, de la Mandchourie, etc., et l'accroissement naturel, le Japon de 1945 compte 10 millions d'habitants de plus qu'en 1939.

De 1945 à 1952, l'occupation alliée (exclusivement américaine), sous le haut commandement du général MacArthur, vise d'abord à désarmer le militarisme nippon et à mettre en place des institutions plus démocratiques que lors de Meiji. L'Empire japonais se rétracte dans ses limites de 1868. Les *zaibatsu,* les forces armées et toutes les industries de guerre sont démantelées. Le procès de Tôkyô juge les criminels de guerre sur le modèle du procès de Nuremberg. La constitution, promulguée le 3 novembre 1946, confine l'empereur à un rôle de symbole, et stipule la séparation des pouvoirs entre le législatif aux mains d'un Parlement élu au suffrage universel, l'exécutif confié au cabinet des ministres et le judiciaire. Le cabinet est solidairement responsable devant les chambres. Le Premier ministre est nommé par la Diète. Dans l'article 9, Le Japon renonce solennellement à la guerre. Seules sont tolérées des forces d'autodéfense, afin de protéger l'archipel d'une agression étrangère. Les organisations nationalistes sont dissoutes, les livres d'histoire refondus, le système universitaire calqué sur celui des Etats-Unis. Aux termes de la Réforme agraire de 1946, 2 millions d'hectares de terres qui ne sont pas exploitées directement par leurs propriétaires sont réparties entre 4 800 000 fermiers. Une politique démographique est dessinée à partir de 1948, avec le vote des lois de protection eugénique. L'optimum démographique est évalué à 90 millions d'habitants. La présence américaine ne se cantonne pas à un rôle de chaperon. Dès fin 1946, les Etats-Unis investissent dans l'industrie japonaise. Les fournitures exigées par la guerre de Corée, dès 1950, stimulent la production industrielle.

Dès 1951, on restitue aux familles Mitsui et Mitsubishi leurs trusts. Le 8 septembre 1951, 47 pays signent le traité de paix de San Francisco qui rend son indépendance au Japon. L'année suivante, le Premier ministre Yoshida signe le traité de sécurité qui autorise les forces militaires américaines à stationner au Japon. Le Parti libéral démocrate (conservateur), qui tient les rênes du pouvoir depuis 1955, renouvelle ce traité nippo-américain tous les 10 ans.

La stratégie de paix

Placé sous le commandement suprême des forces alliées et empêché de mener une politique étrangère, le Japon a rejoint après la guerre le bloc des pays non communistes. C'est le Premier ministre Hatoyama qui réussit le premier à renouer les relations diplomatiques avec l'U.R.S.S. en se rendant à Moscou en 1956. Le problème des territoires du Nord reste en suspens. L'U.R.S.S. occupe toujours les quatre îles de Habomai, Shikotan, Kunashiri et Etorofu, qui sont revendiquées par le Japon.

Mises à part les violentes manifestations anti-U.S. des années 60 qui ont obligé le gouvernement Kishi à annuler l'invitation faite à Dwight Eisenhower, les liens du Japon avec les Etats-Unis ont toujours été privilégiés.

C'est avec ce Japon lié d'accords militaires avec les Etats-Unis que Pékin a signé, le 12 août 1978, un traité de paix et d'amitié comportant une clause anti-hégémonique dirigée en filigrane contre l'Union soviétique. Pour le Japon, cruellement dépendant de l'extérieur, la paix en Asie se pose en terme de survie : 90 % de son pétrole brut transite par le détroit de Malacca. En outre, la Chine représente pour Tôkyô un immense marché sur lequel il entend maintenir longtemps sa suprématie.

Le Japon entretient avec les autres pays d'Asie, et surtout avec les six pays de l'Association des pays de l'Asie du Sud-Est (Philippines, Indonésie, Singapour, Malaisie, Thaïlande, Brunei), des relations de paix et de coopération économique.

Les résultats économiques

Quelques chiffres

10 % du P.N.B. mondial, en tête des industries électronique, chimique, optique, robotique et automobile... Le Japon est un géant économique présent sur tous les marchés.

Les années de 11 % de croissance annuelle ont hissé le Japon dès 1968 à la 2e place des économies occidentales. Dans tous les facteurs du « miracle », on compte les plans de redressement du puissant ministère de l'Economie et du Commerce international (M.I.T.I.), les énormes investissements des industries privées en usines et équipement, l'achat à l'étranger de brevets technologiques, la conjoncture internationale, mais aussi une main-d'œuvre abondante et qualifiée et l'originalité d'un système économique, surtout avec l'emploi à vie et le dévouement à l'entreprise.

Après cette industrialisation accélérée, le Japon s'est réveillé au début des années 70, couvert de blessures profondes, et complètement défiguré. 8,5 % seulement de sa population active travaille maintenant dans le secteur primaire, 33,9 % dans le secondaire et 57,2 % dans le tertiaire, alors qu'en 1955 les chiffres étaient de 38, 24 et 38 %. Le littoral de Tôkyô à Nagasaki a éliminé toutes les rizières pour planter des centres industriels. La concentration atteint ses limites autour des quatre centres de Tôkyô, Osaka, Nagoya et le nord de Shikoku, tandis que les régions traditionnellement peu exploitées comme le centre de Hokkaidô, Hachinohe dans le Tohoku, la baie de Sendai, Matsumoto dans les Alpes japonaises, Niigata, Toyama, Tokushima dans l'île de Shikoku... sont devenus des nouveaux pôles de développement. Des zones spéciales d'aménagement industriel — vastes superficies entièrement vouées au dieu-production — ont complètement tué le paysage habituel, notamment à Kashima sur la côte Pacifique, dans la baie de Suruga, à Mikawa près de Nagoya, etc.

En 1973, la croissance atteignait encore 9 %. La première crise du pétrole a porté un coup fatal à l'économie nippone (croissance négative de − 1,2 % en 1974). Depuis, le deuxième choc pétrolier de 1979 et l'environnement mondial de récession ont condamné le Japon à une croissance modérée par rapport à celle qu'il a connue dans les années 60 mais quand même honorable : 4,2 % en 1985, 4 % en 1986 et 3,5 % en 1987.

Pour les Japonais, c'est la fin du miracle. La montée spectaculaire du yen contre le dollar depuis 1985 a porté le coup de grâce aux secteurs rois de l'après-guerre, déjà fortement ébranlés par la concurrence des pays nouvellement industrialisés comme la Corée du Sud et Taiwan. La construction navale a peine à se maintenir en bonne place. La sidérurgie, le textile « transfèrent » leur personnel dans des filiales ou vers d'autres activités.

Le Japon importe surtout des Etats-Unis, de l'Arabie Saoudite, de l'Australie, etc. Il exporte d'abord vers les Etats-Unis, la Corée du Sud, l'Allemagne fédérale. La communauté européenne, tous pays confondus, absorbe 14,7 % de ses exportations.

Face à l'irritation générale de ses partenaires envers son excédent commercial, le Japon a multiplié depuis son célèbre « programme d'action » de juillet 1985 et son plan Maekawa d'avril 1986, plusieurs plans de relance de sa demande intérieure visant à réduire la part des exportations dans sa croissance.

L'agriculture

15 % du sol japonais sont cultivés, dont un peu plus de la moitié (53 %) en riz. Dans les rizières, on verra toujours des femmes ou des hommes âgés travailler : les jeunes fuient la campagne, qui ne leur apporte aucun revenu. Les exploitations japonaises sont minuscules et morcelées à tel point que la mécanisation y est difficile. Le fossé entre l'industrie en progrès constant et l'agriculture se creuse, et les paysans vont chercher à l'usine ou dans une compagnie un complément de ressources. 69,9 % des exploitations nippones (moyenne 1,1 ha) sont entre les mains d'agriculteurs à temps partiel.

Saturés de riz et de mikan. Pour gommer ces différences de revenus entre le secteur primaire et le secteur secondaire, le gouvernement a encouragé dès 1966 les emblavures de riz en soutenant les cours d'achat. Le riz est devenu la seule récolte qui assure au paysan un revenu fixe. Mais les réserves pléthoriques rendent pressante une réorganisation de l'agriculture dans le sens d'une politique alimentaire. Le riz représente plus du tiers de la production agricole du Japon, alors que sa part dans l'alimentation diminue. Depuis 1977, le gouvernement subventionne les cultures de blé, d'orge et de seigle. Des résultats conséquents ont été obtenus, mais le Japon importe toujours 25 % de ses besoins alimentaires. Cela représente 99 % de maïs, 86 % de blé, 95 % de soja, 66 % de sucre, 14 % de porc et 28 % de viande de bœuf.

A côté des rizières, le Japon agricole consacre 24 % de sa superficie cultivable aux autres céréales, 10 % aux vergers et 12 % aux prairies et pâturages. 40 % de sa production fruitière consiste en mandarines *mikan*. L'agriculture japonaise est très intensive et basée sur une science agronomique très poussée. Ses rendements sont les plus élevés de l'Asie des moussons.

Le commerce extérieur

La part du Japon dans les exportations mondiales est de 12 % et de 10,8 % dans les importations mondiales. L'archipel est dépendant de l'extérieur pour toutes ses matières premières. Il importe 99,8 % de son pétrole brut, 75,6 % de son charbon, 73,9 % de son gaz naturel, 98,7 % de son minerai de fer, 92,2 % de son cuivre, 77,1 % de son plomb, 100 % de son nickel, 98,3 % de son étain, 100 % de sa bauxite, 62,8 % de son zinc, 62,9 %

de son bois de construction, 100 % de sa laine et de son coton. Mais la dépendance vis-à-vis du commerce extérieur n'est pas à surestimer. En 1982, les exportations représentaient 13 % du P.N.B. japonais et les importations 12,4 %. Le Japon reste à la troisième place mondiale pour le commerce, derrière les Etats-Unis et l'Allemagne fédérale. Il exporte surtout des produits industriels lourds et chimiques (84 % du total).

Niveau de vie

Deuxième P.N.B. des économies occidentales, le Japon est relégué à la 7e place pour le P.N.B. par tête après les Etats-Unis, la Suisse, la Norvège, le Canada, la Suède et le Danemark. D'après le bureau japonais des statistiques, « le revenu moyen d'un foyer de 3,79 personnes » s'élevait en 1985 à 445 000 yens par mois tandis que les dépenses atteignaient 360 000 yens.

En 1986, une étude du bureau du Premier ministre effectuée sur 10 000 personnes révélait aussi que 52 % des Japonais estimaient faire partie de la moyenne bourgeoisie, 30 % de la petite bourgeoisie et 9 % de la classe la plus défavorisée.

L'emploi

En 1986, 48 % de la population travaillaient, soit 35,7 millions d'hommes et 22,8 millions de femmes. Lorsqu'un employé atteint l'âge de la retraite, il touche d'un seul coup une allocation d'un montant égal à 40 fois son salaire mensuel. Continuer à travailler après la retraite dans une autre société est une nécessité pour assurer son propre train de vie, payer l'éducation des enfants, etc.

Le quart des travailleurs sont syndiqués, la plupart du temps dans des syndicats formés à l'intérieur même de l'entreprise. *Rengô* (secteur privé) vient en tête devant *Sôhyô* lié au Parti socialiste du Japon et *Zenmin Rôren*.

Le travail féminin. Moins de la moitié des femmes qui travaillent ont des emplois à temps complet. En moyenne, une femme japonaise gagne 56 % du salaire de son mari (61 % aux Etats-Unis et 86 % en France). A la campagne, toutes les femmes travaillent. En ville, les femmes démissionnent souvent lorsqu'elles se marient, pour se consacrer à l'éducation des enfants ou au pavillon de lointaine banlieue. Certaines entreprises comme les banques et les grands magasins réembauchent aujourd'hui ces femmes de 35-40 ans, qui considèrent que leurs enfants n'ont plus besoin de leur présence à la maison. Selon les statistiques, 66 % des femmes actives sont mariées.

LA LANGUE

Le Japon affirme d'abord son originalité avec sa langue. La grande famille des langues ouralo-altaïques a adopté le japonais, mais la parenté est très lointaine avec le turc, le mongol, le toungouse et même le coréen. Entre le coréen et le japonais, des ressemblances syntaxiques existent, mais la phonétique éloigne les deux langues. Par ailleurs, d'autres correspondances morphologiques ont été décelées avec les langues malayo-polynésiennes.

Le japonais est une langue monocorde, ce qui donne immédiatement au Français un très fort atout pour son accent. Lorsque les Japonais, au début de cette ère, voulurent nommer les objets qu'ils tenaient des Chinois, ils eurent recours aux « caractères des Han » (étymologie du mot *kanji*), c'est-à-dire à l'écriture chinoise.

Les *kanji* sont quelquefois figuratifs :

La montagne 

La rivière 

L'enfant 

L'oiseau 

Mais la plupart du temps, c'est un ensemble de traits qui s'ordonnent autour d'une « clé » qui symbolise l' « homme », l' « arbre », la « maladie », le « bambou », la « main », le « cœur », etc. (il y en a 194). Par exemple, 魚 est la clé du poisson. On imagine l'étymologie figurative  .

鮨 désigne les *sushi* (excellentes boulettes de riz vinaigré enfouies sous une tranche de poisson cru), et une trentaine de noms de poisson s'écrivent avec cette clé.

Quelquefois, un caractère suffit à écrire un mot : 茶 désigne le « thé ». Plus couramment, il en faut plusieurs : 日 本 *(nihon)* s'écrit avec 日 le soleil et 本 l'origine. *Nihon* désigne donc l'origine du soleil, c'est-à-dire le Japon. Tous les caractères sont dotés d'au moins deux lectures : une lecture sino-japonaise et une japonaise. Au VIIIe siècle, à l'époque où bonzes et érudits se consacrent à l'étude des textes bouddhiques, les Japonais mettent au point une technique qui permet de transposer le chinois en japonais en même temps qu'on le lit : c'est la technique du *kambun*. Les moines qui recopient les textes bouddhiques chinois annotent dans la marge de nouveaux caractères afin de transcrire non seulement le vocabulaire, mais les noms et les enclitiques propres au japonais, et permettre une lecture japonaise. Ces caractères sont baptisés *katakana,* ce qui veut dire d'après les caractères chinois « appellation provisoire ».

Hiragana

あ a	い i	う u	え e	お o
か ka	き ki	く ku	け ke	こ ko
さ sa	し shi	す su	せ se	そ so
た ta	ち chi	つ tsu	て te	と to
な na	に ni	ぬ nu	ね ne	の no
は ha	ひ hi	ふ hu	へ he	ほ ho
ま ma	み mi	む mu	め me	も mo
や ya		ゆ yu		よ yo
ら ra	り ri	る ru	れ re	ろ ro
わ wa				を wo
ん n				

Katakana

ア a	イ i	ウ u	エ e	オ o
カ ka	キ ki	ク ku	ケ ke	コ ko
サ sa	シ shi	ス su	セ se	ソ so
タ ta	チ chi	ツ tsu	テ te	ト to
ナ na	ニ ni	ヌ nu	ネ ne	ノ no
ハ ha	ヒ hi	フ hu	ヘ he	ホ ho
マ ma	ミ mi	ム mu	メ me	モ mo
ヤ ya		ユ yu		ヨ yo
ラ ra	リ ri	ル ru	レ re	ロ ro
ワ wa				ヲ wo
ン n				

En fait, ces *katakana* sont des fragments de *kanji. Kata* signifie le « côté » et *kana* serait dérivé du sanskrit *karana,* la lettre. Les femmes de la Cour reculant devant l'apprentissage du chinois adoptent le syllabaire *hiragana,* dont les lignes plus souples contrastent avec les traits anguleux des *katakana.* On pense que les *hiragana* furent inventés par le moine Kûkai (nom posthume : Kôbô Daishi) qui a développé au Japon la secte *Shingon* du bouddhisme ésotérique. Toujours est-il que le nombre de traits de chaque *kana* ainsi que leurs contours ne furent arrêtés dans leurs expressions actuelles qu'après de laborieuses combinaisons.

Aujourd'hui, *hiragana* et *katakana* comprennent 46 signes. Les syllabes commençant par les consonnes sonores G, Z, D, B s'écrivent avec les mêmes *kana* que celles introduites par K, S, T et H en ajoutant le signe " en haut et à droite du *kana.* Par exemple カ KA ガ GA サ SA ザ ZA, etc. Pour les sons PA, PI, PU, PE, PO, on ajoute le signe ° en haut et à droite des *kana* HA, HI, HU, HE, HO.

Mémoriser les *kana* représente un investissement très fructueux pour toutes les économies et découvertes qu'il permet pendant le séjour dans ces îles. Le seul syllabaire de *katakana* permet de déchiffrer tous les menus des cafés et des restaurants de cuisine occidentale. En effet, tous les noms propres étrangers mais aussi les mots d'emprunt qui désignent des objets passés maintenant dans la vie japonaise s'écrivent en *katakana.*

Attention : la transcription à l'aide des syllabaires japonais peut réserver des surprises. On ne reconnaît pas toujours du premier coup sous *ranchitaimu* l'anglais « lunch-time », et donc le menu du jour, et sous *môningusâbisu* le « morning service » à 400 yens que les cafés proposent le matin (café + œufs + toasts).

En 1946, la graphie des *kanji* a été simplifiée. On a établi une liste de 1850 *kanji* essentiels qui permettent de lire les journaux. Les Japonais commencent à apprendre *hiragana* et *katakana* à cinq ans. L'étude des *kanji* ne commence qu'à sept ans. On les mémorise en s'exerçant tous les jours. Avec l'âge, quelques traits s'oublient, et il n'est pas rare que des Japonais aient recours au dictionnaire pour lire certains textes.

Le Japonais s'écrit verticalement, et de droite à gauche. Mais on trouve de plus en plus de textes écrits horizontalement de gauche à droite.

L'avidité avec laquelle la langue japonaise absorbe tout un vocabulaire anglo-saxon (vocabulaire sociologique, vocabulaire du tourisme) et français (mode, cuisine) peut laisser penser qu'il est relativement facile de se faire comprendre pour la conversation élémentaire. Mais de ce baragouinage à la langue correcte, le fossé se creuse de problèmes syntaxiques et morphologiques, et atteint la profondeur de l'abîme avec les subtilités de la politesse. Le langage varie selon le locuteur et l'auditeur. Selon les degrés de l'intimité et du respect, une phrase simple peut s'exprimer au moins de dix façons différentes.

On pardonnera difficilement à un Japonais de manquer de respect dans son langage. Par contre, les Japonais font preuve d'une extrême indulgence envers les étrangers qui balbutient maladroitement leur langue.

Personne ne niera la nécessité absolue de comprendre la langue, seule clé de la pensée et de la perception japonaises. Mais les Japonais viendront toujours en aide à l'étranger qui ne déchiffre pas ses signes.

D'une pointe à l'autre de l'archipel, le japonais subit de profondes variations dialectales. Le Tokyoite ne comprend pas deux Okinawais qui parlent entre eux. Chaque région a ses expressions.

LES SIGNES UTILES

Pour compter et pour lire les prix et les heures

一	*ichi*	un
二	*ni*	deux
三	*san*	trois
四	*shi*	quatre
五	*go*	cinq
六	*roku*	six
七	*sichi*	sept
八	*hachi*	huit
九	*kyû, ku*	neuf
十	*jû*	dix
十一	*jûichi*	onze
十二	*jûni*	douze
二十	*nijû*	vingt
二十一	*nijûichi*	vingt et un
五十	*gojû*	cinquante
百	*hyaku*	cent
千	*sen*	mille
万	*man*	dix mille
円	*yen*	yen

« 10 000 » sert d'unité pour les chiffres qui lui sont supérieurs : un million se dira « cent fois 10 000 », c'est-à-dire « *hyakuman* ».

Dans les gares, sachez reconnaître

駅	*eki*	la gare
入口	*iriguchi*	l'entrée
出口	*déguchi*	la sortie
東	*higashi*	l'Est
南	*minami*	le Sud
西	*nishi*	l'Ouest
北	*kita*	le Nord

普通	*futsû*	train omnibus
急行	*kyûkô*	train express
特急	*tokkyû*	train rapide
自由席	*jiyûseki*	places non réservées
案内所	*annaijo*	bureau d'informations
押ス	*osu*	poussez
引ク	*hiku*	tirez

Quelques panneaux

バス停	*basutei*	arrêt d'autobus
右	*migi*	droite
左	*hidari*	gauche
止マレ	*tomare*	stop
注意	*chûi*	attention, danger
開	*kai*	ouvrir
閉	*hei*	fermer
御手洗	*otearai* ou	
化粧室	*keshôshitsu*	les toilettes
銭湯	*sentô* ou	le bain
公衆浴場	*kôshûyokurô*	public

Quelques enseignes

貸自転車	*kashijitensha*	Location de vélos
レンタ・サイクル		Rent-a-cycle
男	*otoko*	Homme
女	*onna*	Femme
麻雀	*mah jan*	Mah jung
コーヒー店		Coffee-shop
民宿		Minshuku
旅館		Ryokan
ホテル	*hotel*	Hôtel
同伴喫茶	*dôhan-kissa*	Cafés-dôhan
トルコ風呂	*kara-oké-kissa*	bars équipés de play-back
囲碁	*igo shitsu*	Salles de jeux de go

Les restaurants*

寿司 - 鮨	Sushi
焼鳥	Yakitori
お好み焼	Okonomiyaki
たこ焼	Takoyaki
天ぷら - 天婦羅	Tempura
ラーメン	Râmen
食堂	Shokudô
中華料理	Chûka ryôri
そば - 蕎麦	Soba

Lire un menu*

刺身	Sashimi (poisson cru)
味噌汁	Misoshiru
天丼	Tendon
親子丼	Oyakodonburi
カレーライス	Riz au curry
うなぎ - 鰻	Unagi
豚カツ	Tonkatsu
野菜炒め	Yasaiitame
ラーメン	Ramen
ビール	Bière
酒	Saké
アイスクリーム	Glace (ice-cream)

Les dates

日 le jour ; 1 日 le premier ; 10 日, le 10, etc. On écrit aussi : 1 , 10 , etc.

月 le mois ; 一月 janvier ; 六月 juin, etc. D'où 六月三日 ou 6 月 3 日 est le 3 juin.

Pour retenir les noms géographiques

山	*yama*	montagne
川	*kawa*	rivière
原	*hara*	plaine
浜	*hama*	plage
島	*shima*	île
湯	*yu*	sources d'eau chaude

* Voir : « Renseignements pratiques » et « Les restaurants ».

神社	*jinja*	sanctuaire
宝物館	*hômotsukan*	salle des trésors
丘、岡	*oka*	colline
沢	*sawa*	vallée
野	*no*	campagne
岬	*misaki*	cap
坂	*saka*	colline
寺	*tera*	temple
宮	*miya*	sanctuaire

Les grands centres de Tôkyô

銀座	Ginza
日比谷	Hibiya
有楽町	Yûrakuchô
新宿	Shinjuku
渋谷	Shibuya
赤坂	Akasaka
上野	Ueno
浅草	Asakusa
日本橋	Nihombashi
池袋	Ikebukuro
東京	Tôkyô
成田	Narita

Les grandes étapes du Japon

Hokkaidô :	札幌	Sapporo
	函館	Hakodate
	旭川	Asahikawa
	稚内	Wakkanai
	網走	Abashiri
	帯広	Obihiro
Tôhoku :	青森	Aomori
	秋田	Akita
	盛岡	Morioka
	仙台	Sendai
	松島	Matsushima
Chûbu :	新潟	Niigata
	長野	Nagano
	名古屋	Nagoya
Kinki :	京都	Kyôto
	大阪	Osaka
	奈良	Nara
	飛鳥	Asuka
	吉野	Yoshino
	神戸	Kôbe
Chûgoku :	岡山	Okayama
	広島	Hiroshima
	宮島	Miyajima
	山口	Yamaguchi
	鳥取	Tottori
	松江	Matsue
	隠・岐	îles Oki
	出雲大社	Izumo Taisha
Shikoku :	徳島	Tokushima
	高松	Takamatsu
	松山	Matsuyama
	高知	Kôchi
Kyûshû :	福岡	Fukuoka
	有田	Arita
	唐津	Karatsu
	長崎	Nagasaki
	大分	Oita
	別府	Beppu
	宮崎	Miyazaki
	鹿児島	Kagoshima
Les îles au sud de Kyûshû :		
	屋久島	Yakushima
	奄美大島	Amamiôshima
	与論島	Yorontô
Okinawa :	伊江島	Iejima
	久米島	Kumejima
	宮古島	Miyakojima
	石垣島	Ishigakijima

Les religions

LE SHINTOÏSME : LA « VOIE DES DIEUX »

Les festivals et les rites religieux du Japon apparurent avant toute forme de gouvernement. Les Japonais, depuis l'origine, rendaient un culte à toutes les forces de la nature. Les montagnes, les rivières, les forêts, le soleil, la lune, le tonnerre ou tout autre phénomène étaient des manifestations divines et des objets d'adoration. Le riz, la fertilité étaient aussi vénérés. Toutes ces forces cachées étaient désignées sous le nom de *Kami,* la divinité qu'on ne voit pas, le génie. Cette croyance en des milliers de *Kami* n'avait pas de nom. Ce n'est que plus tard, pour la distinguer du bouddhisme, qu'on l'appela *Shintô,* la « Voie des Dieux ». Le *Shintô* n'a ni code écrit ni créateur. Parmi les rites les plus importants, il y avait la purification du corps. Les personnes capables de se concilier ces forces divines — pour la plupart des femmes — jouaient le rôle de prêtres. Certains *Kami* étaient vénérés dans tout le Japon ; d'autres étaient particuliers à une région.

Lorsque le clan du Yamato étend son autorité sur tout le pays aux IIIe et IVe siècles, ses légendes inspirées d'un mythe cosmogonique sont acceptées par les clans soumis et se répandent dans tout le pays. D'après cette mythologie, deux *Kami* engendrèrent les îles du Japon (voir « Les origines » dans le chapitre Histoire) et la déesse-soleil Amaterasu Omikami envoya son petit-fils Ninigi No Mikoto pour les gouverner. Son arrière-petit-fils Jimmu Tennô fut le premier chef du Yamato. Le miroir, le joyau et le sabre, symboles respectifs du soleil, de la lune et de la foudre, devinrent les emblèmes de l'autorité impériale.

Soumise ensuite à diverses influences de la Chine et de la Corée, l'aristocratie japonaise apprend le confucianisme et le taoïsme, et en imprègne ses habitudes sociales et ses légendes.

LE BOUDDHISME

La religion bouddhique, née en Inde au VIe siècle av. J.-C., est introduite officiellement au Japon en 538, lorsque le roi coréen de Paekche offre à l'empereur Kimmei des textes sacrés bouddhiques *(sutra)* et une statue de Sakyamuni. Quelques grandes familles s'opposent d'abord à cette religion étrangère, et lui attribuent les épidémies qui frappent le Japon. Mais le prince Shôtoku Taishi, neveu de l'impératrice Suiko qui a succédé à Kimmei, recommande les pratiques bouddhiques et encourage, à partir d'Asuka, dans la plaine du Yamato, les échanges avec les artisans et moines coréens afin d'apprendre l'art de construire les temples et étudier la doctrine. En 624, on dénombre déjà quarante-six monastères rassemblant 1 385 moines et nonnes.

Le bouddhisme *mahayana* ou « Grand Véhicule », qui touche le Japon après le Tibet, la Mongolie, la Chine et la Corée, est déjà fortement sinisé. Les Japonais en retiennent les idées fondamentales du cycle infini des morts et des renaissances, du caractère transitoire de la vie, de l'éveil libérateur des souffrances, et les principes essentiels de ne pas tuer, voler, tricher, s'enivrer ou se livrer à la débauche, mais vivre dans l'humilité, prier et faire des offrandes. L'idéal du bouddhisme *mahayana* est le *bodhisattva,* celui qui est en passe de devenir *Bouddha* et pour lequel l'éveil représente davantage un moyen pour aider les autres hommes dans une voie d'amour universel et d'altruisme qu'une fin.

L'existence d'une religion autochtone a modulé le bouddhisme japonais, qui s'est d'autre part scindé en de nombreuses sectes et écoles.

Le Ryôbushintô

Pendant l'époque de Nara, on assiste à un syncrétisme shintô-bouddhique. Des moines influents propagent l'idée que les divinités du *Shintô* sont des manifestations du Bouddha. Lorsqu'une épidémie de variole se déclare en 749 et que les prières aux *Kami* restent sans réponse, on demande l'autorisation à la déesse Amaterasu de construire la colossale statue en bronze du Bouddha Vairocana (Dainichi Nyorai) dans le Tôdai-ji à Nara.

A la fin de l'époque de Nara, six sectes *(Kusha-shû, Jojitsu-shû, Hossô-shû, Sanron-shû, Ritsu-shû, Kegon-shû)* se sont imposées à partir de textes différents rapportés par les moines de Chine et de Corée. Mais le bouddhisme de Nara reste réservé aux moines.

L'empiétement du bouddhisme sur le *Shintô* se poursuit à l'époque Heian, lorsque les moines **Saichô** (nom posthume Dengyô Daishi) et **Kûkai** (Kôbô Daishi) fondent respectivement les sectes Tendai et Shingon du bouddhisme ésotérique et identifient Amaterasu Omikami avec le Grand Bouddha solaire de lumière et de vérité **Mahavairocana.** L'amalgame de ces deux religions, le *Ryôbushintô,* c'est-à-dire le « *Shintô* des deux parties de l'univers », fut achevé à la fin de l'époque Heian : tous les sanctuaires, sauf Ise et Izumo, furent associés à un temple bouddhique dans lequel on rendait un culte *Shintô*.

Le Hiei-Zan et le Kôya-San, centres respectifs des sectes ésotériques Tendai et Shingon, devinrent les deux centres les plus importants du bouddhisme. Au-delà de leur organisation religieuse, les monastères devinrent de véritables villes organisées et armées. Même entre eux, les monastères se livraient à des luttes mesquines. D'une part, le bouddhisme japonais du XIIe siècle semble être en complète décadence. D'autre part, les deux sectes Tendai et Shingon qui ont prospéré aux dépens des sectes de Nara restent hermétiques à la majorité des laïcs. Dans la secte Tendai — ou « Secte du Lotus » — l'absolu ne peut être atteint que par une longue instruction dans la loi et par une méditation assidue ; dans le bouddhisme Shingon, la doctrine de Kûkai enseigne comment chasser le langage futile pour ne faire attention qu'aux paroles véritables du Bouddha.

Le bouddhisme reprend un souffle neuf avec les grands réformateurs des XIIe et XIIIe siècles qui créent des sectes nouvelles qu'on peut ranger en trois groupes : l'Amidisme, le Zen et la secte de Nichiren.

L'Amidisme

Amida, en sanscrit *Amithaba,* « la lumière infinie », est le Bouddha le plus important du Grand Véhicule. Sa miséricorde est sans limites dans l'espace et dans le temps. Trois *sutra* décrivent le Paradis d'Amida situé à l'ouest de notre monde et où tout est merveilleux. Ce paradis s'appelle en japonais *Jôdo.* Dans chaque individu existe un caractère commun avec

Amida. Il suffit de prier et de contempler pour atteindre l'état d'éveil ou être accepté dans le Paradis. C'est un moine dissident de la secte Tendai, **Hônen,** qui répandit l'amidisme de la secte Jôdo à la fin de l'époque Heian. Cette religion de la Terre pure *(Jôdo shû),* par sa simplification aux exercices de prière et dans le contexte des guerres civiles, se répand très rapidement dans toutes les couches de la population. Quiconque respecte les trois principes du cœur pur, de la foi et du désir d'être accueilli dans le Paradis, peut y accéder. Les sectes antérieures critiquèrent violemment Hônen et la Cour prit finalement la décision de l'exiler à Tosa dans l'île de Shikoku. Mais Hônen eut assez de disciples pour créer cinq nouvelles sectes amidistes dont les plus importantes sont celles de la Vraie Terre pure, *Jôdo-shinshû* et la secte nationaliste Nichiren.

Dans la secte **Jôdo-shinshû,** le moine Shinran accorde davantage d'importance à la foi qu'à la prière. Dans une de ses méditations, il reçut le conseil d'épouser une princesse. A partir de ce jour-là, il inaugure une vie nouvelle pour les moines puisqu'ils peuvent se marier, rester en famille, manger de la viande et du poisson.

La secte **Nichiren** se vulgarise encore plus vite. Nichiren, fils de pauvre pêcheur, fut aussi élevé dans la foi *Jôdo*. En 1253, il commença à prêcher sa propre doctrine fondée sur le *sutra* du Lotus, en insistant sur l'identification de sa doctrine avec le devenir du Japon. L'éveil est atteint d'autant plus facilement que le fidèle répète le *sutra : « namu myôhôrenge kyô »,* « Gloire au sutra du Lotus de la Vérité ».

Le Zen

Le Zen (du sanskrit *dhyana* ou *jhana,* contemplation et méditation) apparaît à l'époque Kamakura en réaction contre les sectes amidistes. Il est introduit de Chine grâce aux moines Eisai (secte Rinzai) et Dôgen (secte Sôtô). Le Zen est une méthode d'exercice pour parvenir à un état lucide de « vide » bien au-dessus du monde matériel, qui permet de voir clairement ce qu'il y a en soi. C'est cet état qu'on appelle *Satori.* Le Zen japonais insiste sur la nécessité d'une sagesse de l'éveil. Il serait trop égoïste d'atteindre le monde sans couleurs uniquement pour soi-même.

Le Zen admet deux grands principes :

La Vérité dépasse le langage écrit ou parlé.

Les leçons du Maître sont indispensables pour connaître la Vérité.

Le Zen, à l'époque Kamakura, commande l'esprit des *bushi.* Puis il inspire la cérémonie du thé, l'arrangement floral, l'art des jardins, le *Sumi-e* et certains arts martiaux comme le *kyûdô,* le *jûdô,* le *kendô.* De façon générale, le Zen reste latent chez tous les Japonais. Les grands centres de la secte Sôtô sont les temples Eiheiji et Sôjiji, tandis que la secte Rinzai est davantage implantée à Kyôto et Kamakura.

Le bouddhisme japonais ne se renouvelle plus à partir de la fin de l'époque Kamakura : on reconnaît toujours aujourd'hui les cinq groupes de l'amidisme, du Zen, des sectes ésotériques, des sectes bouddhiques de l'époque Nara (insignifiantes numériquement). La **Sôkagakkai** apparaît en 1930 comme une communauté qui porte l'accent sur la foi en Nichiren. Elle condamne toutes les autres religions qu'elle juge hermétiques. Après avoir été étouffée pendant la guerre, la **Sôkagakkai** s'est reformée et désormais, elle s'attache activement à faire grandir son influence.

LES NOUVELLES RELIGIONS

Depuis le XIXe siècle et particulièrement depuis la fin de la Seconde Guerre mondiale, de nombreux syncrétismes shintô-psychanalo-bouddhiques sont apparus, parmi lesquels on peut citer *P.L. Kyôdan, Seichô-no-ie, Kurozumi, Reiyûkai, Risshô Kôseikai,* etc.

La plus importante de ces nouvelles sectes est la secte shintô de Tenri, fondée en 1838 par une femme très pieuse qui fit don de toute sa fortune pour guérir son fils. La doctrine de Tenri est simple : les divinités ont créé les hommes pour mener une vie joyeuse, mais elles punissent ceux qui se laissent emporter par les désirs, les regrets, l'ambition, la colère, etc. Si chacun respecte les dieux, travaille honnêtement et fait des offrandes (d'argent) aux organismes religieux, il vivra heureux et fera rayonner son bonheur.

La secte Tenri a copié les techniques d'évangélisation du christianisme ; on compte environ 16 000 points de diffusion et 2 150 000 fidèles.

La vie quotidienne japonaise reçoit les influences combinées du shintoïsme, du bouddhisme et du confucianisme. Loin de s'exclure, shintoïsme et bouddhisme font bon ménage, et dans la plupart des maisons japonaises, on trouvera à la fois l'autel shintô, le *Kamidana,* et un autel bouddhique, *Butsudan.* Les rites shintô rythment la vie présente : on se rend au sanctuaire pour vénérer les divinités *(Kami)* chaque fois qu'on veut se placer sous leur bonne étoile, et plus particulièrement à la naissance, pour la fête de *Shichi-go-san* (fête des enfants de 7, 5 et 3 ans), le 15 janvier de l'année où l'on a 20 ans, et à l'occasion des mariages. Le bouddhisme, quant à lui, répond aux grands problèmes de la vie et de la mort, accompagne tous les rites funéraires et le culte des ancêtres.

C'est pourquoi, d'après l'encyclopédie des religions du Japon, l'archipel comptait, en 1970, sur moins de 110 millions d'habitants, 83,3 millions de shintoïstes, 84,9 millions de bouddhistes et 804 000 chrétiens. Contrairement au christianisme en Occident, le bouddhisme au Japon conserve une remarquable stabilité d'effectifs. C'est une composante de la société que la tradition entretient et continuera à faire prospérer encore longtemps. Numériquement, 75 000 temples bouddhiques couvrent le pays. Mais le bouddhisme est surtout présent culturellement. Dans la littérature, les idées forces de la philosophie bouddhique, comme l'impermanence, le vide, le sens de la causalité et de l'instantané, se retrouvent dans l'œuvre de nombreux écrivains, et particulièrement celle du prix Nobel Kawabata Yasunari. Enfin, l'art bouddhique prouve sa dimension sacrée en inspirant toujours aux Japonais crainte et respect.

Le christianisme

Saint François-Xavier arrive dans le Kyûshû en 1549, et commence sa mission évangélique. Le christianisme se répand jusqu'à ce que le *shôgun* Hideyoshi l'interdise et expulse les missionnaires (*voir :* « Histoire » ; « Les grands unificateurs Nobunaga et Hideyoshi »). Après la révolte de Shimabara en 1638, lors de laquelle 37 000 chrétiens sont massacrés, le christianisme japonais se cache, et ne réapparaît qu'à l'ère Meiji. En 1972, le Japon compte 6 500 églises et 750 000 pratiquants.

Les arts du spectacle

LE THEATRE

Chorégraphie savante interprétée par un petit nombre ou danse populaire où tout le monde se mêle, la danse au Japon fait toujours partie des rites religieux. La plupart des arts traditionnels du spectacle combinent danse, dialogues et musique. D'autre part, la variété des genres et la conservation des traditions font du théâtre japonais l'un des plus originaux du monde.

Les premières expressions du théâtre

Parmi les premières expressions du théâtre japonais, on reconnaît trois formes de spectacle importées du continent : le Gigaku, le Bugaku et les Sangaku, et les danses liturgiques du *Shintô,* les Kagura.

Le **Gigaku,** mascarade d'hommes masqués parmi lesquels s'intercalent des pantomimes, fut introduit de la Chine en 612. C'était une danse sacrée dont le *Shishimai,* ou « danse du lion », est aujourd'hui une survivance. Les grands masques du Gigaku sont conservés au musée préfectoral de Nara, et dans les temples des environs.

Le **Bugaku** fut la danse de cour adoptée par la cour de Heian (*voir :* « Histoire » ; « Kyôto devient capitale »). Le Bugaku rassemble des danses du répertoire de tous les pays dont il tire son influence : Asie centrale, Inde, Asie du Sud-Est, Chine, Mandchourie et Corée, mais a aussi japonisé le répertoire. Les interprètes de ces chorégraphies sont vêtus en costumes de la cour des T'ang ou de l'époque de Heian, et sont parfois masqués.

La musique de **Gagaku** qui accompagne le Bugaku restitue toute la tradition de la musique de cour importée de Chine au VIIe siècle. Le terme de « Gagaku » désigne aussi les programmes de musique non accompagnée de danses qu'on peut écouter aujourd'hui dans les grands sanctuaires, au Théâtre national de Tôkyô et au Palais impérial (en avril et octobre, et d'entrée réservée). Les concerts de Gagaku sont interprétés par une quinzaine de musiciens, habillés somptueusement. Trois orgues circulaires en bambou *(shô)* dans lesquelles le musicien souffle, deux hautbois en rotin *(hichiriki),* deux luths japonais à quatre cordes *(biwa),* deux harpes horizontales — un *koto* et un *wagon* — et des flûtes horizontales en bambou, appelées *yokobue,* composent l'orchestre. Deux immenses tambours dont le diamètre de deux mètres est cerclé de dessins de flammes (*dadaiko* ou *kaendaiko*), un tambour suspendu *(tsuridaiko),* un petit tambour *(kakko)* et une cloche suspendue *(shôko)* complètent la scène. Pour les danses Bugaku, on ajoute le rythme d'un tambour à la taille marquée, le *sanno-*

tsuzumi et un claquoir de bois, *shakubyôshi.*

La tradition de la musique de Gagaku est gardée de père en fils depuis le IXe siècle sous les auspices du département de musique de l'Agence des Affaires impériales.

Les **Sangaku** désignent des divertissements populaires importées de la Chine en même temps que le Bugaku. Ils regroupent des saltimbanques et des conteurs, mais aussi des danseurs, des acteurs et des montreurs de marionnettes — en fait, tout un pot-pourri d'artistes, ce qui explique que le nom de « Sangaku » soit devenu au XIe siècle *Sarugaku,* « les singeries ». Au XIIIe siècle, le Sarugaku est présenté devant la Cour, et devient le *Sarugaku-no-Nô* — qui deviendra par la suite le *Nô-gaku* ou Nô.

Les **Kagura** sont des danses liturgiques que l'on dansait à l'origine dans les sanctuaires pour honorer ou apaiser une divinité. Kagura vient de *Kami-no-kura,* « le siège des dieux ». Puis le Kagura s'est cérémonialisé pour s'adresser à Amaterasu-Omikami et à ses descendants, la famille impériale. D'après Zeami, acteur et dramaturge du Nô de l'époque Muromachi et auteur de *La Tradition secrète du Nô,* les Kagura seraient les géniteurs les plus directs du Nô. Les Kagura se veulent à la fois prières et divertissements.

Dengaku et En-nen sont d'autres formes anciennes de spectacle qui ont participé aux débuts du théâtre japonais. On danse les Dengaku depuis le Xe siècle au moment du repiquage du riz, même si les rizières sont maintenant en pleine ville ou si le béton les a recouvertes. On en verra au sanctuaire Asakusa pour le Sanja-matsuri de Tôkyô les 17 et 18 mai. Dans les En-nen, les bonzes dansent, en s'inspirant du spectacle de Bugaku, pour calmer les âmes errantes.

Le Nô

Une cinquantaine d'années suffirent à une poignée d'acteurs et d'écrivains de grand talent — dont principalement **Kan-Ami** et son fils **Zeami** — encouragés par le *shôgun* Ashikaga Yoshimitsu, pour élever le spectacle des Nô agrestes *(Dengaku-no-Nô)* et des *Sarugakuno-Nô* au rang d'un théâtre très raffiné dont le poids des connotations ontologiques en fait un divertissement intellectuel très prisé par l'aristocratie de ses débuts à la fin du XIVe siècle. Zeami surtout codifia les règles du Nô pour en faire un divertissement lyrique inspiré par les épisodes devenus classiques des grandes épopées. Kan-Ami créa l'école *Kanze. Komparu, Hôshô, Kongô* et plus tard, au XVIIe siècle, *Kita* sont les autres écoles qui maintiennent toujours aujourd'hui leurs traditions de danse, diction et jeu.

Le cinquième du répertoire de Nô consiste en pièces qui prennent le spectateur à témoin d'un événement du passé tandis que les autres font du spectateur le confident des tourments d'un héros de la littérature comme s'il existait aujourd'hui. Dans ce cas, le Nô met d'abord en scène un acteur sans masque, le *Waki* (en général, assis sur le côté droit de la scène) qui incarne, sous les traits d'un moine errant, le spectateur. Ce voyageur poursuit son chemin à pas lents sur la scène en commençant à évoquer, par le chant, le thème de la pièce. Mais les spectateurs ne sont vraiment fixés que lorsque le *Waki* s'arrêtera sur le lieu du drame et discutera avec l'un des habitants qui lui accorde l'hospitalité. Cet habitant se cache sous un masque de vieillard, de jeune femme, d'aveugle, de pêcheur... mais le *Waki* ne tardera pas à reconnaître en lui le fantôme du héros dont on évoque l'histoire. Le protagoniste, le *Shite,* « celui qui agit », démasqué, quitte la scène, et laisse la place à un acteur qui expose au voyageur une première version objective de l'histoire. Le *Shite* réapparaît, portant, cette fois, masque et costume qui permettent de déterminer son âge et son rang social. *Shite* et *Waki* appartiennent à des écoles d'acteurs différentes.

Le masque à lui seul symbolise le théâtre Nô. Les trous percés à la place des yeux réduisent au minimum le champ visuel de l'acteur qui se concentre dans un univers intérieur. Les masques revêtent des expressions mystérieuses, émouvantes ou terrifiantes. Seul le *Shite* porte un masque. Le répertoire de Nô en compte une centaine de différents.

Dans le théâtre Nô, tout concourt à un climat psychologique très tendu que la musique au volume de plus en plus soutenu intensifie encore. La confrontation du *Shite* avec le *Waki* l'oblige à confesser ses passions et ses tourments qui sont autant d'obstacles au monde sans couleurs de la sagesse. Dans la dernière partie, les pulsions humaines font face aux divinités et aux esprits des morts. L'arrêt brutal de la musique sort le spectateur de son hypnose.

Autant les costumes de Nô frappent par leurs richesses, autant le décor de la pièce est d'une sobriété extrême, et reste immuable pour les deux cent quarante pièces du répertoire, la plupart écrites au XVe siècle. On remarquera toujours un toit au-dessus de la scène et un mur au fond, sur lequel est dessiné un pin.

Le mouvement des acteurs frise l'imperceptible. Le Nô doit concentrer toute l'attention du spectateur et l'inclure dans la tension psychologique comme s'il tenait lui-même le rôle du *Shite.* Trois ou quatre musiciens vêtus de kimonos noirs sont assis à droite de la scène et accompagnent le spectacle de flûte et de tambour. Ils forment le *Hayashi,* le petit ensemble d'accompagnement du Nô. C'est à côté d'eux que prennent place les chanteurs du chœur.

Un spectacle de Nô consiste habituellement en cinq pièces : les pièces votives, le Nô de guerrier, de femme, de celui qui est tourmenté, des démons, qui suivent une progression conçue en trois états héritée du Bugaku. Des farces satiriques héritées des Sarugaku, les *Kyôgen,* détendent le spectateur entre chaque pièce. La journée de Nô commence à 11 h et se termine vers 18 h.

Du Jôruri au Bunraku

Tout comme les *aèdes* aveugles accompagnaient au *biwa* les grandes gestes qu'ils colportaient de ville en ville, d'autres récitants choisirent le *shamisen* (banjo à trois cordes) pour transmettre des récits épiques dont le héros était souvent Yoshitsune, preux « chevalier » du clan des Minamoto qui dut subir la jalousie et la haine de son frère aîné, le chef du clan. Alors qu'il fuyait la capitale, Kyôto, pour échapper aux troupes de son frère ennemi, Yoshitsune tomba amoureux d'une jeune fille du nom de **Jôruri.** Ces récits au *shamisen* prirent le nom de Jôruri et gagnèrent rapidement en popularité à Edo, Kyôto et Osaka. Une place croissante fut accordée aux dialogues quand, en 1630, un chanteur eut l'idée d'illustrer son récit par des marionnettes. Le Jôruri perdit son caractère itinérant pour s'installer dans de petites salles comme celles qu'on trouve encore dans l'île d'Awaji ou dans l'île de Sado. Il devint une véritable expression théâtrale grâce à l'association d'un chanteur très talentueux, Takemoto, et du dramaturge Chikamatsu Monzaemon, qui composa pour le Jôruri une centaine de pièces. Ces deux génies donnèrent naissance au *Gidayû,* c'est-à-dire l'art de transmettre un récit avec une intensité dramatique extraordinaire. Aux petites marionnettes des débuts, on substitua pour le Bunraku des grandes marionnettes qui peuvent bouger les yeux, les sourcils, les bras, etc., et qui peuvent peser jusqu'à 20 kilos. Chaque marionnette est manipulée par plusieurs hommes, l'un chargé de la tête et du bras droit (il a le visage découvert) et deux autres vêtus complètement de noir qui manipulent le côté gauche et les jambes, etc.

A droite et en angle par rapport à la scène du Bunraku, une alcôve est ménagée pour le chanteur, son accompagnateur au *shamisen* et pour le chœur. Le joueur de *shamisen* aide le chanteur à intensifier le message psychologique.

Le répertoire du Bunraku ne se renouvelle plus au-delà d'une centaine de pièces inspirées de passages historiques ou de scènes populaires, mais il remporte de plus en plus de succès à chacune de ses représentations. Les spectacles ont lieu surtout au théâtre **Asahiza** ainsi qu'au **Théâtre national de Bunraku** récemment ouvert à Osaka et au **Théâtre national de Tôkyô.** Il y a quatre spectacles par an, à l'affiche pendant 15 ou 20 jours.

Le Kabuki

D'un tout autre genre est le Kabuki. L'importance des décors, le feu des couleurs, le nombre et le mouvement des acteurs... font du Kabuki un théâtre populaire qui fait rire et pleurer les spectateurs.

Le Kabuki, dont le nom est tiré du verbe *kabuku,* se contorsionner, est né au tout début du XVIIe siècle lorsqu'une femme du nom de Okuni, qui se prétendait prêtresse du sanctuaire d'Izumo, présentait un spectacle de danse de ville en ville et en profitait pour attirer les hommes dans les maisons de prostitution. Le spectacle d'Okuni, sensuel et populaire, plut immédiatement aux artisans et aux petits commerçants. La troupe fit école jusqu'à ce que le gouvernement les fît interdire en 1629. Parallèlement à ce théâtre féminin, un théâtre de jeunes garçons s'était monté et put profiter de l'interdiction du Kabuki d'Okuni pour se développer. Ce nouveau théâtre d'éphèbes ne plut guère davantage au shôgunat qui censura ces danses de garçons en 1652 et ne les autorisa à renaître qu'à la condition que les acteurs se coupent les cheveux à l'image des *samurai* et suppriment les danses. C'est à partir de la fin du XVIIe siècle que des écoles de Kabuki se constituèrent pour développer les techniques théâtrales de la scène tournante *(Mawari butai),* du chemin qui court du fond de la salle jusqu'à la scène *(Hanamichi)*. Le Kabuki devint un théâtre de pièces dont les plus grands dramaturges sont Chikamatsu Monzaemon, Tsuruya Namboku et Kawatake Mokuami. Les spectacles de Kabuki, toujours très longs, sont souvent entrecoupés de deux ou trois numéros de danse. Les danses de prières des débuts, vulgarisées par Okuni, ont été perfectionnées avec les troupes masculines. Les danses de guerriers sont très spectaculaires. Aujourd'hui, le Kabuki reste interdit aux femmes. Tous les rôles féminins sont donc tenus par des acteurs maquillés en femmes, les *Onnagata*.

Le Kabuki présente bien des analogies avec la *Commedia dell'arte,* non seulement dans le public qu'il touche, mais dans les effets théâtraux, les jeux de scène, les couleurs, le jeu des comédiens au milieu des spectateurs. Mais, bien qu'il soit demeuré très populaire, il demeure un théâtre extrêmement formel dont l'improvisation est bannie. Le milieu du Kabuki est un monde particulièrement fermé. Les acteurs d'aujourd'hui sont les fils de ceux d'hier. Néanmoins, cette forme de théâtre fait école à l'étranger : un Américain a monté récemment une troupe de Kabuki aux Etats-Unis.

Dans le répertoire non fini du Kabuki, on retiendra les dix-huit grandes pièces *(Jûhachiban)* qui ont fait la célébrité de la maison Ichikawa sous l'élan d'un de ses brillants représentants, le très célèbre acteur **Ichikawa Danjûrô** à la fin du XVIIe siècle. Une pièce comme **Shibaraku,** que l'on peut voir régulièrement au *Kabuki-za* de Tôkyô, est caractéristique du Kaburi d'Edo qui aime à mettre en scène un héros aux vertus bienveillantes et surhumaines. La trame est simple : un seigneur ordonne à son homme de confiance d'exterminer un groupe d'innocents. Au moment crucial, un puissant *Shibaraku,* « Attendez un instant ! », retentit. Le héros entre en scène, tue tous les méchants d'un seul coup de sabre, restitue le trésor volé, et sauve la vie aux innocents.

LA MUSIQUE

La musique de la harpe horizontale *koto,* du luth *biwa,* de la flûte de bambou *shakuhachi* et plus encore les concerts de musique impériale *gagaku* s'écoutent de façon quasi religieuse. Au contraire, les instruments folkloriques comme les tambours *(taiko)* ou les instruments de bambou invitent les habitants de chaque quartier ou chaque vallée à se joindre aux danses du festival. Les médias, quant à eux, diffusent des *Talento* et de la musique de genres très variés, puisque le folk, le rock, le blues et surtout le jazz ont leurs étoiles japonaises connues sur la scène internationale. Des groupes de rock tels *Ippu-do* ou *Sheena and the rockets* ou encore la musique de Ryuichi Sakamoto sont écoutés en France. Les records de vente de disques sont atteints par *Yôko Oginome, Akina Nakamori* ou le groupe *Checkers.*

Les instruments

Parmi les instruments traditionnels japonais, citons :

Le biwa. Le luth en bois à quatre cordes s'est répandu partout dans l'Asie orientale à partir de la Perse. Les Japonais apprirent cet instrument des Chinois dès le VIIe siècle. Dans les orchestres de *Gagaku,* le *biwa* joue un rôle important, mais c'est aussi l'instrument qui accompagnait tous les grands récits de guerriers que des conteurs aveugles colportaient à travers le pays.

Le shakuhachi. La flûte de bambou à cinq trous permet une musique tellement profonde qu'une secte religieuse bouddhique avait supprimé la lecture des *sutra* pour se consacrer au *shakuhachi.* A l'époque Edo, le *shakuhachi* était l'instrument des moines errants : il leur permettait de demander une offrande. Aujourd'hui, le *shakuhachi* conserve des liens avec le bouddhisme.

Le koto est devenu un instrument très populaire depuis Meiji. La plupart des jeunes filles continuent à apprendre à jouer de cette harpe horizontale en bois à treize cordes avant le mariage. Avant Meiji, le *koto* était réservé aux aveugles.

Le shamisen à peau de serpent d'Okinawa est arrivé à Osaka au XIVe siècle et a été adopté par les conteurs aveugles. Au Japon, les bonzes ont tendu les *shamisen* d'une peau de chat ou de chien. Le *shamisen* accompagne chants et récits de théâtre, surtout dans les théâtres de marionnettes et de Kabuki et souvent aussi les chansons populaires *(minyô).* Dans le Nord, on se sert de cet instrument à trois cordes pour accompagner des chants très rythmés *(Tsugaru Jamisen).*

Le *shamisen* accompagne de nombreux chants, et fut adopté comme musique d'accompagnement de la danse dans le théâtre Kabuki. Les longues chansons accompagnées au *shamisen,* les *Nagauta,* comptent parmi les formes les plus élaborées de musique au *shamisen.* La mélodie est en général très complexe, et les techniques variées, avec la présence d'un ou de plusieurs musiciens. Le *Naga-uta* a connu un succès prodigieux à l'époque d'Edo. Aujourd'hui, c'est un art qui prospère encore et qui est pratiqué avec passion par un grand nombre d'amateurs.

Dans les festivals, les tambours *taiko* sont les instruments de musique les plus importants. A l'origine, le tambour était utilisé dans les concerts religieux, ou pour sonner une alerte ; souvent aussi pour faire tomber la pluie ou redonner ardeur à ceux que la chaleur estivale assoupit. Les *taiko* des festivals se distinguent des tambours *tsuzumi* à la « taille » marquée. Des cloches *kane* accompagnent souvent les tambours.

Les chants

Les récitations liturgiques bouddhiques, *shômyô,* seraient à l'origine des chants populaires comme le **Dit de Heike,** et plus tard des Jôruri ou des chants du Nô. Dans les *shômyô,* deux rangées de moines se font face pour chanter des *sutra.* On peut les écouter dans les grands temples du Hôryû-ji, Tôdai-ji, Tôshôdai-ji à l'occasion des grandes cérémonies bouddhiques. Les *shômyô* et le *Gagaku* sont considérés comme les véritables sources de la musique japonaise.

L'esthétique japonaise

L'architecture, l'art des jardins, la présentation de la nourriture témoignent du sens esthétique incomparable des Japonais.

On retrouve dans l'utilisation de

l'espace à l'intérieur d'une pièce japonaise, dans le jardin ou la vitrine d'une boutique, l'idée du *vide.* L'esthétique de l'intérieur japonais révèle principalement ce concept avec l'absence de meubles, et des lignes dépouillées qui mettent en valeur un seul élément. A l'intérieur de la pièce de *tatami* d'une maison, l'alcôve — le *tokonoma* — respecte les mêmes principes, en réservant son espace à une peinture ou une calligraphie, souvent aussi à un bouquet qui lui aussi respecte les mêmes principes esthétiques. Les sanctuaires shintô, « vides » eux aussi, sont particulièrement impressionnants. Nul visiteur n'aura accès à l'intérieur des grands sanctuaires où siègent les dieux.

Le génie esthétique japonais se révèle pleinement dans la présentation : celle des paquets, toujours emballés de façon parfaite, même si l'intérieur est un défi à l'horreur ! Celle surtout de la cuisine, où la présentation des aliments est une introduction poétique et philosophique à leur assimilation. Dans tous les arts, y compris les arts martiaux, les particularités de l'esthétique japonaise se révèlent dans l'unité, la simplicité et les rituels.

Tous ces spectacles continuent à séduire et à dégager une note de sacré. Pourtant, ils contrastent violemment avec la laideur apparente qu'affiche tout le Japon dans ses villes reconstruites et informes, dans son goût pour les coiffures colorées et bouclées, son amour du toc et du clinquant évident dans ses copies vulgaires du mobilier européen.

La maison

La moyenne des habitations japonaises ne garde plus grande ressemblance aujourd'hui avec le parangon de l'architecture japonaise : le **Palais Katsura** de Kyôto où chaque pièce s'ouvre sur la nature, et où les couloirs évoquent le mouvement de l'eau dans les ruisseaux des rizières.

L'habitat des villes se charge de plus en plus de climatiseurs et d'électronique diverse, mais garde des éléments traditionnels. Les nattes de paille de six centimètres d'épaisseur, les *tatami,* qui tapissent le sol, sont l'étalon de mesure de la pièce et du logement. Les agences immobilières affichent des appartements de six *tatami,* six plus quatre *tatami,* etc., ou basent parfois leurs calculs sur les *tsubo* (un *tsubo* vaut deux *tatami*). Les dimensions en longueur et profondeur des placards à portes coulissantes *(oshiire)* sont fonction de celles des *tatami.* Les pièces sont séparées par des portes coulissantes en papier ou toile plastifiée *(fusuma)* tandis que les *shôji,* les cloisons de papier sur cadre quadrillé de bois, doublent les fenêtres et renforcent l'intimité de la maison.

On se déchausse toujours sur les *tatami.* On s'asseoit sur des coussins plats et carrés, les *zabuton,* que l'on empile après usage sous la table basse. L'habitat japonais ménage dans une pièce une alcôve, le *tokonoma.* Les meubles sont absents de la pièce japonaise. Seule la table basse au milieu de la pièce rassemble les hôtes autour d'elle dans la journée, et se range sur le côté la nuit venue, pour laisser libres les *tatami* et permettre à tous d'y étaler les *futon* (voir : « Le Japon de A à Z ») et y dormir. Les maisons traditionnelles n'utilisent d'autres couleurs que celles naturelles du bois, de la paille et du papier. Mais la plupart des logements modernes des villes sont aujourd'hui tapissés d'un revêtement intérieur plus ou moins protecteur du froid, en général dans les tons bruns, verts ou gris. Beaucoup de Japonais se mettent au confort occidental, et meublent leurs chambres de lits, ne ménageant plus qu'une seule pièce vraiment japonaise pour les hôtes.

Il faut aller à Takayama, Kurashiki, Matsue, Kanazawa et surtout Kyôto et Nara ou dans les campagnes pour trouver encore en grand nombre les maisons toutes en bois, paille et papier à l'intérieur desquelles le moindre meuble semble déplacé. Chaque préfecture conserve un patrimoine de telles maisons, mais ce sont souvent des musées ou des auberges.

L'art des jardins

Les jardins sont l'une des plus belles richesses artistiques du Japon. Ils furent longtemps l'œuvre d'une élite intellectuelle, la plupart moines ou maîtres de la cérémonie du thé. Dès la fin du XVIe siècle, ils reçurent toutes les influences de la cérémonie du thé, avec surtout les lignes d'apparence dépouillée qui sont en fait très étudiées, et l'impression de patine chère au goût *wabi* et *sabi* (voir : « Le Japon de A à Z »). Quelle que soit sa taille, le jardin japonais donne toujours l'impression d'un monde clos.

Dès les débuts de l'art des jardins, introduit au VIe siècle à partir du continent, se révèle ce souci de reproduction de la nature à une échelle miniature. Cet art se développe à l'époque Heian (794-1185), mais il ne reste aujourd'hui de ces jardins anciens que les vestiges de ceux du **Byôdô-in** à Uji au sud de Kyôto, du temple **Jôruri-ji** près de Nara et du **Môtsû-ji** à Hiraizumi.

La conception du jardin se modifia profondément avec la philosophie Zen pendant les époques de Kamakura et Nambokuchô (1185-1393), pour devenir un lieu de méditation. Dans le bouddhisme, tout ce qui compose la nature est considéré comme un prolongement de la vie humaine, et l'éveil peut être atteint si l'homme s'assimile à l'essence de la nature éphémère. Le jardin de mousse du **Saihô-ji** à Kyôto témoigne encore aujourd'hui des chefs-d'œuvre de cette époque. Six siècles n'ont rien altéré dans ce jardin composé d'un lac, d'arbres, de pierre, d'une vingtaine de mousses différentes et d'un pavillon de thé à la forme de l'idéogramme *kokoro* (« cœur »).

L'époque Muromachi correspond à l'âge d'or des jardins japonais qui atteignent un niveau artistique très raffiné sous l'influence de la pensée Zen, de l'éthique du théâtre Nô et de la cérémonie du thé. De cette époque datent les jardins du pavillon d'or **(Kinkaku-ji)**, du pavillon d'argent **(Ginkaku-ji)**, du temple **Daitoku-ji** et le très célèbre jardin sec du **Ryôan-ji** dont les roches immuables symbolisent l'éternité.

L'époque Azuchi-Momoyama (1576-1600) est celle des grands châteaux et des résidences somptueuses qui s'entourent de jardins grandioses. Mais, parallèlement, un autre style de jardin d'apparence très simple se développe sous l'impulsion du grand maître de la cérémonie du thé, Sen-no-Rikyû. Toute symétrie est bannie. Les pierres (rochers, lanternes, dallages), les arbres et l'eau en sont les trois éléments essentiels. Ces jardins vivants contrastent avec les jardins Zen où tout ce qui pousse et change avec les saisons est aboli.

L'ère Meiji voit l'apparition de jardins à l'anglaise et à la française, arrangés par des jardiniers spécialistes.

Depuis 1935, on semble revenir au style *Karesansui,* fait de symbolisme et d'éléments secs : un rocher indique une cascade, tandis que du sable blanc représente le courant d'eau, etc., et ces petits jardins sans eau se retrouvent dans plusieurs constructions modernes à une échelle beaucoup plus réduite que celle des jardins **Daisen-in** du temple **Daitoku-ji** ou **Daisho-in** du temple **Nishi-Hongan-ji** à Kyôto, autres exemples du style **Karesansui.**

Trois raffinements des sens

Inspirés tous deux du bouddhisme, la cérémonie du thé, **sadô,** et l'art du bouquet, **ikebana,** sont souvent liés et révèlent tout le goût et le savoir-vivre japonais. Le brûlage de l'encens, **kôdô,** élevé au rang d'art au Japon, s'accompagne de règles comparables à celles de la cérémonie du thé.

La cérémonie du thé

Toute la prédilection japonaise pour la simplicité et le calme dans un petit univers se cristallise dans les règles surannées de la cérémonie du thé. Au fil des ans, le thé a perdu son principe de médicament qu'il avait à l'origine pour devenir un excitant salutaire aux moines qui s'exerçaient à la méditation *Za-zen.* Les rites de la préparation du thé sont ébauchés d'abord à partir de l'époque Heian d'après le style de la Chine des T'ang, puis à l'époque Kamakura d'après le style Song. C'est un moine de la secte Zen, **Eisai,** qui introduit le thé battu au Japon, car il y voit un principe de mortification mais aussi un moyen pour arracher le *shôgun,* Minamoto-no-Sanetomo, à son penchant pour les libations. Vers le milieu du XIVe, le thé est prétexte aux jeux Tôcha que les seigneurs organisent après des agapes arrosées de saké : les *samurai* et les nobles devaient reconnaître les variétés de thé, en les goûtant au milieu d'œuvres toutes très choisies. Murata Shukô introduisit dans la cérémonie du thé les grands principes du Zen pour en faire le *sadô* ou *chadô,* la Voie du Thé. Le cadre en devenait un modeste pavillon ou plus exactement une pièce de petite dimension — *chashitsu* — décorée de tableaux aux couleurs discrètes, d'une calligraphie de moine et d'un bouquet simple. Toute cette simplicité à l'écart des mondanités exprime les sentiments japonais de *wabi* et *sabi,* liés au Zen et qui, comme le Zen, n'admettent pas d'explication.

A la fin du XVIe siècle, Sen-no-Rikyû colligea les règles du *sadô,* en définissant le style du jardin, du pavillon, du repas qui accompagne la cérémonie, la forme, la taille et le ton des bols ainsi que des ustensiles qui servent à la préparation.

En préférant des objets simples et une toute petite pièce, le *chadô* exprime son désir de s'intégrer dans la nature. Sen-no-Rikyû insista également sur le ton de respect et de modestie qui doit dominer dans la relation entre l'hôte et les invités, et entre chacun des convives. Pureté et calme dominent la cérémonie du thé aussi bien dans le rapport vis-à-vis des objets qu'on utilise (il est déconseillé de se passionner pour une pièce de céramique, par exemple) que vis-à-vis des hôtes. Parmi les disciples de Sen-no-Rikyû, Furuta Oribe a créé le style de céramique *Oribe Yaki,* et Kobori Enshû s'est rendu célèbre pour ses jardins et ses pavillons, notamment celui réservé au thé de la villa impériale Katsura à Kyôto. Les petits-fils de Sen-no-Rikyû créèrent deux écoles différentes de cérémonie du thé qui sont toujours aujourd'hui les plus importantes : Omote Senke et Ura Senke.

La plupart des jeunes filles japonaises apprennent toujours patiemment l'art de la cérémonie du thé pendant de longues années, à raison d'une leçon par semaine. Tous les ustensiles utilisés sont considérés comme des objets d'art : le bol de thé, *chawan,* le pot qui contient l'eau fraîche, *mizusashi,* les étagères de laque, les calligraphies, etc.

La cérémonie du thé revêt divers styles, et peut durer jusqu'à quatre heures si elle inclut un repas. L'hôte *(teishu)* accueille d'abord les invités dans le jardin et au pavillon, leur sert de la cuisine *kaiseki,* suivie généralement d'un gâteau. Une pause est alors observée qui permet aux invités d'admirer le jardin, et à l'hôte de nettoyer la pièce, changer le tableau, le bouquet, etc. Un coup de gong annonce le service du thé. On sert d'abord un thé épais, le *koicha* préparé à partir d'une poudre et battu en mousse avec de l'eau légèrement refroidie et un fouet de bambou. L'invité s'incline avant de prendre le bol dans la paume de sa main gauche, de le faire tourner d'un quart et de le porter à ses lèvres avec l'aide de la main droite, puis d'en aspirer une gorgée. On lui sert ensuite un thé léger *usucha.*

Voilà comment cela se passe... en théorie ! En pratique, les cérémonies du thé auxquelles les touristes sont conviés dans les jardins des musées de Tôkyô ou dans les grands hôtels sont réduites à la seule phase *usucha,* ce qui, de l'aveu de nombreux voyageurs français, est largement suffisant !

L'arrangement floral

Ikebana et **chanoyu** sont volontiers associés. Ils partagent le même héritage Zen et on se plaît même à faire naître l'art du bouquet dans la petite maison du célèbre Pavillon d'Argent de Kyôto réservée à la cérémonie du thé. Le rite des offrandes de fleurs au Bouddha s'est mû d'abord, à la fin de l'époque Heian et à l'époque Kamakura, en offrandes de bouquets présentés comme des constructions abstraites à trois dimensions. Mais c'est au XVe siècle, sous le gouvernement du shôgun Ashikaga Yoshimasa, que l'art du bouquet trouve sa consécration. Les grands maîtres de cet art sont des bonzes. *Ikenobô Senkei* se distingue par certaines subtilités qui caractérisent encore aujourd'hui l'école qui porte son nom. D'après les paroles d'*Ikenobô Senshin,* l'art du bouquet est une représentation d'un aspect de la nature qui indique les principes de l'univers. A la fin du XVIe siècle, à l'époque Azuchi-Momoyama, apparaît, ménagée dans une paroi de la pièce japonaise, l'alcôve *tokonoma* que l'on réserve pour placer l'*ikebana.* L'*ikebana* a perdu l'aspect luxueux et grandiose qui le caractérisait à l'époque de la Renaissance japonaise, avec la cérémonie du thé. Au milieu de l'époque Edo, l'art du bouquet se popularise. Une nouvelle école *Seika* simplifie le style *Rikka* des fleurs dressées vers le Ciel, et succède au courant Zen des bouquets de la cérémonie du thé.

L'*ikebana* perd créativité et popularité à la fin de l'époque Edo et retrouve sa place dans l'éducation des femmes au début du siècle lorsque le Japon vit sous les slogans nationalistes. L'école *Ohara* enseigne le style *Moribana,* en utilisant des fleurs occidentales de couleurs vives. Le bouquet représente un paysage réaliste, à l'image des dessins de paysages sur plateau, les *bonkei.* D'un autre côté, l'école *Adachi* répand le style *Nageire* des fleurs disposées plus librement, d'expression plus naturelle. L'après-guerre, surtout avec le maître **Teshigawara** qui a fondé l'école *Sôgetsu,* révolutionne le monde de l'*ikebana* avec l'introduction d'objets non vivants comme le fer, le verre, le plâtre qui donnent aux bouquets un caractère d'avant-garde qui tranche avec les *ikebana* traditionnels où l'on représente quelque chose d'éternel et immuable avec des fleurs vivantes, mortelles et fragiles. L'*ikebana* d'aujourd'hui est devenu un art ou une technique de décoration qui trouve toujours sa place dans un intérieur même si les *tokonoma* disparaissent. C'est aussi et surtout un savoir-vivre.

L'*ikebana* compte jusqu'à 3 000 écoles différentes. Mais ce sont les capacités créatrices de l'artiste lui-même qui demeurent les plus importantes dans la réalisation du bouquet. On respecte toujours quelques principes de base comme couper la fleur ou corriger son inclinaison. Dans le bouquet, trois lignes essentielles se dégagent qui forment le triangle du ciel, de l'homme et de la terre.

Le brûlage de l'encens

Kôdô, le brûlage de l'encens dans un encensoir approprié, semble être une pratique ancienne chinoise. A l'origine, on brûlait l'encens en offrande au Bouddha. Puis l'aristocratie, qui pouvait se procurer des résines tropicales et différents bois exotiques, se plut à cultiver cet art qui se répandit dans les classes moins favorisées en même temps que la cérémonie du thé et l'art du bouquet.

Le brûlage de l'encens reste aujourd'hui extrêmement onéreux. Sur demande, certains maîtres de la cérémonie du thé peuvent enseigner cet art. Les encensoirs sont pour la plupart en bois importé d'Asie du Sud-Est, et coûtent excessivement cher à cause du traitement qu'ils exigent pour pouvoir supporter le brûlage. On utilise plusieurs de ces encensoirs pendant la cérémonie.

Pour le brûlage à proprement parler : on place quelques cendres légères dans un encensoir de forme conique. On y ménage un trou pour y placer une braise de charbon. Le tout est surmonté d'un morceau de mica. L'encens posé sur le dessus ne doit dégager aucune fumée, mais répandre tout son parfum. Le brûlage de l'encens peut devenir un jeu : deviner par l'odeur les variétés d'encens brûlés.

La peinture japonaise

Les premières peintures japonaises décorent les parois de pierre des tombes des empereurs du VIe siècle. Ce sont des motifs géométriques peints à l'ocre qui forment des compositions magiques ou des motifs animaliers et anthropomorphiques. Même si ces peintures sont de style très nettement coréen, elles témoignent par certains emprunts chinois des forts liens qui unissaient le Japon avec le continent.

Les premières peintures bouddhiques

Le temple **Hôryû-ji** de Nara abritait sans doute les premières peintures bouddhiques japonaises qui révèlent des influences indiennes et chinoises. Du VIIe siècle également datent les premiers rouleaux enluminés — *emakimono* — qui furent d'abord importés du continent puis imités par les Japonais. Les peintures exécutées au registre supérieur illustrent le texte du *sutra* écrit au registre inférieur. Les scènes de ces peintures sacrées dépeignent la vie quotidienne de l'aristocratie de Nara, calquée sur celle de la capitale chinoise de Chang an.

Les expositions du trésor du **Shôsô-in** (voir : « Le Japon de A à Z ») montrent chaque année en octobre des objets richement décorés de la vie courante du VIIe siècle, ainsi que des portraits des beautés de l'époque.

L'introduction des sectes Tendai et Shingon du bouddhisme ésotérique au IXe siècle marque un tournant dans l'art japonais. Les premiers *mandala* (représentation de l'univers) rapportés de Chine sont copiés à plusieurs reprises sur des panneaux de soie, puis en 951 sur les piliers de la pagode du **Daigo-ji** à Kyôto.

La foi en Amida, Bouddha sauveur, qui accueille les âmes dans son Paradis de l'Ouest, la Terre pure, se répand parmi la noblesse du XIe siècle. L'intérieur du pavillon du Phénix, dans le temple du **Byôdô-in,** à Uji, au sud de Kyôto, est décoré de merveilleuses peintures représentant le Bouddha Amida accompagné de son cortège de *bodhisattva* musiciens et danseurs qui descend sur terre accueillir le mourant. Quelques autres chefs-d'œuvre comme les peintures de la mort de Sakyamuni *(Le Nirvana)* sont conservés au musée national de Tôkyô avec les portraits des fondateurs des grandes sectes.

Finesse et douceur caractérisent l'art bouddhique du XIIe siècle. Raffinement dans le choix des couleurs, technique du *kirikane* (or découpé) employée pour souligner d'or les motifs des vêtements, c'est ce que l'on retrouve dans *Samantabhadra,* la peinture de Fugen Bosatsu, monté sur un éléphant blanc.

Les peintures à l'encre de Chine

Le XIIe siècle voit l'avènement au pouvoir de la classe des guerriers et l'installation du gouvernement militaire à Kamakura, tandis que l'empereur et sa cour restent à Kyôto.

A la cour de l'empereur, on préfère les rouleaux enluminés aux sujets profanes, alors que les *samurai* préfèrent les peintures monochromes à l'encre de Chine, d'inspiration Zen. La peinture religieuse de l'époque de Kamakura se montre légèrement plus réaliste. Avec le développement de l'Amidisme, les peintures de *Raigô* se multiplient.

Les Emakimono

La peinture se japonise surtout dans les rouleaux enluminés. Le plus bel exemple est sans nul doute le *Genji Monogatari emaki* ou « rouleau enluminé du Dit du Genji » réalisé vers 1120-1140. Le choix des scènes et des couleurs fait ressortir le climat de ce roman sentimental. Les rouleaux enluminés du Genji sont actuellement partagés entre le musée Tokugawa de Nagoya et le musée Gotô de Tôkyô. Ce dernier expose les cinq rouleaux qui sont en sa possession chaque année au mois de mai.

Les sujets traités dans les rouleaux enluminés sont nombreux et nous permettent d'imaginer la vie de l'aristocratie et des gens du peuple de cette époque. Les maladies n'épargnent ni les uns ni les autres, et les rouleaux des enfers épouvantent les âmes torturées dans cette société si bouleversée de la fin du XIIe siècle.

L'art du portrait

Le peintre Fujiwara Takanobu (1142-1205) inaugure l'art du portrait réaliste ou *Nise-e,* dont son fils Fujiwara Nobuzane devient maître avec les *« Portraits des 36 poètes ».* De Fujiwara Takanobu, les portraits de Yoritomo et Shigemori sont devenus classiques pour le public français avec les descriptions enthousiastes d'André Malraux.

La peinture Zen

C'est au cours des XIIIe et XIVe siècles que la peinture monochrome venue de la Chine des Song se développe. Peu appréciée en Chine, la peinture monochrome de la secte méditative Zen trouve ses adeptes au Japon. Elle séduit les guerriers par sa rigueur et son spiritualisme. Les moines Zen japonais se rendent en Chine, s'initient aux techniques du lavis *(sui boku ga)* et rapportent plusieurs rouleaux de leurs maîtres. Ce n'est qu'au XIVe siècle que la peinture Zen des Song et des Yuan s'implante au Japon.

L'époque Muromachi

Après avoir essayé de restaurer le pouvoir impérial, l'empereur Go-Daigo est renversé en 1336 par Ashikaga Takauji. Le gouvernement des Ashikaga durera jusqu'en 1573, et est retenu sous le nom d'époque Muromachi. Après les peintres **Kaô** (portrait de Kanzan), **Jôsetsu** (parabole du pêcheur qui essaie d'attraper un poisson-chat avec une calebasse) puis **Shûbun,** c'est **Sesshû** (1420-1506) qui le premier exprime sa personnalité. Son coup de pinceau est précis, ferme. Un sentiment de verticalité domine l'ensemble de sa peinture. La peinture au lavis s'étend à l'aristocratie à partir de la seconde moitié du XVe siècle.

La famille des Ami et celle des Kanô nous ont laissé de remarquables paysages, le plus souvent réalisés sur des paravents ou des portes coulissantes de temples (voir surtout le **Myôshin-ji** et le **Daitoku-ji** à Kyôto). Ces grandes compositions marquent la totale assimilation et le dépassement de la peinture Song et Yuan.

L'époque Momoyama

Après une série de guerres civiles intestines qui ravagent Kyôto, Oda Nobunaga s'empare du pouvoir en

1568. Il fait de **Kanô Eitoku** son peintre officiel et lui confie la lourde tâche de décorer son château d'Azuchi (détruit malheureusement en 1582). Toyotomi Hideyoshi succède à Oda Nobunaga. L'époque Momoyama, du nom du dernier château de Toyotomi, est celle des châteaux décorés, des peintures polychromes réalisées sur fond de feuilles d'or. Le thème le plus fréquent est celui du pin et de l'oiseau, symboles de longévité.

L'époque d'Edo

Après la prise du pouvoir par Tokugawa Ieyasu et le transfert de la capitale à Edo (Tôkyô), ce sont toujours des peintres de l'école des Kanô qui décorent les palais dont celui de Nijô à Kyôto. Mais les motifs se figent, l'espace à peindre est de plus en plus grand, la création fait place à l'académisme.

Les premiers missionnaires chrétiens avaient apporté avec eux en 1549 des peintures à l'huile et les statues de leurs églises. Ils formèrent des ateliers et initièrent les Japonais à ces nouvelles techniques. On retrouve dans les *Nanban byôbu* ou « paravent des barbares du Sud » les tâtonnements de ces peintres qui s'essaient au clair-obscur ou à la perspective, et sont les premiers témoins de la rencontre Japon-Occident.

L'époque d'Edo est aussi marquée par le génie des deux peintres Sôtatsu et Kôrin. **Sôtatsu** fonde en 1615 un village sur son domaine de Takagamine et y rassemble artistes et artisans. Lui et le calligraphe **Kôetsu** réalisent des rouleaux enluminés qui comptent parmi les plus belles œuvres de la peinture japonaise. C'est à son successeur **Kôrin** que l'on doit le célèbre *Paravent au prunier rouge et au prunier blanc* conservé au musée d'Atami (entre Tôkyô et Nagoya), ainsi que de splendides céramiques. Ses œuvres témoignent de l'élégance des débuts du XVIIe siècle.

Les estampes Ukiyo-e

Un nom, celui d'Iwasa Matabei, est généralement associé à l'origine obscure de l'*Ukiyo-e,* peintures du monde flottant. Pour répondre au goût des marchands, la nouvelle classe puissante, les peintres, qui doivent satisfaire des commandes de plus en plus nombreuses, simplifient les thèmes et ne représentent que de belles dames aux kimonos de soie et de brocart. Dès le milieu du XVIIe siècle, les gens de la bourgeoisie désirent acheter des peintures. On utilise alors le système de l'estampe réservé à l'illustration de livres. C'est **Motonobu** aux estampes noires et blanches et aux femmes souples qui triomphe. La technique s'améliore, la couleur apparaît. Après un siècle, cet art atteint la perfection et c'est **Suzuki Harunobu** qui lance les premières estampes à sept ou huit couleurs. **Kiyonaga** assemble plusieurs feuilles pour obtenir une composition plus grande et **Utamaro** (1753-1806) immortalise la silhouette féminine et inaugure l'art du portrait dont **Sharaku** se servira pour ces portraits inoubliables des acteurs de Kabuki.

Après les peintures des femmes des quartiers de plaisir, des acteurs, l'estampe fixe des paysages. **Hokusai** peint des vues du mont Fuji et **Hiroshige** publie sa fameuse série des cinquante-trois estampes du Tôkaidô. Artiste plein de poésie, ses estampes empreintes de douceur et de sensibilité le rattachent aux peintres de l'époque de Heian.

Mais l'art des estampes se perd, les couleurs deviennent plus criardes, les tirages plus importants et la qualité moins bonne. C'est pourtant à cette époque que les impressionnistes les découvrent et s'en inspirent. Délaissées par les Japonais qui les redécouvrent maintenant, il ne se passe pas de mois à Tôkyô sans qu'un grand magasin ne leur consacre une exposition toujours remarquable.

Les XVIIIe et XIXe siècles voient naître plusieurs tendances. Certains peintres influencés par la Chine peignent dans le style des peintres lettrés du Sud, dans la technique du Nanga assimilée par **Ike no Taiga** et **Yosa Buson. Uragami Gyokudô** se distingue par son originalité et lance les pinceaux sur le papier.

L'influence occidentale

1868 : le Japon s'ouvre à l'Occident. La peinture japonaise, *nihonga,* influencée d'abord par les impressionnistes, voit des peintres comme **Yamamoto Kanae** ou **Asai Chû** produire des toiles d'inspiration européenne. **Kishida Ryûsei,** qui utilise les mêmes techniques, fait une série saisissante de portraits de sa fille. Après la Seconde Guerre mondiale, les expositions de Picasso, Matisse, Braque, d'abord, impressionnent le public japonais. Les œuvres de Hans Hartung, Pierre Soulages sont ensuite une véritable révélation. C'est après 1960 que les œuvres des peintres modernes japonais **Munakata, Okada** ou **Dômoto** attirent les Européens et reflètent les courants créatifs internationaux. L'abstrait, le pop'art, l'art conceptuel, l'art cinétique sont aussi des mouvements japonais qui ne se différencient pas de ceux des autres cultures. Les techniques modernes ont permis de dépasser tradition et nationalité.

L'art de la céramique

L'art des potiers japonais et l'importance de la céramique dans la vie quotidienne du pays sont connus à travers le monde entier. La cérémonie du thé et sa prédilection pour les objets sobres ont consacré les fours anciens de poterie non vernie comme **Tokonabe, Echizen, Bizen** et **Tamba.** La terre de Shigaraki, riche en sable, mais faible en teneur de fer, permettait aussi une poterie de couleur crème qui convenait tout à fait à l'atmosphère de la cérémonie du thé.

La céramique japonaise se caractérise par le maintien des traditions d'une région et d'un four plutôt que d'un maître. D'une poterie, on retient d'abord le nom de la région où elle est tournée avant celui du maître qui l'a signée. Chaque région se distingue aussi par sa terre, les techniques utilisées et les produits fabriqués.

De l'époque Momoyama à l'époque Edo, six grandes régions marquent le développement de la céramique japonaise :

Les **Mino-Yaki,** dans les fours de *Shino, Kiseto, Setoguro, Oribe* dans la préfecture de Gifu, représentent le courant de la mer Intérieure et produisent de la vaisselle pour la cuisine, servie à la cérémonie du thé. De nouvelles techniques se développent, comme celle du vernis noir que l'on obtient en refroidissant la poterie brusquement après la cuisson, celle du vernis blanc à Shino, ou du vernis vert bronze à Oribe. Une autre technique consiste à mélanger deux espèces de terre.

Les **Iga-Yaki,** dans la préfecture de Mie, fournissent les objets de la cérémonie du thé. Les formes sont uniques avec un vernis naturel qui provient des composants du verre, et qui donne aux pièces une surface brillante d'un aspect brûlé noir au pied.

La céramique de *Shigaraki* et *Bizen* reflète le goût de la sobriété. Bizen surtout reste célèbre pour ses *mizusashi* (pots pour garder l'eau qui servira au thé) et Shigaraki pour ses vases à fleurs. Dans le dernier quart du XVIe siècle, les Raku-Yaki les supplantent quelque peu en répondant au goût de Sen no Rikyû.

Les **Raku-Yaki** ajoutent à la sobriété une note sauvage. C'est un maître de la cérémonie du thé, qui commence à créer ses propres bols dans les tons noirs et gris. On pense que ce sont les bols *raku* qui ont inspiré les céramiques noires de *Seto,* fabriquées à *Mino.*

Le Kyûshû, principalement le Nord autour de *Karatsu,* et le Sud avec *Kagoshima,* est une région extrêmement riche en poterie. De même que pour *Hagi,* l'influence des maîtres potiers coréens, ramenés de Corée par Toyotomi Hideyoshi, au retour de son expédition militaire (1592), a été décisive pour donner son profil actuel à la poterie de *Agano* (préfecture de Fukuoka), de *Takatori* (Fukuoka-Koishiwara) et de *Karatsu* (avec ses prolongements vers *Arita, Imari, Takeo-Ureshino*) et de *Satsuma* (préfecture de Kagoshima).

Les potiers coréens apportent avec eux des techniques inconnues de vieux potiers du Kyûshû. D'abord le four à chambres multiples, communiquant entre elles, construit « en escalier ». Il permet une économie de combustible très appréciable, et surtout une cuisson diversifiée. On viendra de la lointaine province de Seto étudier la manière de construire ces fours géants (jusqu'à 33 chambres). Les maîtres de thé (Furuta Oribe, Kobori Enshû) visiteront Karatsu et Agano. Grâce à leur direction, les objets pour la cérémonie du thé cuits à Karatsu se hausseront à un très haut niveau artistique. Ils seront classés immédiatement derrière Raku-Yaki et Hagi-Yaki.

Karatsu est connu surtout à cause des *E-Garatsu,* avec ses dessins bruns très simples à l'oxyde de fer (une tige de riz, quelques brins d'herbe inclinés par le vent, un oiseau...) qui contrastent agréablement avec le biscuit de terre grise un peu rude. Mais il ne faut pas oublier *Chôsen-Garatsu,* dont les teintes allant du blanc au marron foncé en passant par le bleu et le vert clair permettent des décorations « en paysage », montagne, cascade, rochers, etc. ; *Madara-Garatsu* et sa glaçure épaisse, blanche, qui prend une belle couleur crème en vieillissant ; *Kuro-Garatsu* (noir profond) dont les vases à fleurs sont très prisés ; *Yaki-Shime,* sans glaçure, abandonné comme à Bizen aux caprices de la flamme du four. Au milieu de toute cette terre tournée et cuite d'une manière un peu « sauvage », une exception : *Mishima-Garatsu,* remarquable par la délicatesse de ses motifs imprimés à l'aide de minuscules tampons sur un biscuit brun ou rose-jaune de terre très fine. Tous ces styles ont certes leur origine dans la poterie coréenne, mais ils ont acquis ici une sorte de perfection, ou de « non-perfection » voulue, une chaleur dans l'expression, qui sont bien japonaises.

Avec Arita, mais aussi Mikawachi (préfecture de Nagasaki : Hirado-Yaki), Okawachi (Nabeshima-Yaki) et Hasami, le Kyûshû se classe au premier rang pour la porcelaine, tant pour la quantité que pour la qualité. Dans le seul village d'Arita, plus de trois cents fours cuisent la porcelaine. Cette production énorme « en série » a un seul intérêt : elle est extrêmement bon marché. Mais elle ne doit pas nous faire oublier les trois grands maîtres Gen-Emon, Ima-Emon et surtout Kaki-Emon qui cuisent des porcelaines avec motifs peints au cobalt *(Sometsuke),* des « trois couleurs » *(San-sai)* et des « cinq couleurs » *(Go-sai).* Plusieurs autres potiers continuent de travailler au tour et de peindre délicatement au pinceau. Ils sont vraiment les héritiers de techniques de la grande porcelaine du XVIIe siècle, qui a fait d'Arita un symbole.

C'est peut-être en 1616 que la première porcelaine a été cuite à Arita dans le four de *Tengu-Dani.* La découverte d'une carrière de calcaire à Izumiyama, au centre d'Arita, vers 1605, avait encouragé la recherche sur la cuisson de la porcelaine. Le succès se fit attendre dix ans, mais ensuite, en quelques années, toute cette région, abandonnant la terre, se convertissait à la porcelaine. Connue en Europe, la porcelaine d'Arita, moins d'ailleurs le *Sometsuke* que les *San-sai* et *Go-sai* multicolores, va prendre le chemin de la Hollande et de l'Allemagne, chargée à Imari, sur les bateaux de la Compagnie des Indes néerlandaises. Ainsi va se développer un « art » exotique fait pour plaire aux Européens, et que ceux-ci prendront pour une chose authentiquement japonaise, « art » né du commerce et d'un malentendu. Il ne faudrait pas le confondre avec celui du *Sometsuke* chinois puis japonais, dont la haute qualité et le charme discret restent la gloire d'Arita.

Dans la préfecture d'Ishikawa, non loin de Kanazawa, les couleurs vives des **Kutani-Yaki** rappellent certains dessins des Arita-Yaki.

A Kyôto, les potiers de Kiyomizu maintiennent également une tradition ornementale, avec des dessins plus variés.

Tamba, Shigaraki, Echizen, Tokonabe, Bizen et *Seto* sont les fours les plus anciens du Japon, où l'on trouvera des poteries de plus de 1 000 ans. Mais le Kyûshû, les environs de Kyôto, la côte de la mer du Japon (dans les préfectures de Shimane et Tottori), et le Chûbu (avec Takayama et Kutani) sont aussi des régions de forte densité de fours et de trésors nationaux.

Les arts martiaux

Les arts martiaux se développèrent au Japon à la fin du XIIe siècle avec la classe des *samurai.* Mais bien avant l'épanouissement de ces arts, plusieurs jeux et sports étaient très populaires et sont encore pratiqués avec une connotation religieuse. Parmi ces derniers, la fauconnerie *(takagari)* et la forme ancestrale du football *(kemari)* furent introduites de Chine. Le tir à l'arc à cheval *(yabusame)* remonte au VIIe siècle. Le plus japonais de tous ces sports est le *sumô,* lutte spectaculaire de deux géants précédée de tout un rituel, et dont les premiers championnats eurent lieu devant l'empereur en l'an 200 avant notre ère.

Les « arts » — en japonais, *jutsu* — de l'épée *(Ken-jutsu),* de la souplesse *(Jû-jutsu),* du tir à l'arc *(Kyû-jutsu)* sont devenus officiellement des « voies » — en japonais, *dô* — en 1926 *kendô, jûdô, kyûdô,* etc. Ils furent interdits pendant l'occupation américaine à cause de leur caractère militaire, mais reprirent un essor remarquable après 1950. Kendô, jûdô, kyûdô et aikidô ont tous dépassé les techniques d'autodéfense pour s'élargir à des disciplines de coordination du corps et de l'esprit. Néanmoins, seul l'*aikidô* est pratiqué sans but de compétition et peut se définir comme une recherche de l'harmonie plutôt que comme technique sportive.

Le jûdô

Le jûdô est le sport de combat le plus populaire du Japon. Il a été consacré sport officiel lors du premier championnat national de 1930, et, en 1964, il figurait aux jeux Olympiques. Depuis 1978, les femmes peuvent participer à des compétitions publiques. Le principe est de ne pas s'opposer à la force de l'adversaire, mais d'utiliser sa force à son propre avantage. Le jûdô est né à la fin du XIXe siècle d'une symbiose d'éléments de *jyû-jutsu,* d'éducation morale et de principes d'autodéfense. L'échelle des couleurs commence à la ceinture blanche et passe par le jaune, l'orange, le vert, le bleu et le marron avant de finir avec le noir. La ceinture noire ouvre la porte aux *dan.* Les 6e, 7e et 8e *dan* portent une ceinture blanche et rouge. Le Japon, pour le moment, n'a connu que dix 10e *dan* de jûdô.

Le karate

La technique du combat à main nue, le karate, est pratiquée par une majorité de garçons. La vitesse de l'attaque et le choix du moment opportun sont aussi déterminants que la technique elle-même, puisque le karate se défend par l'attaque.

L'entraînement du karate comporte beaucoup d'exercices de *kata* pour entraîner les poignets, les avant-bras, les coudes, le dos des mains, les jambes, les orteils, les genoux, les fesses, le front et la nuque. Cette technique de combat avec la main est née en Chine et s'est développée à Okinawa au XVIe siècle, alors que le port des armes était interdit dans tout le royaume des Ryû-Kyû. L'entraînement portait sur les *kata,* les techniques d'attaque et de défense, mais on ne s'affrontait pas dans les matchs. A la fin de l'époque Meiji, le karate s'était développé dans tout le Japon. Avec les *kata,* on s'entraînait aussi à une simulation de combat jusqu'à arrêter les coups juste avant qu'ils ne portent. Les grands maîtres du karate soulignent son côté spirituel et présentent la « technique de la main nue » comme l'art de l'homme vertueux.

Le kendô

Le kendô met l'accent sur l'assiduité, la compréhension, l'entraînement, le respect des supérieurs et, surtout, la patience. La lame de fer a laissé la place à un sabre en bambou, le *shinai*, mais les adeptes du kendô passent pour être aujourd'hui les héritiers du code de valeurs morales du *samurai*. Le kendô est pratiqué non seulement dans les lycées et universités, mais les mairies et les préfectures possèdent leur *dôjô* d'entraînement au sol de parquet poli.

L'apparition du kendô au Japon remonte à l'époque des *Kofun*, au moment de l'introduction des armes métalliques. Les lois se sont modifiées avec le temps. A l'époque d'Edo, on s'attache au côté spirituel et on écrit des textes qui en soulignent les valeurs confucéennes et Zen. A partir de Meiji, le kendô devient officiellement obligatoire dans les écoles de garçons. Depuis, les compétitions se multiplient.

L'adepte du kendô s'entraîne en *keikogi* (chemise croisée) et en *hakama* (pantalon très ample en forme de jupe). Son équipement se compose d'un masque métallique *(men)*, d'un *dô* qui protège la cage thoracique, d'un *tare* que l'on ceint autour des reins et qui protège le bas-ventre, et d'épaisses moufles.

Les huit points stratégiques se situent de part et d'autre de ces protections : en haut, en bas, à droite et à gauche du *men*, aux poignets, et de part et d'autre du *dô* autour de la cage thoracique.

Cinq techniques de base sont utilisées dans l'art du kendô, qui permettent de déterminer le vainqueur d'un combat.

Quelques associations de kendô comportent une section de *Iai-jutsu* qui permettent de savoir tout sur la technique du dégagement du sabre de son fourreau. Tout est dans le cri que l'on hurle en dégainant le sabre. Le *Iai-jutsu* prospère à l'époque d'Edo, mais avec la fin des *samurai* il devient davantage un spectacle qui permet d'attirer les badauds et de profiter du rassemblement pour vendre.

Le kyûdô

L'entraînement au tir à l'arc, *kyûdô*, commence dès la fin de l'école primaire. D'après la maîtrise que l'on acquiert de la technique, d'après son âge, on peut modifier la tension de l'arc.

Le kyûdô d'origine ancienne a connu des heures de gloire à l'époque Kamakura, lorsque les *samurai* se distinguaient par leur habileté à l'arc et à monter à cheval. D'autre part, l'arc, symbole de pouvoir, a longtemps été lié aux cérémonies religieuses.

L'arc du kyûdô est fait de bois et de bambou, et mesure plus de deux mètres. Si, auparavant, on plaçait les cibles à l'extérieur et on tirait les flèches de l'intérieur, les compétitions ont lieu, pour la plupart, aujourd'hui en salle. Chaque participant tire entre 10 et 20 flèches. Les clubs de kyûdô des universités attirent surtout les jeunes filles.

L'aikidô

L'*aikidô* se pratique sans armes. Les techniques de neutralisation s'appuient sur la connaissance des points faibles du corps — notamment le poignet et le coude — et mettent l'accent sur un mouvement circulaire particulièrement souple. L'aikidô se réfère constamment au *hara*, le centre de gravité considéré comme un point de concentration de l'énergie, et au *ki*, l'énergie intérieure, qu'on traduit aussi par « force » ou « souffle de vie ». L'aikidô se pratique dans un *dôjô*, ou plus exactement dans une de ses vastes salles rectangulaires ou carrées, tapissées de *tatami*. Chaque côté de cette pièce porte un nom particulier lié à ses fonctions : le kamiza est marqué par la photo du fondateur de l'aikidô ou par une calligraphie. C'est la partie réservée aux maîtres. Le *shimoza* où se tiennent les élèves fait face au *kamiza*.

L'attitude de tous, élèves, maîtres ou visiteurs, à l'intérieur du *dôjô* est marquée par un profond respect. On s'incline toujours devant les *tatami* du *dôjô*, et devant la photo du fondateur, comme on salue le maître au début et à la fin de l'entraînement.

Le *dôjô* d'aikidô de Tôkyô a été ouvert en 1927 par **Ueshiba Morihei**, élève du maître Takeda, à qui l'on doit d'avoir relancé cet art après huit siècles de faible rayonnement. Aujourd'hui, l'aikidô est obligatoire dans certaines écoles japonaises à titre d'exercice physique. A côté de l'*aikikai* reconnue par le gouvernement, d'anciens élèves du maître Ueshiba ont fondé leurs propres écoles. Le niveau élémentaire d'aikidô est celui de 6e *kyû*. Jusqu'au premier *kyû*, l'élève porte une ceinture blanche. Ce n'est qu'à partir du rang de *dan* que l'élève peut porter le *hakama* (pantalon très ample en forme de jupe) et la ceinture noire. Le grade le plus élevé est celui de 9e *dan*.

Renseignements pratiques

Voyager au Japon

Beaucoup de visiteurs arrivent dans l'archipel avec une idée précise en tête : ils viennent voir au Japon ce qu'ils connaissent un peu ou croient connaître dans la gamme des arts martiaux, artisanat, religions ou records industriels et commerciaux. Plus rares sont ceux qui sont prêts à découvrir la variété des îles de ce pays, ses parcs naturels, son relief volcanique, ses rizières et ses côtes, son folklore et ses festivals. De leur côté, les Japonais sont aussi fiers de leurs trésors qu'ils sont conscients de la particularité de leur mode de vie. Toute leur gentillesse et leur sollicitude se plieront en quatre pour aiguiller l'étranger qui vient du dehors (le *gaijin*), qui ne comprend ni la langue ni les signes, sur ce qu'ils croient être la bonne voie, et qui est en fait une autoroute à touristes.

De la plaine de Tôkyô jusqu'à Hiroshima, en suivant la côte et les rails du super-express *Shinkansen,* en passant par Kyôto-Nara, on attend le touriste en lui indiquant les gares et quelques directions en anglais, et en lui faisant grâce souvent de l'hébergement à la japonaise. 90 % des touristes de l'archipel ne hasardent pas le pied hors de cet itinéraire qui combine habilement Japon d'hier et d'aujourd'hui et où le touriste trouve son compte de temples et de trésors à Kyôto, Nara et Kamakura, mais peut repartir aussi avec quelques bonnes images de pollution et de bétonisation, sans oublier les clichés des records techniques.

Pourtant, c'est dans les campagnes et les îles les plus reculées qu'on vivra le vrai Japon, avec la gentillesse extrême des insulaires qui n'a d'égal que leur humilité. De plus, l'hospitalité, la maison et l'alimentation japonaises sont certainement parmi les plus grands délices du voyageur qui découvre ces îles et qui se risque dans le territoire gardé des signes. Dans ces terres plus réservées, on appréciera, en plus de la chaleur de l'accueil, les auberges où l'on dort au ras du sol, le *furo,* bain japonais collectif, et la cuisine locale, même si le café du petit déjeuner prend des formes de prune salée, de soupe à base de *miso,* de thé vert, de riz et d'œuf cru. En fait, à côté des auberges japonaises (*ryokan, minshuku* et *kokumin shukusha*), il y a toujours des *business hotel* et des *youth hostels,* qui ont toute la fadeur d'un confort simple et international.

Le voyageur qui a l'habitude des pays dont il ne comprend pas la langue se repérera très facilement dans l'île la plus isolée de l'archipel après une très courte période d'adaptation aux signes clés qui permettent de manger, de dormir et de s'orienter. Pour les autres, les démarches seront sans doute plus laborieuses, mais **jamais un étranger ne sera perdu au Japon.** Au comble de l'agacement au milieu des signes indéchiffrables, il suffira d'attendre sur place (en général très peu de temps) pour qu'un Japonais vienne

spontanément au secours du plus désespéré et l'aide à retrouver orientation et confiance. Depuis 1983, le système de « **Japan Travel Phone** » permet en outre, d'appeler en P.C.V. de n'importe quel endroit du Japon, les offices de tourisme de Tôkyô (Tél. 502-1461) et Kyôto (Tél. 371-5649). Entre 9 h et 17 h, tous les jours de l'année, les chiffres magiques à composer sont :
— 0120-222-800 pour l'Est du Japon ;
— 0120-444-800 pour l'Ouest.
Où que vous soyez, le T.I.C. saura vous dépanner (en anglais).

Cette entraide japonaise, ajoutée à l'excellence du réseau téléphonique qui n'épargne que ceux qui le désirent vraiment, constitue à la fois une garantie de sécurité et un encouragement à quitter les routes touristiques trop fréquentées.

On déconseillera les voyages organisés à la japonaise aux voyageurs français. Au contraire, tous les déplacements individuels (voiture de location, moto, bicyclette ou auto-stop) permettent une indépendance très appréciable, pour découvrir les plus beaux sites et surtout toutes les routes de montagnes.

Il est impossible de séjourner au Japon, sans faire l'expérience du groupe. Les jeunes Japonais qui prennent seuls les routes de l'archipel existent, mais ils sont encore peu nombreux et ils suscitent toujours l'étonnement de leurs compagnons du même âge, qui préfèrent le chaperon et la distraction d'un ou deux camarades du même sexe. Plus redoutables sont les voyages organisés par les entreprises, ainsi que les voyages scolaires de fin d'année, puisqu'ils mobilisent plusieurs centaines de personnes. Ces voyages de groupe se répètent toujours aux mêmes époques et aux mêmes endroits.

Les principaux endroits de prédilection sont : Kyôto, Nara, Hakoné, Kamakura, Nikkô ; les « trois plus beaux sites » : Matsushima, Amano-Hashidaté et Miyajima, ainsi que les grands lieux de la poterie, les sanctuaires et les temples les plus célèbres.

Quant à l'époque, on préfère les vacances scolaires de mars, les cerisiers d'avril, les congés scolaires de l'été et les couleurs éclatantes de l'automne. D'autre part, les Japonais ont davantage de jours fériés que les Français, et les Tokyoites profitent volontiers des fins de semaines prolongées pour s'éloigner vers un air pur ou respirer des bouffées de nostalgie de leur campagne natale. Les jours de congés s'ajoutent de façon très tentante pour le nouvel an (28 décembre - 5 janvier) et la « Golden Week » (29 avril - 5 mai) qui englobe l'anniversaire de l'empereur, celui de la constitution et la fête des petits garçons. Il est extrêmement rare qu'un Japonais reste éloigné de sa maison natale pour le nouvel an, ainsi que pour la fête d'O-Bon (jour des morts, le 15 août). Il profite de la « Golden Week » pour découvrir de nouveaux horizons : le résultat est le même quant à l'encombrement des trains, des avions et des routes.

Nous recommandons donc chaudement à tout voyageur de réserver, par l'intermédiaire d'agences ou d'amis japonais, s'ils s'apprêtent à se déplacer pendant les périodes de pointe car les Japonais sont incontestablement les champions de la réservation. Les

places d'avion sont souvent réservées en masse, très longtemps à l'avance, par des grossistes qui n'utilisent en fait qu'une partie des places retenues, mais qui réussissent à rendre la vie infernale à l'étranger qui a l'insouciance d'improviser son voyage. Ce dernier a cependant des chances d'obtenir gain de cause en insistant, en revenant dans les agences trois jours avant le départ (l'annulation d'une réservation est gratuite jusqu'à cette date) et en se présentant au départ de l'avion. Il y a toujours au moins une place libre dans un avion « complet ». A chacun de jouer sa carte pour l'obtenir, mais toujours avec calme et politesse. La bataille sera particulièrement difficile au moment des grandes transhumances des jours fériés, c'est-à-dire :
Début janvier : nouvel an.
15 janvier : *seijin-no-hi,* fête en l'honneur de ceux qui ont vingt ans et deviennent adultes.
11 février : fête de la fondation du Japon.
20 ou 21 mars : équinoxe de printemps.
29 avril au 5 mai : « Golden Week ».
15 septembre : fête du troisième âge.
23 septembre : équinoxe d'automne.
10 octobre : fête des sports.
3 novembre : fête de la culture.
23 novembre : fête du travail.

Si vous comptez prendre un autocar de grande ligne, à partir de Tôkyô sans réservation, à l'une de ces dates, présentez-vous à 19 h le jour du départ pour retirer un numéro d'attente au guichet des *Highway bus,* côté Yaesu-Sud de la gare de Tôkyô. Le problème se pose moins pour les trains, étant donné qu'il y a toujours au moins quatre wagons de places non réservées *(jiyûseki),* donc vous avez une chance d'y trouver de la place si vous prenez le train à la gare de départ et si vous attendez sur le quai suffisamment à l'avance.

QUELLE SAISON CHOISIR

Trois critères entrent en jeu : le climat, les foules, et les manifestations. L'hiver a beaucoup de charme, à cause de sa luminosité. Le printemps et l'automne sont de loin les saisons les plus agréables. En mars et au début d'avril, on évitera cependant les grands centres touristiques où se rendent tous les voyages scolaires. L'été est non seulement éprouvant d'un point de vue climatique, mais c'est un grand moment d'affluence dans toutes les auberges, à cause des grandes vacances des étudiants. En revanche, il ne se passe pas un jour sans festivals.

COMMENT S'HABILLER

Quelle que soit la saison, **prévoyez des chaussures sans lacets,** et aussi faciles à mettre que possible : on se déchausse partout, dans la maison, dans les temples, les restaurants et même devant la feuille de journal improvisée en guise de tatami sur le quai des gares, pour patienter. Les hôtels, *ryokan* et parfois les *minshuku* fournissent des kimonos de coton qui font office de pyjama et de robe de chambre à la fois *(yukata).*

De mai à octobre, prévoyez une garde-robe d'été qui résiste à l'humidité et à la moisissure. Prévoir des serviettes de toilette très fines, ou se contenter de celles qui sont fournies dans les auberges. Pendant la saison des pluies, l'imperméable est superflu, mais le parapluie indispendable.

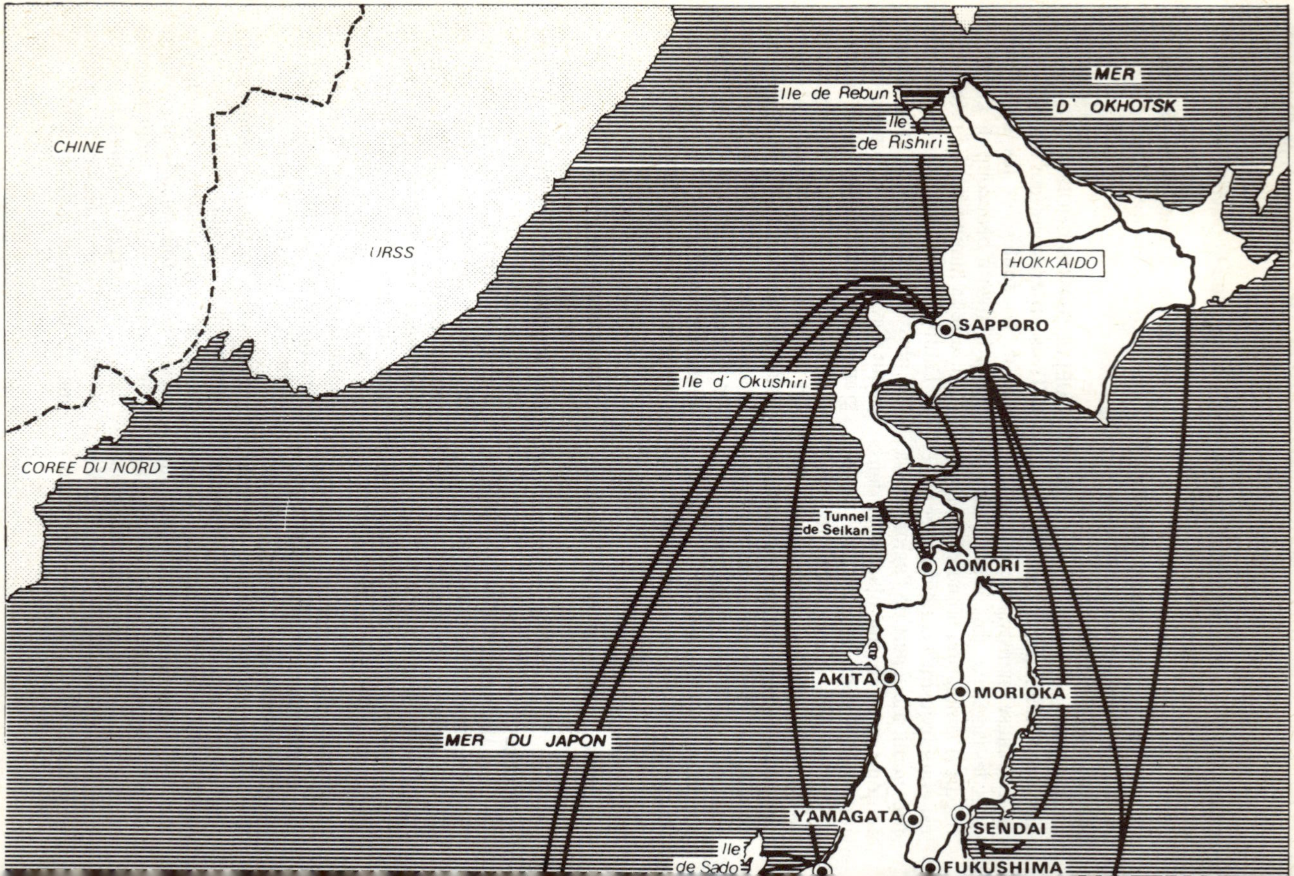

MER
D' OKHOTSK
Ile de Rebun
Ile de Rishiri
CHINE
URSS
HOKKAIDO
SAPPORO
Ile d' Okushiri
COREE DU NORD
Tunnel de Seikan
AOMORI
AKITA
MORIOKA
MER DU JAPON
YAMAGATA
SENDAI
Ile de Sado
FUKUSHIMA

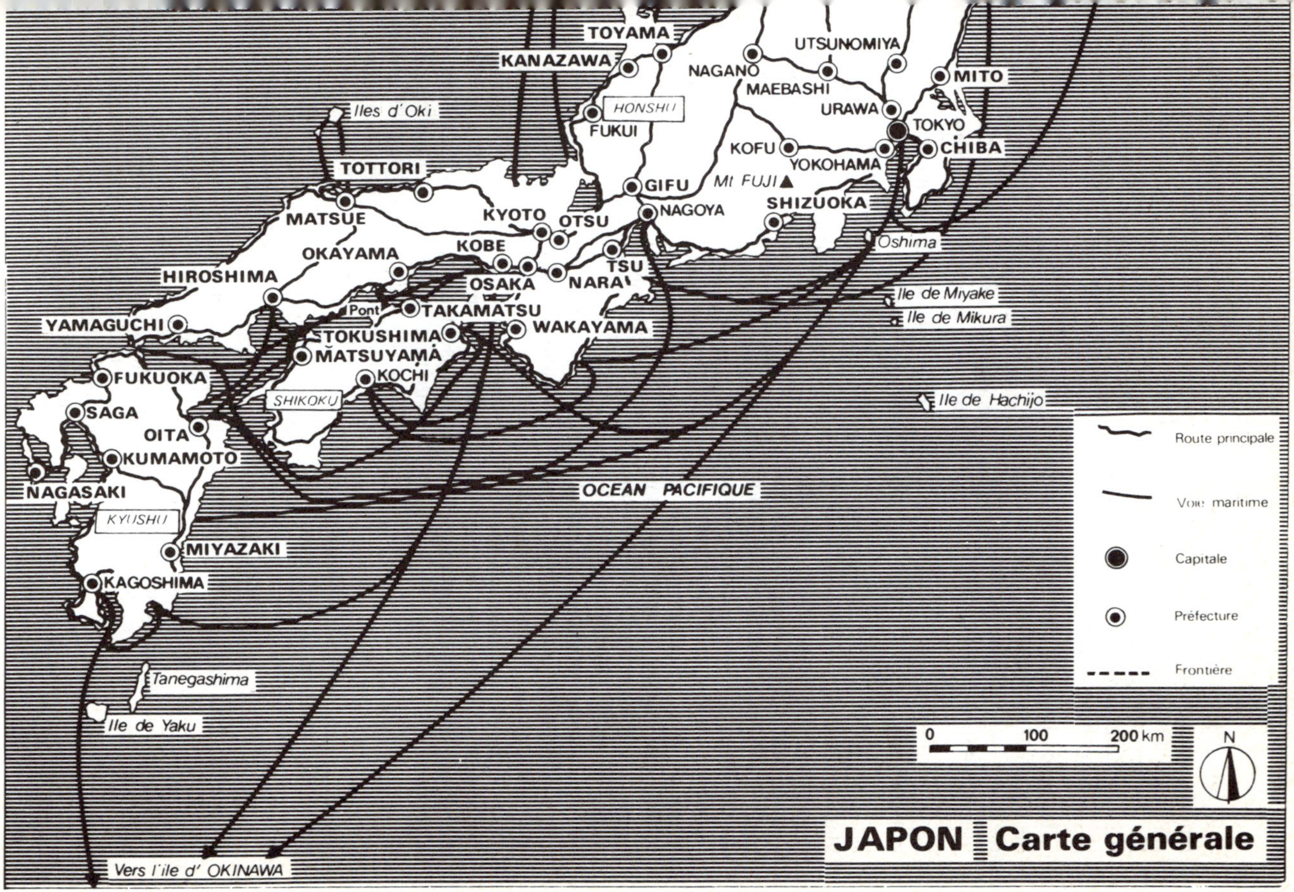

JAPON
Carte générale
TOYAMA
KANAZAWA
UTSUNOMIYA
NAGANO
MAEBASHI
MITO
URAWA
TOKYO
CHIBA
KOFU
YOKOHAMA
HONSHU
FUKUI
Iles d' Oki
TOTTORI
GIFU
Mt FUJI
NAGOYA
SHIZUOKA
MATSUE
KYOTO
OTSU
Oshima
OKAYAMA
KOBE
TSU
HIROSHIMA
OSAKA
NARA
Ile de Miyake
Ile de Mikura
Pont
TAKAMATSU
YAMAGUCHI
TOKUSHIMA
WAKAYAMA
MATSUYAMA
FUKUOKA
KOCHI
SHIKOKU
Ile de Hachijo
SAGA
OITA
KUMAMOTO
NAGASAKI
OCEAN PACIFIQUE
KYUSHU
MIYAZAKI
KAGOSHIMA
Tanegashima
Ile de Yaku
Vers l'ile d' OKINAWA
Route principale
Voie maritime
Capitale
Préfecture
Frontière
0
100
200 km
N

Réservez les tenues peu couvrantes (shorts, débardeurs, dos nus) pour les stations balnéaires. Le Japon admet les tenues fantaisies et raffole des tissus indiens, mais sait toujours éviter la décontraction et le négligé.

Pour vos bagages, préférez les sacs de voyage aux valises car les chauffeurs de taxi japonais sont rarement disposés à ouvrir leurs coffres.

FORMALITES

Visas et vaccins

Jusqu'au 16 mars 1987, un *visa touriste,* statut 4-1-4 était accordé automatiquement à tout Français à son arrivée au Japon, sur présentation de son passeport et d'un billet d'avion de retour ou de continuation. Depuis, et jusqu'à ce que la France lève son exigence de visa imposée aux touristes japonais (comme à tous les autres étrangers hors C.E.E. depuis la vague d'attentats terroristes de l'automne 86 à Paris), l'immigration japonaise exige des touristes français qu'ils demandent un visa avant leur entrée au Japon, en vertu du principe de réciprocité.

La demande est à faire *au moins 48 h à l'avance,* à l'ambassade du Japon à Paris ou aux consulats de province, dont nous donnons les adresses ci-dessous :

A Paris : Ambassade du Japon, 7, avenue Hoche, 75008. Tél. 47-66-02-22.

A Lyon : Consulat général du Japon, 51, rue Deleuvre, 69004 Lyon. Tél. 78-30-75-75.

A Marseille : 70, avenue de Hambourg, 13008 Marseille. Tél. (91) 73-45-55.

Au Havre : quai de Southampton, 76600 Le Havre. Tél. (35) 21-28-80.

Ce visa touriste de 90 jours peut être renouvelé sur place (mais pas systématiquement) à condition d'en justifier la demande à l'un des treize bureaux d'immigration du Japon.

A Tôkyô, le bureau d'immigration *Tôkyô Nyukoku Kanri Kyoku)* se trouve : 1-3 Otemachi, Chiyoda-Ku. Tél. 213-81-11. Ouvert de 9 h à 12 h et de 13 h à 17 h du lundi au vendredi, et le samedi matin. Les autres bureaux d'immigration se trouvent à Narita, Yokohama, Nagoya, Osaka, Kôbe, Sapporo, Sendai, Takamatsu, Hiroshima, Shimonoseki, Fukuoka et Kagoshima. Toute prolongation de séjour doit être demandée au moins dix jours avant la date d'expiration du visa.

Le statut 4-1-8 pour activités culturelles permet de rester un an au Japon à condition d'avoir une lettre d'invitation ou un certificat d'une école japonaise (langue, arrangement floral, art martial, n'importe quelle spécialité japonaise convient). Le visa s'obtient en quelques jours à l'extérieur de l'archipel, sur présentation d'un dossier en double exemplaire comprenant :
Une lettre de garantie d'une personne résidant au Japon et pouvant s'engager à subvenir à vos besoins et à couvrir vos frais de rapatriement.
Un curriculum vitae.
Un formulaire de demande de visa.
Une lettre exposant vos raisons pour rester au Japon.
Une photo d'identité.

Les visas de travail doivent être demandés au moins deux mois à l'avance, à moins que ce ne soient des visas de mission.

Enfin, quelles que soient vos raisons pour rester au Japon, au-delà de 90 jours vous devez impérativement vous faire enregistrer à la mairie de votre lieu de résidence. Trois photos d'identité et le passeport sont nécessaires à la délivrance de la **carte d'étranger,** qui peut vous être demandée par les autorités à n'importe quelle occasion.

Aucune vaccination spéciale n'est exigée, à moins que vous ne veniez d'une zone contaminée.

Adresses utiles à Paris

L'Office du Tourisme Japonais, 4-8, rue Sainte-Anne, 75001 Paris. Tél. 42-96-20-29 et 42-96-07-94 tient à votre disposition une documentation sur le Japon ainsi qu'une liste d'hôtels et d'auberges à prix modéré. On vous y remettra une carte de Tôkyô et de ses environs, fort précieuse si votre arrivée à l'aéroport de Narita est prévue après 17 h ou pendant un week-end, c'est-à-dire à une heure de fermeture du bureau japonais de l'Office du Tourisme (T.I.C.).

L'Office du Tourisme sait tout de suite vous être agréable en étant situé au cœur du quartier japonais de Paris. Rue Sainte-Anne, sont rassemblées en effet quelques-unes des meilleures adresses. La librairie **Tôkyô-Do,** les restaurants de poisson cru **Isse** et **Itsuki,** mais aussi, au numéro 12, l'agence de voyages **Carrefour du Japon** qui propose des cours de musique, de danse, de calligraphie, de cuisine, de massage et de langue japonaise, et son voisin au fond de la cour, **L'Espace Japon** qui se présente davantage comme un centre culturel, un lieu de rencontre pour tous les curieux, les amoureux, les fous du Japon et les déjà « tatamisés ». On y trouve une bibliothèque rassemblant la plupart des ouvrages parus en français sur le Japon, les journaux japonais et français publiés au Japon comme *« Les Voix »,* une vidéothèque (projections en général le samedi à 15 h. Tél. 42-60-69-30 pour confirmer) et un programme étonnant d'activités allant d'expositions de kimonos à des spectacles de danse moderne. **Espace Japon,** c'est aussi un journal plein d'informations, d'adresses et d'humour. A ne pas manquer !

Douanes

Rien à déclarer jusqu'à trois bouteilles d'alcool (capacité 760 cc), 400 cigarettes, deux onces de parfum, deux montres, et des souvenirs et cadeaux qui ne dépassent pas 200 000 yens. Vous verrez dans l'avion des Japonais chargés au maximum de la quantité d'alcool détaxé qu'ils ont le droit d'acheter. La différence entre le prix hors taxe et le prix de commerce est telle que les cadeaux de whisky européen ou de cognac sont toujours énormément appréciés. La fouille des douaniers à l'arrivée, en général superficielle, s'attaque davantage à la drogue, aux revues pornographiques et aux produits d'alimentation périssables. Jambons, saucissons, fruits et pots de fleurs seront confisqués. Vous devez déclarer oralement le montant d'argent liquide que vous avez avec vous.

Devises

Avant même de quitter l'aéroport, le voyageur se rendra compte à quel point le yen est une monnaie forte. Emportez des yens liquides ou en chèques de voyages, à partir de France. Les chèques de l'*American Express* sont acceptés partout. Les francs liquides sont changés dans les hôtels (quelquefois uniquement pour les clients de l'hôtel), et dans toutes les succursales des *Banque de Tôkyô, Banque Daiichi Kangyô, Banque Fuji,* et les banques *Mitsui* et *Mitsubishi* dans tout le Japon.

Pour les chèques de voyage en yens adressez-vous, très à l'avance, à votre banque ou à la *Banque de Tôkyô,* rue Sainte-Anne.

La carte bleue Visa permet de retirer des yens dans toutes les banques *Sumitomo,* et, à Tôkyô, au *Crédit Lyonnais,* à la *B.N.P.,* et à la *Banque Indosuez*.

Avec les cartes *American Express* ou *Diner's club,* elle permet aussi de régler beaucoup de vos dépenses personnelles.

Les banques sont ouvertes de 9 h à 15 h, du lundi au vendredi et de 9 h à 12 h le samedi sauf les 2e et 3e samedis du mois. Les banques des aéroports internationaux de Tôkyô et Osaka sont ouvertes 24 h sur 24.

Le Japon est connu pour échapper aux voleurs mais non pas aux exceptions qui confirment les règles. Il y a des chapardeurs japonais, et d'autres voleurs plus fripons, beaucoup de distraits, et encore plus de complications à récupérer les portefeuilles perdus aux terminus des gares, quand on ne connaît pas la langue. Conclusion : moins de confiance et plus de prudence.

COMMENT ALLER AU JAPON

En avion

Au départ de Paris, le Japon est desservi par *Air France* (dont trois vols par semaine continuent sur Osaka, après Anchorage et Tôkyô), *Japan Air Lines* et *Aeroflot*. Depuis la mise en service en 1986 des vols directs au-dessus de la Sibérie, 12 h suffisent pour se rendre à Tôkyô. Le trajet dure 15 h 30 par Moscou, 19 h par le pôle et 27 h par la route du sud. *Korean Air* assure une liaison pratique, avec correspondance immédiate pour Tôkyô de ses vols Paris-Séoul.

En bateau

Désolé ! A part les paquebots des croisières, plus aucun bateau n'accepte de passagers pour le Japon à partir d'Europe. Les seules liaisons maritimes possibles sont à partir de Shanghai en Chine, de Nakhoda en U.R.S.S. (bateau de correspondance du transsibérien) et de Keelung à Taiwan. C'est la compagnie japonaise *Arimura Line* qui assure cette dernière liaison de Keelung à Naha (Okinawa). De Naha, la même ligne dessert Osaka et d'autres compagnies desservent d'autres ports de l'archipel. Voir les chapitres « Okinawa » et « Pour quitter Tôkyô ».

En train

Transsibérien : voyage fantastique, mais nullement économique par rapport aux charters.

Huit formules au choix pour parcourir 14 000 km, selon le dosage de train, d'avion et de bateau souhaité. La plus économique se traduit par 10 jours de train plus 2 jours de mer. La plus rapide ne comporte en train que le trajet Khabarovsk-Nakhodka. S'y prendre au moins deux mois à l'avance en s'adressant à : *France-Voyages,* 34, rue du Quatre-Septembre, 75002 Paris. Tél. 42-65-45-45.

COMMENT VOYAGER A L'INTERIEUR DU JAPON

Le Japon, surpeuplé et surencombré de rails et d'autoroutes, se limite à 1/5 du territoire. Ailleurs, toutes les routes de montagne et la variété des paysages gagnent à être appréciées à partir d'un moyen de transport individuel. Au choix, auto ou moto, et vélo pour les randonnées d'une journée, quand la montagne n'est pas trop abrupte. Pour se repérer, on utilisera la collection de cartes : *Japan guide map, Handy map of Kantô, Kansai, Chûgoku, Shikoku, Tôhoku, Hokkaidô, Okinawa and Kyûshû,* en anglais, plus une carte en japonais.

Le réseau routier est excellent, mais les directions sont toujours indiquées en *kanji.* Voir au chapitre « Langue », quelques caractères qui se retrouvent dans beaucoup de noms géographiques.

En voiture

A plusieurs et pour au moins une semaine, la location de voiture permet des économies de yens et de dialogues de sourds. On peut louer une voiture à une extrémité de l'archipel et la rendre à l'autre. La location est possible dans presque toutes les villes, pour une durée illimitée, mais aussi pour quelques heures.

Le prix varie avec les endroits, et décroît avec la durée d'utilisation. Une location de 10 jours peut revenir de 65 000 à 160 000 yens. La fourchette des prix s'étend de 9 000 à 25 000 yens par jour.

S'adresser à :

Nippon Rent-A-Car Service, Jinnan Bldg, 4-3 Udagawa-chô, Shibuya-ku. Tél. (03) 469-0919.
Nissan Motorist Service Co Ltd, 5-7, Azabu-dai, 1-chôme, Minato-ku. Tél. (03) 587-4100.
Toyota Rent-A-Car Service, 6, Sanban-chô, Chiyoda-ku. Tél. (03) 264-2834.
Japaren Co Ltd, 12-7, Shinjuku 2-chôme, Shinjuku-ku. Tél. (03) 354-5531. Le moins cher, ouvert 24 h sur 24 h, toute l'année.

Toutes ces sociétés ont des succursales et plusieurs centaines de points de distribution dans tout le Japon. Service de location de voitures également dans 145 gares J.R.

La moto

La moto est au Japon aussi connue en terme d'export qu'inconnue comme moyen de transport. Il n'est pas facile d'en louer.

Ceux qui s'y connaissent en moteur achètent des motos d'occasion en arrivant, et la revendent en repartant, à un garagiste ou à un autre voyageur, par l'intermédiaire des petites annonces de l'Office du Tourisme. On ne fera des économies qu'à condition d'investir à l'arrivée un minimum de 100 000 yens pour une 250 cc d'occasion.

Fouiller et discuter les prix chez *Koshiji Motors,* 7-11-9 Ueno, Taitô-ku. Tél. 843-2992. Ouvert de 10 h à 18 h, fermé le lundi.

Ou chez *Taishô Motors* à Todabashi, accessible en taxi à partir du métro Shimura Sakaue, ligne Toei Mita. Tél. 969-5588. Ouvert de 10 h à 20 h. Fermé les 1er et 3e mercredis.

Le port du casque est absolument obligatoire au Japon.

Pour conduire

Le permis de conduire international est indispensable. On conduit à gauche avec la ceinture de sécurité impérativement bouclée. La vitesse est limitée à 40 km/h dans les agglomérations et 60 km/h dans les banlieues. Ailleurs, les limitations de vitesse sont indiquées sur des panneaux le long de la route. Les autoroutes sont payantes. Les panneaux « interdiction de tourner à droite » et « à gauche » n'existent pas ; on leur préfère des flèches blanches sur fond bleu indiquant les seules possibilités de virage. Aux feux rouges, l'arrêt est obligatoire derrière une bande blanche, à 5 m du passage clouté. Les feux sont placés à l'opposé des intersections qu'ils commandent. Attention : les directions sont toujours indiquées en *kanji !* Pour les reconnaître, des cartes en japonais sont indispensables (à acheter dans n'importe quelle librairie). Le conseil d'un Français ayant fait le tour du Japon en bicyclette, sans connaître un traître mot de la langue, peut être utile pour lire les cartes : emporter une petite loupe !

Il est interdit de prendre les autoroutes à deux sur une moto. En cas d'accident, vous devez théoriquement avertir le bureau de police le plus proche. En fait, on vous proposera de régler les choses à l'amiable, en évaluant les dommages à coups de billets de 10 000 yens.

L'auto-stop

Le « pouce » marche d'autant plus facilement dans l'archipel qu'on n'est pas japonais. C'est aussi le moyen idéal de déplacement, à condition toutefois qu'une communication puisse s'établir. Les automobilistes japonais n'hésiteront pas à faire des détours pour vous emmener à bon port ou vous montrer les curiosités de la région. A défaut de paroles, on peut toujours participer à un échange en apportant des cassettes de musique : presque toutes les voitures japonaises sont équipées de radio-cassettes. Il faut ruser pour jouer d'originalité dans le choix des chansons françaises, car beaucoup sont commercialisées au Japon. Il y a de grandes chances pour que votre chauffeur connaisse « Les feuilles mortes »...

L'avion

Sur les lignes intérieures, l'avion est très pratique et peut être économique. C'est moins cher que le train super-express Shinkansen en 1re classe et meilleur marché que le train ordinaire pour les étudiants de moins de 22 ans qui voyagent demi-tarif avec le système *sky-mate.* La carte *sky-mate* permet de prendre tous les vols intérieurs J.A.L., A.N.A. et J.A.S. en stand-by pendant 3 ans. N'importe quelle carte d'association délivrée au Japon, en France et à Bangkok suffit à prouver l'âge. Ajouter une photo et 1 000 yens pour obtenir la carte dans tout bureau des compagnies aériennes concernées.

A.N.A. et J.A.S. assurent à elles deux une bonne couverture de l'archipel avec cinquante et un aéroports, répartis de la pointe nord de Hokkaidô à Okinawa. S.W.A.L. prend la relève pour desservir les îles de Yoron, Kume, Aguni, Kita Daitô et Minami Daitô près de l'île principale d'Okinawa et Miyako, Tarama, Ishigaki, Yonaguni et Hateruma dans les îles encore plus méridionales de Yaeyama. Les vols intérieurs partent de Tôkyô-Haneda (J.A.L. dessert aussi Sapporo, Osaka et Fukuoka à partir de Narita ; Okinawa à partir de Haneda et Narita). Haneda à Tôkyô est relié en 20 mn par monorail à Hamamatsuchô sur la ligne circulaire J.R. de Yamanote.

Air Nippon, A.N.K. assure des liaisons locales dans l'île de Hokkaidô, et relie Tôkyô aux îles d'Oshima et Miyakejima.

Les trains

Très avantageux avec le *Japan Rail Pass !* Ce système d'abonnement valable sur tous les trains et les bus J.R. existe depuis 1982. Il permet de voyager à volonté à l'intérieur de l'archipel sans jamais payer de suppléments pour les trains « rapides » ou « super-express ». Attention : **cette carte forfaitaire s'achète impérativement hors du Japon.** S'adresser aux bureaux de *Japan Airlines,* 75, av. des Champs-Elysées. Tél. 48-62-55-60 ou de *J.T.B. (Japan Travel Bureau),* 20, rue Quentin-Bauchart, 75008 Paris. Tél. 47-23-60-47.

Au printemps 87, le réseau national de 21 000 km de chemin de fer, qu'on avait coutume d'appeler J.N.R. (Japan National Railways) a été privatisé. L'Etat a commencé par se retirer de son nom, ne lui laissant plus que les deux initiales J.R. (Japan Rail). Sur ce réseau, les billets s'achètent aux *guichets verts (Midori-no-mado-guchi)* des principales gares ou dans les agences de voyages. Les réservations sont enregistrées sur ordinateur de 10 h à 17 h, une semaine avant le départ.

Depuis 1984, les étrangers qui ne lisent ni ne parlent japonais peuvent s'amuser tout seuls à prendre le train, grâce à un horaire condensé des chemins de fer, le ***Speedo Jikokuhyô,*** où les noms des lignes et des gares sont indiquées en caractères romains ainsi qu'en *kanji.* C'est le *Japan Travel Bureau* (J.T.B.) qui met en vente tous les mois dans ses bureaux, les kiosques et les librairies ce mini-livre format poche d'environ 300 pages, **absolument indispensable pour quiconque voyage avec le Japan Rail Pass.** Il suffit de repérer dans les cartes des premières pages sa destination. La ligne qui dessert la gare porte un numéro qui renvoit à la page des horaires.

Mais J.R. est loin d'être le seul réseau de chemin de fer à couvrir le Japon. Sur son réseau, se greffe en effet une multitude d'autres réseaux privés qui assurent une desserte plus locale, souvent plus confortable et toujours plus économique. Dans une ville comme Tôkyô, tout déplacement combine en général l'utilisation de plusieurs compagnies : J.R. et Seibu, Tokyu, Odakyu ou Keio... En pratique, il faut s'attendre à changer de gare, à acheter plusieurs billets et à avoir des correspondances inadéquates.

Le rail continue à se développer au Japon comme il n'a cessé de le faire depuis 1872. Depuis le printemps 1988, la mise en service du pont de Shikoku, permet d'aller en train de Tôkyô à Takamatsu directement. Le tunnel *Seikan* entre Honshû et Hokkaidô permet de son côté la liaison Tôkyô-Sapporo. Et pendant ce temps, les travaux avancent pour assurer la liaison entre ces deux lignes, entre les deux gares de Tôkyô, Ueno et Tôkyô...

Les trains japonais se classent d'après leurs vitesses et leur confort en **rapides** *tokkyû,* **express** *kyûkô* et trains **locaux** *futsû.* Les trains *hikari* et *kodama* de la ligne *Shinkansen* du Tokaïdo sont des super-express. Dans le *hikari,* les voitures non réservées *(jiyûseki)* sont numérotées de 1 à 5. Le wagon-restaurant est dans la voiture 8, et le buffet, ainsi que les w.-c. à l'européenne, dans la 9. Dans le *kodama,* les places non réservées sont dans les voitures 1 à 7 et 11, 12 et toutes les toilettes sont à la japonaise. Sur les lignes *Shinkansen* Jôetsu et Tôhoku qui partent de Ueno (depuis mars 1985) vers le Nord et le Nord-Ouest, les super-express répondent aux noms plus poétiques de *Yamabiko* (écho dans la montagne), *Aoba* (feuilles vertes), *Asahi* (soleil levant) et *Toki* (ibis du Japon).

Le prix du billet de train est basé sur le tarif du train local *futsû* auquel on ajoute tant de yens pour 100 km pour les express *kyûkô* et presque le double de supplément pour les rapides *tokkyû* et quelques pièces de 100 yens pour la réservation des places. Les voitures première classe *(green car)* marquées d'un trèfle à quatre feuilles justifient un autre supplément proportionnel au kilométrage.

En bref, les trains *futsû* sont les meilleurs marchés mais aussi les plus lents. De plus, ce sont des trains locaux, et ils obligent à changer plusieurs fois. Vers le nord, les trains *futsû* sont rares au départ de Tôkyô.

Pour les trains de nuit, compter entre 5000 et 6000 yens pour une couchette 2e classe, et 14000 yens pour un compartiment privé en 1re classe, à ajouter au billet du train.

Les trains japonais ne reflètent pas du tout la légendaire propreté japonaise. Un voyage en train est impensable sans manger, boire et fumer. Dans les rapides *tokkyû* et le *Shinkansen, Nippon Shokudô,* la société de restauration des trains propose sans cesse sandwichs, boissons en conserve et whisky, en plus de son wagon-restaurant. Les non-fumeurs gagnent du terrain : deux wagons leur sont réservés dans le *Shinkansen*.

Les autocars

Ils complètent le réseau de transports en commun dans toutes les îles et les régions de montagne non desservies par le chemin de fer. En général, en montant dans l'autocar, on prend un ticket qui porte le numéro de la station de départ. A mesure que le car avance, le tableau des prix affiché près du conducteur tourne et augmente. Voir sur le tableau en descendant le prix indiqué, à côté du numéro du ticket, ou bien payer d'avance à la gare routière. Il y a un peu partout des cars longue distance qui valent le même prix que les trains *futsû*. Sur l'autoroute Tôkyô-Osaka, on pourra prendre des *highway bus*.

Les bateaux

Pour passer d'une île à l'autre. Les prix varient avec la classe. Les première et deuxième classes sont en fait des salles communes avec tatami ou moquette moins trouée, et plus aérée en première classe qu'en seconde. On fournit des couvertures. La classe spéciale se distingue des précédentes par des lits et du linge propre. Dans tous les cas, il est rare, pour les longues traversées, que l'on puisse compter sur des sièges ou des tables. On peut faire passer une voiture sur les ferry-boats vers toutes les îles. Parmi les plus belles traversées :

Miyajima - Hiroshima - Omishima - Setoda, dans la mer Intérieure. Durée 4 h 24 ; prix 6200 yens. Fonctionne tous les jours entre le 1er mars et le 30 novembre. Compagnie Seto-Naikai Steamship Co. Magnifique, même si le voyage est obligatoirement couvert à l'intérieur d'un aéroglisseur.

Misumi - Shimabara. Dans l'île de Kyu-Shu. Durée 1 h, par Kyûshû Shôsen Co.

Gamagôri - Toba. Au sud de Nagoya. Durée 2 h., par Meitetsu Kaijô Kankô Co.

Louer un vélo

Dans tous les hauts lieux historiques (Asuka, Nara, Kyôto, Kamakura, etc.), dans les grands sites touristiques (Matsushima Amanohashidate, dans les parcs nationaux, etc.) et dans toutes les îles où les bus ne circulent qu'une ou deux fois par jour, on trouvera des *rent-a-cycle,* à proximité des gares J.R. ou dans les auberges de jeunesse et les *minshuku*.

Location à l'heure, à la demi-journée ou à la journée, environ 1500 yens par jour.

Location de vélo toute l'année dans les gares J.R. d'Asahikawa, Itako, Kamakura, Kanzanji, Takayama, Saga, Nara, Bichûtakamatsu, Matsue, Miyoshi, Hiroshima, Miyajima, Shin-Iwakuni, Ogôri, Yamaguchi, Tsuwano, Senzaki, Takamatsu, Kôchi, Hiwasa, Yufuin, Takachiho, Aoshima, Ibusuki.

La location est suspendue l'hiver dans les gares de Hamaroma, Abashiri, Nenokuchi, Towadako Onsen, Tazawako, Hiraizumi, Inawashiro, Kasama, Karuisawa, Naka-Karuizawa, Shinano-Oiwake, Omi-Hachiman, Ishiyama, Nishiôtsu, Omi-Imazu, Amano-Hashidate, Banshû-Akô, Kushimoto et Tottori.

Randonnées à pied : haikingu

En montagne, la meilleure saison pour un *haikingu* va de la mi-juillet au début septembre. La neige a complètement fondu dès la fin mai, mais la saison des pluies de juin et de la première quinzaine de juillet rend vaine toute excursion prolongée.

Dans les montagnes sillonnées de sentiers de randonnées, on trouvera des refuges (en général ouverts du 1er mai au 3 octobre) où l'hébergement fonctionne à la manière du *minshuku :* la nuit et deux repas reviennent à 5000 yens.

Il existe des *haikingu* de tous niveaux. Beaucoup ont pour cadre les « Alpes japonaises », et sont réalisables en 2, 3, 4 jours, à partir de Tôkyô. Demander le détail des itinéraires et les cartes à l'Office du Tourisme (T.I.C.).

En terrain moins abrupt, il existe l'équivalent de nos sentiers de grandes randonnées (G.R.) du nord au sud de l'archipel. Le **Tôkai-Shizen-Hodô** représente 1 350 km de sentier entre Tôkyô et Osaka.

Le chemin a toujours soin d'éviter les grandes villes mais traverse les parcs nationaux et les sites historiques, en particulier la forêt sauvage et les lacs au pied du mont Fuji, les temples du mont Akiba, le temple Hôraijisan, la petite ville d'Inuyama avec le plus vieux château du Japon, l'ancien champ de bataille de Sekigahara, les collines d'Arashimaya, le mont Hiei, la plaine du Yamato, etc. Le parcours est ponctué de centres d'information, d'auberges et de campings. Départ du parc Meiji-no-Mori de Takao à Tôkyô, et arrivée au parc Minoo, Meiji-no-Mori à Osaka.

Le sentier de **Yamanobe** (23 km autour de Nara) est certainement parmi les plus intéressants, car il passe par un des plus vieux chemins du Japon et permet de voir beaucoup de temples. Il existe d'autres sentiers de grande randonnée autour de Sapporo (118 km), dans les 6 préfectures autour de Tôkyô (1 700 km), dans d'autres préfectures plus escarpées de Nagano et Niigata (168 km), dans le Kyûshû et le Tôhoku.

Pour voyager à pied dans des régions de montagne peu fréquentées, on conseillera les cartes d'état-major au 1/50 000, établies par l'armée japonaise pendant la guerre et mises à jour chaque année. A acheter chez *Buyôdo* à Nihonbashi, 2e rue à gauche après Takashimaya quand on vient du pont de Nihonbashi.

OU LOGER

Les hôtels

Toutes les villes de la ceinture Nikkô-Hiroshima comptent par dizaines des hôtels *à l'occidentale*. Les hôtels de classe internationale, surtout ceux de Tôkyô, sont très chers : minimum de 12 000 yens pour une chambre simple. Les *Business hotels* (à ne surtout pas prendre pour des hôtels d'affaires) sont plus raisonnables : 4 à 7 000 yens la chambre simple. Ils sont, bien sûr, plus standardisés : chambre étroite, salle de bains compacte et petits déjeuners « à l'occidentale » d'après l'idée que s'en font les Japonais, c'est-à-dire avec œufs sur le plat froids et salade. Dans toutes les villes du Japon, les chaînes *Sunroute* et *Tokyu Inn* entre autres comptent un *Bijinessou hotelou (Business hotel)* de ce genre, central et pratique, à défaut d'être charmant.

Il y a encore plus économique : pour 3 ou 4 000 yens, les *Capsule hotels* offrent accès au sauna et au lit. N'en demandez surtout pas plus. Il n'y a pas de place.

Dans un hôtel comprenant chambres avec tatamis et chambres avec lits, la chambre *à la japonaise* est souvent moins chère. Il faut insister pour y avoir droit.

Les auberges japonaises

La véritable auberge japonaise est le *ryokan*. Le nombre des chambres est beaucoup plus limité que dans un hôtel, ce qui permet un service très attentif de la part du gérant et de ses aides. Le *ryokan* respecte toutes les traditions japonaises de décoration intérieure, de logement collectif dans la même chambre pour tous les membres d'une famille ou les groupes d'amis d'une part, et de cuisine et de service d'autre part. On se déchausse à l'entrée. On se lave puis se délasse dans le bain collectif avec les autres hôtes du même sexe. Le kimono de coton *(yukata)* qu'on revêt après le bain peut être porté également à l'extérieur, pour la promenade nocturne. Il sert aussi de pyjama. En hiver, on portera sur le *yukata* une veste plus chaude, le *tanzen*. Brosse à dents et linge de toilette sont fournis. Dans un *ryokan,* on servira le dîner dans votre chambre, et on disposera pour vous, après le repas, les matelas et les édredons *(futon)* pour dormir.

Il y a des *ryokan* dans tout le Japon, qui offrent toujours l'alternative japonaise au confort occidental des hôtels. Quelques stations thermales sont même exclusivement le domaine de *ryokan* qui rivalisent tous au niveau de la dimension du bain : souvent une immense piscine d'eau chaude bordée de pierres et de plantes, et ayant vue sur la montagne ou la mer.

Les très beaux *ryokan* de Kyôto, Nara ou Kanazawa, où toutes les chambres donnent sur un jardin privé, peuvent valoir jusqu'à 40 000 yens par personne. Un *ryokan* ordinaire revient entre 6 000 et 20 000 yens par jour, ce prix comprenant dîner et petit déjeuner japonais très copieux. Le repas de midi n'est servi que si l'on en fait la demande.

Mais *ryokan* est de moins en moins synonyme de la beauté traditionnelle japonaise décrite dans *L'Eloge de l'ombre* de Tanizaki ou reflétée dans les films japonais des années cinquante. Même les plus belles auberges s'équipent de jeux électroniques et de systèmes de *play-back* pour encourager les soirées *Karaoke*. Il y a aussi des *ryokan* quasi industriels prêts à recevoir le contenu de plusieurs cars de tourisme... Ces derniers se repèrent dès l'entrée... par le nombre impressionnant de *slippers* ou de paires de chaussures. Hors du groupe, il vaut mieux ne compter sur aucun service.

Plus de 2 000 *ryokan,* membres de l'Association des *ryokan* du Japon (sigle anglais : J.R.A., *Japan Ryokan Association*) sont particulièrement désignés pour accueillir les étrangers : on y parle un peu anglais, les toilettes sont *à l'occidentale,* etc., et les prix sont plus élevés.

Le minshuku

Dans les villages et les stations balnéaires, le *minshuku,* le logement chez l'habitant, est la solution japonaise la plus économique. L'habitant met à la disposition du voyageur une chambre japonaise. En théorie, le prix des *minshuku* est uniforme d'un bout à l'autre du pays : hébergement, repas du soir et petit déjeuner reviennent à 4 500 yens. En réalité, le prix varie selon l'indice touristique de la région, le confort et surtout la saison. Mais si le prix se maintient dans la fourchette de 4 000-6 000 yens, la qualité varie énormément en fonction surtout de l'accueil de l'habitant. Quelquefois, les *minshuku* dépassent en confort et en chaleur d'accueil les *ryokan*.

Dans l'un comme dans l'autre cas, le dîner est servi vers 18 h et il est bon d'arriver avant, ou au moins de signaler son arrivée auparavant si on veut être rassasié. Il est très possible de ne considérer le *minshuku* que comme un toit, et de se passer de repas. Le prix est alors de 3 500 yens, parfois moins. Mais si on peut se passer facilement du petit déjeuner japonais très copieux, il est dommage de se priver du dîner pris dans une ambiance familiale où l'hôte se fait une joie de vous faire goûter toutes les spécialités locales difficiles à trouver dans les autres restaurants.

On peut s'attendre, dans un *minshuku,* à avoir *yukata* et tous les *futon* nécessaires pour dormir. On peut s'attendre aussi à ce que le ménage ne soit pas impeccablement fait. Le *furo* est celui de la maison, de dimensions très variables. Les repas sont souvent pris en commun avec les autres voyageurs. Le voyageur arrange et range lui-même ses *futon*. On ne lui fournit pas de serviette.

Réservations dans tout le Japon au 232-6561 (en japonais). En province, le Centre d'informations sur les *minshuku* se trouve très souvent en face de la gare.

Les kokumin shukusha

La chambre et le principe de disposer soi-même les *futon* pour dormir sont les mêmes que dans les *minshuku,* mais au lieu d'être une maison privée le *kokumin shukusha* est un hôtel. Beaucoup de chambres ont une salle de bains attenante, bien qu'il soit aussi possible de se délasser dans un grand *furo* collectif. Le prix est en général de 4 800 yens pour la nuit et les deux repas, et 2 600 yens pour l'hébergement seulement. Il y a 500 *kokumin shukusha* de Hokkaidô jusqu'à Okinawa, y compris dans les grandes villes (à l'exception de Tôkyô). Réservations possibles dans les bureaux du *Japan Travel Bureau* (J.T.B.). Renseignements à Tôkyô. Tél. 590-7211 ou 437-5361.

Les temples

L'accueil des voyageurs avec la formule toit plus deux repas permet aux temples de compléter leurs revenus. L'expérience est à tenter surtout dans les grands complexes religieux de Kyôto **(Enryaku-ji, Myôrenji, Daishin-in),** du mont Kôya (une cinquantaine de temples accueillent les voyageurs) ou du grand centre de la secte Sôtô, le **Eiheiji.** Il vaut mieux ne pas s'imaginer que, parce que c'est un temple, c'est gratuit. D'autre part, plus de 60 auberges de jeunesse sont situées à l'intérieur de temples.

La discipline à l'intérieur du temple ainsi que les prix sont très variables. Certains temples n'acceptent pas les femmes, d'autres, au contraire, leur sont réservés.

Pensions et lodges

Depuis moins d'une dizaine d'années, la montagne japonaise, surtout les stations de sports d'hiver, se couvrent de chalets, pensions de famille, appelés indifféremment *penshon* ou *lodji* et copiés sur les chalets suisses. Les chambres sont de petits dortoirs à lits superposés, pour 4 ou 6 personnes. Le prix se calcule selon la même formule que le *minshuku,* et tourne autour de 5 000 yens pour la nuit et le petit déjeuner.

Réservations à partir de Tôkyô à l'*Association des pensions et lodges* (Tél. 03-239-6333 ou 03-437-9821), ou sur place.

Les auberges de jeunesse

Environ 600 dans l'archipel, dans les grandes villes, mais aussi dans les stations touristiques les plus cotées et les îles les plus extrêmes. Elles sont la plupart du temps excentrées, et séparent toujours filles et garçons. Les auberges de jeunesse *(Youth Hostel-Y.H.)* permettent une petite économie à ceux qui possèdent la carte de l'Association. Le règlement des Y.H. varie très peu : lever à 6 h 50, suivi du rangement, du ménage et du petit déjeuner. L'auberge ferme entre 9 et 16 h. Les inscriptions sont acceptées de 16 à 20 h. Dîner entre 18 h 30 et 19 h 50.

Les soirées réunissent jeunes filles et jeunes gens autour de jeux de société. Les portes ferment à 21 h et l'extinction des feux a lieu à 22 h. Le séjour est en principe limité à trois nuits consécutives.

Prix pour une nuit : env. 2 000 yens. Petit déjeuner : 400 yens, dîner : 600 yens. Ajouter 150 yens pour le chauffage en hiver, et l'air conditionné en été. Renseignements à Tôkyô : Tél. 215-3726.

Malgré ce règlement, quelques auberges de jeunesse restent extrêmement séduisantes, soit à cause de leur cadre (temple, maison traditionnelle), soit grâce à la gentillesse d'un père aubergiste qui assouplit beaucoup le programme ordinaire. On recommandera particulièrement les Y.H. du mont Kôya **(Henjôson-in),** de Yoshino **(Yoshino yama Kizô-in),** de Gokayama (dans une immense maison au toit de chaume, **Ecchû-Gokayama Y.H.),** de Kasaoka (entre Okayama et Hiroshima, **Y.H. Kasaoka-ya),** du cap Kunisaki dans Kyûshû **(Kunisaki Hantô Kunimi Y.H.),** de Kagoshima, de Ishigaki **(Yashima Ryokan)** et de l'île voisine de Taketomi **(Takana Ryokan).**

On trouvera la liste des Y.H. en anglais dans les trois offices du tourisme (*Tourist Information Center* de Narita, Tôkyô et Kyôto).

Camping et bungalows

En bord de mer, dans les parcs nationaux, dans les îles du Sud, les lieux de camping sont de plus en plus nombreux et de mieux en mieux aménagés. Ailleurs, l'occupation de l'espace est tel qu'il interdit absolument le camping sauvage. A proximité des campings, des bungalows meublés à la japonaise ou à l'occidentale peuvent être loués en été. Avantageux si l'on peut partager les frais à quatre.

Le camping permet toujours des économies appréciables. Compter 500 yens par jour pour la location de l'emplacement. Souvent il sera possible de louer également une tente pour ce prix. Renseignements à l'Association des campings du Japon : Tél. 467-7201 à Tôkyô.

Trouver une auberge en japonais

Où y a-t-il une auberge bon marché ?
Dokoka yasuku tomareru tokoro arimasu ka ?
Est-ce qu'il y a des minshuku ?
Minshuku arimasu ka ?
Y a-t-il des chambres à la japonaise ?
Washitsu arimasu ka ?
Avez-vous de la place pour ce soir ?
Konban tomaremasu ka ?
Nous sommes deux.
Futari desu.
Je suis seul.
Hitori desu.

La pension avec deux repas, combien est-ce ?
Ippaku, nishoku, ikura desuka ?
La pension avec dîner seulement, combien ?
Ippaku, yûshoku dake, ikura desuka ?
Sans repas, s'il vous plaît.
Sudomari de, onegai shimasu.
Vous êtes vraiment gentils :
Totemo shinsetsu desu né !

SE NOURRIR

Pour qui regarde plus à la dépense qu'à sa panse, les villes japonaises regorgent d'estaminets qui rassasient à bon compte. Dans la plupart des gares, on trouve des soupes aux nouilles *(ramen)* ou du riz au curry *(kâreraisu)* à 600-700 yens. Des vendeurs ambulants proposent du pot-au-feu de farine de poisson, de caillé de soja, de légumes et d'œufs bouillis *(oden),* des petites boules de pâte à gaufre couvrant un mélange d'oignon et pieuvre *(tako yaki)* ou des légumes et coquillages sautés à la poêle et liés avec de l'œuf dans une pâte à crêpe *(okonomi-yaki).*

Des repas assis et à peine plus chers qu'aux zincs ambulants sont à prendre dans les *soba-ya* (toutes variétés de nouilles de sarrasin, souvent servies sur un panier de bambou où elles sont égouttées) dans les restaurants bon marché, *shokudô,* qui proposent toujours les mêmes plats dans la gamme des riz au curry, spaghetti, riz pilaf, hamburger, omelette au riz *(omuraisu),* soupe aux nouilles, etc., ou encore dans les *chûka ryôri-ya* et leurs versions japonaises de nourriture chinoise : on y mangera des *gyôza* (petits croissants fourrés d'un mélange de viande hachée et de choux relevé à l'ail), des *shûmai* (boulettes de viande cuites à la vapeur), des légumes revenus à la poêle *(yasaï itame),* etc. Dans ces trois formules de restaurants *(soba-ya, shokudô* et *chûka ryôri-ya),* on peut être rassasié pour 1 000 yens.

On goûtera une nourriture plus japonaise, mais aussi bon marché dans les *shokuji dokoro :* fritures *(tempura),* plats simples de poisson cru ou grillé, riz agrémenté de morceaux de poulet et d'oignons liés dans un œuf battu *(oyakodomburi),* etc.

Les *koryôri-ya,* restaurants au décor typiquement japonais, ne sont pas recommandés au voyageur très affamé. On s'y rend plus volontiers pour boire bière ou saké, que pour se rassasier, mais on peut commander à mesure de son appétit des plats toujours présentés avec beaucoup de délicatesse. Dans l'éventail des possibilités, on relève souvent le poisson cru *(sashimi),* des poissons grillés au sel *(shio yaki),* des bouillons de poissons (*suimono :* plus le bouillon est transparent, meilleur il est), des brochettes de poulet *(yakitori),* des *oden,* etc.

Dans les auberges japonaises, on vous servira une cuisine de spécialités régionales ou des plats cuisinés devant les convives, au milieu de la table.

Le *sukiyaki* consiste en de fines tranches de bœuf, des poireaux, des champignons, du caillé de soja et du vermicelle que l'on fait mijoter dans une marmite de fonte avec de la sauce de soja, du sucre et du saké, et qu'on trempe dans un œuf cru avant de déguster. Le bœuf est remplacé par du poulet ou des coquillages et des nouilles blanches épaisses dans le *udon-suki.*

Le *shabu-shabu* consiste en davantage de bœuf et de légumes que l'on fait bouillir et qu'on trempe dans une sauce de soja et de *miso.*

Dans les *nabé,* on fait cuire du poisson et divers légumes dans un bouillon parfois à base de *miso.*

Les *teppan-yaki* sont des morceaux de viande (bœuf ou porc) que l'on fait cuire sur le grill avec des légumes, à la manière du barbecue coréen.

Manger japonais revient la plupart du temps à choisir le menu avant le restaurant. Exception faite de la cuisine japonaise authentique (la cuisine *kaiseki*) que l'on admire plus que l'on ne savoure, on ne mange pas japonais dans des restaurants, mais respectivement dans des *sushiya,* des *yakitoriya,* des *fuguryôriya,* des *tempuraya,* des *sobaya,* des *unagiya,* etc., c'est-à-dire chez ceux qui fabriquent des *sushi* (boulettes de riz légèrement vinaigré, surmontées d'une épaisse tranche de poisson ou de coquillage), qui font griller les brochettes de poulet *(yakitori),* ceux qui sont passés maîtres dans l'art des fritures *(tempura),* qui font les nouilles à merveille, ceux qui cuisinent les anguilles *(unagi).*

Ce sont des restaurants d'ambiance plus animée et familiale que les restaurants de cuisine française, chinoise ou de quelque autre goût. Les meilleures places sont souvent au comptoir, ou dans des petites salles de tatami, légèrement isolées.

Ces restaurants affichent leurs spécialités sur des enseignes de coton, et exposent parfois en devanture des reproductions en plastique des plats proposés, respectant exactement format, couleur et quantité. Mais, plus souvent, le menu se lira en japonais sur des pancartes affichées à l'intérieur du restaurant.

Dans les *sushi-ya,* les *sushi* sont faits au fur et à mesure, au goût du client qui choisit sa garniture parmi les poissons derrière le comptoir. Les plats d'anguille sont particulièrement appréciés en été car on considère que leur apport énergétique vient combler à point le manque d'appétit dû à la chaleur.

Le diodon *(fugu)* peut être consommé entre le 1er octobre et le 31 mars dans des restaurants spécialisés où les cuisiniers affichent leur brevet qui témoigne de leur habileté à vider le diodon de son foie et de ses ovaires remplis de poison. Le *fugu* est un des plats japonais les plus chers. On le sert coupé en fines lamelles, présentées de façon très artistique, en forme d'oiseau, de fleur, etc.

La cuisine japonaise *kaiseki,* autrefois celle qui accompagnait la cérémonie du thé, change avec les saisons. La couleur des coupelles, la présentation des aliments et leur saveur jouent pour suggérer une sensation ou une émotion. Un repas se compose alors d'un nombre impressionnant de bols et de coupelles remplies de petites quantités. A la beauté des aliments s'ajoute celle du cadre.

Les restaurants chinois et coréens sont aussi très nombreux, et nourrissent peut-être davantage.

Dans les innombrables bars où les Japonais aiment garder leur bouteille de whisky, on sert aussi de la bière, du saké et de quoi grignoter. L'addition compte toutes les consommations et des frais supplémentaires d'occupation des lieux, les *table-charge,* dont le montant est fixé par le gérant. Les clubs où des hôtesses viennent tenir compagnie à la clientèle masculine sont très chers. Parmi les 200 clubs de Ginza, à Tôkyô, les plus exclusifs font payer le verre de whisky 200 $ U.S.

Petit lexique culinaire

Est-ce qu'il y a un menu ? A combien ?
Teishoku arimasu ka ? Ikura desu ka ?
Un menu, s'il vous plaît.
Teishoku, onegai shimasu.

Dans les « sushiya », les « koryôriya », les « tempuraya », etc. :
Qu'est-ce qu'il y a de bon à manger aujourd'hui ?
Kyô wa, nani ga oishii desu ka ?

Pour choisir en montrant du doigt : Ça, s'il vous plaît.
Sore o onegai shimasu.
Une bière (du saké), s'il vous plaît.
Bîru (sake) onegai shimasu.
Une autre, s'il vous plaît.
Mô ippon, onegai shimasu.
Cela suffit (j'ai assez mangé).
Mô kekkô desu.
C'est délicieux.
Totemo oishii desu.
C'était très bon.
Totemo oishikatta desu.
Merci (j'ai bien mangé).
Gochisô sama.
On reviendra.
Mata kimasu.

Un repas japonais comprend généralement : une soupe, le *misoshiru,* qui est un bouillon de poisson ou d'algue épaissi avec de la pâte de soja fermenté (le *miso*), des légumes fermentés *(o-shinko),* un bol de riz *(gohan)* et d'autres plats de poisson ou d'autres protéines. On boit du *saké,* un vin de riz, de préférence chaud. Le *shôchû* est un alcool de riz ou de patate douce, très fort et très bon marché.

AUTRES RENSEIGNEMENTS PRATIQUES

Musées

Il y avait plus de 1 300 musées et galeries d'art au Japon en mars 1987. A l'heure où nous révisons ce guide, nous ne voyons rien qui puisse freiner le musée-boom nippon, et le voyageur découvrira certainement lui-même des nouveautés. Il ne faut pas s'attendre à trouver des « Louvre », des « National Gallery » ou des « Metropolitan Museum of Art ». Ce sont des musées de dimension modeste. Nous indiquons les plus intéressants et les plus beaux au fil du « Japon d'île en île », mais nous ne signalons qu'ici, dans ces pages pratiques, que **tous les musées et parcs sont fermés le lundi,** et en général, **du 28 décembre au 4 janvier.** Les musées sont aussi fermés lors de changement d'expositions : il sera bon de donner (ou de faire donner) un coup de fil avant de se déplacer. Enfin, ils sont **tous payants** (300, 500 et même... 1 000 yens pour le musée en plein air d'Hakone, ou le village Meiji au nord de Nagoya !).

Rencontrer des Japonais chez eux

C'est le **Tourist Information Center** (T.I.C.) qui fera l'intermédiaire. S'adresser au moins un jour d'avance au T.I.C. de **Tôkyô** (tél. 502-1461), à l'**Office de Tourisme de Yokohama** (tél. 045-641-5824), au département du tourisme de **Nagoya** (tél. 052-961-1111), à la mairie d'**Otsu** (tél. 0775-22-

3830) ou au T.I.C. de **Kyôto** (tél. 075-371-5649).

Pour visiter usines et industries

S'y prendre au moins un mois à l'avance, sauf pour le journal Asahi, pour lequel trois jours à l'avance suffisent (5-3-2, Tsukiji, Chûô-ku, Tôkyô. Tél. 545-0131).

Usines près de Tôkyô

Nissan, à Yokosuka, préf. Kanagawa. Adresser la demande au minimum trois semaines à l'avance à International Division Nissan Motor Co, 6-17-1, Ginza, Chûô-ku, Tôkyô. Tél. 543-5523.

Canon, à Kawasaki, préf. Kanagawa, demander un mois à l'avance à Canon Camera Co, 3-30-2, Shimo-Maruko, Ota-ku, Tôkyô. Tél. 758-2111.

Nikon, 1-6-3, Nishi-Oi, Shinagawa-ku, Tôkyô. Tél. 773-1111.

Sony, 6-7-35, Kita-Shinagawa, Shinagawa-ku, Tôkyô. Tél. 443-8381.

Tôshiba, Tôshiba Science Institut, 1, Tôshiba-machi, Komukai, Saiwai-ku, à Kawasaki, préf. Kawasaki. Tél. (044) 511-2111. Faire la demande à l'usine au moins un mois à l'avance.

Honda a une usine à Sayama dans la préfecture de Saïtama. Adresser la demande un mois à l'avance à Honda, 6-27-8, Jingûmae, Shibuya-ku, Tôkyô. Tél. 498-3251.

A Osaka

On pourra visiter la compagnie *Matsushita* qui symbolise le type d'entreprise paternaliste du Japon avec hymne à la gloire de l'entreprise chanté par les employés tous les matins, etc., à condition d'en faire la demande deux mois à l'avance à : *Matshushita Electric Industry Co Ltd,* Oaza-Kadoma à Kadoma, préf. Osaka, tél. (06) 908-1121 ou tél. à Tôkyô 437-1121.

Les arts martiaux

Jûdô. Tous les visiteurs sont les bienvenus pour regarder les entraînements en fin d'après-midi sauf dimanche et jours fériés au *Kôdôkan Hall* ou au *Budôkan* à Tôkyô. Le *Kôdôkan* est un ensemble de bâtiments grisâtres coincés entre les métros Kôrakuen et Kasuga. On téléphonera (tél. 818-4893) pour être tenu au courant des compétitions. Entraînement quotidien de 15 h à 19 h 30. Au *Budôkan,* 2-3 Kitanomaru Kôen, Chiyoda-ku (on repère immédiatement le grand toit de pagode octogonal en sortant du métro Kudanshita). Tél. 216-0781. Entraînement de 18 h à 19 h 10.

A Osaka : *New Japan Jûdô Club,* 4-15-1 Nagata, Jôtô-ku à 5 mn à pied du métro Fukuebashi, tél. (06) 961-0640. Entraînement de 18 h à 20 h.

Karate. On pourra assister à des entraînements au *Nippon Karate Kyôkai,* 6-1-6, Ebisu-Nishi, Shibuya-ku, tél. 462-1415. Entraînement tous les jours de 11 h 30 à 12 h 30, de 16 h à 17 h...

Kendô. Les entraînements sont publics à Tôkyô au Budô-Gakuen à l'intérieur du *Budôkan,* du lundi au vendredi à partir de 13 h pour ceux qui ont plus de trois *Dan.*

Aikidô. Où le pratiquer ? A Tôkyô, à l'*Aikikai,* 17-18 Wakamatsuchô, Shinjuku-ku, tél. 203-9236. De *Shinjuku,* prendre le bus n° 76 pour Shinjuku Nana-chôme. Les visiteurs sont invités à se faire aussi discrets que possible et à respecter le *dôjô* autant que les adeptes. Entraînement de 7 h à 20 h.

Postes et télécommunications

Lettres

Les C.P.O. *(Central Post Office)* de chaque grande ville sont ouvertes jour et nuit, sauf dimanche et fêtes. Chaque arrondissement possède un bureau de poste principal, ouvert de 9 h à 19 h et samedi jusqu'à 15 h (fermé les 2e et 3e samedis, dimanches et jours fériés). Sinon les bureaux de poste sont ouverts de 9 h à 17 h du lundi au vendredi.

Tarif à l'intérieur du Japon : lettre 60 yens et carte postale 40 yens.

Lettres pour l'étranger (par avion) : Europe, Afrique, Amérique latine, Moyen-Orient et U.R.S.S., lettre (moins de 10 g) 120 yens, carte postale 70 yens. Etats-Unis, Canada, Amérique centrale : lettre (moins de 10 g) 100 yens, carte postale 70 yens.

Entre Tôkyô et Paris, une lettre met de 3 à 7 jours. La différence de délai en « exprès » est minime.

Timbres

A peu près trente fois par an, le Japon émet des timbres-poste de collection, particulièrement beaux. On pourra les acheter, au détail, à la poste centrale de Tôkyô (station Tôkyô sortie Marunouchi Sud), au guichet « Timbres de collection » *(special stamps),* ouvert de 9 h à 17 h, sauf les dimanches et jours fériés. La date d'émission est annoncée par affiches dans les postes, et par voie de presse.

Pour les philatélistes, il existe un système d'abonnement payable à l'avance et valable à l'étranger, à la poste centrale de Tôkyô. A chaque nouvelle émission, vous recevrez automatiquement une nouvelle planche de 10 à 20 timbres, et votre compte sera débité au fur et à mesure. S'adresser au bureau de poste central, section philatélique, B.P.C. N 888. Tôkyô 100-91. Japon.

Téléphone

Il y en a partout. On peut téléphoner trois minutes pour 10 yens avec les téléphones rouges, et mettre autant de pièces (6 à la fois) que l'on souhaite pour prolonger l'entretien.

Les téléphones bleus servent, comme les rouges (et roses), aux communications urbaines, mais acceptent jusqu'à dix pièces de 10 yens. Les téléphones jaunes permettent d'appeler en interurbain, et acceptent les pièces de 100 et de 10 yens.

Les téléphones verts ajoutent à ces fonctions, la possibilité d'appeler avec des cartes de crédit téléphonique (les *telephone cards*) extrêmement en vogue au Japon.

Tous les téléphones rendent les pièces non utilisées de 10 yens.

Code téléphonique des principales villes

Fukuoka : 092
Hiroshima : 082
Kyôto : 075
Kôbé : 078
Nagasaki : 0958
Nagoya : 052
Nara : 0742
Tôkyô : 03
Okinawa (Naha) : 0988
Osaka : 06
Sapporo : 011
Sendai : 0222
Yokohama : 045

Téléphone international. Les communications téléphoniques internationales passent par K.D.D. Appeler le 0051.

Téléphone Tôkyô-Paris (3 mn) : 2 250 yens plus 690 yens par minute et 3 750 yens de « personne à personne ». Pour de très courtes communications, on conseillera les communications directes facturées par tranches de six secondes. Se renseigner au 270-5111 ou à votre hôtel.

Télégramme

Les télégrammes internationaux sont envoyés aussi par K.D.D. Tél. 344-5151 à Tôkyô. Minimum 7 mots, 192 yens par mot, pour la France. Plus économique est le télécopieur avec le service de « Lettafax ».

Les préfectures du Japon

Elles ont presque toutes un bureau de représentation dans l'immeuble *Kokusai Kankô Kaikan* (tél. 215-11-81), à gauche en sortant de la gare de Tôkyô, côté Yaesu Nord, ou au 9e étage du grand magasin *Daimaru,* également sortie Yaesu Nord. On y trouvera toute une documentation et des stands de vente des produits régionaux. Dans certains bureaux de ces préfectures, on parle anglais.

Aichi - 212-0761
Akita - 211-1775
Aomori - 216-6010
Chiba - 216-6017
Ehime - 231-1804
Fukui - 211-8054
Fukuoka - 231-1750
Fukushima - 214-2788
Gifu - 231-1775
Gumma - 231-4836
Hiroshima - 215-5010
Hokkaidô - 214-2481
Hyôgo - 261-4266
Ibaraki - 231-2642
Ishikawa - 231-4030
Iwate - 231-2613
Kagawa - 231-4840
Kagoshima - 545-4777
Kanagawa - 231-3901
Kôchi - 231-6233
Kumamoto - 571-2059
Kyôto - 201-2147
Mie - 211-2737
Miyagi - 231-0944
Miyazaki - 216-9587
Nagano - 214-5651
Nagasaki - 216-2046
Nara - 216-5955
Niigata - 215-4618
Oita - 231-5096
Okayama - 211-5767
Okinawa - 287-1661
Osaka - 212-3943
Saga - 216-6596
Saitama - 215-2031
Shiga - 231-6131
Shimane - 212-1091
Shizuoka - 213-4831
Tochigi - 215-4050
Tokushima - 216-2081
Tôkyô - 212-8727
Tottori - 211-8286
Toyama - 231-5032
Wakayama - 231-2041
Yamagata - 215-2222
Yamaguchi - 231-1863
Yamanashi - 231-0760

Bon à savoir

Les pourboires n'existent pas. On paie à la sortie des restaurants. Pour manger, il est conseillé de rapprocher le bol de la bouche ; les Japonais aspirent les nouilles avec bruit et comme leurs voisins asiatiques, ils crachent. On évitera de manger dans la rue, de laisser une paire de baguettes « piquée » dans le bol, de se moucher à table et de se distinguer par son indiscipline dans les passages cloutés. Enfin, les Japonais sont d'une ponctualité exemplaire, et considèrent l'exactitude comme la première des politesses.

Le Japon de A à Z

Abaque

Boulier, utilisé encore dans tous les commerces et les banques, en même temps que les machines à calculer électroniques.

Achats détaxés

Dans la plupart des grands magasins, les arcades des hôtels et les boutiques spécialisées, on vous accorde 15 ou 20 % de réduction sur présentation de votre passeport. Le vendeur vous remettra un certificat international lors de l'achat. Vérifiez qu'il existe un service après-vente en France.

Ages

Les 25e, 42e et 61e anniversaires des hommes, et les 19e, 33e et 37e anniversaires des femmes marquent des années vulnérables. Les Japonais qui atteignent ces tournants cruciaux se rendent au sanctuaire pour écarter l'adversité. 7 et 13 ans pour les enfants, 19 et 30 ans pour les femmes, et 25 et 42 ans pour les hommes sont des âges considérés comme néfastes.

Amae

Le désir d'être aimé. Egalement traduit par la « régression vers le fœtus » ou l' « anatomie de la dépendance ». Un psychiatre, Takeo Doi, ayant exercé aux Etats-Unis, a publié en 1971 une analyse de ce désir psychologique de nier la séparation de la mère et de l'enfant, qui a pulvérisé les records de vente au Japon. Il justifiait son interrogation sur l'*Amae* par l'intraduisibilité de ce terme en anglais ou en français. Depuis, il ne paraît plus une étude sociologique japonaise où l'on ne cite ou ne critique la conception ou l'exagération de la conception de l'*Amae* de Takeo Doi.

Amae désigne la relation qu'a le nouveau-né avec sa mère. C'est une relation fermée, personnelle, privée, tout comme la structure morale et psychologique du Japon.

Même chose dans le Zen, quand il atteint le *Satori* (état d'éveil), le bonze se confond avec l'absolu, comme le bébé se confond avec sa mère. Par la suite, l'*Amae* se mue en un désir de ne pas être séparé des autres. L'individu refuse d'affronter la solitude, et recherche la compagnie plus sécurisante du groupe.

Américains

30 000 résidents civils dans l'archipel, 62 000 hommes des Forces américaines avec 50 000 femmes et enfants. Ils ont leurs bases, leurs journaux et leur radio « 8-10 » *(Far East Network)* est écoutée par 25 millions d'auditeurs japonais.

Anglais

Tous les Japonais l'ont appris, et l'apprennent encore avec la télévision et la radio. Résultat : la majorité sait trois mots et une minorité le parle à la perfection. Hors du parcours Tôkyô-

Hiroshima, il vaut mieux compter sans.

Année

L'année scolaire commence début avril et s'interrompt six semaines (20 juillet à début septembre) en été, et du 20 décembre au 6 janvier pour le nouvel an. Dans les universités, les congés sont plus longs. L'année fiscale commence le 1er avril.

Bakufu

« Gouvernement sous la tente. » C'est ainsi qu'on désigne le gouvernement militaire qui l'emporta sur l'empereur dès le XIIe siècle, à l'époque Kamakura.

Banzai

« 10000 années » selon la lecture chinoise. Expression de joie, souvent hurlée 3 fois lors des cérémonies scolaires et politiques.

Benten

Déesse des Arts et des Belles-Lettres. On la représente jouant du *biwa*. Voir : Bishamon, Daikoku, Ebisu, Fugen, Fukurokuju, Jurôjin et Hotei.

Bentô

Le casse-croûte japonais, à base de riz et coloré de divers petits légumes ou de poisson, que l'on mange dans une boîte de bois. Un voyage en train est impensable sans *bentô*. Toutes les gares vendent leur spécialité de *bentô (Ekiben)*.

Bishamon

Protecteur des temples. En cette finalité, il est vêtu d'une armure et porte dans les mains une petite pagode.

Boîtes d'allumettes

La carte de visite des restaurants, des bars et des hôtels. Même si vous expliquez que c'est votre carnet d'adresses, elles risquent d'être confisquées lors des contrôles de sécurité dans les aéroports. Evitez d'en remplir vos bagages à main.

Bonkei

Représentation de paysages sur plateau, à l'aide de cailloux, de sable, etc.

Bonsai

L'art des arbres nains existait depuis l'époque Kamakura et s'est développé dans ses aspects les plus artistiques à l'époque Edo.

Bonten

Le nom japonais de Brahma, le dieu de la Création. Les *bonten* désignent aussi ces ensembles de décorations diverses juchées en haut d'une perche de bambou de 2 m de long, et qu'on promène à travers les rues pour les fêtes de fertilité.

Bonus

Ils tombent 2 fois par an, en juin et en décembre, et sont fonction des bénéfices de l'entreprise. En moyenne 4 mois de salaire.

Bruit

La fureur des haut-parleurs contraste avec le silence des gens. Les Japonais prétendent ne pas être agressés par ces décibels supplémentaires qui orchestrent tous les déplacements (passages cloutés, gares, trajets des autobus, etc.), canalisent les groupes de touristes, mais aussi serinent une publicité ininterrompue à l'entrée des magasins et hurlent de la propagande à la sortie des gares.

Par contre, les mouvements de consommateurs se montrent très sensibles à la pollution sonore des autoroutes, des travaux de construction et des aéroports, et les protections sont de plus en plus systématiques.

Bushidô

« La voie du guerrier. » Code de vertus morales et de talents physiques du *samurai,* apparu avec Minamoto-no-Yoritomo au XIIe siècle (le nom de *Bushidô* n'est apparu qu'au XVIIe siècle).

Cadeaux

On en reçoit toujours, on en offre autant. Les plus gros échanges ont lieu en juillet pour *Chûgen* au moment de la fête d'*O-Bon* et pour *Seibo* à la fin de l'année. C'est l'occasion pour chacun de se dégager de ses obligations envers autrui. Les cadeaux circulent entre parents et enfants, entre voisins, collègues, amis, etc. Comme *Chûgen* et *Seibo* correspondent à l'échéance des bonus, le chiffre d'affaires des grands magasins se porte bien. Un cadeau appelle un contre-cadeau de même valeur. Pour des cadeaux de condoléances, la coutume veut qu'on n'y réponde qu'à la fin de la période de deuil de 49 jours (35 jours en ville). On offre alors des contre-cadeaux de la moitié de la valeur reçue. Lorsque l'on reçoit un cadeau dans une boîte qu'il faut rendre (*Tupperware* ou assimilés), on ne la rend jamais vide. Il est très rare de se présenter chez quelqu'un sans rien apporter : on offre un cadeau, la plupart du temps alimentaire : fruits, gâteaux, saké, etc. Le système est moins rigide avec les étrangers, mais les cadeaux sont toujours bienvenus. Pour vos hôtes, prévoyez ce qui est inabordable à Tôkyô (bons alcools, parfums, disques, etc.) à offrir emballé avec cachet de la boutique, mais faites provision d'autres babioles pour vos « bienfaiteurs » inattendus : savonnettes ou échantillons signés, cassettes, cigarettes (avec filtre et légères), timbres, revues, illustrés, plans de Paris, recettes de cuisine, etc.

Calendrier

L'époque Meiji a vu se répandre l'usage du calendrier grégorien pour faciliter les communications internationales. Le 2e jour de la 12e lune de la 5e année de Meiji est devenu le 1er janvier 1873. Parallèlement, le système des ères *(Gengô)* date l'histoire en fonction du règne d'un empereur. La première année de l'ère Shôwa (« la paix éclairée ») a commencé le 25 décembre 1926 à la mort de l'empereur Taishô. Les années s'ajoutent chaque 1er janvier. En 1988, nous sommes en Shôwa 63. Depuis Meiji, trois ères se sont donc succédé : Meiji, Taishô et Shôwa.

L'ordre des années est celui du calendrier chinois.

Dans un cycle de 12 ans se succèdent l'année du Rat, du Bœuf, du Tigre, du Lièvre, du Dragon, du Serpent, du Cheval, du Mouton, du Singe, du Coq, du Chien et du Sanglier. Beaucoup de manifestations sont encore déterminées d'après le calendrier lunaire, 12 mois lunaires ne font que 354 jours. On rectifie la différence avec le calendrier solaire en ajoutant progressivement des mois intercalaires. Au bout de 19 ans, 7 mois intercalaires ont été ajoutés. La différence entre les calendriers solaire et lunaire varie chaque année. Des almanachs publient chaque année des tables de correspondance entre les deux calendriers.

Calligraphie

En principe, tout écolier japonais s'exerce à l'art et à la discipline de la calligraphie. L'élève doit exercer sa main à mesurer la force qui décidera de l'épaisseur du trait, des extrémités et des angles. L'idée majeure de la calligraphie japonaise est de dessiner chaque trait, chaque angle et même chaque point différemment selon le goût et la volonté du calligraphe, afin de conférer au caractère une beauté qui distraie le lecteur du sens original.

L'invention des caractères remonte en Chine à plus de 1000 ans avant notre ère, et les premiers textes furent gravés sur des carapaces de tortues. La calligraphie s'épanouit pleinement en Chine avec le développement de la peinture à l'encre de Chine à l'époque des Son (à partir de 960).

Les Japonais étudient sérieusement les caractères chinois à partir du VIe siècle. Deux siècles plus tard, ils copient les textes des plus grands calligraphes. La calligraphie japonaise s'épanouit pleinement à l'époque de Heian, avec les syllabaires de *Hiragana* et *Katakana*. C'est un art réservé à l'aristocratie et aux bonzes.

La calligraphie perd de son rayonnement avec la prise du pouvoir par les militaires, et ne retrouve sa gloire qu'à l'époque Edo lorsque des moines Zen recommencent l'étude de la calligraphie chinoise. La calligraphie se généralise avec les réformes éducatives de Meiji. Depuis 1924, des concours ont lieu régulièrement, et on s'exerce volontiers à la calligraphie pour décorer le *Tokonoma*. Les écoles se multiplient. Parmi les différents courants, on distinguera le style *Remmen-Tai,* où les *Hiragana* sont écrits de manière cursive sans lever la plume, et la *Chôwa-Tai,* qui lie *kanji* et *Hiragana*.

Chiromanciens

A la tombée du jour, leurs tables se dressent près des gares. On les consulte volontiers avant un déménagement, un mariage, une décision à prendre et quand on est malade.

Chôchin

Lanterne de papier, enseigne de beaucoup de bars ou de restaurants, et décoration de tous les festivals.

Cigarettes

Les Japonais sont de très gros fumeurs. Le plus brun des tabacs est à chercher dans les *Peace* ou sa cousine *Hope*. Les cigarettes sont vendues en distributeur automatique et dans des bureaux de tabac.

Courant électrique

En général, 100 volts, 50 cycles à l'est, et 60 cycles à l'ouest de Nagoya. Les Japonais utilisent des prises « américaines » (plates).

Cours particuliers

Un Japonais en connaît toujours un autre qui veut apprendre le français. Dans les grandes villes, les professeurs particuliers prospèrent : 5000 yens de l'heure en moyenne à Tôkyô.

Daikoku

Génie de la richesse. On le représente assis sur deux balles de riz, et portant dans le dos un immense sac rempli de trésors. Il possède un maillet magique avec lequel il ouvre la porte du grenier.

Daimyô

Seigneurs féodaux. Littéralement « les grands noms ».

Daruma

Une poupée sans jambes, drapée de rouge, représentant un moine bouddhique. Daruma vient du nom de Bodhidharma, du moine qui a fondé la secte Zen.

Deux-roues

Les anecdotes circulent quant à la rareté des motos au Japon. L'une d'elles rapporte que le président de Honda en personne en déconseillerait l'usage aux Japonais, parce que c'est dangereux. La densité des vélos compense le faible nombre des motos, et les bicyclettes se révèlent beaucoup plus redoutables que les engins à moteur. Très peu de cyclistes respectent la discipline de circulation : on roule sans complexe à droite ou à gauche, sur les trottoirs, dans les rues interdites, etc., et on n'hésite pas à foncer. Autour des gares de banlieue, les parkings à vélos barrent le passage aux piétons.

Dôzo

« Je vous en prie », « après vous », « voilà », « s'il vous plaît », etc. Bref, un mot clé de la langue japonaise.

Edo

« La porte de la baie. » C'est l'ancien nom de Tôkyô et le nom sous lequel on retient l'époque du gouvernement Tokugawa de l'aube du XVIIe siècle à 1867.

Ema

Plaquette de bois sur laquelle on inscrit ses vœux, et qu'on accroche au sanctuaire. Les *ema* peuvent représenter un cheval, mais aussi toutes sortes d'autres figures. Quelques temples conservent des salles entières remplies d'*ema*.

Empereur

D'après le premier chapitre de la constitution du 3 novembre 1946, l'empereur est le symbole de l'Etat et de l'unité du peuple. Pour toutes les affaires d'Etat, l'empereur ne peut agir sans l'approbation du cabinet.

Enka

Chanson populaire, toujours nostalgique et en général interprétée par une voix très grave.

Estampes japonaises

Voir : Les estampes *Ukiyo-e* et *Shunga*.

Eventail

On distingue celui qui se plie *(sensu)* de celui qui reste rigide *(uchiwa)*. Indispensable en été.

Examens d'entrée aux universités

Réputés très difficiles, ils ont lieu en janvier et début mars pour les universités nationales. On les accuse de faire monter la courbe des suicides. Voir : Juku.

Extrême droite

Elle représente une poignée de militants qui veulent revenir au Japon d'avant la constitution de 1946, restaurer la divinité impériale et les valeurs traditionnelles de la société japonaise. Ils haranguent régulièrement les foules à coup de haut-parleurs, à la sortie des gares. La police estime le nombre des militants à 120 000... divisés en 600 organisations.

Fêtes

Les fêtes du nouvel an durent plusieurs jours. Tout le monde se rend au sanctuaire, alors que les prêtres shintô prient pour la prospérité du pays. Les maisons sont décorées. On fait voler des cerfs-volants et on joue au volant *(hagoita)*. Le 1er janvier, chacun s'efforce de se lever tôt, pour aller voir le premier lever du soleil de l'année, à l'est, vers le Pacifique. On mange des gâteaux de riz *(mochi)*, on boit du saké et des millions de cartes de vœux, la plupart à l'image de l'année qui commence (mouton, rat, lapin, etc.), sont échangées.

2 janvier. Les camions qui livrent les premiers poissons, et la première viande de l'année sont décorés. D'autre part, Japonais et Japonaises s'essaient à composer des poèmes et à calligraphier.

14 janvier. On brûle toutes les décorations du nouvel an, dans un grand feu.

15 janvier. Fête de la majorité, pour ceux qui ont 20 ans.

3 février. La veille du 1er jour du printemps, **Setsubun,** selon le calendrier japonais. On jette des pois pour renvoyer les mauvais esprits et attirer les bons.

3 mars. Fête des poupées, **Hina-Matsuri.** Autrefois, les sorciers chassaient le mal, concrétisé dans des poupées de papier, en les jetant dans le courant de la rivière. Puis, les poupées furent fabriquées en argile, et on préféra les exposer sur une étagère que de les noyer dans la rivière. Aujourd'hui, des artisans sont spécialisés dans la fabrication de ces poupées. Une collection de poupées peut faire partie du trousseau d'une jeune mariée. Voir : *Hina-Matsuri* dans « Le Japon de A à Z ».

La semaine de l'équinoxe, **Higan.** Les Japonais font des offrandes sur les tombes des ancêtres. *Higan* vient de la croyance bouddhique selon laquelle, lorsque le jour et la nuit sont égaux, Bouddha descend sur terre pour une semaine, afin de sauver les âmes tourmentées et les conduire au Nirvana.

8 avril. Anniversaire du Bouddha.

5 mai. Fête des petits garçons. Des carpes en papier ou en tissu flottent en haut d'un mât dans les campagnes.

15 juillet. Les âmes des morts descendent sur terre, c'est **O-Bon** qui est fêté un mois plus tard (15 août) à la campagne.

9 septembre. On va admirer la lune, en groupe, pour **Tsukimi.**

Equinoxe d'automne, **Higan.**

13 septembre. **Tsukimi.**

15 novembre. Fête des enfants de 3, 5 et 7 ans, voir *Shichi-Gosan,* dans « Le Japon de A à Z ».

Décembre. Des *bônenkai* ont lieu dans toutes les entreprises et dans les foyers pour oublier dans l'alcool l'année qui se termine.

13 décembre. Grand ménage de la maison.

31 décembre. **Omisoka.** On mange des *soba* et, dans les temples, on sonne 108 coups de cloche, pour chasser les 108 passions humaines.

Français

Il existe depuis l'époque Meiji une tradition de francophilie qui s'exprime aujourd'hui dans des produits de masse, et par une fascination pour la langue française. Pourtant, au niveau des études supérieures, le français attire de moins en moins. Environ 200 000 étudiants poursuivent les cours de français à l'Université (cinq fois moins que l'anglais, et deux fois moins que l'allemand), et un million de téléspectateurs suivent les cours élémentaires de français à la télévision, mais ils ne font que le balbutier tant qu'ils n'en ont pas fait leur unique discipline d'études. La communauté française au Japon semble s'être stabilisée autour de 3 200 personnes dont 150 religieux et 350 enseignants.

Fugen

Divinité bouddhique de la méditation extatique. Généralement représentée à droite de Sakyamuni.

Fuku-Rokuju

Un des sept dieux de la chance, avec Ebisu, Daikoku, Benten, Bishamon, Jurôjin et Hotei. On le représente avec un petit corps et une très longue tête.

Fundoshi

Cache-sexe blanc porté lors des festivals.

Furo ou o-furo

Le bain. On puise l'eau dans la baignoire avec une cuvette, et on se lave à l'extérieur, avant de se délasser à l'intérieur, en compagnie, si la dimension du *furo* le permet. La même eau sert à toute la famille ou à tous les hôtes de l'auberge. Quand le bain ne contient qu'une personne, la tradition veut que le chef de famille s'y baigne en premier, puis les enfants (garçons d'abord) et la mère en dernier.

Furoshiki

Un carré d'étoffe qui permet d'envelopper les objets les plus volumineux et les plus inattendus.

Futon

Le matelas et les édredons portent le même nom, mais se distinguent en épaisseur et en dureté. Dans la journée, les *futon* se plient et se rangent dans les placards. Dès qu'il fait beau, on les aère sur les balcons. Il existe des *futon* d'hiver et des *futon* plus légers d'été.

Geisha

C'est l'oiseau de nuit le plus exclusif. Expertes en musique, poésie et danse, les *geisha,* « personnes qui pratiquent les arts », se rendent dans des restaurants de renom, ou même dans des maisons particulières afin de rehausser l'éclat de dîners où les convives sont en très grande majorité masculins. Leur art est le fruit d'une longue et coûteuse éducation. Les jeunes apprenties de Kyôto sont les *maiko*. La formation d'une *geisha* commence très jeune avec l'apprentissage de toutes les disciplines artistiques : cérémonie du thé, arrangement floral, *shamisen*... mais aussi l'art de manier le verbe avec esprit et de se déplacer sans un froissement de kimono ni bruit de tatami, etc.

Les frais de cette éducation sont supportés par une *Okami-san,* patronne d'un restaurant de luxe qui prélève ensuite des honoraires sur chacune des prestations de la *geisha*. L'investissement est rentable. Une soirée dans un restaurant *ryôtei* avec le divertissement des *geisha* se paie un minimum de 50 000 yens par convive.

Devenir l'époux, l'amant ou le protecteur d'une *geisha* est payé d'un prestige à peu près aussi considérable que le montant des factures réglées jusque-là. On considère en effet qu'on ne peut se faire connaître dans le monde des *geisha* sans passer au moins 10 soirées par mois en leur compagnie pendant un an, distraction que l'on évalue au moins à 12 millions de yens.

Ni la restauration Meiji ni la course à l'an 2000 n'ont tué cette institution tellement galvaudée par des clichés d'exotisme. Les *geisha* distraient aujourd'hui la génération des samurai du XXe siècle, à savoir hommes d'affaires et politiciens.

Go

Le premier championnat amateur du monde a eu lieu à Tôkyô en mars 1979. Un tournoi officiel dure plusieurs heures et demande une grande résistance spirituelle et physique. On lira à ce sujet le roman de Kawabata Yasunari, *Le Maître ou le tournoi de Go*.

Le Go est très répandu au Japon. Si la chance entre en compte dans le Mah-jung, elle est exclue du Go, qui est un jeu de stratégie purement raisonné.

Le Go est né en Chine, il y a environ 3 000 ans et s'est répandu au Japon à partir du VIe siècle, d'abord dans l'aristocratie. A l'époque Kamakura, les *samurai* et les moines sont conquis. Les *shôgun* Oda Nobunaga, Toyotomi Hideyoshi et Tokugawa Ieyasu encouragent le jeu. Le gouvernement de Edo subventionne quatre familles professionnelles et organise des tournois réguliers devant le *shôgun*. Depuis la restauration Meiji, l'organisation des joueurs de Go se modifie. Les journaux remplacent les *shôgun* comme protecteurs. Le Go se popularise, multiplie ses clubs et ses gazettes. Pour le moment, le Japon est toujours arrivé en tête des tournois avec la Chine ou d'autres pays. Les règles du Go chinois diffèrent légèrement de celles du Go japonais.

Hachimaki

Bandeau serre-tête qui se noue devant avec un nœud papillon. On le porte pendant les festivals.

Hagoita

Raquettes de bois peintes avec des visages de célébrités, qu'on utilise pour jouer au volant au nouvel an.

Haiku ou Haikai

Poème de 17 syllabes, réparties en 5, 7 et 5 pieds, exprimant toute la beauté de la nature et les sentiments qu'elle évoque, par l'emploi de « correspondances ». Bashô, au milieu de l'époque Edo, passa maître dans l'art du *Haiku* et utilisa la concision de cette poésie pour traduire l'élégance austère du *Sabi* (voir *Wabi* et *Sabi*).

Hanabi

Feux d'artifice. Ceux tirés régulièrement depuis 1717 près du pont Ryôgoku sur la rivière Sumida, à Tôkyô, furent interrompus à cause de la pollution de la rivière et des accidents provoqués par le déplacement des foules. Ils n'ont repris qu'en 1978. Pendant tout l'été, parents et enfants jouent avec des petits feux d'artifice qui ressemblent à nos « étoiles magiques » de Noël.

Hanafuda

Le passe-temps favori des lycéens et des étudiants en voyage et quand il pleut. On y joue avec 4 familles de 12 cartes qui symbolisent chacune un mois, par une plante ou un animal.

Hankô

Le sceau. La signature officielle du Japonais.

Heure locale

Quand la France est à l'heure d'été, Tôkyô a 7 heures d'avance. En hiver, 8 heures de différence.

Hibachi

Si le *kotatsu* est un chauffe-pieds, le *hibachi* est un chauffe-mains. C'est un brasero.

Hina-Matsuri

La fête des poupées, le 3 mars. A l'origine, on jetait les poupées à la rivière pour que le courant emporte avec lui toutes les impuretés et les adversités dont elles étaient chargées. Le rite *(nagashi bina)* se déroule encore dans la ville de Tottori et des préfectures de Gifu, de Wakayama et de Tokushima. Dans les villes, la cérémonie religieuse s'est perdue. Une fête des poupées l'a remplacée, pendant laquelle on expose dans la maison toute une collection qui figure les personnages de la cour autour du couple impérial. L'empereur et son épouse sont entourés de deux ministres, de trois servantes, de cinq musiciens, et d'autres personnages de la cour. C'est en célébrant cette fête qu'on exprime ses vœux pour l'avenir des petites filles.

Hotei

Dieu de la Chance, représenté replet et bedonnant en signe de sa grandeur d'âme et de sa sagesse, atteintes grâce au bouddhisme.

Hotoke

Le Bouddha. Dès qu'il est mort, le Japonais rejoint le monde des Bouddha.

Hyaku-nin-isshu

Ancien jeu des familles avec des poèmes de 31 syllabes. Un arbitre possède un jeu de 100 cartes sur lesquelles la totalité des poèmes est écrite. Les joueurs ne reçoivent que la dernière moitié du poème et doivent faire appel à toute leur culture pour compléter la « famille ».

Inari

Véhicule du génie du riz, représenté par un renard.

Inrô

Deux ou trois petites boîtes composent un ensemble de la dimension d'un paquet de cigarettes. A l'origine, ces boîtes contenaient les médicaments, mais l'*inrô* est finalement devenu un accessoire d'homme à l'époque d'Edo. On portait le *inrô* à la ceinture en l'accrochant avec un *netsuke* au bout d'une ficelle (voir : « Netsuke »).

Irezumi

Les tatouages qu'on se faisait autrefois pour se protéger contre la maladie. Ils sont devenus très à la mode à la fin de l'époque Edo, quand on croyait qu'ils aidaient à réaliser les désirs : on se tatouait des noms, des blasons, etc. Puis les techniques se perfectionnèrent et des tatouages polychromes envahirent tout le corps. Les tatouages-fresques prennent quelquefois plusieurs années à être établis, à raison d'1 ou 2 cm par jour. Les gangsters *(yakuza)* sont passés experts en *irezumi*. Plus le tatouage est grand, plus il atteste de la résistance de celui qui le supporte. Le gouvernement tente d'interdire ces pratiques mais elles persistent.

Jan-ken-pon

Version nippone du jeu des ciseaux qui coupent le papier, du papier qui enroule la pierre et de la pierre qui brise les ciseaux.

Janome

Ombrelle en papier huilé et au squelette de bambou, dont le dessin circulaire rappelle l'œil de serpent.

Jingû

Sanctuaire de la famille impériale.

Jinja

Sanctuaire shintô.

Jizô

Gardien des âmes des enfants morts.

Journaux

Le Japon en est le second paradis du monde, après la Suède, avec 110 principaux titres de quotidiens, et 542 exemplaires pour 1 000 habitants. 5 quotidiens de diffusion nationale représentent la moitié du tirage total. Ce sont les journaux **Asahi, Mainichi, Yomiuri, Sankei** et le **Nihon Keizai Shimbun,** « Journal économique du Japon ». A côté de ces grands tirages existent plusieurs titres de *Mini-Komi* qui sont davantage des journaux d'opinion.

Juku

Ecoles privées de préparation aux examens. Le système de la « boîte à bachot » commence très jeune. Il existe des *juku* pour l'examen d'entrée au jardin d'enfants, à 3 ans !

Jurôjin

Le dieu de la longévité, représenté comme un vénérable vieillard, porteur d'un sceptre autour duquel est enroulée la sagesse du monde. Il est toujours accompagné d'une grue, d'un cerf ou d'une tortue.

Kado-matsu

Décoration du nouvel an qui se compose de branches de pin, de bambou.

Kannon Bosatsu

En sanskrit, c'est Avalokiteçvara, le Bodhisattva qui a une liberté parfaite dans la faculté de contempler les choses et les gens, et de les sauver. La foi en Kannon s'est répandue vers l'Asie centrale, la Chine et le Tibet à partir de l'Inde.

Kannushi

Le prêtre shintô. A l'origine, le Kannushi était l'intermédiaire entre les gens aux services des génies et les génies eux-mêmes. Ils étaient souvent le chef d'un clan. Les Kannushi sont devenus des professionnels. Ils servent les sanctuaires.

Karaoke

Play-back, quand on pousse la chansonnette dans les bars, le soir.

Kashiwade

Devant le sanctuaire, on s'incline et on frappe deux fois dans ses mains.

Kichi

Tous les six jours se répète un jour *Kichi*. Les dates des mariages, des funérailles, des enterrements, des déménagements, d'un voyage sont encore souvent déterminées d'après le calendrier des jours fastes. Ces « superstitions » viennent des croyances taoïstes chinoises. Le taoïsme fut introduit au Japon dès le ve siècle. Le confucianisme et, par la suite, le bouddhisme l'ont empêché de devenir religion officielle. La conception de l'univers selon le *Yin* et le *Yang* s'est fondue dans les croyances populaires.

Kissaten

Café avec de la musique, c'est-à-dire 90 % des cafés japonais. On peut choisir selon ses goûts musique classique, jazz, rock, etc.

Kotatsu

Le chauffe-pieds collectif. C'est le mode de chauffage traditionnel. Aujourd'hui, un tube électrique a remplacé les braises, mais le résultat reste le même : la lampe chauffe sous une table basse, recouverte d'une couverture qui garde la chaleur.

Love-hotel

Un marché à l'abri de la récession. Si vous avez de l'argent à investir. Il y a 23 000 *love-hotels* dans tout le Japon, ouverts 24 h sur 24, avec un coefficient de remplissage de 200 %. Quelques *love-hotels* témoignent de la plus grande fantaisie dans leur architecture et leur décoration intérieure. La copie conforme du *Queen Mary* par exemple, en bordure de l'autoroute Tôkyô-Nagoya, ou ce love-hotel d'Osaka, rêve concrétisé d'un maître charpentier, où toutes les chambres sont réalisées dans une essence différente de bois japonais.

Le plus connu de Tôkyô est le *Meguro Emperor* qui a l'aspect d'un château de conte de fées. A l'intérieur, 62 chambres pour tous les goûts : chambre royale avec armures, chambre fusée ou voiture et chambre président avec un mini-téléphérique plongeant d'une loggia dans une piscine. Les chambres sont en général équipées de miroirs, vibromasseurs, et vidéo... Beaucoup de *love-hotels* ont l'apparence d'hôtels ou de *ryokan* ordinaires. On reconnaît les premiers des seconds par le prix, en général affiché à l'extérieur — prix minimum moyen : 6000 yens pour quelques heures et 8000 yens pour toute la nuit — et un intérieur jalousement caché des regards extérieurs. Y vont les amoureux d'une nuit, les amants illégitimes, mais aussi des couples mariés (50 % de la clientèle en fin de semaine) voulant échapper à la promiscuité et à la sonorité des appartements japonais.

Manga

Bandes dessinées qui connaissent une vogue énorme au Japon. Sous l'apparence de dessins naïfs, les *manga* sont très souvent violents et pornographiques. Il existe des *manga* spécialisés pour chaque public. D'autres, comme *Sazaesan et Ijiwaru bâsan* (Tartine) se rapprochent davantage des Peanuts américains, traités à la manière japonaise.

Manji

La croix bouddhique, *svastika*.

Massage

Les massages japonais combinent les techniques anciennes importées de Chine au VIe siècle *(amma)* et les techniques occidentales. A l'époque Edo, les massages étaient une spécialité des aveugles. Des massages sont dispensés dans la plupart des hôtels, mais la douce voix féminine qui vous promet des massages au téléphone n'est pas forcément celle de la personne qui monte vous les faire !

Masuku

Le masque de gaze posé sur le visage et retenu aux oreilles pour protéger le nez des microbes extérieurs et ne pas contaminer les autres.

Matsuri

Festival shintô.

Meishi

L'indispensable carte de visite. Elle indique le nom et les caractères *(kanji)* qui le composent, mais aussi le rang social, et donc le niveau de langage qu'il implique. Le format type est de 9 cm × 5,5 cm. Faites-vous faire des cartes bilingues français-japonais à Paris : c'est plus économique qu'à Tôkyô ! A l'Espace Japon, par exemple, 12, rue Sainte-Anne, 75001 Paris. Au cas où vous vous retrouveriez à Tôkyô en ayant sous-estimé l'importance de l'échange des *meishi,* apportez un modèle pour la version française, et retenez les adresses suivantes :

Iwanaga Printing Inc., 3-16 Meijidôri, Nishiôkubo, Shinjuku-ku. Tél. 255-3382.

Wakabayashi Name Card Printing Factory, 1-25, Sudachô, Kanda, Chiyoda-ku. Tél. 255-7909.

Mikoshi

Châsse portative que l'on promène en groupe dans les festivals.

Mizuhiki

La ficelle qui entoure les emballages

cadeaux. Pour les cadeaux de félicitations, la ficelle est blanche et rouge. Pour les condoléances, elle est blanche et noire. Pour les cadeaux de mariage, on utilise l'or et l'argent. Le nœud diffère aussi selon les occasions.

Mochi

Attention aux dentiers et aux étouffements ! Il y a, à chaque nouvel an, des morts à cause de la pâte molle et collante des *mochi*. On en mange jusqu'à l'écœurement en début d'année.

Voici la recette : cuire du riz très collant à la vapeur, le piler. Etendre la pâte encore chaude sur une plaque. En refroidissant, la pâte durcit. La découper en morceaux carrés d'environ 5 cm de côté. Les *mochi* ainsi obtenus peuvent se conserver très longtemps. Au début de l'année, on les grille sur les braises en les assaisonnant de sauce de soja : la pâte redevient molle et collante.

Mort

Le bouddhisme a répandu la foi en un autre monde où les âmes des morts se purifient et se déifient. On a longtemps cru que l'âme des célibataires ou des morts par accidents ne trouverait jamais de repos. De même, l'âme des enfants décédés avant sept ans repose dans un autre monde, différent de celui des adultes. La mort est impure et peut contaminer les autres, s'ils utilisent le même feu.

Lorsqu'un décès survient, on couche le corps, la tête au nord et les mains jointes. Quelquefois, on place un couteau à côté du corps pour écarter les esprits malfaisants. Près de l'oreiller, on dépose de l'eau, et en guise d'offrande, un bol de riz dans lequel une paire de baguettes est piquée. Lorsque le cercueil quitte la maison (en aucun cas par la porte principale), la famille fait un repas d'adieu. La crémation est apparue au Japon avec le bouddhisme. Après l'incinération, on récupère les os avec une paire de baguettes de longueur inégale. On les laisse trente-cinq ou quarante-neuf jours sur l'autel de la maison avant de les enterrer. Après la crémation, la famille en deuil rentre chez elle, répand du sel dans la maison et se lave les pieds et les mains. Les 3e, 7e et 49e jours après la mort sont consacrés à de nouveaux rites funéraires. On célèbre ensuite les 1er, 3e, 7e, 13e, 23e, 27e et 33e anniversaires de la mort.

Du 13 au 15 juillet, et un mois plus tard à la campagne, c'est la fête *O-Bon*. On fait des offrandes qui doivent permettre aux esprits des morts de rester en paix dans le monde où ils demeurent. On honore également les morts pendant les deux semaines *Higan* qui englobent les équinoxes. Pendant *Higan*, l'empereur fait donner des concerts de *gagaku* pour tous les empereurs précédents.

Namahage

Ils sont surtout connus dans la péninsule d'Oga, dans la préfecture d'Akita (Tôhoku) au moment du nouvel an. Ce sont des hommes revêtus de masques et de costumes effrayants et armés d'un grand couteau, qui vont de maison en maison pour punir les gens paresseux et les enfants désobéissants. On considère que les paresseux se font des taches sur les jambes en se chauffant trop près du foyer. De là, l'étymologie de *Namahage*. Les *Namahage* descendent dans les foyers le dernier soir de l'année (solaire et lunaire). Ils sont accueillis par les hôtes, avec lesquels ils échangent des vœux.

Nebuta

La fête de *Nebuta* est une fête de purification qui se déroule avant *O-Bon*. On chasse les impuretés pour accueillir les esprits des ancêtres. On se purifie en lançant des *nebuta* dans la rivière, c'est-à-dire des constructions de papier mâché assez imposantes pour devoir être portées par plusieurs hommes.

Negaigoto

Prière adressée aux *kami* sur une feuille de papier que l'on accroche aux branches des arbres autour du sanctuaire.

Netsuke

Bouton sculpté dans du bois, du bambou, de l'ivoire ou tout autre coquillage ou pierre précieuse.

Nippon Hôsô Kyôkai

La prestigieuse chaîne nationale du Japon. La N.H.K. consacre toute une chaîne aux programmes éducatifs, avec enseignement de langues vivantes (anglais, chinois, russe, allemand, espagnol et français), cours de littérature, de physique, d'informatique, de cuisine, de musique, etc. La chaîne T.V. principale de la N.H.K. est la seule à ne pas être interrompue par des flashs publicitaires. C'est la seule aussi à être déficitaire, alors que les chaînes commerciales inscrivent des profits annuels de 50 ou 60 millions de yens. La N.H.K. diffuse aussi sur trois chaînes de radio, dont une en modulation de fréquence.

Noms

En japonais, on décline le nom de famille avant le prénom, mais si la conversation est en anglais ou en français, on se plie aux usages occidentaux. Seule la famille impériale se dispense de nom de famille. On connaît l'empereur à l'étranger par un prénom, *Hirohito,* que les Japonais ne prononcent jamais. On estime qu'un quart des prénoms sont déterminés après consultation de voyantes. Les prénoms sont choisis en fonction de la théorie du *Yin* et du *Yang,* appliquée aux *kanji.* Les chiffres pairs symbolisent les forces négatives et les impairs les forces positives, on compte chacun des traits des caractères utilisés pour en faire une équation à beaucoup d'impairs. Autre méthode : on sépare l'ensemble prénom plus nom en cinq syllabes que l'on harmonise également selon des forces positives. Jusqu'à l'époque Edo, il était courant de changer de nom, au moins au moment de la cérémonie des adultes le 15 janvier, mais la coutume a disparu à l'ère Meiji.

Noren

Rideau-enseigne à l'entrée des magasins, ou des restaurants.

Noshi

Indispensable dans tout cadeau officiel. *Noshi* est une contraction de *noshi-awabi,* c'est-à-dire de l'oreille-de-mer, séchée et coupée en fines lamelles. Autrefois, tout cadeau était accompagné de ces morceaux d'ormeaux ou de morceaux d'algues, insérés dans une enveloppe de papier décorée, qui les laissait dépasser. Aujourd'hui, il ne reste que l'enveloppe de papier ou son empreinte sur le papier d'emballage. Au moment des fiançailles et des mariages, on y insère encore de vraies lamelles d'oreille-de-mer.

Nouilles

Soba, udon et *ramen* en sont diverses variations. Elles portent bonheur. C'est une des raisons pour lesquelles on en mange le 31 décembre et on en offre pour les pendaisons de crémaillère.

Nouveau-nés

On les baptise au septième jour, en calligraphiant le prénom sur une feuille que l'on place à côté de l'oreiller. A son centième jour, le bébé est présenté au sanctuaire du quartier. A son premier anniversaire, on essaie de déterminer son avenir en l'entourant d'une feuille, d'un marteau, d'un abaque et d'un pinceau. Si l'enfant choisit l'abaque, il sera commerçant, s'il préfère la feuille, il sera agriculteur, etc.

O ou go

Préfixe honorifique. Ainsi *O-Furo* (le bain), *O-Kane* (l'argent), *O-Tearai* (les toilettes), etc.

Obi

La ceinture du kimono. Les techniques du nœud sont loin d'être simples. L'art du *obi* se perd, et on trouve maintenant dans le commerce des *obi* tout noués, prêts à être agrafés. Par son étoffe, ses motifs, le *obi* est aussi important, si ce n'est plus, que le kimono.

Objets trouvés

Vérifier d'abord auprès de chaque antenne des moyens de transports :

Objets trouvés J.R. : Gare de Tôkyô. Tél. 231-1880. Gare de Ueno. Tél. 841-8069.

Objets trouvés métro : Centre de Ueno. Tél. 834-5577.

Objets trouvés lignes privées train et bus : les objets sont groupés à la gare terminus de la ligne.

Pour les bus municipaux, contacter le bureau d'objets trouvés de l'administration municipale : 5e étage de Kôtsûkaikan Bldg 10-1, Yûrakuchô 2-chôme, Chiyoda-ku. Tél. 216-2953.

Objets trouvés dans les taxis : Tôkyô Taxi Kindaika Center, Shinseikaikan Bldg 33, Shinanomachi, Shinjuku-ku, Tôkyô. Tél. 648-0300.

Après trois jours, tous les objets trouvés sont centralisés au *Bureau central d'objets trouvés de la police municipale,* 3-11-14, Minami-Aoyama, Minato-ku, Tôkyô. Tél. 478-1547.

O-cha

Le thé vert. C'est la boisson nationale. A l'origine, c'était un médicament... On le boit chaud. Il désaltère et est légèrement excitant. Voir : « Cérémonie du thé ».

O-hanami

Aller admirer les cerisiers en groupe. C'est souvent l'occasion de joyeuses libations.

O-mamori

Petites amulettes dans un sachet de

soie, vendues dans tous les temples et sanctuaires.

O-manjû

Gaufres fourrées de pâte de haricot rouge très sucrée.

O-miai

L'arrangement d'un mariage.

O-mikuji

Billet de prédiction vendu dans les sanctuaires. Un peu comme nos horoscopes, les *o-mikuji* augurent des rencontres, des objets perdus, des voyages, des affaires et même des cours en bourse. Ils contiennent aussi une faveur demandée aux Kami (divinités). Pour que la prière se réalise, on accroche le billet aux branches d'un arbre dans le sanctuaire.

O-miyage

Cadeau. C'est une institution ! La plus petite bourgade a ses rayons d'*o-miyage* pour que le voyageur ne rentre pas les mains vides.

Onbu

Manière de porter les enfants sur le dos.

Oni

Ogres à la fois effrayants et sympathiques pour leur penchant pour les libations.

Onsen

Sources thermales. Elles existent par milliers au Japon et sont fréquentées par tout le monde sans but thérapeutique particulier. Souvent, les sources thermales alimentent des vasques en plein air, les *rotenburo,* qui sont gratuites et quelquefois mixtes.

Origami

Les pliages de papier. On compte environ 200 modèles de pliages transmis depuis de nombreuses générations, parmi lesquelles la grue *(tsuru),* le ballon *(fûsen),* la petite table d'offrande *(sambô),* le bateau des 7 divinités du bonheur *(takarabune),* etc. L'*origami,* en tant que jeu, est devenu très populaire à partir de l'abaissement du coût du papier au début du siècle. A côté des modèles traditionnels, on ajoute sans cesse des créations d'un goût plus contemporain. La corporation japonaise du tabac a lancé récemment une campagne d'*origami* en paquets de cigarettes pour éviter de voir les fumeurs joncher les rues de leurs paquets vides. Les *origami* des sanctuaires (papiers découpés en zigzag et accrochés à la corde sacrée) et de cérémonies (comme les *noshi* sur les paquets cadeaux) sont les plus anciens.

O-shibori

Serviette chaude ou froide, préliminaire à toute commande dans les cafés et les restaurants.

O-tsuki-mi

Le 15 août et le 13 septembre, à la pleine lune, des millions de familles se pressent vers des sites consacrés pour admirer l'astre, faire des offrandes, composer des poèmes.

Oui et non

Les « oui, je ne sais pas » sont monnaie courante ! Un Japonais répondra souvent « oui », là où vous diriez « non », surtout s'il s'agit d'une question interro-négative... et évitera toujours de dire « non ». Le « oui » de l'interlocuteur signifie qu'il a écouté, mais pas forcément qu'il a compris.

Pachinko

Un billard électrique vertical pour 56 habitants ! On y joue seul dans des salles où les machines sont alignées. Il faut mettre au moins 1 000 yens en billes pour pouvoir jouer du pouce ou regarder la machine fonctionner automatiquement et espérer gagner un lot de cigarettes ou d'autres petits cadeaux. Le Japonais consacre 2,4 % de ses dépenses mensuelles au *pachinko.* L'individualisme du *pachinko* expliquerait l'engouement pour ce jeu de millions de Japonais, par ailleurs, toujours en groupe. D'autre part, on retrouve dans l'inertie du joueur un certain fatalisme asiatique.

Papiers d'identité

Les Japonais n'en possèdent pas. Mais les étrangers sont tenus de les présenter à toute demande.

Partis politiques

Le Parti libéral démocrate assure une majorité conservatrice à la Diète depuis 1955. Le Parti socialiste du Japon, né en 1945, est le plus grand parti d'opposition avec 17 % des sièges à la Chambre basse en 1988. Le *Kômeitô,* formé en 1964, est soutenu par l'organisation bouddhiste *Sôka-Gakkai.* Le Parti socialiste démocrate, formé en 1960, compte pour 5 % des sièges de la Chambre basse. Le Parti communiste en a 5 %. Il ne s'aligne ni sur Moscou ni sur Pékin ; son journal *(Akahata :* le *Drapeau rouge),* est tiré à plus de 3 millions d'exemplaires par mois.

Pellicules

Films Kodak et Agfa, Fuji et Sakura en vente partout. Les tirages sur papier se font en une demi-journée ou une heure selon les boutiques, mais reviennent beaucoup moins cher. Un film de diapositives Ektachrome 200 Asa, 36 poses, vaut 1 030 yens. Vous aurez particulièrement intérêt à faire provision de films chez les rois japonais du discount photo : **Sakuraya** et **Yodobashi Camera.**

Perles

Elles sont associées à Kôkichi Mikimoto qui a produit la première perle de culture en 1894. On peut voir les plongeurs et tout le processus de fabrication dans son île, dans la péninsule de Toba. On les achète détaxées dans les arcades des hôtels, les grands magasins et les boutiques spécialisées.

Phallique

On croit souvent qu'on ne peut obtenir de bonnes récoltes qu'en mimant l'acte sexuel. Les métaphores sont plus ou moins évidentes, et les gens en parlent avec plus ou moins de complaisance. Les rites phalliques sont courants dans tous les festivals shintô. Dans le Tôhoku, le Chûbu et le Kantô, on verra, à certaines occasions, de grandes poupées de paille aux sexes évidents. Sur les routes du Kyûshû, des statues *dôsojin* en ronde-bosse ont longtemps symbolisé les rites phalliques avant que le couple de divinités ne soit représenté côte à côte, le bras de l'un dans la manche de kimono de l'autre, pour répondre à la censure des *shôgun*.

Pointures

Pour les chaussures

	femmes		hommes		
Japon	24	25	25	26	27
France	37,5	39	40	41,5	43

Prostitution

Son interdiction en 1957 a fait disparaître les quartiers de lanternes rouges. Les maisons closes ont cédé le pas aux *soapland* (bains turcs) et aux love-hotels. Dans les *soapland* officient aussi de vraies masseuses qui justifient le nom de l'établissement aux yeux de la police.

Dans les hôtels internationaux officient quelques hétaïres aux tarifs élevés.

Riz

« Il ne rend pas idiot », comme le dit la campagne de consommation du riz, mais la surproduction est telle qu'on le consomme sous forme de nouilles, de friandises, de jus de fruit, de café, etc. Sous forme de riz blanc décortiqué, c'est l'aliment de base depuis 2600 ans.

Sai-keirei

Salutation la plus respectueuse. Le corps s'incline à 90°. A genoux sur les *tatami,* le front touche presque le sol.

Samurai

Homme d'armes au service d'un noble.

Seiza

La façon la plus cérémoniale de s'asseoir sur les *tatami*. Les fesses reposent sur les deux gros orteils, que l'on fait se chevaucher. Le corps est très droit. C'est, entre autres, la position du *Bushi* quand il recevait des honneurs, et celle de l'élève qu'on punit dans le couloir.

Sembei

Tous les biscuits secs à base de riz. Il y en a une variété infinie, dans chaque province.

Sentô

Le bain public. Apportez cuvette et serviette !

Seppuku

Le terme japonais qui correspond à ce que les étrangers appellent *hara-kiri*. Une méthode consiste à s'enfoncer un sabre dans l'abdomen et à couper transversalement suivant le diaphragme. Un assistant, le *kaishaku-nin,* achève le travail en tranchant la tête.

Setsubun

Le partage des saisons, le 4 février. On jette des pois à la volée par la fenêtre, en criant : « Que les démons sortent et que le bonheur rentre », et on se dépêche de refermer les fenêtres pour effectivement ne pas laisser rentrer les mauvais esprits.

Shiatsu

La médecine japonaise des massages. Il existe beaucoup d'écoles, chacune liée à son spécialiste. Le *shiatsu* se distingue des massages *anma* par différentes techniques de pression des doigts sur les points névralgiques *tsubo*. Depuis quelques années, on essaie de classer le *shiatsu* et l'acupuncture dans la médecine orientale et d'étudier leur rôle dans la médecine moderne, comme thérapeutique complémentaire.

Shichi-go-san

Le 15 novembre, les garçons de 5 ans, les petites filles de 7 ans et les enfants de 3 ans des deux sexes mettent leurs plus beaux atours pour aller prier au sanctuaire. Selon une vieille croyance, l'enfant appartient jusqu'à 7 ans au monde des Dieux. A l'époque Edo, on a davantage institutionnalisé la fête et on l'a limitée aux âges considérés comme particulièrement fastes : 3, 5 et 7 ans.

Shimenawa

Corde sacrée en paille de riz, suspendue au *torii* du sanctuaire ou qui entoure le ring des *sumô*. Elle délimite une aire sacralisée.

Shinkansen

C'est la ligne de train super-express mise en service pour les jeux Olympiques de 1964 entre Tôkyô et Hakata (Fukuoka), et prolongée depuis l'été 1982 vers le nord du Japon. La mise en service du T.G.V. en France lui a fait prendre un sacré coup de vieux, mais ce train, qui n'est finalement confortable qu'en « green car », continue à faire la fierté des Japonais. Même si vous ne le prenez pas, n'oubliez pas de faire des compliments au moins sur son fuselage devant vos amis japonais.

Shôgi

La version japonaise du jeu d'échecs. Il y a huit pièces différentes et on peut se servir de celles prises à l'adversaire.

Shôsô-in

A l'origine, tous les grands temples et les organisations gouvernementales gardaient leurs trésors dans un bâtiment appelé *shôsô-in*. Au VIIIe siècle, le *shôsô-in* de Nara, à côté du Tôdaiji, dépassait tous les autres *shôsô-in* en abritant, en plus des trésors du Tôdaiji, tous les trésors personnels de l'empereur Jimmu. Tous ces objets furent longtemps conservés dans un bâtiment de bois. Ils sont aujourd'hui protégés de la lumière et de l'humidité dans un bâtiment de béton. Chaque année, de fin octobre au début novembre, une partie des collections du *shôso-in* est exposée au musée national de Nara.

Shunga

Avec *shun,* le printemps, et *ga,* le tableau, les *shunga* sont des estampes érotiques figurant l'acte sexuel. Ce nom date de l'ère Meiji. Avant, on les appelait les « estampes d'oreiller ». A voir dans des collections privées.

Signes

Les femmes se dissimulent la bouche derrière une main lorsqu'elles rient. On se gratte le crâne quand on est embarrassé. On pointe l'index sur son nez quand on veut parler de soi. On agite légèrement sa main droite ouverte devant son nez, la paume face au côté gauche, pour répondre négativement, alors qu'on tend le bras droit devant soi et qu'on agite la main vers le bas pour appeler quelqu'un ou un taxi. On se fraie un chemin, en mimant avec la main droite devant le visage — toute proportion gardée — celui qui s'ouvre un chemin à coups de couteau à travers la forêt. Il y en a beaucoup d'autres. Par exemple : un mouvement circulaire de l'index pointé vers la tempe indique que votre interlocuteur doute de votre santé mentale. Un rond formé avec l'index et le pouce est interprété comme signe d'argent. Le pouce replié sous les quatre doigts pointés désigne un *Eta*. L'index droit et le médius tapotés contre les lèvres : c'est un baiser ! Le petit doigt pointé en haut trahit une femme ou une maîtresse. Par contre, le pouce en l'air désigne amant, le mari, voire un chef de gangsters, etc.

Slippers

On marche pieds nus sur les *tatami,* mais on chausse des mules spéciales pour les toilettes, la cuisine, le balcon, etc. Ne pas oublier de les remettre là où vous les avez trouvées.

Sôgô-shôsha

Prénoms : Mitsubishi, Mitsui, Marubeni, Sumitomo, Itoh, Nisshôiwai... En d'autres termes, ce sont les très puissantes sociétés de commerce constituées autour des banques, par lesquelles le Japon investit dans les pays en voie de développement, prend la température de tous les marchés étrangers et vend chaque année dans le monde pour un montant égal au tiers de son P.N.B.

Suicide

Shinjû désigne le suicide de deux amants que la vie sépare dans le monde. Très répandu pendant l'époque Edo. En général, la méthode choisie était la pendaison. Aujourd'hui le sabre. Les doubles suicides s'étendent maintenant à deux personnes du même sexe ou au suicide parent-enfant.

Sumi-E ou Suibokuga

La peinture à l'encre de Chine apparaît au Japon en même temps que le Zen et est très pratiquée à ses débuts, surtout par les moines. **Sesshû Tôkô,** au XVe siècle, fut le premier grand peintre japonais de Suibokuga, et le précurseur d'une école japonaise, après l'assimilation de la culture chinoise. Par la suite, **Ike no Taiga, Yosa Buson, Uragami Gyokudô** passent parmi les plus grands maîtres de cet art.

Sumimasen

Le mot passe-partout, préliminaire à toute question, à toute introduction. Marque le début et la fin d'une obligation. Peut signifier « s'il vous plaît », mais aussi « pardon », « excusez-moi », etc.

Sumô

C'est la lutte traditionnelle japonaise, très spectaculaire par le gabarit des lutteurs (jusqu'à 210 kilos pour un grand champion), leur tenue et tout le cérémonial qui entoure les championnats. Chaque combat dure à peine une minute, mais l'effort est très intense si l'on en juge par la sueur et la crispation qui se lit sur les visages des lutteurs. Les règles sont simples : le vainqueur est celui qui réussit à pousser l'autre en dehors d'un cercle de 4,5 m de diamètre ou à le faire toucher terre par une partie quelconque de son corps.

Les six tournois annuels sont retransmis à la télévision et sont suivis avec passion dans l'archipel. Les grands champions *(Yokozuna)* du *sumô* sont très populaires. Les championnats ont lieu à Tôkyô, en janvier, mai et septembre, à Osaka en mars, à Nagoya en juillet et dans le Kyûshû en novembre. Chaque championnat dure 15 jours.

Superstitions

Le 4 (*shi,* la mort) et le 9 (*ku,* la souffrance) portent malheur. Les mois sont entrecoupés de jours fastes *Tai An)* et de jours où la mort appelle un ami *(Tomobiki)*. On évite d'orienter sa tête vers le nord lorsqu'on se couche (direction réservée aux morts). On consulte volontiers des chiromanciennes. Le nombre des traits du caractère chinois qui composent le prénom augure des chances de l'enfant dans son avenir.

Tako

Cerf-volant. Il a la plupart du temps un cadre de bambou rectangulaire qui supporte des portraits de *samurai*. On le fait voler surtout au début de l'année.

Tanabata

Les fêtes de *Tanabata* ont lieu partout le 7 juillet, mais les plus hautes en couleur sont à voir dans les préfectures d'Aomori (villes d'Aomori, Hirosaki, Kuroishi et de Mutsu) et de Miyagi (Sendai, Shiroishi, Ishinomaki, Kakuda, Shiogama et Natori) au début du mois d'août. La fête a pris naissance à partir de légendes. La légende chinoise d'abord, d'après laquelle deux étoiles sont amoureuses l'une de l'autre mais ne se rencontrent qu'une fois par an, la veille du 7 juillet. D'après la légende japonaise, la fête serait en l'honneur de cette jeune fille, Tanabata-tsume, qui tissait autrefois près de la rivière une étoffe merveilleuse qu'elle destinait aux dieux qui viendraient sur terre. *Tanabata,* dans les îles d'Okinawa, n'a plus aucun rapport avec la légende chinoise, mais correspond plutôt à des purifications avant la fête de *O-Bon :* on nettoie les tombes avant que les esprits des morts ne descendent sur terre.

Tanka

Poème court de 31 syllabes, réparties en 5 vers de 5, 7, 5 puis 7 et 7 pieds. Les *tanka* expriment l'essence du désir, et soulignent la beauté de la vie et de la nature.

Tatami

Natte de paille de 6 cm d'épaisseur qui tapisse le sol de la maison japonaise. La longueur du *tatami* égale le double de sa largeur. C'est l'étalon de mesure de la pièce japonaise.

Taxi

Voyant rouge allumé, ils sont libres. Faites-leur signe, mais surtout retenez-vous d'aller ouvrir vous-même la portière. Tous les taxis sont équipés d'un système automatique d'ouverture et de fermeture de la portière arrière gauche. Les chauffeurs de taxi nippons répugnent à décoller de leur siège, et n'aiment guère qu'on utilise leur coffre où ils préfèrent laisser soigneusement sécher leurs chiffons. Ils sont chers, même si le compteur ne tourne pas pendant les cinq premières minutes, mais ils ignorent les pourboires. Toutes les compagnies de taxi sont désormais tenues de mettre en service un certain quota de taxi *Kogata* aux tarifs plus indulgents.

A Tôkyô, les chauffeurs de taxi sont souvent d'une nervosité à fleur de peau, et d'une incorrection choquante. A tel point qu'un journaliste américain, résident de longue date à Tôkyô, avait coutume de laisser traîner sur la banquette arrière du taxi chaque fois qu'il avait affaire à un chauffeur grossier, l'imprimé suivant : « Nous présentons nos excuses à notre aimable clientèle, mais les difficiles conditions de recrutement des chauffeurs de taxi nous ont forcé à employer temporairement des gens de la campagne sans aucune éducation... » A bon entendeur...

Télévision

Le Japonais la regarde en moyenne quatre heures par jour. Le nombre des chaînes commerciales a explosé depuis la fin du monopole de radio-télédiffusion de la N.H.K. en 1951 : on en dénombre 90 aujourd'hui, toutes prospères. Le téléspectateur japonais vit avec le son multiplex et, dans certaines communes, avec un circuit intégré de télévision par câble qui informe, distrait et cultive.

Tengu

Elfes des montagnes qui représentent l'esprit des moines. Ils peuvent voler dans les airs et savent très bien manier l'épée. Ils ont toujours un énorme nez rouge et sont chaussés de socques de bois très hautes.

Tôkaidô

C'est la route que devaient suivre les seigneurs pour porter leur tribut aux *shôgun* et l'une des huit routes que comptait le Japon à l'époque féodale. Le peintre **Hiroshige** a immortalisé, sur ses estampes, les 53 étapes du *Tôkaidô* entre Tôkyô et Kyôto. Avant le chemin de fer, les pèlerins mettaient une moyenne de deux semaines pour couvrir les 125 *ri,* soit 525 km, qui séparent les deux capitales.

Torii

La porte du sanctuaire, souvent rouge. « Le perchoir des oiseaux » d'après les caractères chinois : le terme serait dérivé de l'indien *torana* qui aurait également donné l'allemand *tor* ou l'anglais *door*.

Tremblement de terre

En cas de grave secousse, la première précaution à prendre est d'éteindre le feu et le gaz. Puis s'éloigner des vitres, se réfugier sous un abri solide pour résister aux écroulements (on recommande une table, ou les w.-c. où l'espace entre les quatre murs est assez restreint pour limiter les risques d'effondrement du plafond). A côté des méthodes scientifiques pour la prévision des tremblements de terre, on ne néglige pas la confiance dans le poisson-chat *(namazu)* qui s'agite soudainement à la surface, à l'approche d'un tremblement de terre, dans le mouvement des nuages, ou dans les variations de niveaux de la mer et de l'eau dans les puits.

Uniformes

Obligatoires dans les écoles primaires privées et les lycées. Les cheveux ne doivent pas recouvrir complètement les oreilles, ni atteindre le col. Pour les filles, on interdit souvent les permanentes et le maquillage. Ce règlement n'empêche pourtant pas la multiplication d'adolescents aux coiffures tirant sur le punk. Les uniformes noirs des lycées furent copiés sur ceux de la France à la restauration Meiji.

Wabi et sabi

Tous les sentiments de calme, de simplicité, de pureté se fondent dans le *wabi*. C'est ce que l'on ressent devant la beauté des rites lents et surannés de la cérémonie du thé, lorsque l'homme assume sa solitude loin des mondanités, et sa petitesse face à la splendeur. Le *sabi* se veut plus littéraire. Il exprime une altération superficielle d'un métal. Le *sabi* est lié à l'impermanence de toutes choses. *Wabi* et *sabi* sont intrinsèques au Zen, et par là même n'acceptent pas d'explication autre que celle enseignée par le maître dans un rapport personnel.

W.-C.

A la japonaise, ils sont une marche au-dessus et dans le sens opposé de ceux à la turque.

Yakuza

Gangsters. La police estime leurs effectifs à 108 000, répartis en 2 500 *gumi* ou bandes, très actifs dans l'industrie des machines à sous, du trafic de drogue, de la prostitution et de la pornographie. 70 % des gangsters continuent à se tatouer, et 40 % à s'amputer la dernière phalange du petit doigt. Leur folklore est entretenu par la T.V., qui diffuse complaisamment des films de *yakuza* avec une dose de suspense et de voitures de sport garantie.

Yamabushi

Les *Yamabushi* sont les chefs religieux du *Shugen-dô,* voie des mortifications. Comme ils s'entraînent dans la campagne et les montagnes, on les appelle *Yama-bushi,* les « moines de montagne ». On en compte actuellement 10 000 au Japon, où les montagnes sont depuis toujours le monde des génies et des esprits. Quelques montagnes étaient des centres de mortifications célèbres, surtout les trois monts Kumano : Sanzan (préf. de Wakayama), les monts Kinpu et Katsuragi (préf. Nara), Hakusan (préf. d'Ishikawa), le mont Tateyama (préf. de Toyama), les monts Haguro-san (préf. de Yamagata) et Hiko-san (préf. de Fukuoka). L'habit de *Yamabushi* symbolise *Dainichi Nyorai* ou *Fudô-myô-ô* avec le chapeau, l'étole tressée, le sac à dos et la conque.

Zabuton

Coussin carré pour s'asseoir sur les *tatami*.

Le Kantô

La région du Kantô vient en tête des régions du Japon pour la concentration industrielle et humaine. Elle inclut les préfectures de Tochigi, Gumma, Saitama, Ibaraki, Chiba, Kanagawa et Tôkyô, capitale comprise, les sept îles d'Izu et les îles Ogasawara, qui constituent la limite sud de l'archipel avec l'île inhabitée de Okino-Torishima et sa limite est avec Minami-Torishima.

Le Kantô a amorcé son développement bien après la région ouest du Kansai, dominée par les marchands d'Osaka et la capitale impériale Kyôto. Ce n'est qu'à partir du shôgunat des Tokugawa que Edo (Tôkyô) a consacré sa place dans le pays avec l'épanouissement du style Edo. Mais, d'un point de vue économique et industriel, la première place était toujours tenue par le Kansai.

Le mont Fuji se trouve à la limite du Chûbu et du Kantô. Nous l'avons inclus dans ce chapitre, ainsi que la péninsule d'Izu, car ce sont des excursions possibles à partir de Tôkyô.

PRINCIPALES FETES DU KANTO

Janvier

1. *Saitansai,* au sanctuaire Haruna, à Haruna, préf. Gumma. (Voir accès à la fête du 15 février.)
15. *Saitansai* (Saibara-Kagura), au sanctuaire Washimiya. Train ligne *Tôbu-Isezaki,* station Washimiya.
Mochitsuki-Odori (danse en pilant du riz cuit) au temple Saifukuji. Minami-Otsuka, à Kawagoe, préf. Saitama. Ligne *Seibu-Shinjuku,* station Minami-Otsuka.
Teko-Mai (danses), au sanctuaire Hachimangû, à Okadamachi, île Oshima.
Miko-Mai (danses des prêtresses), au sanctuaire Yoshiya-jinja, à Motomachi, île Oshima.
15-17. Festival des pruniers, avec danses de *geisha,* à Atami. Train super-express Kodama, 50 mn de trajet.
23. (Tous les mois) *Yuyaku-Nembetsu* (danses de prières bouddhiques), au temple Yugyô-ji, Nishitomi, à Fujisawa, préf. Kanagawa.

Février

15. *Okagura-Hajime,* au sanctuaire Haruna, à Haruna, préf. Gumma. Train de la gare de Ueno à Tôkyô, station Shibukawa (ligne *Jôetsu*), puis bus.
23. Voir au 23 janvier.

Mars

9. *Saitô-Sai,* au sanctuaire Kashima-jingû, à Kashima, préf. Ibaraki. Train ligne *Sôbu,* à partir de la gare de Tôkyô, station Kashima, 2 h de trajet environ.
2e dimanche. *Hi-Watari* (Traversée sur le feu), au temple Yakuô-in, Takaosan. Ligne *Keiô.*
15. *Ningyô-Shibai* (Théâtre de marionnettes), au sanctuaire Hachiman-

jinja, Tsukuda, au village Akagimura, préf. Gumma. Ligne *Jôetsu,* station Shikishima, 5 mn en bus.
23. Voir au 23 janvier.
27. *Yudate-Shishimai* (Danse du lion), au sanctuaire Suwajinja, Sengokubara, à Hakone, préf. Kanagawa.
27-28. *Sasara de Asagawa* (Danse du lion), sanctuaire Kumano, Asagawa-Daigo-machi, préf. Ibaraki. A lieu tous les 21 ans, le dernier a eu lieu en 1975. Ligne *Suigun,* station Hitachi-Daigo.

Avril

2. *Nikkô-Zeme,* au temple Rin-nôji, à Nikkô, préf. Tochigi.
3. *Doronko-Matsuri* (un bain de boue est compris dans les rites), au sanctuaire Katori-jinja, à Noda, préf. Chiba. Ligne *Tôbu-Noda,* station Noda.
4. *O-Taue-Shinji* (Cérémonie de repiquage du riz), au sanctuaire Chichibu-jinja, à Chichibu, préf. Saitama.
1er samedi et dimanche. *O-Taue-Shinji* (Cérémonie de repiquage du riz), au sanctuaire Katori-jinja, à Sawara, préf. Chiba.
7-14. Festival de Kamakura, avec défilés de costumes d'époque, danses et tir à l'arc à cheval (Yabusame), à Kamakura. Ligne J.R. *Yokosuka,* à partir de la gare de Tôkyô à Tôkyô.
15. *Jibeta Matsuri* à Kanayama Jinja, à Kawasaki. Rites de fertilité avec sculptures de radis géants, peintures de plaques votives, parades avec palanquins de phallus gigantesques, etc.
18. *Kushi-Ningyô* (Théâtre de marionnettes), au temple Hôunji Zusahara, au village Arakawa-mura, préf. Saitama. Ligne *Chichibu-Tetsudô,* station Shiroku.
3e dimanche. *Kashima-Odori* (Danse célébrant la majorité), au sanctuaire Terayama, Nebugawa, à Odawara, préf. Kanagawa.
23. Voir au 23 janvier.
24. *Sairei,* avec les danses de prière (Nembetsu-Mai), au sanctuaire Atago, à Kuroiso, préf. Tochigi. Ligne *Tôhoku,* station Kuroiso, puis 1 h en bus.

Mai

1-2. Fête du sanctuaire Raiden-jinja, à Itakura-mura, préf. Gumma. Ligne *Tôbu-Tetsudô,* station Tatebayashi, et 1 h en bus.
3-5. *O-Shiro-Matsuri* (Fêtes du Château de Odawara, avec reconstitution des défilés autour du seigneur le 3 mai), à Odawara.
3-5. *Hitachi-Furyû-Mono* (Grand théâtre de marionnettes), au sanctuaire Kamine, à Hitachi, préf. Ibaraki. Ligne *Jôban,* station Hitachi.
3 ou 5. Festival du port de Yokohama, à Yokohama.
5. *Kintoki-Matsuri* (Festival annuel du sanctuaire Kintoki), tournoi de *sumô* d'enfants (Danses du lion). A Sengokubara (près d'Hakone).
Heisambô (Prière pour une bonne récolte), au sanctuaire Kashima-jinja, à Dejima, préf. Ibaraki. Ligne *Jôban,* station Tsuchiura, et 1 h en bus.
8. *Tai-Sai,* grande fête au sanctuaire Haruna, à Haruna, préf. Gumma.
Komahiki-Matsuri, au sanctuaire Osugi-jinga, au village Sakuragawa, préf. Ibaraki. Ligne *Jôban,* station Tsuchiura et bus.
15. *Dengaku Matsuri,* au sanctuaire Futarasan-jinja, à Utsunomiya, préf. Tochigi. J.R., station Utsunomiya.
16-18 Festival des navires noirs. En commémoration de l'apparition des

bateaux du Commodore Perry, en 1859. A Shimoda (près d'Izu).
17. *En-Nen-Mai* (Danses), au temple Rin-nô-ji, à Nikkô, préf. Tochigi.
17-18. *Rei-Taisai,* grande fête annuelle, au sanctuaire Tôshôgû, à Nikkô, préf. Tochigi.
23. Voir au 23 janvier.

Juin
2. Anniversaire du port de Yokohama, à Yokohama.
23. Voir au 23 janvier.

Juillet
1-3. *Genji Ayame Matsuri* (Danses de *geisha* et processions), à Izunagaoka.
14. *Susuki-Nembetsu* (Danses), au temple Yugyô-ji, à Fujisawa.
15. *Yudate-Shishimai* (Danses du lion), au sanctuaire Suwa-jinja, Miyagino, à Hakone, préf. Kanagawa.
20. Festival international avec feux d'artifice, à Yokohama.
21. *Haika-Bayashi* (Danses du lion, et autres), Katano, à Hachigô, préf. Ibaraki. Ligne *Jôban,* station Ishioka, et bus.
Dainichidô-Shishimai, au temple Dainichidô, Nakagô, à Môka, préf. Tochigi. Ligne *Môka,* station Kita-Môka.
23. Voir au 23 janvier.
24-25. *Kizaki-Ondo,* Nitta-machi, Kizaki, préf. Gumma. Ligne *Tôbu-Isezaki,* station Kizaki, et bus.
Derniers samedi et dimanche. *Kifume Matsuri* (Fête des bateaux), à Manazuru, préf. Kanagawa. Ligne J.R., station Manazuru, et bus.
31. *Kojô-Sai* (Festival du lac Ashi), à Hakone.

Août
1-2. *Hassaku* (Danse Samba-sô), au sanctuaire Kamo, à Maruyama, préf. Chiba.
2. *Katsuo-Tsuri* (Pêche de bonite), au sanctuaire Monoiminanomikoto, île Kôzu, préf. Tôkyô.
5-6. *Waraku-Odori* (Danse folklorique de *O-Bon*), à Nikkô.
5. *Torii Matsuri Ryûtô-Sai* (On brûle un immense *torii* de bois construit sur l'eau et on fait flotter 1 000 lanternes), sur le lac Ashi, près d'Hakone, préf. Kanagawa.
6 et 13. *Dainichidô-Shishimai* (Danse du lion), au temple Dainichidô, Nakagô, à Môka, préf. Tochigi. Ligne J.R. *Môka,* station Kita-Môka.
8-10. Festival en souvenir de Williams Adams, avec processions et feux d'artifice, à Itô, près de Hakone.
14-15. D'après le calendrier lunaire, Ô-Odori, aux temples Chô-eiji et Myôrenji, dans l'île de Niijima, préf. de Tôkyô.
14-16. *Shishimai* (Danse du lion), au temple Shô-an-ji, Urayama à Chichibu, préf. Saitama.
16. *Heike-Shishimai,* Nakashiobara, à Shiobara, préf. Tochigi. Ligne *Tôhoku,* station Nishi-Nasuno, et bus.
Festival du Mishima Taisha (Reconstitution d'une procession avec Minamoto Yoritomo, le premier *shôgun* qui déménagea le gouvernement militaire à Kamakura). A Mishima.
23. Voir au 23 janvier.
24. Fête du sanctuaire, avec danse du lion à grand tambour, au sanctuaire Kasuga-jinja, à Kamogawa, préf. Chiba. Ligne *Uchibô,* station Awa-Kamogawa.
Tsunabi (Feux d'artifice, avec des poupées), au sanctuaire Atago, au village Ina-mura, préf. Ibaraki. Ligne

J.R., station Toride, et bus jusqu'à Takaoka.
27. *Shishimai* (Danse du lion), au sanctuaire Suwa, Urayama, à Chichibu, préf. Saitama.

Septembre
1. *Dainichidô-Shishimai,* au temple Dainichidô, Nakagô, à Môka, préf. Tochigi. Ligne *Môka,* station Kita-Moka.
14-16. *Yabusame* (Tir à l'arc à cheval), au sanctuaire Tsurugaoka-Hachimangû, à Kamakura, préf. Kanagawa.
18. *Mengake-Gyôretsu* (Processions), au sanctuaire Mitama-jinja, Sakanoshita, à Kamakura, préf. Kanagawa.
21-22. *Takigi-Nô* (Représentation de Nô en plein air), au sanctuaire Kamakuragû, à Kamakura, préf. Kanagawa.
23. Voir au 23 janvier.
29. *Hôô-No-Mai* (Danse de phénix, en espérant la pluie), au sanctuaire Kasuga, village de Hinode-mura, Nishitama-gun, préf. Tôkyô.
Yassa Matsuri, au sanctuaire Wakamiya-Hachimangû, Ogawajima, à Tsukiyonomachi, préf. Gumma. Ligne *Jôetsu,* station Gokan.

Octobre
1. *Kokkei-Setsu* (Danse du dragon), Chinatown, à Yokohama.
15. *Shishimai* (Danse du lion), au temple Dainichidô, Urayama, à Chichubu, préf. Saitama. Ligne Chichibu-Tetsudo, station Urayamaguchi.
17. Festival d'automne, avec des parades d'hommes costumés, au sanctuaire Tôshôgû, à Nikkô.
23. Voir au 23 janvier.
Sairei, au sanctuaire Hakusan, Kikuna, Minami-Shimoura-machi, à Miura, préf. Kanagawa. Ligne *Keihin-Kyûkô,* station Miura-Kaigan, et bus.
26-27. *Shinkô-Sai* (avec la danse Kagura), au sanctuaire Osugijinja, village de Sakuragawa, préf. Ibaraki. Ligne *Tôbu,* station Tsuchiura, et bus.

Novembre
3. *Daimyô Gyôretsu* (représente la procession des seigneurs, reconstitution des jours du Tôkaidô), à Hakone-Yumoto.
21-23. *Go-Shinkô-Sai* (Fête avec danse Sasara et Miroku), au sanctuaire Ogushi-Inari-jinja, village de Tokosumi-mura, préf. Ibaraki. Ligne *Jôban,* station Mito et bus.

23. *Aki Matsuri* (Fête d'automne), au sanctuaire Raiden-jinja, à Itakura-mura, préf. Gumma. Ligne *Tôbu-Tetsudô,* station Tatebayashi, et 1 h de bus.

Voir au 23 janvier.

Décembre
2-3. *Rei-Taisai* (Grande fête annuelle), au sanctuaire Chichibu, à Chichibu, préf. Saitama. Ligne *Chichibu,* ou ligne *Seibu-Ikebukuro,* station Chichibu.

23. Voir au 23 janvier.

Tôkyô

C'est une capitale sans limites, sans unité, sans repère et sans beauté. Cela pourrait être un monstre polycéphale à l'estomac creux (le palais impérial), si toutes ses têtes n'étaient de véritables villages perpétuant amoureusement leurs festivals là où le béton a recouvert les rizières.

Détruite à 80 % par les bombardements américains en 1945, Tôkyô a sauvé quelques quartiers d'artisans aux maisons de bois : *Asakusa, Tsukiji, Nishikata, Kagurazaka* qui dégagent toujours l'ambiance de Edo, et contrastent avec les quartiers neufs champignons-caméléons de *Shibuya-Shinjuku.*

Tôkyô croule sous les foules. La capitale déploie sa vitalité partout, autour des grandes gares de la ligne circulaire Yamanote *(Shinjuku, Shibuya, Yûrakuchô, Kanda, Akihabara, Ikebukuro, Takadanobaba)* comme dans la banlieue, où les grandes gares *(Nakano, Kichijôji, Urawa)* débouchent sur des rues piétonnières animées d'innombrables commerces et restaurants. On évalue à 500 000 le nombre de restaurants tokyoites, sans tenir compte des estaminets roulants et des zincs des vendeurs de nouilles dans les gares. Ces cafés-bars, restaurants vont de la taille la plus microscopique (capacité maximale : 5 personnes), aux reproductions des restaurants les plus luxueux du monde.

Tôkyô, c'est la capitale politique, économique et culturelle du Japon. Les Japonais s'en plaignent, et les projets de transfert des centres politiques et universitaires se précisent. La ville nouvelle de Tsukuba, construite en 1980 au pied des montagnes, à 60 km au nord de Tôkyô, compte déjà 155 000 habitants, dont 39 000 chercheurs, étudiants et enseignants.

Tôkyô, c'est aussi la capitale du baroque : son charme réside un peu dans la naïveté de sa décoration en toc, et beaucoup dans ses contrastes et ses surprises. A 500 mètres de l'écran géant du studio Alta à Shinjuku, qui pourrait trouver sans guide les bistrots mouchoirs-de-poche du *Golden gai?* A Roppongi ou à Akasaka, des cages d'ascenseur transparentes n'arrêtent pas de glisser à flanc de buildings, tandis que des peintures géantes courent sur les murs ou les palissades de Shibuya ou Harajuku. La cloche de la liberté de Philadelphie, les Manneken Pis de Bruxelles ou... la tour Eiffel font désormais partie de Tôkyô.

Quelques bâtiments à l'architecture belle et audacieuse se distinguent au centre de ce magma de béton de 60 km de diamètre. La tour noire de *Noa Bldg,* due à Seiichi Shirai, près de Roppongi par exemple, la tour annexe en forme d'étoile à trois branches arrondies de l'hôtel *New Otani,* ou les faces étincelantes de son voisin l'*Akasaka Prince Hotel* au carrefour d'Akasaka-Mitsuke, le superbe immeuble de l'école d'arrangement floral *Sôgetsu* le long d'Aoyama dôri, les tours de glace des buildings *Sumitomo* et autres à Shinjuku ou encore les soixante étages de la tour *Sunshine* à Ikebukuro. Mais la Diète, massive et surmontée d'une sorte d'escalier aztèque, le Tôkyu Hotel d'Akasaka avec ses rayures roses et blanches, le Budôkan avec son dôme vert de pagode octogonale, et les quelques *love hotels* aux architectures de châteaux forts présentent des originalités qui aident à s'orienter. Toute adresse tokyoite est une équation en *ku* (arrondissement) et en *chô* (quartier). Chaque *ku* est divisé en *chô* ou en *machi* (ce sont deux lectures du même caractère chinois) eux-mêmes subdivisés en *banchi* ou blocs de maisons. A l'intérieur des *banchi,* les maisons se repèrent grâce à un numé-

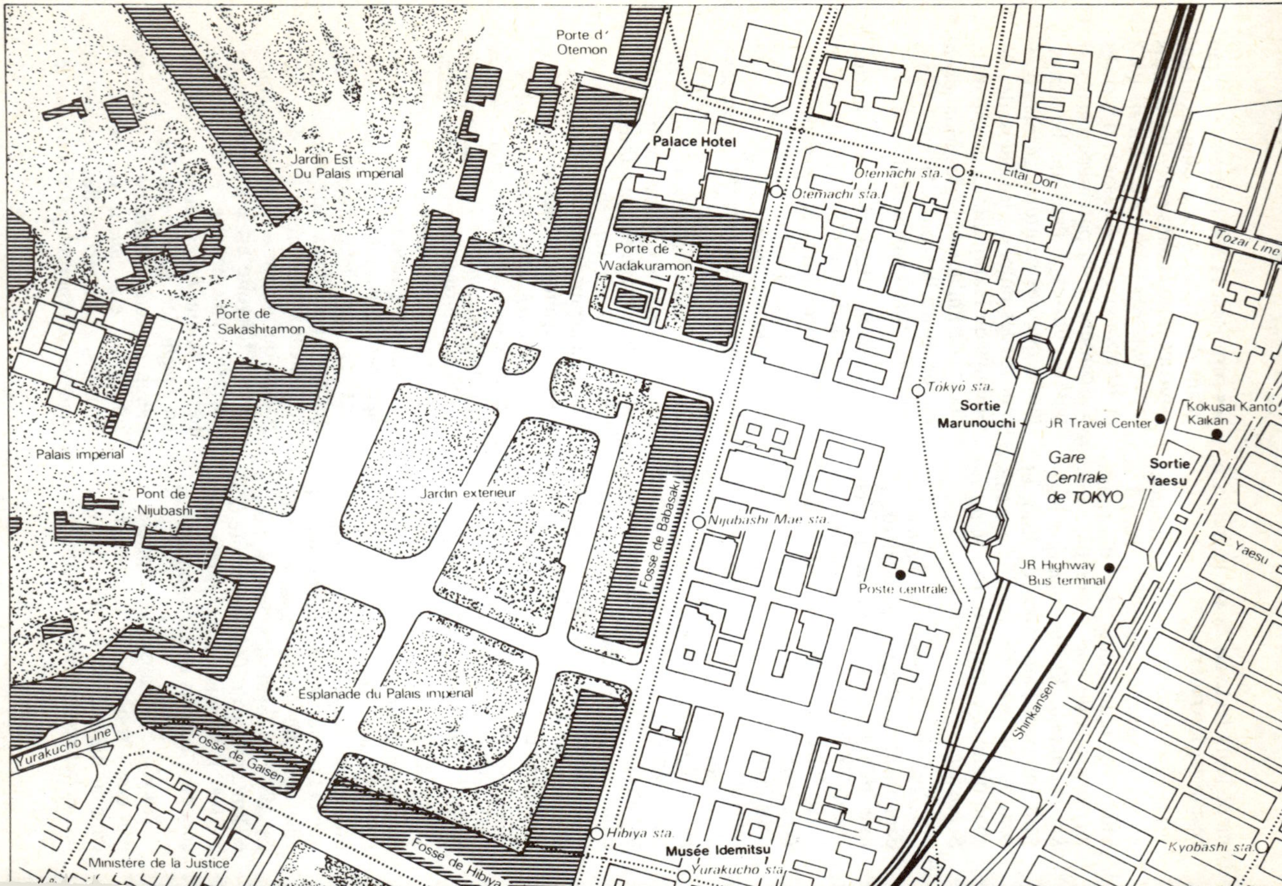
Porte d' Otemon
Jardin Est Du Palais impérial
Palace Hotel
Otemachi sta.
Eitai Dori
Otemachi sta.
Tozai Line
Porte de Wadakuramon
Porte de Sakashitamon
Tokyo sta.
Sortie Marunouchi
JR Travel Center
Kokusai Kanto Kaikan
Gare Centrale de TOKYO
Sortie Yaesu
Palais impérial
Jardin extérieur
Pont de Nijubashi
Fosse de Babasaki
Nijubashi Mae sta.
Yaesu
JR Highway Bus terminal
Poste centrale
Shinkansen
Esplanade du Palais impérial
Yurakucho Line
Fosse de Gaisen
Hibiya sta.
Musée Idemitsu
Kyobashi sta.
Ministère de la Justice
Fosse de Hibiya
Yurakucho sta.

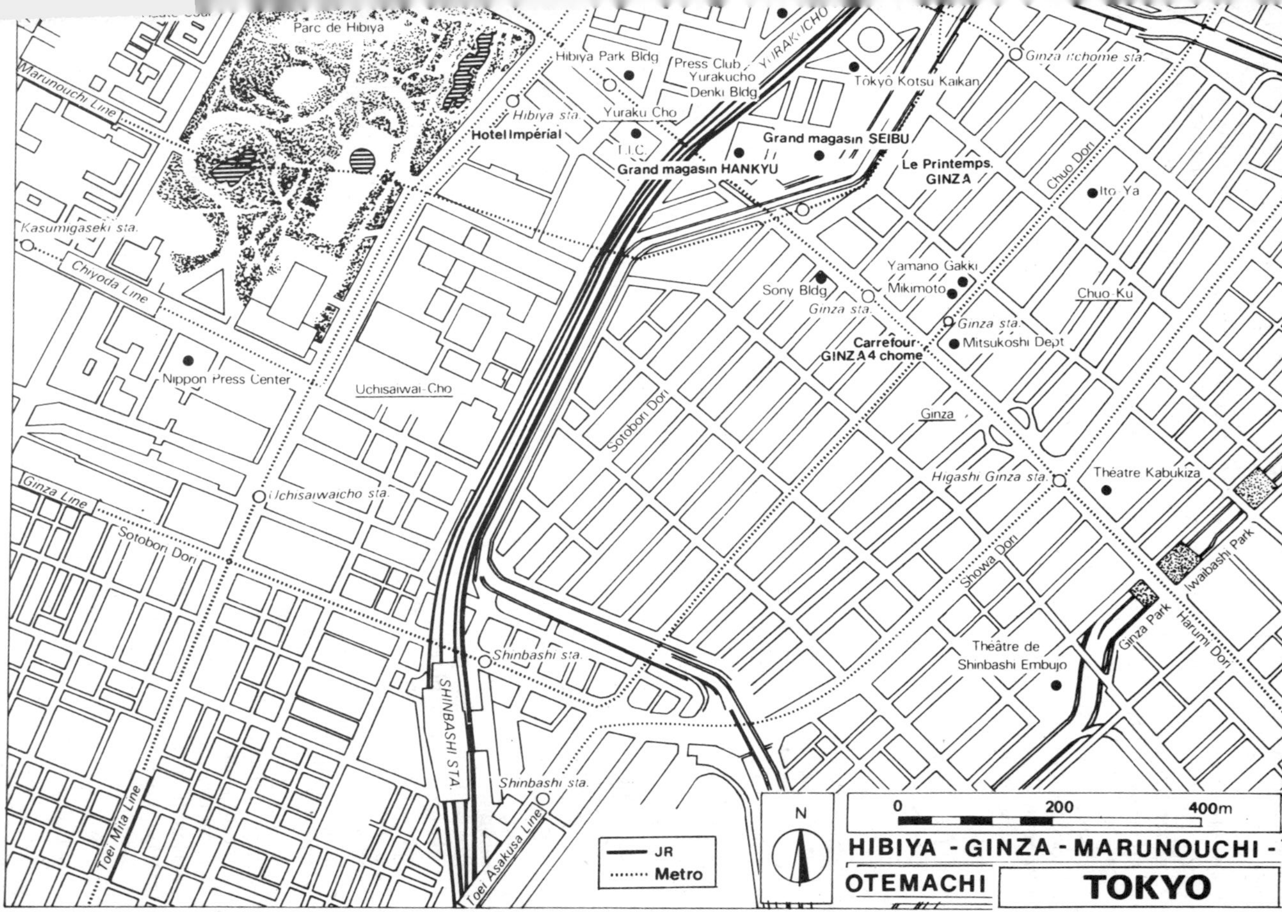

Parc de Hibiya
Marunouchi Line
Kasumigaseki sta.
Chiyoda Line
Hibiya sta.
Hotel Impérial
Hibiya Park Bldg
Press Club
Yurakucho
Denki Bldg
YURAKUCHO
Yuraku Cho
T.I.C.
Grand magasin HANKYU
Grand magasin SEIBU
Tôkyô Kotsu Kaikan
Le Printemps
GINZA
Ginza itchome sta.
Chuo Dori
Ito Ya
Yamano Gakki
Mikimoto
Sony Bldg
Ginza sta.
Ginza sta.
Chuo Ku
Carrefour
GINZA 4 chome
Mitsukoshi Dept
Nippon Press Center
Uchisaiwai-Cho
Sotobori Dori
Ginza
Higashi Ginza sta.
Théatre Kabukiza
Iwaibashi Park
Ginza Park
Harumi Dori
Showa Dori
Théatre de
Shinbashi Embujo
Ginza Line
Uchisaiwaicho sta.
Sotobori Dori
Shinbashi sta.
SHINBASHI STA.
Shinbashi sta.
Toei Mita Line
Toei Asakusa Line
JR
Metro
N
0
200
400m
HIBIYA - GINZA - MARUNOUCHI -
OTEMACHI
TOKYO

ro attribué selon un ordre circulaire, ou par un nom. Dans cette logique géographique, les Japonais eux-mêmes se perdent, et arrivent difficilement à croire qu'un étranger puisse trouver une adresse, sans demander son chemin. Les noms attribués récemment aux grandes artères ne sont jamais mentionnés dans une adresse postale.

La règle d'or à Tôkyô est de ne jamais se fier aux façades qui changent trop vite, mais toujours lever le regard vers les enseignes verticales et les étages supérieurs ou les tableaux lumineux posés sur les trottoirs. Sans chercher à lire ce qu'ils disent, vous découvrirez sur ces panneaux l'existence d'un B1 (1er sous-sol) ou d'un B2, et souvent de plusieurs galeries de commerces et de restaurants (1F, rez-de-chaussée, 2F, 1er étage, etc.) dans les hauteurs. A vous de jouer pour trouver l'accès à ces niveaux, pousser des portes et faire votre choix.

Tôkyô est aussi une immense ville souterraine. Les commerces et les restaurants s'étendent à perte de galeries sous la gare de Tôkyô ou de Shinjuku. Et la plupart des grandes gares donnent directement accès aux grands magasins. Mais, au 2e sous-sol, sous une gare où tous les jours aux heures de pointe, les portières ne ferment que sous la pression délicatement exercée de pousseurs professionnels, comme au dernier étage des grands magasins, faites coulisser une porte derrière une enseigne de coton, suspendue à une tige de bambou, et vous retrouverez un décor de l'époque Edo.

Retour dans la rue, la foule vous entraîne vers des artères barrées à la circulation, où un *mikoshi* (autel portatif) hoquette sous les efforts rythmés de 30 ou 40 Japonais en *fundoshi* (le cache-sexe blanc que l'on porte lors des festivals shintô), d'un *hachimaki* serré autour de la tête, et d'un *hanten* (veste trois-quarts, en forme de kimono). Les Tokyoites oublient facilement la fureur des échangeurs, des trains express et des haut-parleurs pour apprécier la beauté d'un jardin, d'une *chashitsu* (petite maison réservée à la cérémonie du thé), d'un cerisier en fleur, d'une calligraphie ou d'un arrangement floral.

Tôkyô séduit par ses secrets, ses jardins, ses collections... et son amalgame de tradition et d'avant-garde. Le soir, les feux d'une avenue coiffée d'une autoroute dépassés, on change de rythme pour croiser ceux qui reviennent du bain public et qui déposent un moment leur cuvette pour grignoter quelques *odens* (pot-au-feu japonais). Les bruits sont ceux des socques en bois *(geta)*, du gong du temple du quartier, ou la mélopée du vendeur ambulant de patates douces. La capitale japonaise mérite un séjour pour ses musées et ses jardins, mais encore plus pour ses ambiances, ses paradoxes et ses enchevêtrements.

Capitale hypertrophiée et insondable, Tôkyô ignore le danger et la criminalité qui guettent généralement une urbanisation démesurée. La criminalité japonaise relève davantage des règlements de compte entre bandes de gangsters *(yakuza)* que des agressions. Tôkyô, si informe de jour, s'enflamme la nuit. Mais que l'on traverse des ruelles obscures et désertes ou que l'on se fraie un chemin à travers des grappes humaines compactes, la sécurité est totale. Tôkyô n'a pas peur la nuit.

L'HISTOIRE

Tôkyô célèbre son anniversaire le 1er octobre, et honore, ce jour-là, son fondateur **Ota Dôkan.** Guerrier émérite au service de la famille Uesugi, Ota Dôkan fit construire en 1457 sur le site actuel du palais impérial le premier château d'Edo, qui devint au XVIIe siècle un pôle de développement urbain... Ieyasu Tokugawa fit de ce château sa résidence lorsqu'il choisit Edo comme siège du gouvernement shôgunal en 1603. Le centralisme qui caractérise le gouvernement des Tokugawa profita à Edo au point que la ville l'emporta rapidement sur la capitale impériale Kyôto et même sur Osaka. Ieyasu Tokugawa contraignit les seigneurs *(daimyô)* à établir leur résidence à Edo, et donc à entretenir un double train de vie avec celui de leur domaine en province. Ce système qu'on appelle *sankin-kôtai* endetta autant les seigneurs qu'il enrichit les commerçants et favorisa les artistes qui trouvaient à la fois mécènes dans cette nouvelle classe de marchands et inspiration dans les voyages des *daimyô* le long du Tôkaidô.

1868, Edo, « la porte de la baie », est rebaptisée « la capitale de l'Est », Tôkyô. L'empereur Meiji transfère la résidence impériale de Kyôto au château Tokugawa. Tôkyô se développe vite grâce à un trafic portuaire important et à la fertilité de la plaine du Kantô.

En 50 ans, la capitale multiplie par quatre le nombre de ses habitants. Elle en compte 2 220 000 au moment du grand séisme de 1923, qui détruit la ville à 40 %. Plus destructeurs encore sont les bombardements de mars à mai 45, qui anéantissent les quatre cinquièmes de la capitale. Depuis, Tôkyô n'a de cesse de s'agrandir en poldérisant la mer, en grignotant la campagne, et en s'élevant en hauteur. 1978 a vu la naissance de la tour Sunshine à Ikebukuro, un nouveau record de hauteur qui n'est qu'une étape dans la croissance verticale de la capitale. La région métropolitaine de Tôkyô englobe les préfectures de Saitama, Chiba et Kanagawa. Elle s'étend sans discontinuer sur un rayon de 100 km, couvrant presque le 15e du Japon. Cette croissance s'accompagne d'une restructuration de la capitale qui va de pair, ces dernières années, avec la spéculation foncière la plus effrénée du monde. Les maisons japonaises en bois, entourant un jardin intérieur ou ouvertes sur l'extérieur, cèdent les unes après les autres devant immeubles ou parkings d'un meilleur revenu. En plein centre de Tôkyô, le complexe *Ark Hills* de bureaux, appartements de luxe, hôtel, studio de télévision et salle de concert, est un exemple éloquent de redéveloppement urbain. 65 000 personnes se côtoient désormais chaque jour là où, il n'y a pas si longtemps, vivaient 1 500 Japonais dans 450 maisons.

Avec ce développement s'accentuent les contrastes : à une demi-heure des lumières et du prestige de Ginza, se trouve Sanya et ses dortoirs bon marché. Au petit matin, plusieurs milliers de journaliers en sortent pour essayer de se vendre au bureau d'embauche. A 10 mn de ce même Ginza, à Nihonbashi, les artisans continuent à perpétuer leur savoir et leurs techniques, insensibles au tourbillon de consommation des grands magasins qui les entourent. Tout près se trouvent aussi Tsukiji et ses *geisha*...

Mais derrière les masques changeants de la capitale, derrière la prolifération de la consommation américaine, la mélodie reste japonaise.

LES PRINCIPALES FETES DE TOKYO

Janvier

2. Vœux de bonne année adressés à l'empereur, au palais impérial.

4. *Kagura* (acrobaties), au sanctuaire Fukagawa-Hachiman, Fukagawa. Métro Monzen-Nakachô, ligne *Tôzai.*

6. *Dezome-Shiki* (exercices d'adresse des pompiers, en habit d'autrefois), à Chûô-dôri, Harumi.

24-25. *Usokae-Shinji* (Cérémonie qui vise à restituer au sanctuaire des statuettes d'oiseaux, et à en attribuer de nouvelles) au sanctuaire Kameido-Tenjin. Station Kameido, ligne *Yamate.*

Février

11. *Ta-Asobi* (Cérémonie de repiquage du riz), au sanctuaire Kitano-tenjinja, Tokumaru-hon-chô, Itabashi-ku.

13. *Ta-Asobi* (Cérémonie de repiquage du riz), au sanctuaire Suwajinja, Shimo-Akatsuka, Itabashi-ku.

Du 15 fév. au 15 mars. Fête des pruniers, au sanctuaire Yushima-jinja, Bunkyô-ku.

Mars

18. *Honzon-Jigen-E (Shira-ume-Matsuri)*, grande manifestation au temple Sensô-ji à Asakusa.

Du 26 mars au 15 avril. Fête des cerisiers (floraison), parc de Ueno. Station Ueno.

Avril

8. Anniversaire du Bouddha, au temple Gokokuji. Station Gokokuji, métro ligne *Yûrakuchô.*

8. Anniversaire du Bouddha, au temple Sensôji à Asakusa.

17. Fête du sanctuaire Tôshôgu. Station Ueno, ligne J.R. *Yamate.*

Mai

5. Fête du sanctuaire Suitengû. Station Ningyô-chô, ligne *Hibiya.*

14-16. *Kanda-Matsuri,* au sanctuaire Kanda-Myôjin. Station Ochanomizu, ligne J.R. *Yamate.*

17-18. Pendant 7 jours, *Sanja-Matsuri,* au sanctuaire Asakusa-jinja. Métro Asakusa. Une des fêtes les plus importantes de Tôkyô.

Dernier week-end. Fête du sanctuaire Yushima-Tenjin, au sanctuaire Yushima-jinja. Station Yushima, métro ligne *Chiyoda.*

Juin

Début juin. Floraison des iris, au sanctuaire Meiji, dans le jardin. Station Meiji-jinjû-mae, métro ligne *Chiyoda.*

10-16. *San-nô-Matsuri,* au sanctuaire Hie-jinja. Station Akasaka-mitsuke. Métro ligne *Ginza* ou *Marunouchi.*

Juillet

1. *Katashiro-Nagashi,* au sanctuaire

Torigoe. Station Kuramae, ligne Asakusa Toei.

Osharaku (danses), au temple Shinzô-in, 1-1457, Kasai, Edogawa-ku.

6-8. *Asagao-Ichi* (marché de volubilis, très tôt le matin), au sanctuaire Iriya-Kishibojin. Station Uguisudani, ligne J.R. *Yamate* ou métro ligne *Iriya*.

9-10. Marché de Hoozuki-Ichi, au temple Sensôji. Station Asakusa, métro ligne *Ginza*.

Dernier samedi. Grands feux d'artifice sur la rivière Sumida.

Août

6-7. *Tsukuda-Matsuri,* au sanctuaire Sumiyoshi-jinja. Station Monzen-Nakachô, métro ligne *Tôzai*.

13-15. *Tomioka-Hachimangû-Sai,* au sanctuaire Tomioka-Hachiman. Station Monzen-Nakachô, métro ligne *Tôzai*.

21-23. *Kappa-Matsuri,* au temple Sôgenji, à Asakusa. Station Tawara-Machi, métro ligne *Ginza*.

Septembre

11-21. *Dara-Dara-Matsuri,* au sanctuaire Shiba-Daijingû. Station Daimon, métro ligne *Asakusa*.

15. Fête du sanctuaire Hikawajinja, à Akasaka. Station Roppongi, métro ligne *Hibiya*.

Octobre

1. *Chikara-Mochi* (Compétition d'haltérophilie, mais des sacs de riz remplacent les altères), au bord de la Sumidagawa, 1, Saga, Kôtô-ku. Station Kayabachô, ligne de métro *Hibiya* ou *Tôzai*.

1er dimanche. *Shishi-Mai* (Danse du lion), au sanctuaire Hikawa-jinja, Egota, Nakano-ku. Station Egota, ligne *Seibu-Ikebukuro*.

Du 11 octobre au 15 novembre. *Asakusa-Kan-Non-Matsuri,* temple Sensô-ji. Station Asakusa, ligne *Asakusa Toei*.

16-18. *Oeshiki,* au temple Kishibojin. Station Ikebukuro, ligne J.R. *Yamate,* et tramway pour Kishibojin.

19-20. *Bettara-Ichi,* au sanctuaire Takarada-jinja. Station Kodemma-chô, métro ligne *Hibiya*.

Novembre

1-3. Grande fête du sanctuaire Meiji, Meiji-jingû. Station Meiji-jingû-mae, métro ligne *Chiyoda*.

1-15. Exposition de chrysanthèmes, au parc Shinjuku-gyoen. Station Shinjuku-gyoenmae, ligne *Marunouchi*.

Aux environs du 13, ainsi que le second et troisième (s'il y a lieu) jour du « tori » du mois : *Tori-no-ichi*. C'est la fête où tout commerçant doit se rendre pour acheter une nouvelle « raquette » qui lui portera chance pour ramasser des yens à la pelle pendant l'année qui vient. Au sanctuaire Otori-jinja à Asakusa ainsi qu'à Hanazono-jinja à Shinjuku.

Décembre

2e dimanche : *Boro-ichi*. Grande kermesse célébrée depuis 400 ans. On y vend de tout : céramique, vêtements, bric-à-brac... très bon marché. Gare Kamimachi sur la ligne *Tokyu-Setagaya*. Renseignements : 429-1829.

14. *Gishi-Matsuri* (Anniversaire des 47 *rônin*), au temple Sengaku-ji, Ta-

kanawa. Station Sengaku-ji, ligne *Asakusa Toei.*

17-19. Grande vente de *Hagoita* (Raquettes pour jouer au volant au 1er de l'an), au temple Sensô-ji, à Asakusa. Station Asakusa, ligne *Asakusa Toei.*

29. *Toshi-No-Ichi* (marché), au sanctuaire Torigoe-jinja, à Asakusa. Station Kuramae, ligne *Asakusa Toei.*

COMMENT SE RENDRE A TOKYO

A moins d'éviter l'aéroport éloigné et controversé de Narita en arrivant par Osaka ou Fukuoka, Tôkyô sera votre porte d'arrivée au Japon.

L'arrivée à Narita

Un des trois Offices du Tourisme du Japon *(Tourist Information Center, T.I.C.),* très prodigue de dépliants en anglais et français, est ouvert dans l'aéroport de 9 h à 17 h, mais fermé le samedi après-midi et le dimanche. Demandez une carte de Tôkyô avec plans de métro et de trains, si vous n'en possédez pas déjà une.

Vous avez le choix entre six solutions pour franchir les 60 km qui séparent Narita de Tôkyô.

La plus rapide consiste à prendre le train *skyliner* de la ligne *Keisei* qui relie la gare Keisei de Narita à **Ueno** en 60 mn pour 1 700 yens. Une navette de bus assure la liaison de l'aéroport à la gare Keisei en 6 mn. Les *skyliners* non-stop jusqu'à Ueno partent toutes les 40 mn de Narita, de 9 h 20 à 22 h. Sur la même ligne, le rapide met 75 mn, et l'express 90 mn (deux fois moins cher). Dans le sens Ueno-Narita, les *skyliners* partent du quai 1 de la gare Keisei, alors que les express et les rapides partent du quai 2. A ne prendre que si l'on n'est pas trop chargé, ou si la destination finale est proche de Ueno.

La plus économique consiste à prendre le métro de la ligne *Toei Asakusa,* à partir de la même gare Keisei de Narita. La ligne passe par **Higashi-Ginza,** par **Shimbashi** ou **Gotanda.** Mais attention à la fréquence des métros. A ne prendre que si l'on n'est pas pressé !

La plus confortable ! Un service de limousines — départs toutes les 5 à 10 mn, de 7 h du matin à minuit — relie l'aéroport au *Tôkyô City Air Terminal* (T.C.A.T.) de **Hakozaki** pour 2 500 yens. Ce système est plus pratique dans le sens Tôkyô-Narita. L'enregistrement peut se faire au T.C.A.T., et l'avion attend la limousine. Depuis la mise en service du tronçon d'autoroute longeant Tôkyô Disneyland, le trajet ne demande plus qu'une heure (1 h 30 en cas d'embouteillages). Hakozaki ne correspond à aucune station de métro ou de train. Pour toute correspondance, prendre une autre limousine du T.C.A.T. jusqu'à la gare de Tôkyô (fonctionne de 6 h 45 à 23 h 20, durée 10-15 mn, prix 190 yens) ou un taxi (1 000 yens pour aller jusqu'à Ginza). Un service de limousines relie les aéroports de Narita et de Haneda. Service toutes les 30 mn, durée 110 mn, prix : 2 700 yens.

Le train J.R. *(Japan Rail)* n'est à conseiller que si on se dirige vers Chiba. Jusqu'à la gare de Tôkyô, le trajet est long et revient au même prix que la limousine. Un bus relie l'aéroport à la gare J.R. de Narita en 25 mn.

On peut enfin utiliser le taxi ou la

voiture : l'autoroute est à péage. En taxi, jusqu'à Ginza, minimum de 20000 yens. Louer une voiture est plus avantageux. A trois, les économies sont appréciables : louez à la demi-journée, et rendez la voiture en ville. La campagne autour de Narita ne manque pas de charme. Ceux qui n'accusent pas tout de suite à l'arrivée la fatigue de l'avion pourront profiter de la voiture pour se rendre au Musée national d'Histoire du Japon à Sakura (environ 15 mn de Narita), sans doute la meilleure introduction à un voyage au Japon.

Accès par Haneda

L'aéroport est contigu à la gare du monorail qui vous conduit en 20 mn à **Hamamatsuchô.** De là, correspondance sur le réseau J.R., ligne circulaire *Yamate.* Un service de bus « limousine » relie Haneda à la gare de **Shinjuku,** et à l'hôtel Keiô Plaza. Fonctionne de 8 h 40 à 20 h 20, départ toutes les 30 mn, durée 50 à 55 mn.

Accès par Yokohama

Le bateau de correspondance du Transsibérien accoste à Yokohama, à Osambashi, à 2,5 km de la gare de Sakuragichô. Possibilité de prendre un bus, à partir de la poste (en venant du port, marcher tout droit, perpendiculairement à la mer, et traverser la rue Kaigandôri). La gare de Sakuragichô est sur la ligne *Tôyoko,* qui mène à Shibuya, ou à la gare de Yokohama, d'où partent les trains J.R.

POUR QUITTER TOKYO

En avion

Tous les vols intérieurs J.A.L., A.N.A. et J.A.S., ainsi que la compagnie chinoise de Taïwan C.A.L., partent de Haneda. Enregistrement une demi-heure avant l'embarquement.

Les vols internationaux partent de Narita. Il est possible de faire enregistrer ses bagages au T.C.A.T. pour les compagnies suivantes : Aeroflot, Air France, American Airlines, A.N.A., British Caledonian Airways, C.A.A.C. (Civil Aviation A. of China), Canadian Pacific, Delta, Garuda, Iran National Air Lines, J.A.L., Japan Asia Airways, K.L.M., Korean Air, Northwest Orient, Pakistan Air Lines, Philippines Air Lines, Qantas Airways, Sabena, United Airlines Finnair et U.T.A. Il faut vous présenter au T.C.A.T. au moins 3 heures avant le décollage de l'avion. Les limousines partent du *City Terminal* toutes les 5 à 10 mn. Gardez 2000 yens pour la taxe d'aéroport. De la gare de Tôkyô, sortie Yaesu, devant le bureau J.A.S., navette de bus jusqu'au terminal. Mêmes possibilités d'accès à l'aéroport, en sens inverse ; voir : « Comment se rendre à Tôkyô ».

En train

Dans le réseau très dense des gares tokyoites, il y en a trois qui permettent de s'éloigner de la plaine du Kantô.

La gare de **Tôkyô** dessert toutes les destinations de l'ouest et du sud. Pour les horaires, on téléphonera entre 10 h et 17 h au 212-1045.

De **Ueno** partent les trains vers le nord, **Hokkaidô,** les montagnes de **Nagano-Ken** ou la mer du Japon (île de **Sado**) ainsi que le *Shinkansen,* lignes Jôetsu et Tôhoku.

Shinjuku est le point de départ de la

ligne *Chûô Est* à destination de **Kôfu** et **Matsumoto.** A partir de Shinjuku, Ikebukuro, Asakusa et Shibuya partent d'autres lignes privées qui permettent de rayonner autour de Tôkyô vers le mont **Fuji, Chichibu, Nikkô, Yokohama,** etc.

En car

Les J.R. *Highway Bus* (tél. 215-0489, de 10 h à 17 h pour les réservations) partent régulièrement de la gare de Tôkyô, sortie Yaesu Sud, en direction de **Nagoya.** Les express (départs toutes les heures de 6 h 30 du matin à 16 h 20) couvrent la distance en 6 h (prix : 4500 yens). Bus de nuit à 23 h 20, arrivée Nagoya à 6 h du matin, 6000 yens. Pour les cars de jour jusqu'à Nagoya, possibilité de prendre une correspondance pour Kyôto, Osaka, etc.

Les cars de nuit *Dream* vont jusqu'à **Osaka** (départs tous les soirs à 22 h 20, arrivée 7 h 40) et **Kyôto** (départ 23 h, arrivée 7 h 45). Départ de Tôkyô-Yaesu Sud, et réservation aux « guichets verts » et dans les agences, comme pour les trains.

Les cars *Tôhoku Kyûkô* partent tous les soirs à 22 h pour **Sendai** (arrivée 5 h 40) et 22 h 30 pour **Yamagata** (arrivée 6 h 20). Prix 5300 yens. Réservation : tél. 529-0321. Départ de la gare de Tôkyô, sortie Yaesu devant le *Tôbu Travel Center,* ou de Ueno, Shôwa dôri, devant *Yôsai Gakuin.*

En stop

Il est facile de quitter Tôkyô vers l'ouest en prenant l'autoroute *Tômei.* Prendre la ligne privée *Shin-Tamagawa* à partir de Shibuya, jusqu'à Yôga. De la sortie de la gare, on voit l'autoroute en surélévation. Aller à pied jusqu'à la bretelle d'entrée. Le stop marche beaucoup moins bien vers le nord.

En bateau

Toutes les destinations sont couvertes par des compagnies différentes, qui ont leur propre bureau de réservation. Il sera prudent de téléphoner pour confirmer les horaires. Les départs se font du quai *Takeshiba,* 15 mn à pied de la gare *Hamamatsu-chô,* ligne J.R. Yamate, du *Tôkyô Ferry Terminal* du quai Ariake ou de Harumi. Pour se rendre aux quais Ariake ou Harumi, prendre un taxi du métro *Monzen Nakachô* (15 mn), ou bien prendre, 2 h avant le départ du bateau, un bus de correspondance à la gare de Tôkyô. Le point de départ de ces bus varie avec les compagnies maritimes.

Tôkyô - Tomakomai (Hokkaidô) par la ligne *Nihon Enkai Ferry* (tél. 574-9561). Départ 4 fois par semaine à 23 h 30, arrivée le 3ᵉ jour à 5 h 30. Prix 2ᵉ classe : 11500 yens. Tél. à Tomakomai : 0144-34-3121. Départ du quai Ariake -*Tôkyô Ferry Terminal.*

Tôkyô - Kushiro (Hokkaidô) par la ligne *Kindai Yûsen* (tél. 447-6551). Départ à peu près tous les 2 jours à 23 h, arrivée le 3ᵉ jour à 8 h 30 du matin. Prix 2ᵉ classe : 14000 yens. Quai de départ Ariake.

Tôkyô - Katsuura (péninsule de Kii, préfecture de Wakayama) par *Nihon Kôsoku Ferry* (tél. 274-1801). Départ du *Tôkyô Ferry Terminal* à Ariake, tous les jours impairs à 18 h 20, arrivée le lendemain à 8 h. Prix : 8800 yens, le bateau continue sur **Kôchi,** dans

Shikoku (arrivée 15 h 40). Tôkyô-Kôchi : 13 500 yens. Tél. à Kôchi : 0888-31-0520.

Tôkyô - Tokushima (Shikoku) **- Kokura** (Kyûshû) par la ligne *Ocean Tôkyû Ferry* (tél. 567-0971). Départ à 17 h 50 les jours pairs du *Tôkyô Ferry Terminal* d'Ariake. Arrivée le lendemain à 12 h 50 à Tokushima (8 200 yens) et le 3e jour à 6 h 30 à Kokura (12 000 yens). Tél. à Tokushima : 0886-62-0489, et 093-582-6761 à Kokura.

Kawasaki - Hyûga (Kyûshû) par la *Nihon Car Ferry* (tél. 563-3911). Départ tous les jours à 18 h du port de Ukishima. Prendre le bus n° 8 en direction de Ukishimachô à partir de la sortie est de la gare J.R. Kawasaki. Arrivée le lendemain à 15 h, prix 17 200 yens. Tél. Kawasaki : 044-266-3281, et 09825-2-8111 à Hyûga.

Tôkyô - Iles Amami-Oshima par la ligne *Oshima Unyu* (Ariake). Tél. : 273-8911. Départs cinq fois par mois, à 14 h ou 15 h, arrivée **Naze** (Amamiôshima) le 3e jour à 10 h 50 (15 600 yens) ; jusqu'à **Yoron** (14 h, 18 050 yens) et **Naha** (21 h 30 et 19 100 yens). Réduction étudiants. Tél. à Naha : 0988-61-1881.

Tôkyô - Naha - Taiwan par la ligne *Ryû-Kyû Kaiun,* tous les mercredis et samedis à partir du quai Ariake, départ à 15 h. Tél. à Tôkyô 281-1831, à Okinawa : 0988-68-1126, Tôkyô-Naha : 19 100 yens. Réduction étudiants : 20 %. Arimura Sangyô dessert ensuite Miyakojima et Ishigakijima à partir de Naha et poursuit jusqu'à Keelung, à Taiwan.

Tôkyô - Oshima Izu par la ligne *Tôkai-Kisen,* tél. 432-4551. Bateaux tous les soirs à 22 h, arrivée le lendemain matin vers 5 h (en été, un autre bateau quitte Tôkyô à 10 h du matin). Départ du quai Takeshiba.

Tôkyô - Iles Ogasawara (Chichijima) par la ligne *Ogasawara-Kaiun,* tél. 451-5171. Cinq bateaux par mois, départ à 10 h du quai Takeshiba, arrivée le 2e jour à 14 h 30 (21 500 yens).

Pour les bateaux à destination de Taiwan, voir le chapitre « Okinawa » et faire une demande de visa à Tôkyô. Consulat Taiwan : tél. 434-11-81.

LES TRANSPORTS A TOKYO

10 km de Ginza à Shibuya ! Tôkyô est une ville très étendue où la rapidité des trains pallie au mieux l'immensité des distances. Celui qui n'habite qu'à une heure de train de son travail est un privilégié. Mais il ne faut pas se laisser impressionner par la densité des réseaux de trains et leurs enchevêtrements avec le métro et les lignes privées. Si on se limite aux principales têtes de la capitale comme Akasaka, Roppongi, Ginza, Shinjuku, Shibuya, Ochanomizu, Otemachi, Asakusa, Iidabashi... Tôkyô se révèle à taille humaine.

Pour se faire une idée générale, on conseillera au nouvel arrivant de circuler en autobus, par exemple :

Le 82 (ou 85) part de la gare de Tôkyô (Yaesu), passe par Yûrakuchô, Toranomon, Roppongi, Azabu, Minami-Aoyama pour terminer à Shibuya.

Le 71 part de Shinjuku *(nishiguchi)* et va jusqu'à Harumi Futô (quai du port de Tôkyô), en passant par Yotsuya, Kôjimachi, Hanzômon, Sakuradamon, Yûrakuchô, Ginza.

Le 86, au départ de Méguro, va jusqu'à Nihombashi en passant par Shirokané, Hiroo, Sendai-zaka, Ichinohashi, Kamiyachô, Onarimon, Shimbashi, Ginza.

Le *Kai-01* trace son itinéraire des polders jusqu'aux faubourgs commerçants. Départ de la gare Shinagawa (sortie Est), côte de la baie de Tôkyô, centre de traitement des ordures de Ooi, nouveau quartier résidentiel Yashio, Odaïba, quai Ariake, Fukagawa et Monzen-Nakachô.

Enfin, il reste un seul *tramway* à Tôkyô qui va de Waseda à Minowa, Arakawa-Ku. On l'attrape facilement à partir de la gare J.R. d'Otsuka. Son itinéraire : Waseda, Kishibojin, Zôshigaya, Higashi-Ikebukuro, Sugamo, Oji, Machiya et Minowa.

Dans les autobus, le tarif forfaitaire est de 160 yens à insérer dans une boîte près du conducteur, au début ou en fin de parcours (préparez de la monnaie).

Les trains

Le réseau de J.R. *Japan Rail* permet de franchir rapidement de grandes distances, principalement vers l'ouest (ligne orange *Chûô*), vers le nord (ligne bleue *Keihin-Tôhoku*), ou faire le tour de Tôkyô avec la ligne verte circulaire *Yamanote*. La couleur des trains correspond effectivement à la couleur utilisée pour les signaliser. Sur certaines lignes, faire attention aux express ou aux omnibus. Le prix du billet de train est inscrit sur un tableau au-dessus des distributeurs de billets, dans la gare de départ. Si vous ne lisez pas les idéogrammes, payez le tarif minimal ; le contrôleur fera signe avec les doigts, pour vous demander le complément nécessaire à la sortie.

Le métro

Le réseau de métro reste plus centralisé. Même système tarifaire et même système de couleurs des voitures correspondant aux couleurs sur le plan. Les lignes privées ont leur tarification spéciale également. Si votre itinéraire compte deux changements avec le métro, le J.R. et une ligne privée, vous devrez donc prendre 3 billets différents, à moins qu'il existe un billet de correspondance ! Il existe un système d'abonnement au mois *(teiki)*, à condition de fixer les gares de départ et d'arrivée. A acheter dans une gare de la ligne utilisée.

En voiture ou en moto

Une autoroute circulaire *Shuto Kosoku* passe par Kasumigaseki, Kandabashi, Kyôbashi, Shinbashi et Ginza, et donne accès à six autoroutes filant vers des centres plus éloignés vers l'ouest et le nord. Une carte en anglais des autoroutes de Tôkyô est remise gratuitement aux péages, aux automobilistes étrangers. Mais attention ! Il peut être prudent de comprendre aussi les panneaux lumineux qui indiquent, avant chaque bretelle d'accès, le nombre de kilomètres de bouchons. A moto, à deux, vous n'aurez pas accès aux autoroutes.

LES HOTELS

Du *Youth Hostel* aux palaces internationaux, la gamme des hôtels « à l'occidentale » est étendue et fournie.

La solution « à la japonaise » en *ryokan* ou *minshuku* est en général plus économique.

Hôtels de grand luxe

Ils sont tous situés près de Ginza, Akasaka ou Shiba. Ils reçoivent une T.V. par câble, qui diffuse en anglais des journaux d'actualité à 8 h, 18 h et 21 h. Il faut compter au minimum 15 000 yens pour une personne.

Hôtel Impérial, 1-1-1-Uchisaiwai-chô, Chiyoda-ku, Tôkyô 100. Tél. 504-1111. Fondé en 1890, ce fut le premier hôtel occidental de Tôkyô. Seul le « Old Imperial bar » rappelle aujourd'hui l'architecture de Frank Lloyd Wright.

Hôtel Okura, 10-4, Toranomon 2-chôme, Minato-ku, Tôkyô 107. Tél. 582-0111. Une des perles hôtelières du monde.

Hôtel New Otani, 4, Kioi-chô, Chiyoda-ku, Tôkyô 102. Tél. 265-1111. Le plus grand hôtel d'Asie.

Akasaka Prince Hotel, 1, Kioi-chô, Chiyoda-ku, Tôkyô 102. Tél. 234-1111. Extérieur très fier et intérieur high-tech.

Hôtel A.N.A., 1-12-33, Akasaka, Minato-ku. Tél. 505-1111. Partie intégrante du nouveau centre financier Ark Hills.

Roppongi Prince Hotel, 3-2-7, Roppongi Minatu-ku. Tél. 587-1111. Très central et avec, en été, la piscine la plus chic de tout Tôkyô.

Tôkyô Prince Hotel, 3-3-1, Shiba Park, Minato-ku, Tôkyô 105. Tél. 432-1111.

Takanawa Prince Hotel, 3-13-1, Takanawa, Minato-ku, Tôkyô 108. Tél. 447-1111.

Hôtel Pacific, 3-13-3, Takanawa, Minato-ku, Tôkyô 108. Tél. 445-6711. L'hôtel conseillé par Air France.

Tôkyô Hilton International, 6-6-2, Nishi-Shinjuku, Shinjuku-ku. Tél. 344-5111. Inauguré en 1984.

Palace Hotel, 1-1-1, Marunouchi, Chiyoda-ku, Tôkyô 100. Tél. 211-5211.

Hôtel Grand Palace, 1-1-1, Iidabashi, Chiyoda-ku, Tôkyô 102. Tél. 264-1111.

Hôtels à moins de 12 000 yens

Le service est excellent, mais ne vous attendez pas à ce que tout le personnel parle anglais.

Hôtel Sunshine Prince, Higashi-Ikebukuro 3-1-5, Toshima-ku. Tél. 988-1111.

Fairmont Hotel Tôkyô, 2-1-17, Kudan Minami, Chiyoda-ku, Tôkyô 102. Tél. 262-1151.

Shiba Park Hotel, 1-5-10, Shiba, Minato-ku, Tôkyô 105. Tél. 433-4141. 10 mn en voiture de la gare de Tôkyô.

Tôbu Hotel, 3-1, Udagawa-chô, Shibuya-ku, Tôkyô 150. Métro ou J.R. Shibuya. Tél. 476-0111.

Ginza Nikkô Hotel, 8-4-21, Ginza, Chûô-ku, Tôkyô 104. Tél. 571-4911.

Hôtel Takanawa, 2-1-17, Takanawa, Minato-ku, Tôkyô 108. Tél. 443-9251.

Shimbashi Dai-ichi Hotel, 1-2-6, Shimbashi, Minato-ku, Tôkyô 105. Tél. 501-4411.

Hotel Sun Route, Tôkyô, 2-3-1 Yoyogi Shibuya-ku, J.R., Shinjuku sortie sud. Tél. 375-3211.

Azabu City Hotel, Azabu 10 Ban 2-chôme 12,3, Minato-ku. Tél. 453-4311.

Président Hotel, 2-2-3 Minami-Aoyama, Minato-ku. Tél. 497-0111. Le meilleur « Business hotel » du Japon.

Hôtels à moins de 8 000 yens

Catégorie des « business hotels », au confort très stéréotypé.

Hôtel Sunlight, 11, Sankôchô, Shinjuku-ku. Métro : Shinjuku sanchôme. Tél. 356-0391.

Akasaka Shampia Hotel, 7-6-13, Akasaka, Minato-ku. Métro : Akasaka. Tél. 583-1001.

Shibuya Business Hotel, 1-12-5 Shibuya, Shibuya-ku. Métro ou J.R. : Shibuya. Tél. 409-9300.

Business Hotel Heimat, 1-9-1, Yaesu, Chûô-ku. J.R. : Tôkyô. Tél. 273-9411.

Keihin Hotel, 4-10-20 Takanawa, Minato-ku. J.R. : Shinagawa. Tél. 449-5711.

Hôtel Sun Route Tôkyô, 1-11, Nampeidai, Shibuya-ku. J.R. : Shibuya. Tél. 464-6411.

Tôkyô Hotel Urashima, 2-5-23, Harumi, Chûô-ku. Métro : Tsukiji. Tél. 533-3111.

Ginza Capital Hotel, 2-1, Tsukiji, Chûô-ku. Métro : Tsukiji. Tél. 543-7888.

Hôtel Ohgaisô, 3-3-21, Ikenohata, Taitô-ku. Métro : Nezu ou Ueno. Tél. 828-3181.

Tôkô Hotel, 2-6-8, Nishi-Gotanda, Shinagawa-ku. J.R. : Gotanda. Tél. 494-1050.

Ryôgoku Pearl Hotel, 1-2-24, Yokoami, Sumida-ku. J.R. : Ryôgoku. Tél. 625-8080.

Central Hotel, 3-17-9 Uchi-Kanda, Chiyoda-ku. J.R. : Kanda. Tél. 256-6251.

New Central Hotel, 2-7-2, Kanda-Tachô, Chiyoda-ku. J.R. : Kanda. Tél. 256-2171.

Toits à moins de 4 000 yens

Okubo House, 6-11-32, Hyakuninchô, Shinjuku-ku, J.R. : Shin Okubo. Tél. 361-2348.

English House, 2-23-8, Nishi-Ikebukuro, Toshima-ku. Tél. 988-1743.

Kimi Ryokan, 1034, 2-chôme, Ikebukuro, Toshima-ku. A 10 mn à pied de la sortie ouest de Ikebukuro. Tél. 971-3766. A côté se trouve un « business hotel » dépendant du même gérant : avec tarifs forfaitaires pour de longs séjours.

Asia Center of Japan (Asia Kaikan), 8-10-32, Akasaka, Minato-ku. Métro : Aoyama 1-chôme. Tél. 402-6111.

Shin Nakano Lodge, 1-1 Honcho 6-chôme, Nakano-ku. Tél. 381-4886, 5 mn du métro Shin-Nakano.

Tôkyô International Youth Hostel, Central Plaza Bldg, Kagura-Kashi, Shinjuku-ku. Tél. 235-1107. 1 mn de la gare Iidabashi. Du trois étoiles pour une auberge de jeunesse !

Ryokan

Vous y serez reçu avec beaucoup d'égards. Les « Gaijin » qui se risquent dans une auberge japonaise à Tôkyô sont encore rares ! Nous en indiquons quelques-uns dans un ordre de prix décroissant.

Hôtel Yaesu Ryûmeikan, 1-3-22, Yaesu, Chûô-ku. Tél. 271-0971. J.R. : Tôkyô, sortie Yaesu.

Atamisô, 14-3, Ginza 4-chôme, Chûô-ku. Tél. 541-3621. Métro : Higashi-Ginza.

Hagimiya, 3-21, Ichigaya-Tamachi, Chiyoda-ku. Tél. 260-5781.

Sun First Hotel, 40-8, Minami-Otsuka 2-chôme. Tél. 944-4141. J.R. : Otsuka, sortie sud.

Tsukuba Hotel, 7-8, Moto-Asakusa 2-chôme, Taitô-ku. Tél. 834-2556. Métro : Inarichô (ligne Ginza).

Yashima Ryokan, 1-15-5 Hyakuninchô, Shinjuku-ku, tél. 364-2534. J.R. :

Okubô. Très bien situé, membre du groupe japonais d'auberges bon marché.

Les ryokan de Hongô

Entre Suidôbashi et Ochanomizu, le quartier calme de Hongô cache une quarantaine de *ryokan*. La plupart accueillent les étudiants de province qui viennent passer les examens d'entrée des grandes universités de Tôkyô, ou viennent visiter la capitale à la fin de l'année scolaire. Pendant les mois de février, mars, septembre et novembre, tous ces *ryokan* affichent complets : les étudiants ont retenu 6 mois à l'avance. En revanche, il est facile d'y trouver une chambre en été. Comme dans tous les *ryokan* du Japon, il vaut mieux arriver avant 18 h pour prendre le dîner. Les portes ferment vers 22 h.

Hongôkan, 28-10, Hongô 1-chôme. Tél. 811-6236/9. Une ex-hôtesse de l'air peut vous répondre en anglais à la réception.
Chôyôkan, Hongô 1-28-5. Tél. 814-8181.
Ryokan Chômeikan, 4,8-Hongô 4-chôme. Tél. 811-7205.
Fujikan, 36-1 Hongô, 5-chôme. Tél. 813-4441.

Minshuku

De 3 500 à 5 500 yens la nuit avec le petit déjeuner. On y parle anglais, mais ils sont toujours éloignés du centre.

Sawanoya, Yanaka 2-3-11, Taitô-ku. Tél. 822-2251. Métro Nezu, ligne Chiyoda.
Taitô-Kan, 37-8, Asakusa 5-chôme, Taitô-ku. Tél. 872-5446. Prendre un bus pour Minami-Senju Shio-iri à partir de la gare de Ueno, et descendre à Asakusa-gochôme.
Asada, 8-5, Hongô 1-chôme, Sumida-ku. Tél. 623-1766. Prendre le bus 02 pour Kinshichô-Eki à partir de la gare J.R. Okachimachi (Yamate), et descendre à Hongô-itchôme. Ou bien, accès en 8 mn à pied de la station Kuramae sur la ligne Toei Asakusa.

Ryokan à Narita

Ogiya, 474, Saiwaichô Narita-shi Chiba. Tél. 0476-22-1161. 2 000 yens de taxi, à partir de l'aéroport.

Temples où l'on peut passer la nuit

Jigenji. Les femmes peuvent y rester jusqu'à une semaine. Prévenir à l'avance en écrivant à Mlle Tomomi Kudô, 484 Ogawa-kubo, Akikawa-shi, Tôkyô. Accès par la gare de Higashi-Akidome sur la ligne J.R. Itsukaichi.
International Zen Monestry, temple Seitaiji à Tsurushima, Uenohara-machi, Tsurugun, Yamanashi-ken. Accès par la gare de Uenohara sur la ligne J.R. Chûô. Tél. 0554-62-3198. Strictement réservée aux adeptes de *zazen*.

LES RESTAURANTS

Tôkyô, plus encore que le reste du Japon, regorge de caboulots qui rassasient à bon compte, de vendeurs ambulants de nouilles, *oden* ou *okonomiyaki,* tout comme de bonnes adresses de cuisine très fine. Manger japonais revient la plupart du temps à décider du menu avant de choisir le restaurant. Exception faite de la cuisine japonaise authentique, *kaiseki ryôri,* que l'on admire plus que l'on ne savoure, on ne mange pas japonais dans des restaurants, mais respectivement dans des *sushiya,* des *yakitoriya,* des *fuguryôriya,* des *tempuraya,* des *sobaya,* des *unagiya,* etc., c'est-à-dire chez ceux qui fabriquent des *sushi,* qui font griller les brochettes de poulets, qui savent accommoder le dangereux poisson *fugu,* ceux qui sont passés maîtres dans l'art des fritures, qui font les nouilles à merveille, ou ceux qui cuisinent les anguilles. (Pour l'explication de ces plats, voir : « Renseignements pratiques », « Se nourrir ».)

Ce sont des restaurants d'ambiance plus animée et familiale que les restaurants de cuisine française, chinoise ou de quelque autre goût. Les meilleures places sont souvent au comptoir, ou dans de petites salles de *tatami,* légèrement isolées.

Dans l'incroyable lacis urbain qu'est Tôkyô, il est impossible de recenser tout ce qui pourrait s'appeler restaurant. Il y en a sans cesse de nouveaux qui s'ouvrent, d'autres qui disparaissent. On est rarement déçu d'une nouvelle adresse découverte par hasard, en s'arrêtant à la première lanterne venue, qui indique très souvent la spécialité du restaurant, écrite en *hiragana.* Pour ceux qui préfèrent chercher des adresses, plutôt que prendre l'initiative de faire coulisser des portes derrière des *noren* inconnus, on donnera une liste, loin d'être exhaustive, de bons restaurants classés par spécialité.

Pour les repas simples de tous les jours, il est peut-être utile de savoir que la plupart des restaurants adoptent une formule *lunch-time* de menu bon marché, pour le repas de midi — la formule est souvent affichée dehors, sur un tableau — alors qu'en soirée les prix triplent. Les grands magasins ont, en général, un étage complet de restaurants ouverts jusqu'à 22 h, et on peut manger autant qu'on veut et qu'on peut pour 550 yens, entre 11 h et 14 h, dans les pizzerias américaines Shakey's. Le Fast-Food est aussi très répandu au Japon.

En soirée, sachez que les vrais restaurants japonais, peu fréquentés des étrangers, ferment tôt, vers 20 h ou 21 h, et qu'en haut des tours qui dominent l'agglomération se trouvent toujours des restaurants avec des formules intéressantes.

Fugu

Traduit par *diodon* ou *tétradon,* c'est ce poisson-baudruche que seuls des cuisiniers hautement qualifiés sont habilités à cuisiner : les ovaires du poisson contiennent un poison mortel. Quelques adresses populaires :

Tentaké, Tsukiji 6-16-6. Tél. 541-3881, près du pont kachidoki. Environ 3000 yens.

Santomo, Ueno 6-14-1 (près de la gare de Ueno). Tél. 831-3898. Propose des menus à 7500 yens. Fermé 2e et 4e dimanche.

Hyôtan, Midori 1-15-7, Sumida-ku. Tél. 631-0408. 2000 yens le plat. Très chaude atmosphère. Fermé le dimanche.

Yakitori

Brochettes de poulets. Une vingtaine de restaurants parmi les plus pittoresques se font concurrence sous les rails du *Skinkansen* à Yûrakuchô, à deux pas des Arcades internationales, et infernales par le bruit qui y résonne à chaque passage de train.

Moins populaires sont les *yakitori* de Roppongi, comme **Nanbantei,** 4-5-6, Roppongi. Tél. 402-0606. Offre un menu délicieux pour moins de 3 000 yens. Fermé le dimanche. Autre **Nanbantei** à Shibuya : 2-21-12 Shibuya. Ou **Torigin,** 4-12-6 Roppongi. Tél. 403-5829. 2 000 yens.

Tempura

Il s'agit de fritures.

Hozumi, 3-4-35, Roppongi, Sankô Building. Tél. 585-0201. Ouvert de 11 h à 14 h et de 18 h à 21 h 30. Déjeuner 800 yens. Dîner 1 600 yens. Fermé dimanche et fêtes.

Tsuna-Hachi, 3-31-8, Shinjuku. Tél. 352-1681. Ouvert jusqu'à 22 h. J.R. Shinjuku, sortie est, derrière Mitsukoshi. Excellent et très bon marché. Tsuna-Hachi est une chaîne. 20 restaurants à Tôkyô.

Hageten, 3-4-6, Ginza. Tél. 561-1668. Ouvert jusqu'à 21 h 30. Métro : Ginza. 2 500 yens. Autres Hageten dans *Shinjuku Isetan Kaikan,* tél. 352-0325, et à *Ikebukuro Tôbu Department Store,* tél. 985-0177.

Naka-Sei, 1-39-13, Asakusa. Tél. 841-4015. Ouvert jusqu'à 20 h. Métro : Asakusa. Environ 5 500 yens.

Ten-Ichi, Namiki-dori, Ginza 6-chôme. Tél. 571-1949. La bonne adresse pour rencontrer le tout Tôkyô. Le patron Isao Yabuki, 87 ans, pourra vous raconter ses rencontres avec Ford, Nixon, Bocuse, Robert Guillain, etc. Cher. D'autres Ten-Ichi un peu partout dans Tôkyô.

Sukiyaki et shabu-shabu

Hiyama, Ningyocho 2-5-1. Tél. 666-2901. Très beau restaurant de Sukiyaki (7 000 yens).

Hassan, Roppongi 6-1-20, B1. Tél. 403-9112. Excellent *shabu-shabu,* à volonté pour 4 500 yens. A 200 m du carrefour Roppongi, en allant vers Shibuya, après banque Mitsui. Réservation conseillée.

Aka-Chôchin Yoshino, 4-10-5, Roppongi. Tél. 408-8148. De 18 h à 5 h du matin. Première rue à droite après le poste de police du carrefour de Roppongi, quand on va vers Aoyama. 2 000 yens.

Sushi

Le meilleur de la cuisine japonaise ! On mange le poisson cru, soit en *sashimi,* fines tranches simplement accompagnées de « gros radis » râpé, de gingembre, de raifort et de sauce de soja, soit en *nigirizushi,* c'est-à-dire en garniture généreuse d'une boulette de riz façonnée à la main. Compter au moins 3 ou 5 000 yens pour des sushis, sauf si vous commandez un « menu » à prix indiqué.

Sushi-Sei. Les sushis y sont toujours excellents et bon marché, ce qui explique l'affluence. Sept boutiques à Tôkyô dont Ginza (tél. 572-4770), Roppongi (tél. 401-0578), Akasaka (tél. 586-6446) et Tsukiji bien sûr (tél. 541-7720).

Kiku-Sushi, 7-11-3 Nishi-Shinjuku. Tél. 361-4043. Bon marché et ouvert jusqu'à une heure du matin.

Fukuzushi, à Roppongi, 5-7-8, derrière Roi Bldg. Tél. 402-4116. Très cher en soirée, mais excellent.

Unagi

Anguille, mais bien averti celui qui la reconnaîtra quand on lui servira du *Unagi.* Dans l'Est du Japon en effet, l'anguille désossée et aplatie est d'abord cuite à la vapeur avant d'être grillée avec une sauce de soja. Délicieux !

Kandagawa Honten, 2-5-11, Sotokanda. Tél. 251-5031. Il vaut mieux réserver. Compter 2000 yens. Fermé le dimanche.

Tonkatsu

Porc pané, servi avec du chou cru.
Ton Ton Tei, 3-28-15, Shinjuku. Tél. 352-2825, mais nombreux autres restaurants de la même chaîne à travers Tôkyô. 1000 yens. Fermé le 1er et le 3e jeudi du mois.

Soba

Nouilles de sarrasin.
Mamiana Soba, 5-6-3 chôme Azabudai, entre la pâtisserie Chianti et l'ambassade d'U.R.S.S., sur le trottoir de droite en allant de Roppongi à la tour de Tôkyô. Tél. 583-0545 ou 583-4386. 1000 yens.
Yabusoba, Awaji-chô, 2-10 Kanda. Tél. 251-0287. La maison existe depuis 150 ans. C'est la *soba-ya* la plus grande et la plus connue de Tôkyô. Fermé le lundi.

Cuisine japonaise

Le cadre à lui seul mérite une soirée, surtout à :
Shirakawa-gô, Kabuki-chô 2-chôme, 29-15. Tél. 200-5256. Grande maison au toit de chaume importée de la préfecture du Toyama. Ouvert tous les jours jusqu'à 23 h. Cher.
Inaka-ya, 7-8-4, Roppongi, Yashio Bldg. Tél. 405-9866, ou autre branche à Akasaka. Oreilles sensibles s'abstenir. Tous les clients sont assis autour de la « cuisine » et les cuisiniers servent en direct de leurs feux à l'aide de pelles en bois géantes. Cher.
Five farmers à Roppongi, au 4 F de Roppongi Square Bldg. Tél. 470-1675. Ouvert tous les jours de 11 h 30 à 15 h et de 17 h à 23 h. Populaire et bon marché.

Cuisine kaiseki

C'était à l'origine la cuisine servie à la cérémonie du thé, légère, simple, préparée en harmonie avec les saisons et avec un extrême raffinement esthétique. C'est toujours très cher.
Tsuji-dome, Ginza 17-3, Nihon-Keikinzoku Bldg B 1. Tél. 573-5226. Ainsi qu'un autre restaurant à Akasaka 4-9-22 dans Toraya Bldg. Tél. 403-3984. Ouvert 12 h-19 h. Réserver. A partir de 12000 yens.
Hyôtei, au 8e étage de Shibuya Parco. Tél. 464-3258. Service de 11 h à 21 h. Compter 12000-18000 yens. *Bentô* à 3600 yens. Ouvert tous les jours.
Yûzen, 5-11-5 Minami-Aoyama, Minato-ku. Tél. 486-0206, Près du supermarché kinokuniya. Environ 4000 yens à midi, variante occidentale.
Kakiden, Shinjuku 3-37-11, 8e étage de Yasuyo Bldg. Tél. 352-5121. Ouvert de 11 h à 22 h. A partir de 7000 yens.
Nadaman au 6e étage de l'hôtel **New Otani.** Tél. 265-7591. Menu à partir de 8000 yens.

Cuisine ryôtei

Les restaurants qui servent cette cuisine généralement appréciée avec le divertissement de geishas, sont souvent des maisons individuelles où tout, de la charpente à la vaisselle, en passant par les jardins et les arrangements de fleurs, est calculé pour séduire. Si d'aventure, vous rencontriez un Japonais (de préférence, très riche) prêt à vous inviter dans l'un de ces restaurants très réservés, vous pourrez suggérer :
Sazanka-Sô, dans les jardins de l'hôtel New Otani. Tél. 264-7921. 30000 yens

à midi, 45 000 yens le soir sans les boissons !

Izui, Ginza 6-4-17. Tél. 573-5731. Environ 30 000 yens. Ouvert de 12 h à 13 h 30 et de 18 h à 22 h.

Umemoto, Ginza 8-8-18. Tél. 571-3387. Ouvert de 12 h à 14 h 30 et de 17 h à 22 h. Menu de 15 000 à 25 000 yens. Réserver. Fermé le dimanche.

Quelques restaurants japonais par originalité

Tofu (caillé de soja)

Sasa-No-Yuki, 15-10, 2. chôme Negishi, Taitô-ku. Tél. 873-1145. A 3 mn à pied de la sortie nord du train J.R. Uguisudani. Salle commune ou pièce particulière à partir de 1 000 yens. Fermé le lundi.

Chanko-nabe, ou la potion magique des lutteurs de sumo. A goûter pour l'ambiance du restaurant et/ou si l'ordinaire japonais ne suffit pas à vous rassasier. C'est un pot-au-feu fourre-tout avec poisson, légumes...

Kariya, 1-9-8 Ryôgoku, Sumida-ku. Tél. 631-2851. Prêt du pont Ryôgoku. Ouvert 17 h-22 h sauf dimanche et jours fériés.

Baleine

Un seul restaurant à Tôkyô :

Kujira-Ya, Dôgenzaka 2-29-22. Tél. 461-9145 à Shibuya. Tout de suite après le *kôban* (poste de police) dans Inokashira dôri, en allant des magasins Seibu à la N.H.K., Centre national de la radio-télévision japonaise. Fermé le 3e jeudi. 3 000 yens.

Sanglier

Momonja, 1-10-12, Ryôgoku, Sumida-ku. Tél. 631-5596. Ouvert de 12 h à 21 h 30. Existe depuis 300 ans. Ambiance populaire 5 000 yens.

Restaurants chinois

On trouvera le paradis à *Yokahama,* dans Chinatown.

A Tôkyô

Rûten, 5-16-6, Roppongi, Minato-ku. Tél. 582-8993. Ouvert de 11 h 30 à 4 h du matin. 3 000 yens. En été, toutes les tables sont en plein air. A 500 m sur la droite, quand on va vers la tour de Tôkyô, en venant du carrefour de Roppongi, derrière un marchand de glaces américaines.

Isshingo, Kioi-cho 1-11, Chiyoda-ku. Tél. 261-2213, en face de l'annexe de l'hôtel New Otani. Qualité et prix élevés.

Tô-Ten-Kô, 1-5-2, Yuraku-chô, Chiyoda-ku, Tôhô Twin Tower Bldg, 2e étage. Tél. 504-2751. 5 000 yens. Autre restaurant à Shibuya au 31e étage de Tôhô Seimei Bldg. Tél. 499-2931.

Restaurants coréens

Aussi nombreux que les restaurants chinois, sous l'enseigne *Korean Barbecue.*

Seikôen, 1-6-6, Ginza, Chûô-ku. Tél. 561-5883. Ouvert jusqu'à 23 h. Métro : Ginza. 2 500 yens. Fermé le 1er et le 3e dimanche.

Restaurants indiens

Moti, Floral Plaza 1 F, 3-8-8 Akasaka. Tél. 582-3620. A 100 m de l'hôtel Akasaka Tokyu, en allant vers T.B.S.

Samrat, 13-7, Udagawa-chô, Shibuya-ku. Tél. 496-9410. A 5 mn de la gare de Shibuya. Ouvert de 11 h à 22 h 30.

Excellente cuisine à des prix très sympathiques, **Moti** arrive en tête de liste des restaurants favoris des résidents de Tôkyô... si bien qu'il n'est pas rare d'avoir à attendre avant de passer à table. Deux autres **Moti** plus récents, à **Akasaka** en face de T.B.S. (Kinpa Bldg 3 F, 2-14-34 Akasaka. Tél. 584-6640) et à Roppongi, près de Wave Bldg (Hama Bldg 3 F, 6-2-35 Roppongi. Tél. 479-1939).

Restaurants français

Plus de 2300 restaurants de Tôkyô affichent aujourd'hui de la cuisine française. De quoi avoir le choix entre le meilleur, les meilleures copies (la « Tour d'argent » dans l'hôtel New Otani, ou « Maxim's » au sous-sol de Sony Bldg à Ginza...) et le pire ! Notre liste est donc loin d'être exhaustive. Elle tient surtout compte de l'authenticité de la cuisine et de la qualité de l'accueil. La cuisine française est chère. Compter 2 ou 3000 yens pour un déjeuner, et 8 ou 10000 yens pour un dîner.

Brasserie Bernard, Kajimaya Bldg 7 F, 7-14-3 Roppongi. Tél. 405-7877. Autre brasserie Bernard au dernier étage du printemps Ginza.

Chez Pierre, 23-10 Minami-Aoyama 1-chôme, Minato-ku. Tél. 475-1400. Une minute à pied du métro Nogizaka (ligne Chiyoda), sortie Minami-Aoyama.

Restaurant Pachon, Sarugaku-chô 29-18, Shibuya-ku. Tél. 476-5025 tout près de la gare de Daikanyama. Feux de bois dans la cheminée tous les soirs. Dans la journée, le même chef surveille les fourneaux de **L'Ile de France,** Roppongi 3-11-5. Tél. 404-0384 en sous-sol de la boulangerie Donq.

Mireille, restaurant de Provence, 1-6 Azabudai 3-chôme. Tél. 586-9050, 200 m avant l'ambassade d'U.R.S.S., se situe après le carrefour d'Iikura-Katamachi.

Les Choux, 5-11-28 Roppongi. Tél. 470-5511. Du carrefour de Roppongi, marcher 10 mn en direction de Azabu 10-ban. Ce sera sur votre gauche.

Le Poisson rouge, Minami-Aoyama 5-3-10. From First Bldg B 1. Tél. 499-3391.

Bistrot de la cité, 4-2-10 Nishi-Azabu. Tél. 406-5475. Aux toutes premières places des bistrots de Tôkyô dont les chefs sont japonais, avec les trois restaurants précédemment cités.

Salons de thé

Ils n'ont rien de japonais, mais les gâteaux y sont meilleurs qu'en France et ils peuvent combler les estomacs frustrés par la cuisine japonaise et son absence de desserts.

Pâtisserie « André Lecomte », 3 boutiques : à Aoyama, au sous-sol des Twin Tower. Tél. 475-1772. (On peut y déjeuner.) A Roppongi 7-18-12 Daisanmae Bldg, tél. 402-5884, et au sous-sol du grand magasin Isetan à Shinjuku, tél. 352-1111.

Les meilleurs traiteurs français sont en outre présents à Tôkyô, en général dans les grands magasins :

Le Nôtre. On trouvera ses boutiques au sous-sol des grands magasins Seibu à Shibuya (tél. 462-0111) et Ikebukuro (tél. 981-0111) entre autres.

Fauchon au sous-sol de Takashimaya.

Daloyau au sous-sol de Mitsukoshi à Nihonbashi, et à Jiyûgaoka, devant la gare Tôyoko.

Hédiart à Isetan, **Troisgros** à Odakyu, etc.

Cafés

A côté de multiples *coffee-shops,* toutes plus fades les unes que les autres, Tôkyô compte quelques cafés qui font de la bonne musique leur raison d'être.

A Shibuya, Shinjuku et Ginza, existent encore les cafés-cathédrales, où les consommateurs se recueillent (ou dorment) en écoutant leurs opéras préférés. Bavards et enrhumés s'abstenir. Ce sont des cafés mais on s'y comporte comme à un concert d'Horowitz.

L'ambiance est beaucoup plus décontractée dans les cafés de jazz. A Shinjuku, la palme de la plus grande collection de disques de jazz revient à :
Mokuba, Kabukichô 14, Hayashi Bldg B2, tél. 200-64-84. Repérer l'enseigne de deux idéogrammes rouges sur fond noir et l'inscription « modern jazz », directement en face du théâtre Koma. En prime, un bric-à-brac impressionnant.

Les groupes « live » se produisent à :
Pit-in, Shinjuku 3-17-4, tél. 354-2024, au 2e sous-sol, tout près de la librairie Kinokuniya
ou **The Carnaval,** au sous-sol de l'immeuble Tôhô Kaikan, à côté du théâtre Koma (tél. 200-1261).

A Roppongi :
Satin Doll, près du carrefour de Roppongi, dans l'immeuble du théâtre Haiyû-za, 3F, tél. 401-3080.

LES SPECTACLES

Kabuki, Nô, Bunraku, danse, sont annoncés dans le *Tour Companion,* tous les dimanches, distribué gratuitement à l'Office du Tourisme (T.I.C.), et dans les hôtels. Les informations touristiques téléphonées : 503-2926, énumèrent, d'autre part, en français, tous les spectacles, expositions, fêtes susceptibles d'intéresser le touriste.

D'autres publications en anglais *(Tôkyô Journal),* aident l'étranger à découvrir qu'il se passe à tout instant quelque chose de très excitant à Tôkyô.

Pia et *Cityroad,* revues en vente partout, sont les homologues japonais de *Pariscope* et de l'*Officiel des spectacles*. Pour tous les concerts classiques, rock, folk, jazz, etc., il est nécessaire de réserver les places à l'avance auprès des bureaux *Play-Guide.* Il y en a dans la plupart des grands magasins : *Mitsukoshi Ginza,* fermé lundi ; *Shinjuku Isetan,* 6e étage, fermé le mercredi ; *Shibuya Tôkyû,* fermé dimanche et fêtes, etc., ou voir directement à *Ginza Play-Guide,* Play-Guide Bldg 2-6-4, Ginza (tél. 561-8821).

Où voir du Kabuki

Kabuki-za, 4-3 Ginza Higashi (métro Higashi-Ginza). Tél. 541-3131. 9 spectacles chaque année, à l'affiche pendant 25 jours. Le 1er spectacle commence à 11 h et le 2e à 16 h 30. Programmes en anglais et restaurants à l'intérieur du Kabuki-za.
Shimbashi Embujô, Higashi Ginza 6-18-2. Tél. 541-2211. A 3 mn à pied du métro Higashi-Ginza. 8 représentations de Kabuki par an, à l'affiche pendant 22 jours. A partir de 17 h en semaine, et 11 h en fin de semaine.
Théâtre national *(Kokuritsu Gekijô)* présente du Kabuki, mais aussi du Nô et du Bunraku. 13-Hayabusachô, Chiyoda-ku, à 10 mn à pied du métro Nagatachô. Tél. 265-7411.

Où voir du nô

Vérifier les dates des représentations auprès des salles :

Théâtre National de Nô, 4-18-1 Sendagaya, Shibuya-ku. Tél. 423-1331. 5 mn à pied de la gare Sendagaya. Spectacles de 10 h 30 à 18 h.

Kanze Kaikan Nô-gakudô, 16-4, Shôtô, 1-chôme, Shibuya-ku. A 10 mn à pied du métro/J.R. Shibuya. Tél. 469-5241.

Kita Nô-gakudô, 6-9, Kami-Osaki 4-chôme, Shinagawa-ku. Accès à partir du J.R. Meguro. Tél. 491-7773.

Suidôbashi Nô-gakudô, 5-9, Hongô 1-chôme, Bunkyô-ku. J.R. Suidôbashi. Tél. 811-4843.

Umewaka Nô-Gakuin Kaikan, 6-14, Higashi-Nakano 2-chôme, Nakano-ku. Tél. 363-7748.

Yarai Nô-gakudô, 60, Yaraichô, Shinjuku-ku. Métro : Kagurazaka, ligne Tôzai. Tél. 268-7311. Le 2e dimanche du mois, 11 h.

Théâtre

On verra du théâtre contemporain dans les petits théâtres de Shimokitazawa : **Honda Gekijô,** tél. 460-0005 et **The Suzunari** , tél. 469-0511.

Les grands spectacles japonais sont à voir au :

Nissei Gekijô, Yûrakuchô 1-1-1, tél. 503-3111.

Teikoku Gekijô : Marunouchi 3-1-1, tél. 213-7221.

Tournées internationales et grandes productions au :

Théâtre Ginza Saison, Ginza 1-chôme, tél. 535-0555.

Café-théâtre, danse, one-man-show chez :

Jean-Jean, à côté de Parco à Shibuya, tél. 462-0461.

Cinémas

La Cinémathèque *(Tôkyô Kokuritsu Kindai Bijutsukan)* a déménagé à l'intérieur du musée d'art moderne, Kitanomaru Kôen 3. On y passe des classiques du répertoire cinématographique japonais et étranger. Entrée : 350 yens. Tél. 561-0823. Samedi, dimanche, films à 12 h 30 et 15 h.

A Ikebukuro, tous les samedis soirs, plusieurs salles programment des films non-stop de 22 h à 6 h du matin. Cela s'appelle des « All night » et coûte 1 500 yens, moins cher que n'importe quel hôtel.

Sachez que dans les autres salles, un billet d'entrée donne généralement droit à un programme couplé de 2 films, et que vous économiserez 300 yens en achetant les billets à l'avance.

VIE NOCTURNE

En japonais, le terme de *mizu-shôbai,* littéralement : le « commerce de l'eau » désigne ce monde de bars et de cabarets qui s'est développé autour des quartiers de lanterne rouge pendant l'époque Edo. Le décret qui a rendu illégale la prostitution au Japon en 1957 n'a pas pour autant sonné le glas du *mizu-shôbai.* Bien au contraire, Tôkyô ajoute au nombre, l'exclusivité de certaines originalités comme les clubs avec hôtes *(host-clubs),* les cafés *dôhan (dôhan-kissa)* où la disposition des sièges, l'éclairage et le service sont calculés de façon à favoriser les rapprochements, les *dôshitsu* où les lits remplacent carrément les fauteuils, les cafés avec serveurs ou serveuses sans culottes *(no pants kissa)* ou les *love-hotels.* A Roppongi et à Akasaka, on trouvera la plupart des discothèques. A Ginza, les clubs avec hôtesses, à Yûrakuchô, les cabarets et music-halls et à Shinjuku, dans Kabuki-chô, les peep-shows et une grande variété de distractions érotico-pornographiques, en plus d'une très grande densité de *gay-bars,* de bains turcs et de *love-hotels.* Les bars avec hôtesses se comptent par milliers dans n'importe quel coin de Tôkyô.

L'oiseau de nuit le plus rare reste la *geisha !* Les restaurants *ryôtei* où les *geisha* (littéralement : femmes d'art) viennent divertir un petit cercle de convives ne sont accessibles qu'en compagnie de quelqu'un de déjà connu de la maison, et sont extrêmement chers (voir : « Le Japon de A à Z »).

Où danser

Lexinton's Queen, en sous-sol du 3rd Goto Bldg, 3-13-14 Roppongi, c'est-à-dire l'immeuble du Berni Inn. Tél. 401-1661.
Giza, au 3e étage de Square Bldg (l'immeuble où il y a une disco à chaque étage), 3-10-3 Roppongi. Tél. 403-6538.
The Bee, à côté du *Crazy Horse,* près du carrefour de Iikura-Katamachi à Roppongi. Tél. 582-4828.
Tsubaki House à Shinjuku, derrière le grand magasin Isetan, au 5e étage. La discothèque est interdite aux moins de 18 ans comme la plupart des discos japonaises, mais on a du mal à donner plus de 18 ans à ceux qu'on y rencontre. Très bonne musique. Aucun slow.

Pour une soirée en discothèque, compter à peu près 4 000 yens, consommations comprises.

Gay-bars

Les *gay-bars* foisonnent à Shinjuku 2-chôme. Certains, comme le **Regent East** à Shinjuku, tolèrent une présence féminine. D'autres comme le **Mako's** (à 100 m du premier) sont très exclusifs. Si les *Host clubs* sont théoriquement réservés aux femmes, il n'est pas rare d'y voir des hommes, autres que ceux qui sont royalement payés à allumer vos cigarettes et à vous servir des cacahuètes. Il arrive que ces hommes-clients paient l'addition pour des femmes qu'ils initient à ces nouveautés. Comptez au moins 20 000 yens pour deux.

Bains turcs

Suite aux plaintes de l'ambassade de Turquie, ils ont tous disparus, pour réapparaître sous le nom de *soapland.* Non seulement Tôkyô et Kawasaki, mais tout le Japon en compte par centaines. Les employées de **Tôkyô Onsen,** à Ginza, réservent leurs bains et leurs massages à une clientèle masculine. Bon marché. Même exclusivité à un prix plus élevé chez **Utamaro,** 26-2, Minami Oi 3-chôme dans Shinagawa-ku. Tél. 762-4929.

LES ACHATS A TOKYO

Photo, hi-fi, etc.

Pour tout ce qui est hi-fi ou appareillage électrique : **Akihabara.** C'est l'antre du « made in Japan » qui fait tellement pencher la balance commerciale du pays. La densité des points de vente et des clients (évitez le samedi et le dimanche) permet des prix très intéressants. Attention ! la plupart des appareils électriques fonctionnent sur 100 volts/50 périodes. 4 grands magasins vendent du matériel détaxé pour l'exportation :

Hirose Musen, Green Cap Bldg, 10-5, 1-chôme, Soto-Kanda. Tél. 255-2211.

Laox, 1-2-9, Soto-Kanda. Tél. 251-8581.

Nakaura, Denki, à côté de Hirose Audio-Center. Tél. 253-5761.

Nishikawa Musen Co. Tél. 253-4787. Dans le même quartier, fait des conditions avantageuses.

A Ginza

Les boutiques de « détaxé » ne manquent pas. D'abord, dans les arcades : **International Arcade,** tout près de l'hôtel Impérial (7-23, 1-chôme, Uchisaiwai-chô, Chiyoda-ku, ou 1-1, 2-chôme, Yûrakuchô) et **Nikkatsu Arcade** à Yûrakuchô (30 boutiques ouvertes tous les jours de 10 h à 18 h 30). Pour la Hi-fi : **Trywell** (à côté du Ginza Tôkyû Hôtel, 5-15-1, Ginza, tél. 543-4547), ou **Maeda Corporation** (Kaminari Bldg, 4-13-13 Ginza, tél. 543-8009). Pour la photo : **Futami Camera Co.** (5-4, Ginza 4-chôme, tél. 561-0636), **Sukiya Camera Co.** (5-1, Ginza 5-chôme, tél. 571-5555), **Kinjô Camera Co.** (8-5 Ginza 7-chôme, tél. 572-5571), **Utsuki Camera,** à côté de Sony Bldg (5-3, Ginza, tél. 573-2666).

A Shinjuku

Sakuraya (Isshiki Bldg, Shinjuku, tél. 352-4711) que vous ne pouvez pas manquer, à la sortie est de la gare (publicité diffusée par haut-parleurs, face au compteur de décibels). **Camera Peg,** au premier sous-sol de Sumitomo Bldg (tél. 344-6856) et surtout **Yodobashi Camera** à côté de **Sakuraya** sortie est et ouest. Tél. 356-1511 (publicité diffusée en 18 langues, ouvert de 10 à 20 h, 7 jours sur 7), font tous des prix défiant toute concurrence pour les appareils photo, mais aussi pour le développement. La devise de Yodobashi : « Satisfaire le plus grand nombre de clients, en leur vendant le plus possible d'appareils photo, aux prix les moins chers possible. »

Autres achats

Artisanat de toutes les provinces du Japon, chez **Bingo-Ya,** 69 Wakamatsu-Chô, Shinjuku-ku. Tél. 202-8778. Accès par le bus n° 76 à partir de Shinjuku, sortie ouest, descendre à Kawada-Chô.

Papier japonais chez **Kyûkyodô,** 5, Ginza. Tél. 571-4429 ou **Itô-Ya,** 2-7-15 Ginza. Tél. 216-0041 (le rayon de papier japonais est au 5e étage) ou chez le plus vieux fournisseur de papier japonais : **Haibara,** 7-6,2 Nihonbashi. Tél. 272-3801.

Laque chez **Yamada Heiando,** 3-10-11, Nihonbashi (tél. 272-2871) derrière le grand magasin Takashimaya) ou chez **Kuroi-Ya** à Nihonbashi (tél. 271-3366) ou **Inachu** presque en face de la banque Indosuez à Tameike (tél. 582-4451). Qualité et prix élevés !

Tous les grands magasins ainsi que les *« shopping centers »* (sukiyabashi shopping center, arcades de l'hôtel Impérial...) ont un rayon d'artisanat. Au rayon « kimonos », on trouve en général beaucoup de jolies choses japonaises... Pour les *Yukata* (kimonos de coton) et les objets japonais simples, on conseillera soit les quartiers populaires de *Shitamachi* (Monzennakachô, Tsukudajima, Asakusa...), soit les arcades internationales (produits très touristiques, pas toujours fabriqués au Japon du reste) ou toutes les boutiques situées autour du marché aux poissons de Tsukiji vers 9 h du matin !

Les antiquités

Kimonos, céramiques, laques, meubles, lampes...

Choix entre mille objets plus beaux les uns que les autres ! *Un seul mot d'ordre : marchander !*

Tous les dimanches, il y a une foire aux antiquités à Tôkyô.

Premier dimanche du mois (le matin seulement) : temple *Arai Yakushi* dans Nakano-ku. De la gare J.R. de *Takadanobaba,* prendre la ligne *Seibu-Shinjuku* pour trois stations jusqu'à Arai Yakushimae.

Premier et quatrième dimanche du mois, du lever au coucher du soleil : *Sanctuaire Tôgô,* près de la gare Harajuku sur la ligne *Yamanote.*

Deuxième dimanche du mois, du lever au coucher du soleil : *Sanctuaire Nogi,* à la sortie du métro Nogizaka (ligne *Chiyoda*).

Troisième samedi et dimanche du mois, de 8 h du matin à 8 h du soir : premier sous-sol des arcades commerciales « Alpa » dans *Sunshine City* à Higashi-Ikebukuro (ligne de métro *Yûrakuchô*).

Troisième dimanche du mois : sanctuaire Hanazono à Shinjuku.

Des brocanteurs viennent de temps en temps vendre en groupe dans certains quartiers de Tôkyô comme Roppongi (devant Roi Bldg) les quatrièmes jeudis et vendredis du mois, ou à côté du grand magasin Parco à Shibuya.

Mais il est aussi possible de faire des folies en semaine, au :
Centre d'artisanat et d'antiquités du Japon. En japonais *« Tôkyô Komingu kottô-kan »,* Satomi Blgd, 3-9-5, Minami-Ikebukuro, Toshima-ku, tél. 980-8228. Ouvert de 11 h à 19 h. Fermé le jeudi.

Oriental Bazar, 5-9-13 Jingûmae. Tél. 400-3933, fermé le jeudi. Assez bon marché, mais éviter les achats à risque d'imitation récente comme les *Netsuke...*

TÉLÉPHONES UTILES

Compagnies aériennes

Téléphones : *Aeroflot :* 434-9671 - *Air France :* 475-1511 - *Korean Air :* 211-3311 - *Cathay Pacific :* 505-1531 - *Japan Airlines :* 457-1111 - *Pakistan Airlines :* 216-6511 - *Philippines Airlines :* 593-2421 - *Sabena :* 585-6151 - *Singapore Airlines :* 213-3431 - *Thai Airways :* 503-3311 - *U.T.A. :* 593-0773 - *Continental Airlines :* 592-1631 - *All Nippon Airways :* 272-1212 - *J.A.S. Japan Air System :* 747-8111 - *American Airlines :* 214-2111 - *British Caledonian Airways :* 595-3030 - *United Airlines :* 817-4411.

T.I.C. (Tourist Information Center) : 1-6-6, Yûrakuchô, Chiyoda-ku, tél. 502-1461 (métro ligne *Hibiya* ou *Ginza*).

Informations touristiques en français : tél. 503-2926.

Agence J.T.B. : tél. 477-5566.

Réservation Minshuku : tél. 232-6561 (en japonais).

Conseils train

Tél. 212-4441. Ce sont les employés du J.R. qui vous répondent. Vous pouvez leur demander en anglais des horaires, des renseignements de prix, etc.

Informations téléphonées

Il existe un nombre incroyable de numéros de téléphone à Tôkyô où un magnétophone vous répond et vous donne les meilleures informations pratiques : de quoi s'amuser ou/et exercer son japonais.

Par exemple :
Météo pour tout le Japon : 212-3301.
Prévisions Météo : 177.
Horloge parlante : 117.
Mainichi Weekly Information Service (en anglais) : 295-1819.

Enfin, les numéros **essentiels :**
Pompiers, ambulance : 119.
Police : 110.
K.D.D. (Téléphone international) : 0051.
Renseignements Tôkyô : 104 (l'opératrice répond en japonais), ou N.T.T. english information service, tél. 201-10-10.

ADRESSES UTILES

Ambassade de France, 11-44, Minami-Azabu, 4-chôme, tél. 473-0171. 10 mn à pied du métro Hiro-o, ligne *Hibiya.*

Institut franco-japonais *(Nichi-futsu-Gakuin),* 15 Funagawarachô, Ichigaya, tél. 260-7224. A 10 mn à pied du J.R. Iidabashi sur les lignes *Sôbu* et *Chûô.* Ciné-club gratuit les lundis et jeudis, sauf pendant l'été.

Maison franco-japonaise *(Nichi-futsu-Kaikan),* tél. 291-1141. A 10 mn à pied entre Ochanomizu et Suidôbashi. Bibliothèque de 40 000 livres français, adhésion annuelle : 7 000 yens. On peut y lire *Le Monde, Libération, Le Figaro...*

Athénée français, tél. 291-3391. A 100 m de la Maison franco-japonaise sur le trottoir d'en face, en allant vers Suidôbashi. Ciné-club.

Association des Français du Japon, tél. 463-94-16.

Chambre de commerce française du Japon, tél. 587-0061~5, dans Indo-Suez Bank Bldg, 1-1-2 Akasaka, Minato-ku, Tôkyô 107.

Crédit Lyonnais, tél. 214-4561, Hibiya Park Bldg, 1-8-1, Yûrakuchô, Minato-ku.

Banque Nationale de Paris, tél. 214-2881, Yûsen Bldg, 3-1-1 Marunouchi.

Banque Indouez, tél. 582-0271, Banque Indouez Bldg, 1-1-2 Akasaka, Minato-ku, Tôkyô 107.

Santé

En cas d'extrême urgence (infarctus, accident vasculaire cérébral, traumatisme crânien...), votre hôtel ou vos amis appelleront une ambulance, qui vous transportera à l'hôpital le plus proche de l'arrondissement. En cas de semi-urgences (appendicite aiguë, coliques néphrétiques...), vous vous ferez accompagner en taxi dans l'un des hôpitaux suivants, où fonctionne un service d'urgence 24 h sur 24.

International Catholic Hospital *(Seibo Byôin)* 5-1 Naka-Ochiai 2-chôme, Shinjuku-ku, tél. 951-1111.

St Luke's International Hospital *(Sei Luka Byôin)* 10-1 Akashi-cho, Chuo-ku. Tél. 541-5151.

Dentistes : *Oyama Dental Clinic,* Arcades de l'hôtel New Otani, Kioichô 4. Chiyoda-ku, tél. 265-111 (10 h-17 h 30).

Pharmacies : *American pharmacy,* Hibiya Park Bldg, 1-8-1, Yûrakuchô, tél. 271-4034/271-8373.

Poste

La C.P.O. *(Central Post Office)* se trouve en face de la gare de Tôkyô, sortie Marunouchi Sud, ouverte 24 h sur 24, sauf dimanche et jours fériés (la poste restante est ouverte de 8 h à 20 h en semaine, et de 8 h à 12 h les dimanches et jours fériés). Les boîtes à lettres sont rouges : insérer le courrier hors Tôkyô à gauche.

Librairies internationales

Kinokuniya (tél. 354-0131), tout près de la sortie Est de la gare de Shinjuku (accès par les sous-sols de la gare, sortie B 8), presque en face de *Takano Fruit Parlour* est l'un des lieux de rendez-vous de Tôkyô. Vaste rayon de livres en anglais, français et allemand au 4e étage. Nombreuses autres branches de Kinokuniya à Tôkyô, notamment à Shibuya, au 3e étage du grand magasin Tôkyu Plaza, en face de la gare.

Maruzen (tél. 272-7211) à Nihonbashi, en face du grand magasin Takashimaya. Sans doute le meilleur inventaire de livres en anglais ou en français sur le Japon au 3e étage.

Jena (tél. 571-2980) à Ginza, entre Sony Bldg et le carrefour de Ginza 4-chôme. Rayon étranger au 3e étage avec grand choix d'hebdomadaires et de mensuels.

France Tosho (tél. 346-0396) à Shinjuku, sortie Ouest, Tabata Bldg, librairie spécialisée sur titres publiés en Europe et aux Etats-Unis. Livres sur le Japon en français.

Sanseido, à Kanda, est actuellement la plus grande librairie du monde avec un million de livres mais malheureusement un rayon très pauvre de livres français. A Kanda toujours, on trouvera des livres d'occasion en français chez **Tamura,** et en anglais chez **Kitazawa,** tous deux à Jimbochô.

Omeisha à Iidabashi, Fujimi-chô 2-3, Chiyoda-ku, tél. 262-7276 avec un très bon rayon de livres scolaires, de littérature enfantine et de littérature classique française. Beaucoup de périodiques.

Aoyama Book center à Roppongi, Roppongi 6-1-20 (tél. 479-0479) à 100 m du carrefour de Roppongi en allant vers Shibuya : sélection intéressante de livres sur le Japon en anglais et de magazines.

On trouvera *Le Monde,* édition quotidienne, en vente à l'hôtel **Impérial,** au **Hilton** et à la librairie **Jena** à Ginza. Quatre quotidiens japonais en anglais (*Asahi Evening News, Mainichi Daily News, Japan Times,* et le *Daily Yomiuri*) sont en vente dans les hôtels et aux kiosques des grandes gares.

On trouvera toutes les publications officielles du gouvernement, études statistiques et cartes, en japonais et en anglais, au **Seifu Kankôbutsu Service Center,** soit à :
Kasumigaseki, 1-2, Chiyoda-ku, tél. 504-3885, à côté du tribunal *(Katei saibansho),* et derrière le ministère de l'Agriculture *(Nôrinshô),* au métro Kasumigaseki, lignes *Hibiya* et *Chiyoda.*

Otemachi, 1-3-2, Chiyoda-ku, tél. 211-7786, en face de Mitsui Seimei, même trottoir par rapport à Hibiya dôri. Métro Otemachi.

Disquaires

Wave, Roppongi 6-2-27, tél. 408-0111. Quatre étages de disques dans un décor high-tech à voir absolument. Plus vidéo-clips, plus films pour magnétoscopes, plus vendeurs extrêmement compétents... Ouvert 11 h-21 h. Fermé les 1er, 2e, 3e mercredis du mois.

Yamano Gakki, Ginza 4-5-6, tél. 562-5051, presque en face du grand magasin **Mitsukoshi** au carrefour de Ginza 4-chôme. Vous y repèrerez immédiatement les disques des *talento* du moment ! Ouvert 10 h 30-19 h. Fermé le 2e mercredi du mois.

Écoles de japonais

La librairie **Bonjinsha** à Yotsuya (Kojimachi 6-chôme Bldg, 6 F tél. 472-2240) a cette propriété extraordinaire de rassembler *toutes* les méthodes existantes pour apprendre le japonais. On y trouve aussi un livre recensant tous les établissements de Tôkyô où il est possible de suivre des cours. Parmi les adresses qui semblent avoir satisfait le plus grand nombre de Français, nous avons retenu :

Chapelle franciscaine de Roppongi, 2-39, Roppongi 4-chôme, Minato-ku, tél. 403-8088. Bus nº 89 à partir de Shibuya, descendre à Roppongi.

Asahi Culture Center, 4e et 25e étages de Shinjuku Sumitomo Bldg, 2-6 Nishi-Shinjuku, tél. 348-4041. Inscriptions en janvier, avril, juillet et octobre.

Sophia University Language Training Program, tél. 238-3167. Inscriptions en septembre, janvier, avril et cours d'été en juillet et août.

A VOIR A TOKYO

A Tôkyô, il n'y a pas tant de monuments à voir que d'ambiances de quartiers à sentir. Pour connaître les manifestations folkloriques et religieuses qui s'y déroulent, téléphonez au 503-2926 : informations touristiques et programmes des théâtres annoncés en français. En fonction des festivals et de vos intérêts, vous dessinerez votre itinéraire. **Attention, tous les musées et jardins sont fermés le lundi.**

Nous décrivons plus loin différents quartiers de Tôkyô dans un ordre géographique. Pour ceux qui n'auraient que deux jours à consacrer à Tôkyô (nous en avons rencontrés...), nous proposons les itinéraires records suivants :

Premier jour : 8 h du matin, marché aux poissons de *Tsukiji* (tous les jours sauf dimanche, mais la criée commence à cinq heures !), puis bateau jusqu'à *Asakusa* à partir du quai Takeshiba, premier départ 10 h 15 (tous les jours sauf lundi, on pourra aussi visiter le **parc Hamarikyû** d'où l'on peut également prendre le bateau). Visite d'**Asakusa** et des alentours, puis métro jusqu'à **Ueno,** visite du Musée National, du Musée de Shitamachi, au besoin du parc et du zoo, puis balade à travers le quartier d'**Ameyayokocho.** De là, train J.R. d'Okachimachi jusqu'à **Akihabara** (un arrêt) pour s'étourdir un peu dans les grandes surfaces de hi-fi... Puis taxi ou marche à pied jusqu'à **Kanda** pour fouiller dans quelques librairies, s'arrêter dans des cafés sympathiques... De **Jimbocho,** métro direct (ligne Toei Mita) jusqu'à Hibiya et vous voilà aux portes de Ginza ! Vous pouvez alors choisir de vous effondrer devant une pièce de Kabuki au Kabuki-za, à Higashi-Ginza...

Deuxième jour : commencer par le merveilleux **Musée des arts et traditions populaires** de **Komaba** (ouvre à 10 h), puis retour vers **Shibuya** par la ligne Inokashira. On marchera dans Shibuya jusqu'au sanctuaire Meiji puis jusqu'à **Harajuku** où les rues *(Takeshita dôri)* continuent à être un véritable zoo. Visite du **Musée Ota** pour ses estampes (cadre reposant et agréable, salon de thé japonais). Remonter à pied la grande avenue d'Omote-sandô en restant sur le trottoir de droite (en direction du carrefour d'Omote-sandô) pour ne pas rater l'**Oriental Bazar** (mais ne dépensez pas tout de suite tout votre argent !) ni le **Building Hanae Mori** (antiquités au sous-sol). Vous pouvez continuer à pied jusqu'au **Musée Nezu** et vous reposer dans ses jardins. Puis prendre un taxi pour commencer la soirée à Akasaka. Réservez le dîner et la nuit à **Shinjuku.**

Tout cela est possible ! Nous avons testé et retesté ces itinéraires avec des Français de tous caractères ! Mais de grâce, prévoyez des chaussures confortables et un équipement photographique léger !

Sur un tempo plus tranquille, voici maintenant ce qu'on peut découvrir dans les différents quartiers de Tôkyô :

Asakusa

A 10 mn à pied du métro Asakusa (ligne orange *Ginza*) ou de la gare Tôbu Asakusa (ligne *Tôbu* à partir de la gare de Tôkyô). Du métro, se diriger vers **Kaminarimon,** la « porte du tonnerre », repérable par une énorme lanterne de papier rouge, gardée par le dieu du vent, *Fûjin* et celui de la foudre, *Raijin.* Kaminarimon est le point de départ d'un itinéraire à travers tous les petits commerces et les artisanats qui préservent les coutumes et les traditions d'Edo. C'est le chemin qui mène aussi au **Sensôji,** autrement dit, le grand temple **Kannon.** A gauche se trouve la pagode à cinq étages et le temple **Denpô-In.** Les jardins du Denpô-In peuvent être visités sur demande écrite.

Asakua est un repère de théâtres, music-halls et maisons de *geisha.* Jusqu'aux années 50, c'était un haut lieu de prostitution. A **Yoshiwara Yûkaku Ato,** on peut voir sur les restes de ce quartier les *soaplands* et les *love-hotels* qui ont maintenant pris la place. Marcher environ 1 km en se dirigeant vers le nord, vers le sanctuaire **Otori-jinja,** à partir du temple Kannon.

Il existe un service de bateaux *Suijôbasu* sur la rivière Sumida. Départ du quai Takeshiba, près du marché aux poissons, ou devant la gare de Tôbu Asakusa. Asakusa-Tsukiji : 40 mn. Le parcours en bateau est particulièrement agréable au printemps lorsque les cerisiers sont en fleur.

En janvier, mai et septembre, ont lieu les tournois de **Sumô** à Ryôgoku (ligne *Sôbu* à 2 stations de Akihabara). Les places d'orchestres sur *tatami* sont très chères et sont souvent réservées massivement très longtemps à l'avance par des compagnies. Mais il est facile d'obtenir des places à 1 500 yens au « poulailler ». La journée de tournoi commence à 11 h du matin. Les matchs les plus intéressants avec les grands champions, *yokozuna*, n'ont lieu qu'à partir de 16 h. En attendant, on peut visiter le musée de Sumô *(Sumô Hakubutsukan)* Yokohami 1-3-28, Sumida-ku, ouvert de 9 h 30 à 16 h 30. Tél. 622-0366. Fermé les samedi, dimanche et jours fériés.

Non loin d'Asakusa se trouve le marché d'**Ameyayoko-chô** (J.R. Okachimachi, sortir en tête de ligne verte *Yamate* en venant d'Akihabara). La rue principale du marché bazar d'Ameyayoko-chô est repérable par sa grande enseigne rouge de cinq caractères chinois, en arche au-dessus de la rue. Après la guerre, c'était le fief d'une cinquantaine de vendeurs de bonbons *(ame)*. Aujourd'hui, à peu près 400 magasins vendent de tout, des montres, des algues, des jeans, du poisson séché et vivant, le tout très bon marché.

En remontant le marché d'Ameyayoko-chô, on arrive à Ueno, face à la sortie Shinobazuguchi (l'étang *Shinobazu-no-ike* est à voir absolument en juillet-août, lorsque les lotus sont en fleur.) Prendre à gauche de cette sortie (à côté de la sortie de la gare Keisei-Ueno) l'escalier qui mène au parc de Ueno.

Ueno

Une gare-ruche, le point de départ de nombreuses curiosités. La sortie Kôenguchi, en tête de la ligne verte J.R. *Yamate* quand on vient de Tôkyô, débouche en face de la salle de concert *Tôkyô Bunka Kaikan.*

Le **Musée national** (*Tôkyô Kokuritsu Hakubutsukan,* tél. 822-1111, ouvert de 9 h à 16 h 30), est au bout du parc de Ueno. Il abrite des collections d'archéologie et d'art japonais, chinois et coréen remarquables, exposées, malheureusement, de façon très terne. En sortant du musée, à main droite, le **Hôryûji Hômotsukan,** ouvert uniquement le jeudi, renferme les trésors du temple Hôryûji de Nara. Un peu plus loin, le **zoo** accueille les foules d'enfants et tous les badauds du dimanche. Les pandas géants et leur progéniture y sont irrésistibles... sur l'écran vidéo. L'affluence pour les voir est telle, en effet, que les gardiens du zoo ont eu l'idée géniale de mettre des vidéos. Comme pour le Musée national, on s'étonne de la pauvreté de la zoographie : les animaux tournent en rond dans des cages minuscules qui semblent quelque peu dater.

En face du Tokyo Bunka Kaikan à l'autre extrémité du parc, le **Musée national d'art occidental** dont on doit l'architecture à Le Corbusier se reconnaît grâce à ses sculptures de Rodin « Les Bourgeois de Calais » ou « Le Penseur ». Quelques pièces superbes dans les collections permanentes, dans l'ensemble moyennes, et souvent de bonnes expositions.

Le **parc de Ueno** était tout entier le site du temple *Kan-eiji,* avant qu'il ne soit brûlé lors des combats de la restauration Meiji. On peut voir des restes de ce temple, sur la gauche à environ 200 m quand on regarde le Musée national : sur le chemin du musée à la gare, du côté du musée municipal (regardez l'affiche des expositions temporaires en passant : elles sont souvent très intéressantes) on peut voir une pagode de ce temple. Au mois de mai-juin, c'est le plus bel endroit de Tôkyô pour admirer les glycines.

Le **musée de Shitamachi,** 2-1 Ueno-koen, tél. 823-7451, à la sortie du parc vers la gare Keisei Ueno, a de quoi rendre nostalgique de la période d'or du Japon : on y trouve toutes sortes d'artisanats propres aux commerçants d'Edo (ouvert de 9 h 30 à 16 h 30).

Tsukiji

Le **marché aux poissons** le plus important du monde ou plutôt les halles de poissons, car c'est un marché de gros et de demi-gros. Accès par le métro Tsukiji, à deux stations de Ginza sur la ligne *Hibiya ;* sortir côté Ginza, tourner à gauche après le 3e feu rouge. Le marché commence dès 5 h du matin avec la criée et les enchères. L'animation se maintient jusqu'à 10 h. Tout autour de Tsukiji s'alignent les meilleurs restaurants de poissons crus et de *sushi* de Tôkyô, et des maisons de *geisha* très réputées. Voir les bateaux à quai, à leur retour de longues périodes de pêche dans le Pacifique, décharger des thons de 150 kg congelés à – 40 °C. Prévoir des chaussures imperméables.

De Tsukiji, possibilité de prendre un bateau jusqu'à Asakusa, à partir du quai Takeshiba.

Le **parc Hamarikyû,** ancienne réserve de chasse des Tokugawa, se trouve à 300 m du marché aux poissons. Ouvert de 9 à 16 h 30 toute l'année. Accès également par la ligne J.R. *Yamate,* à partir de la station Shimbashi. L'entrée du parc est à 10 mn à pied.

A 20 mn à pied du métro Tsukiji ou Shintomicho ou Monzennakacho, une balade à pied dans le quartier de *Tsukudajima* est vivement recommandée. L'île de Tsukudajima, qui a échappé au tremblement de terre de 1923 ainsi qu'aux bombardements américains, est un quartier un peu oublié. Pourtant, c'est un quartier très attachant, très animé surtout autour de la rue principale qui traverse l'île, et où l'on admirera des maisons tout en bois de l'ère Taishô après une visite au sanctuaire Sumiyoshi.

Le théâtre Shimbashi Embujô, à 500 m à l'est de la gare de Shimbashi, présente toujours un répertoire très japonais de pièces des époques Meiji et Taishô, et quelquefois du Kabuki. C'est devant ce théâtre qu'on peut voir, le soir, des *jinrikisha* (pousse-pousse).

Le **Kabuki-za,** exclusivement réservé au Kabuki, n'est qu'à deux pâtés de maisons du *Shinbashi-Embujô,* et c'est déjà Higashi-ginza.

Derrière le Kabuki-za, pourquoi ne pas s'offrir une petite halte au café de la *World Magazine Gallery,* Ginza 3-13-10 (tél. 545-7227) en lisant ou en feuilletant gratuitement un choix incroyable de périodiques provenant de cinquante pays ! Un voyage instantané dans les kiosques de New York, Londres, Berlin, Paris... Parmi les titres français on peut trouver : *Actuel, Le Canard enchaîné...*

Ginza

Un quartier complètement reconstruit au début de l'époque Meiji dans le vent de la mode occidentale. A l'époque, les constructions de plus de deux étages, les briques et l'éclairage à gaz passaient pour révolutionnaires. Autour de ce clinquant se sont développés en devanture grands magasins, presse et galeries d'art, alors que théâtres, music-halls de la veine du Lido et cinémas ont fleuri derrière, vers Yûraku-chô.

Les années 80 sont le témoin de transformations radicales. Les grands journaux et les music-halls ont tous déménagé, lorsqu'ils n'ont pas tout simplement disparu. Des grands magasins, des parkings, une salle de concert et des cinémas ont pris leur place. La seule année 84, trois nouveaux grands magasins (Le Printemps, Seibu et Hankyu) sont venus s'ajouter à Matsuya, Matsuzakaya et Mitsukoshi, anciennement établis autour du carrefour prestigieux de Ginza 4-chôme. Toutes sortes d'achats sont possibles à Ginza : de la photo et de la hi-fi détaxée, mais aussi des vêtements, des kimonos, de la céramique, des bijoux... Les gadgets exposés au fil des étages du Sony Bldg ne sont là, par contre, que pour être essayés et montrés.

A Ginza, de jour, on ira voir les galeries d'art et de photos. Deux musées à visiter : **Musée Riccar,** Ginza 6-2-3 (tél. 571-3254, ouvert 11 h-18 h) pour ses collections d'estampes et le **Musée d'art Bridgestone,** 1-1 Kyobashi (tél. 563-0241, ouvert 10 h-17 h 30) pour ses collections des pionniers japonais de la peinture occidentale, d'artistes contemporains et d'impressionnistes français (près du métro Kyôbashi).

Nihonbashi

Derrière la gare de Tôkyô, la continuation de l'avenue Ginza mène au pont de Nihonbashi, cœur de la capitale.

Au **Musée Yamatane,** 30-2-chôme, Kabutochô, Nihonbashi (ouvert de 11 h à 17 h). Collections de peintures japonaises et fréquentes expositions temporaires. A la **Bourse,** *Tôkyô Shôken Torihikijo,* fondée en 1878 et reconstruite en 1985, on verra l'animation des cambistes avec les fluctuations du dollar et du yen. Ouverte de 9 h à 11 h, et de 13 h à 15 h, du lundi au vendredi, et le samedi jusqu'à 11 h. Fermée dimanche et jours fériés, et le 3e samedi de chaque mois. Grands sacs et appareils photo sont interdits. Le **Musée de cerfs-volants** *(Tako no hakubutsukan),* unique au monde dans son genre est au 6e étage du restaurant Taimeken, derrière le grand magasin Tôkyû, à la sortie du métro Nihonbashi. Ouvert de 10 h à 17 h. Tél. 275-2704.

Les artisans de Nihonbashi perpétuent leurs traditions depuis 100 ou 200 ans. Quelques exemples : **Bachi-Ei,** atelier de *shamisen,* 14, Ningyô-chô 2-chôme, Nihonbashi, tél. 666-7263, à 150 m sur le trottoir opposé de la banque Suruga, juste après le pont de Nihonbashi, quand on vient de Ginza. **Tsurukawa Gakki-ten** fabrique des *koto,* 1-4, Takara-chô, Chûô-ku, tél. 561-1872, derrière le **Musée Bridgestone.** D'une visite à **Saru-ya,** 1, Koami-chô 1-chôme, Nihonbashi, tél. 666-3906 (ouvert de 9 h à 17 h, sauf dimanche et jours fériés), fabricant depuis 1704 de cure-dents et distributeur officiel de tout le Japon, vous rapporterez des *kiri-bako-iri,* boîtes de cure-dents enveloppées dans un poème divinatoire. Chez **Fujiwara Obijiten,** 2-8, Nihonbashi 2-chôme, Chûô-ku, tél. 271-1785 (ouvert de 9 h à 18 h, fermé le dimanche), vous vous agenouillerez sur le tatami pour admirer les soieries les plus belles, qu'on utilise pour la confection des *obi.* Succomber peut coûter jusqu'à six millions de yens !

Contrastant avec les échoppes d'artisans réchappées des destructions et de la bétonisation systématique, les grands magasins **Mitsukoshi** possèdent, dans leur siège principal à Nihonbashi, un étage entier de kimonos. En marchant vers **Ningyôchô,** on se dirige vers un quartier de vieux commerces. Début août a lieu un festival de la porcelaine à Ningyôchô. En face du grand magasin Takashimaya à Nihonbashi, se trouve Maruzen, le premier à avoir importé des denrées de l'Occident. Au 3e étage, bon rayon de livres français, anglais ou allemands et de livres sur le Japon.

A 800 m du métro Monzennakachô, sur la ligne *Tôzai,* 3e arrêt après Nihonbashi, dans la direction de Funabashi, **Kiyosumi Kôen** est l'un des plus beaux jardins paysages de Tôkyô, célèbre surtout pour ses rhododendrons.

Kanda

A 2 km du pont de Nihonbashi (accès du métro Jimbôchô, ligne *Mita* ou par J.R., gare de Kanda sur les lignes *Chûô, Yamanote* et *Keihin Tôhoku,* ou par la gare de Suidôbashi), c'est le royaume des **bouquinistes.** Les librairies s'alignent de part et d'autre d'une très longue rue appelée *Koshotengai.* A voir également ce qui est peut-être la plus grande librairie du monde (U.R.S.S. excepté) : **Sanseido,** un million de livres en rayon, une moyenne de 40 000 visiteurs par jour. Un terminal d'ordinateur, relié à un I.B.M. 3031 chez l'un des deux plus grands distributeurs de livres du Japon, permet de localiser immédiatement le livre cherché. La profusion des livres de Kanda est à voir. Dans la masse, on trouve des manuscrits en toutes langues, y compris des pièces rares de la littérature française.

La plupart des librairies de Kanda ont un rayon de livres étrangers *(yôsho).* Par exemple :

Tamura vend beaucoup de traités de philosophie et de religions en français ; **Kitazawa Bookstore** (tél. 263-0011) est connu pour ses livres anglais ; **Isseidô** vend des éditions étrangères au 2e étage, ainsi que son voisin **Matsumura.** Pour les estampes, on conseillera **Ohya-Shobo** et **Harashobo.**

Les deux tiers des livres d'occasion du Japon sont amassés sur les rayonnages de Kanda. Pendant une semaine, de fin octobre à début novembre, 500 000 livres sont exposés dans la rue à l'occasion du **Furu Hon Matsuri,** le « festival des vieux livres ».

Ochanomizu

C'est la gare qui donne accès au « quartier Latin » de Tôkyô. Beaucoup d'universités, et donc beaucoup d'étudiants et de bistrots bon marché, de halls de mah-jung, de cafés, etc. A partir d'Ochanomizu, on se rendra à :

Yushima Seidô. C'est un sanctuaire chinois dédié à Confucius. A trois minutes à pied de la gare d'Ochanomizu : traverser le canal en direction de l'hôpital Juntendô.

Kanda Myôjin, derrière Yushima Seidô. Le *Kanda matsuri,* une des trois fêtes les plus importantes de Tôkyô, a lieu dans ce sanctuaire les 15 et 16 mai.

Yushima jinja, célèbre pour ses pruniers à fleurs blanches. Accès en métro, ligne *Chiyoda,* station Yushima, 5 mn à pied vers l'ouest.

Rinshô-in, surnommé Karatachidera, est un petit temple Zen, à 200 m à l'ouest de Yushima jinja.

Université de Tôkyô, Tôdai. C'est la première université du Japon, fondée en 1869. Le seul nom de Tôdai fait rêver les plus jeunes, et s'incliner les autres. On peut traverser une partie de l'université de la porte Tatsuoka-Mon jusqu'à Akamon, quand on vient de Rinshô-in, et se faire une idée du cadre de l'université la plus prestigieuse du Japon. Pour qui le désire, le parc de Tôdai offre de vastes étendues de verdure, dans le cœur du quartier de Hongô. En flânant derrière la grande rue de Hongô-dôri, qui fait alterner librairies et cafés pour étudiants, on découvrira de vieilles maisons de bois.

Nezu jinja, à 500 m du métro Nezu, ligne *Chiyoda,* 2 arrêts après Ochanomizu. Construit en 1706, le bâtiment est considéré comme un trésor culturel important. A voir absolument en mai à la saison des azalées.

Kôrakuen, à 10 mn à pied des gares J.R. Iidabashi et Suidôbashi (lignes *Chûô* et *Sôbu*), ou en métro Kôrakuen, ligne *Marunouchi,* est un très beau jardin japonais, marqué d'une influence chinoise. Ouvert de 9 h à 16 h 30.

Le **Jardin botanique** *(Koishikawa-shokubutsuen),* à mi-chemin entre la station Myôgadani, 2e arrêt à partir de Ikebukuro, sur la ligne de métro *Marunouchi,* et la station de Hakusan sur la ligne de métro *Mita* (*toei* n° 6). 20 mn à pied à partir de la gare, est un parc très agréable, propriété de l'université de Tôkyô. 4 000 espèces de plantes et 2 000 espèces tropicales sous serre. Ouvert de 9 h à 16 h.

Rikugien : un des plus beaux jardins japonais de Tôkyô. Accès par la gare de Komagome (J.R. *Yamate*), marcher 10 mn vers le sud. Entrée libre, ouvert de 9 h à 16 h.

Gokokuji : un temple immense appartenant à la secte ésotérique Shingon. Accès par la gare de Gokokuji, ligne de *Yûrakuchô.* Beaucoup de portes et de pavillons ont été sauvegardés, vestiges d'un des temples les plus importants de l'époque Edo.

Cathédrale Sainte-Marie *(Katedoraru Seimariadaiseidô),* à deux pas du restaurant Chin-zansô, dans Bunkyô-ku. Une des meilleures réalisations de **Tangé,** architecte de la piscine olympique de Yoyogi. Le toit, en acier inoxydable, est particulièrement remarquable. Accès à partir de la gare Mejiro (J.R. *Yamate*), prendre le bus direction Shinjuku-nishiguchi, descendre à Sekiguchi-sanchôme, 9 mn.

Le centre de Tôkyô

Le **palais impérial.** Le centre de Tôkyô est une oasis de verdure réservée presque exclusivement à la famille impériale. Deux fois par an, la foule peut franchir une porte du palais pour présenter ses vœux à *Sa Majesté,* le 2 janvier, et pour lui souhaiter son anniversaire. Mais la vue qu'on a alors du palais est très limitée et rend sceptique sur ses trésors cachés. Aux destructions de la guerre, n'ont survécu que des portes. Un institut de recherches biologiques (l'empereur est un savant dans ce domaine) et un hôpital pour la famille impériale se trouvent dans le parc.

Derrière ses larges douves, la silhouette du palais impérial est impressionnante. Par tous les temps, le grand tour du parc est le parcours type des amateurs de footing.

Le seul jardin accessible sans permission spéciale, dans l'enceinte de ce vaste palais, est le **Kôkyo Higashigyoen,** c'est-à-dire un tiers de la superficie totale de ce domaine très réservé. C'est à l'emplacement de ce jardin que se trouvait autrefois le château des Tokugawa. Le jardin est ouvert de 9 h à 16 h (entrées acceptées jusqu'à 15 h) tous les jours, sauf lundi, vendredi et lors des cérémonies officielles. Entrée gratuite. On y accède par *Otemon,* 5 mn à pied vers l'ouest à partir du métro Otemachi (lignes *Chiyoda, Tôzai, Marunouchi* et *Mita*) ou **Hirakawamon,** tout près de la gare de Takebashi, métro ligne *Tôzai* ou **Kita-Hanébashi-mon,** porte qui communique avec le parc Kitanomaru. Une autre partie des jardins impériaux est ouverte à des tours organisés en japonais exclusivement, à condition de montrer patte blanche à l'Agence des Affaires impériales. Seulement ceux de plus de vingt ans peuvent faire une demande, dont voici le menu : téléphoner d'abord à l'Agence des Affaires impériales, service de l'information. Tél. 213-1111 entre 9 h et 16 h 30 du lundi au vendredi, et de 9 h à midi le samedi. Se rendre ensuite à l'Agence, par la porte Sakashitamon pour remplir un formulaire avec vos nom, adresse, âge, profession, jour et heure de la visite (proposer deux jours). Ne pas oublier le passeport. Après ces démarches, vous serez certainement admis à vous joindre à un groupe. La visite dure 90 mn, part de la porte Kikyomon près du Palace Hotel à 10 h et 13 h 30 précises les jours de semaine, le samedi à 10 h seulement. Visites en matinée uniquement entre le 21 juillet et le 31 août.

On peut sortir du *Kôkyo Higashigyoen* par la porte Kita-Hanébashimon, et accéder au parc **Kitano-maru** où se trouve le grand **Budôkan,** construit pour les jeux Olympiques de Tôkyô et utilisé tantôt pour les démonstrations et compétitions d'arts martiaux tantôt comme salle de concert. On se trouve alors à deux pas du **musée des sciences et des techniques** (*Kagaku Gijutsukan,* ouvert de 9 h 30 à 16 h 50) et du **musée d'art moderne,** dont le bâtiment a été généreusement offert par M. Ishibashii, alias Bridgestone *(Tôkyô Kokuritsu Kindai Bijutsukan),* Kitanomarukôen, Chiyoda-ku, tél. 214-2561/5, ouvert de 10 h à 17 h, fermé le lundi. Le fonds est constitué de collections intéressantes, les expositions temporaires sont souvent remarquables. Visiter aussi le **Kôgeikan,** musée d'artisanat dans un bâtiment restauré de 1910, siège de l'ancienne division de la garde impériale. Les **douves** du palais impérial, à l'ouest de Kitanomaru-Kôen, sont très prisées à la saison des cerisiers. On peut louer des barques et canoter. A la sortie Tayasu-mon de Kitanomaru-Kôen se trouve Yasukuni Jinja.

Yasukuni Jinja, repérable par son immense *torii,* est un sanctuaire dédié aux 2,5 millions de morts des guerres qu'a connues le Japon depuis la restauration Meiji. Le gouvernement voudrait faire de *Yasukuni Jinja* son sanctuaire officiel, mais il se heurte aux pacifistes japonais qui associent ce sanctuaire officiel de l'empereur avant-guerre à l'expansion militariste du Japon.

Parc de Hibiya. C'est le premier jardin de Tôkyô de style occidental. A deux pas de la fièvre de Ginza, c'est l'endroit rêvé pour une récréation (accès par métro Hibiya, au carrefour des lignes *Hibiya, Mita* et *Chiyoda*). Dans le parc se trouvent des courts de tennis, une grande salle de concert et deux scènes pour concerts en plein air, ainsi qu'une bibliothèque. A l'ouest du parc Hibiya se trouve le quartier de Kasumigaseki avec le Parlement et tous les ministères, un quartier épouvantablement désert dès la fermeture des bureaux.

Musée Idemitsu, 1-1, 3-chôme, Marunouchi, Chiyoda-ku, Tôkyô, tél. 213-9402. Au 9e étage de l'immeuble du théâtre impérial *(Teikoku Gekijô).* Ouvert de 10 h à 17 h, sauf le lundi. Un des plus beaux musées de Tôkyô, avec les collections de Sazô Idemitsu, par ailleurs à la tête de la plus grande compagnie de pétrole du Japon. Peintures de *Sengai,* céramiques de *Karatsu,* calligraphies et une collection de portraits du Christ par *Rouault.*

La **gare de Tôkyô,** à 5 mn à pied du musée Idemitsu, est un grand carrefour ferroviaire. Les 3 000 trains qui partent chaque jour de cette gare donnent une idée du volume humain qui s'y anime. Cette gare, à la façade très britannique de briques rouges, est menacée de démolition. Le gouvernement japonais voudrait construire en hauteur, afin de donner plus d'espace aux quartiers d'affaires de *Marunouchi* et *Otemachi.* La C.P.O. *(Central Post Office)* se trouve en face de la gare, sortie Marunouchi sud.

Du côté Yaesu, voir à la sortie de la gare de Tôkyô : **Kokusai Kankô Kaikan,** sortie Yaesu nord, à côté du grand magasin Daimaru, ouvert de 10 h à 17 h. Toutes les préfectures du Japon y ont un bureau de représentation, aux 2e, 3e et 4e étages, ainsi qu'au 9e étage du grand magasin Daimaru (entrée à l'intérieur de la gare. Ouvert de 10 h à 17 h), et on peut donc se renseigner sur les possibilités touristiques de la région ou acheter des spécialités régionales.

Le **Yaesu Book Center** : immense librairie où l'on trouve sur plusieurs étages tous les livres parus au Japon dans l'année, classés par sujet, ainsi que beaucoup de livres étrangers. Ouvert de 10 h à 19 h. Accès par le passage souterrain, sortie Yaesu 4-chôme et Kyôbashi.

En allant vers le sud

La **tour de Tôkyô,** avec ses 333 m, bat toujours des records de hauteur, mais beaucoup d'autres tours permettent aujourd'hui d'avoir une vue plongeante sur l'immensité de la nappe urbaine tokyoite. A Shinjuku : à partir des tours Sumitomo, Mitsui, Nomura ou Yasuda. Le Tôhô Seimei Bldg à Shibuya, le Kasumigaseki Bldg, l'hôtel New Otani et l'hôtel Akasaka Prince offrent le panorama à partir de restaurants, tandis qu'à Ikebukuro, on peut monter au 60e étage de « Sunshine 60 ».

Aux portes de Shibakôen, le **Zôjô-Ji,** temple de la secte Jôdoshû, a été reconstruit après la guerre. Il en reste une très belle porte.

Le **Sengaku-ji,** temple Zen de la secte Sôtô, est surtout connu pour les tombes des quarante-sept *rônin* et de leur seigneur Asano. Accès par la station Sengaku-ji, ligne *Toei Mita* venant de Asakusa. Sortir en tête. Le toit du temple est visible sur la droite. La porte du temple date du XIXe siècle. Le 4 février a lieu une cérémonie commémorative. Fêtes du 1er au 7 avril. Voir le musée, avec les statues en bois des quarante-sept *rônin.*

La vengeance des quarante-sept *rônin* est un classique des répertoires de Kabuki et de Jôruri, assuré d'un succès fracassant auprès du public à chacune de ses représentations. Nous sommes en mars 1701 : Asano, seigneur d'Akô (à l'ouest de Kôbe, entre Himeji et Okayama), est désigné pour recevoir le délégué de la cour impériale de Kyôto. A cette occasion, Kira Kozûkenosuke, vieux personnage très roué du pouvoir militaire du Bakufu, déshonore Asano, devant la grande assemblée des seigneurs. Asano, humilié, blesse Kira. Ce geste impulsif se paie par une condamnation à mort. Asano se fait *seppuku* (harakiri). Ses terres sont confisquées. Mais ses *samurai,* devenus *rônin* puisque leur maître a disparu, préparent une vengeance. Quarante-sept d'entre eux sont décidés à aller jusqu'au bout. Ils se réunissent à Edo, sous le commandement de Oishi, et le 14 décembre 1702, un an et demi après la mort de leur seigneur, ils vont surprendre Kira dans sa résidence.

La manœuvre réussit. Les *rônin* tranchent la tête de Kira, et l'apportent sur le tombeau d'Asano au Sengaku-ji. Condamnés à mort par le *Bakufu,* ils se font tous *seppuku* en février 1703.

La fidélité des quarante-sept *rônin* à leur maître révèle tout l'esprit du *Bushidô.* Cette vengeance et cet engagement des *rônin* touchèrent beaucoup les commerçants et tout le petit peuple d'Edo jusqu'à demeurer aujourd'hui l'épisode le plus populaire de l'histoire japonaise.

Jardin pour l'étude de la nature. *Kokuritsu-Shizenkyôikuen* est un jardin témoin de la végétation qui recouvrait Tôkyô avant l'urbanisation. 800 espèces d'arbres et une centaine d'espèces d'animaux en liberté. A 10 mn à pied de la gare de Meguro, sur J.R. *Yamate.* Ouvert de 9 h à 15 h, fermé le lundi et les lendemains de fêtes. Capacité maximale de 300 visiteurs. A une extrémité de ce jardin, se trouve le **musée Teien.** Construite dans les années 30, dans le plus beau style art déco, cette ancienne résidence du prince Asaka a été transformée en musée en 1983. Les expositions y sont souvent très belles, mais le bâtiment du musée, à lui seul, vaut la visite. (Musée Teien, 5-21-9 Shiroganedai, Minato-ku, tél. 443-0201, ouvert 10 h-18 h. Fermé les 2e et 4e mercredis du mois.)

Ryûsenji (Meguro Fudô). Un des cinq bâtiments construits pour Fudô, gardien du temple. On y trouve le tombeau de Kon-yô Aoki, immortalisé parce qu'il a introduit au Japon la patate douce au XVIIIe siècle, alors que le Japon souffrait de pénurie de riz. Le 28 de chaque mois se tient le **marché de Ennichi,** sorte de petite kermesse où l'on pêche des poissons rouges, fait voler des ballons, etc. Accès par la gare de Fudômae, 1er arrêt sur la ligne privée *Mekama,* à partir de Meguro, ou bien en taxi, à partir des gares de Meguro (J.R. *Yamate*) ou Naka-Meguro (ligne *Tôyoko,* à partir de Shibuya).

Gohyaku-Rakan-ji, à 3 mn à pied de

Meguro Fudô, ce temple abrite 305 statues de moines *rakan* (c'est-à-dire prêts à atteindre l'illumination). Magnifique, et non touristique.

Shibuya

Un quartier neuf, jeune, dont l'animation ne cesse de croître. Moins interlope que Shinjuku, plus populaire que Harajuku ou Ginza, Shibuya, autour de la gare, grouille jusqu'au vertige. La statue du chien fidèle Hachikô, mort d'avoir attendu un maître qui n'est jamais revenu (puisque accidenté en cours de route), est le point de rendez-vous de plusieurs centaines de Japonais les vendredi et samedi soir. A partir de Hachikô, on accède à tout un lacis de rues piétonnières où s'entremêlent cafés, restaurants, *pachinko,* salles de mah-jung, boutiques de fripes et bars avec hôtesses dont les rabatteurs vous harcèlent avec fureur devant l'ataraxie des chiromanciens installés dans la rue. Il faut flâner dans le quartier, s'arrêter aux stands en plein air débiteurs de toutes sortes d'artisanat indien et sud-américain à côté de **Parco, Tôkyû Hands** (8 étages d'idées et d'outils pour le bricolage et l'artisanat) ou la librairie **Taiseidô** pour se rendre compte de la production et de la consommation livresque de ce pays. Au 8e étage de Parco se trouve une salle qui sert indifférememment de théâtre ou de cinéma. A deux pas, voir (pour qui comprend un peu le japonais) les spectacles de café-théâtre de Jean-Jean à partir de 19 h et de 22 h.

Musée des arts et traditions populaires *(Nihon-Mingeikan),* Komaba 4-3-33, Meguro-ku. Tél. 467-4527. 20 000 objets rassemblés par Sôtetsu Yanagi, Serizawa et Hamada Shôji sont conservés dans cette ancienne maison de Sôtetsu Yanagi, située à 5 mn à pied de la gare de Tôdai-Komaba (ligne privée *Inokashira* à partir de Shibuya). Ouvert de 10 h à 17 h. A voir absolument, non seulement pour les meubles, textiles, poteries, artisanats divers mais aussi pour les explications de **Yanagi Sôetsu** et **Hamada Shôji.**

Meiji-Jingû

Outre ses records de superficie pour un sanctuaire de Tôkyô, Meiji-Jingû est connu pour ses 80 espèces d'iris qui fleurissent au mois de juin. Le jardin d'iris **Shôbuden** est ouvert de 9 h à 17 h, du 1er mars au 3 novembre, et de 9 h à 16 h de novembre à février, entrée payante. Le sanctuaire Meiji a été construit au début de l'époque Taishô (1920) pour commémorer l'empereur Meiji. Dans **Meiji-Jingû gaien,** parc situé à l'extérieur de Meiji-Jingû, se trouvent stades, gymnases, etc., et le **musée Kaigakan.**

Seitoku Kinen Kaigakan est une galerie de peintures sur la vie de l'empereur Meiji (5 mn à pied à partir de la gare de Shinanomachi, J.R. *ligne Chûô*), ouvert de 9 h à 16 h.

Les jardins du Meiji-Jingû jouxtent le **parc de Yoyogi,** où s'élevaient en 1964 les logements des athlètes des jeux Olympiques. Du parc de Yoyogi, on a vue et accès sur la piscine olympique, construite par l'architecte Tangé Kenzô. Une des deux piscines n'est ouverte que de juin à septembre, l'autre toute l'année. Accès par J.R. *Harajuku.* La patinoire est ouverte de mi-octobre à début avril, de 10 h à 20 h. Fermée le 2e et le 4e mardi du mois.

N.H.K. (Nippon Hôsô Kyôkai), forte-

resse de la seule chaîne de radio-télévision nationale. Elle a l'exclusivité de tout ce qui touche à la famille impériale, et au *sumô*. La N.H.K. diffuse sur deux chaînes, dont une est réservée aux programmes éducatifs. On peut visiter les studios d'avril à septembre, de 10 h à 18 h, et d'octobre à mars de 10 h à 17 h. Fermeture le 4e lundi du mois. Visite en une heure.

Harajuku

Le dernier cri de la mode et le domaine de tous ceux qui en font leurs affaires, ou leur obsession. C'est un peu le « King's road » de Londres dans les années 60. Les boutiques sont chics, le français se retrouve sur toutes les griffes, le lèche-vitrines y est un devoir. C'est là que viennent s'habiller tous les adolescents dès qu'ils peuvent se débarrasser de leurs uniformes sombres de lycéens. Samedi et dimanche, les rues d'Harajuku sont fermées aux voitures pour devenir le quartier général des loulous à la James Dean ou à la John Travolta, avec attirail de motos, verres fumés, croix gammée, chaînettes... mais aussi prêts à s'excuser, avec force de courbettes, dès que vous les frôlez, Japon oblige ! C'est cette grande avenue de Harajuku à Omote-sandô que les Japonais baptisent « Champs-Elysées ». Fouiller dans les antiquités bon marché mais pas toujours authentiques de l'**Oriental Bazar**, et admirer les lignes du building de verre Hanaé Mori.

Musée Ota. A 3 mn de la gare Harajuku ou du métro Jingumae (1-1-10 Jingumae. Tél. 403-0880) : très joli petit musée privé (donc cher) qui présente régulièrement une sélection d'estampes de la collection de 12 000 pièces de M. Ota Seizô.

Musée Nezu, *Nezu Bijutsukan.* 10 mn à pied du métro Omote-sandô (sur la ligne orange de *Ginza* ou la ligne verte de *Chiyoda*), à l'opposé de Harajuku. Ne pas se laisser décourager par l'horrible bâtisse grise du musée, qui cache des collections magnifiques d'art japonais, chinois et coréen. Les collections exposées tournent, et la grande majorité des trésors reste enfouie la plus grande partie de l'année. Le tableau de la cascade de *Nachi* n'est exposé que deux mois par an, quant au *Paravent des iris,* il ne quitte la pénombre qu'une semaine par an. Des pavillons de thé sont dispersés dans le parc du musée. Ouvert de 9 h 30 à 16 h 30, les lendemains de jours fériés, et pendant tout le mois d'août.

Cimetière d'Aoyama. Les cerisiers ont rendu célèbres ces 273 000 m^2 non construits comme un parc plutôt que comme un cimetière. Cela peut être l'occasion de voir des funérailles japonaises, le cortège des kimonos noirs et la gaieté des familles en deuil. Accès en métro, station Gaienmae, ligne *Ginza,* 7 mn à pied vers le sud-est, ou 5 mn à pied vers l'ouest à partir de Nogizaka, sur la ligne *Chiyoda.*

De Shinanomachi à Yotsuya, on passe devant le **Geihinkan** appelé aussi le palais détaché d'Akasaka. C'est une copie de Versailles, grandeur et éclat en moins, réservé à la réception des invités officiels du gouvernement. Le Geihinkan a été restauré avant d'accueillir la reine d'Angleterre en 1976, et sert de résidence aux invités officiels du gouvernement japonais.

Tous les espaces verts alentour sont d'entrée strictement interdite.

Musée Suntory, *Suntory Bijutsukan,*

au 11e étage du grand bâtiment Suntory, repérable par son blason massif et doré en effigie. Il fait face au Akasaka Tôkyû Hotel, au grand carrefour d'Akasaka Mitsuke (ligne métro *Ginza* ou *Marunouchi*). Collections d'art japonais. Salle de cérémonie du thé. Ouvert de 10 h à 17 h (vendredi jusqu'à 19 h).

Théâtre national, *Kokuritsu Gekijô,* à 10 mn à pied du métro Nagatachô (ligne *Yûrakuchô*). Le théâtre a été érigé pour conserver les arts traditionnels, former des acteurs et permettre la recherche. Construction de béton, inspirée du style *Azekura* du *Shôsô-in* de Nara.

Shinjuku

C'est la tête la plus grouillante de Tôkyô. On y trouve de tout : cafés de jazz, salles de go et de mah-jung, *gay-bars, host-clubs,* clubs privés, *soap-land, love-hotels,* cinémas, salles de concert, librairies d'opinion, restaurants de toutes nationalités, etc.

De jour, Shinjuku n'a d'intérêt que pour ses occasions de shopping. Le quartier ouest *(nishi-guchi)* est le quartier champignon qui court après les records de hauteur, derrière les grands magasins Odakyu, Odakyu Halc et Keio. Depuis que le Keio Plaza a fendu le premier le ciel de Shinjuku de quarante-sept étages, neuf autres tours se sont élancées à la conquête du ciel tokyoite (voir le panorama à partir des restaurants en haut des tours). Mais c'est à la tombée du jour quand Shinjuku commence à s'enflammer, à se transformer en une féerie de néons et à étaler de façon plus criante sa fantaisie, ses fantasmes et sa fringale de consommation en tout genre qu'il faudra aller s'y balader. Voir surtout *Kabuki-chô* autour du *théâtre Koma,* l'animation de la rue et les rabatteurs pour les night-clubs, les peep-shows et les strip-teases... Là, plus qu'ailleurs à Tôkyô, il est impératif de fouiller en hauteur et en profondeur derrière les façades et les enseignes.

La gare de Shinjuku est un grand carrefour ferroviaire, et une gare routière. *My City,* centre commercial, s'élève sur plusieurs étages au-dessus d'un dédale de quartiers souterrains (le quartier *subnade* dont le nom vient de *subway* et *promenade*) et de parkings. On se repérera sortie est, avec les grands magasins *Isetan* et *Mitsukoshi* ou *Takano,* tous situés de part et d'autre de *Shinjuku dori.*

Toutes sortes d'achats sont permis à Shinjuku, à des prix raisonnables.

Shinjuku, c'est aussi l'immense parc de *Shinjuku-gyoen,* autrefois réservé aux garden-parties de l'empereur et ouvert au public depuis 1945.

Trente-quatre espèces de cerisiers font la fierté du gouvernement japonais lors des réceptions. Un jardin occidental (dont les plans ont été dessinés par le Français Henri Martinet) côtoie un jardin japonais renommé pour ses chrysanthèmes. Accès par le métro Shinjuku-gyoen-mae sur la ligne rouge *Marunouchi,* ouvert de 9 h à 16 h. Autre accès à partir de la gare J.R. de Sendagaya (ligne orange *Chûô*).

Jôkakuji (Shinjuku 2-15-8) 7 mn à pied de la gare métro Shinjuku-gyoen-mae, face au parc, est un petit temple où l'on avait coutume d'enterrer les corps des prostituées après les avoir complètement dépouillées.

Ikebukuro

Ikebukuro n'a rien à envier à Shinjuku pour la densité de la foule. Beaucoup de Tokyoites ont la nostalgie aujourd'hui des jardins potagers et de la campagne qui était à Ikebukuro il n'y a pas si longtemps. Les rails de la ligne *Yamate* posés, l'urbanisation de Ikebukuro s'est accélérée furieusement jusqu'à crever en 1978 les records verticaux de Tôkyô avec "Sunshine 60", longtemps la plus haute tour d'Asie, mais aujourd'hui dépassée par les soixante-dix étages d'une tour de Séoul. Trente-trois ascenseurs ultra-rapides font monter chaque jour 20 000 visiteurs au 60e étage panoramique (si vous vous contentez du 59e étage, c'est gratuit). Le complexe entier comprend un grand magasin de onze étages, plus de cent boutiques, un immense centre culturel avec théâtres et musée, et le *Sunshine City Prince Hotel* qui dispose de 37 étages et de 1 200 chambres !

L'aquarium du 10e étage du World Import Mart vaut à notre avis le détour (20 000 poissons). A éviter cependant le dimanche comme tout ce quartier d'hyper-consommation.

Dans ce vertige de hauteurs, Ikebukuro garde une animation originale et très populaire. Les grands magasins Seibu, Tôbu et Mitsukoshi happent toute leur clientèle dès la sortie des trains, et attirent encore par des expositions à l'intérieur du magasin.

Le **temple Kôgangi.** Accès par la gare de Sugamo, ligne de *Yamate,* 10 mn à pied. Le 4 de chaque mois s'y tient une kermesse *(Ennichi).* Les 24 des mois de janvier, mai et septembre ont lieu les fêtes de *Togenuki-Jizô* devant une statue de *Jizô.* La fête se perpétue depuis 1715, pour faire sortir les échardes du corps.

Le **temple Kishibojin,** dédié aux dieux protecteurs des enfants. Fête du 16 au 18 octobre. On peut y accéder par la seule ligne de tramway qui existe encore à Tôkyô, 6 mn à partir de Otsuka sur *Yamate.* Ou bien, accès à partir de Mejiro sur *Yamate,* 20 mn à pied.

Akasaka et Roppongi

A **Akasaka** se concentrent les grands restaurants japonais *ryôtei* choisis par les politiciens et les hommes d'affaires pour se réunir avec le divertissement des **geisha.** Pour ceux qui n'ont pas encore leurs entrées dans le monde des **geisha,** Akasaka regorge de discothèques, de restaurants de tous prix et de bars pour une agréable vie nocturne. La chaîne de radio-télévision T.B.S., en installant ses quartiers généraux à Akasaka il y a une trentaine d'années, a favorisé, avec la présence de vedettes de l'écran, le lancement de nombre de bars et de cabarets.

Roppongi, comme Akasaka, n'a d'intérêt que pour ses restaurants, ses clubs, ses discothèques et ses boutiques-bazars. Roppongi démontre une propension étonnante à refléter les dernières tendances californiennes. La vie nocturne s'y prolonge très tard, de nombreux établissements restent ouverts toute la nuit. On y parle anglais. C'est le quartier de prédilection des Japonais qui considèrent que Tôkyô n'a rien à envier à New York ou Los Angeles, et des non-Japonais qui ne veulent pas croire que Tôkyô en soit très différente.

A VOIR PRES DE TOKYO

Nippon Minka-En

A une demi-heure de train, c'est un ensemble de quinze vieilles maisons des préfectures de Nagano, Iwate, Ibaragi, Toyama, Gifu, etc. De Shinjuku, prendre la ligne *Odakyû* et descendre à Mukôgaoka Yûen (30 mn de train). Marcher 10 mn tout droit le long des rails, à partir de la sortie sud. Ouvert de 9 h 30 à 16 h, fermé du 26 décembre au 5 janvier.

Tout près : un parc d'attractions, ouvert tous les jours de la mi-mars à la mi-octobre. Fermé le vendredi et de la mi-octobre à la mi-mars.

Le musée Gotô

Ligne *Tôyoko* à partir de Shibuya, changer à Jiyûgaoka pour la ligne *Denentoshi.* Descendre à Kaminoge. Le musée est ouvert de 9 h 30 à 16 h 30. On y verra de splendides collections de calligraphies, céramiques et peintures. Les *Emakimono* du « Dit de Genji » y sont exposés en partie en mai. Jardins très agréables.

Le musée du papier

Kami no hakubutsukan, à 5 mn à pied de la gare Oji (sortie sud) que l'on atteint après un trajet de 20 mn sur la ligne J.R. *Keihin Tôhoku,* à partir de Tôkyô. C'est un musée très original, où sont exposées toutes les « espèces » de papier japonais, les techniques et les utilisations. Ouvert de 9 h 30 à 16 h 30.

Le village de bonsai

C'est ainsi qu'on appelle les dix pépinières de *bonsai* qu'on peut voir près de la gare de Omiya-Kôen. On peut admirer les *bonsai* tous les jours de 8 h à 17 h, sauf le 1er et le 3e jeudi de chaque mois. De la gare de Tôkyô, prendre le train J.R. de la ligne *Keihin Tôhoku* jusqu'à Omiya (47 mn). A Omiya, on change pour la ligne Tôbu Noda, et on descend à Omiya-Kôen (4 mn).

Le temple Heirinji

Un très vaste temple Zen de la secte Rinzai où l'on peut retrouver toute l'atmosphère de la forêt de Musashino. De Ikebukuro sur la ligne J.R. *Yamate,* prendre la ligne *Tôbu-Tôjô* jusqu'à la gare de Shigi. Puis 20 mn de bus.

Takao San

Très belle excursion dans des collines boisées de 600 m d'altitude (voir les érables en automne). A 800 m de la gare de Takao (ligne *Chûô* à partir de la gare de Tôkyô) se trouve le temple Yakuô-in, de la secte ésotérique Shingon, dédié à Yakushi Nyorai. Le 11 mars, on pourra y voir les rites du feu : une cinquantaine de moines marchent pieds nus sur un feu de 8 m de long. Le restaurant Ukaitoriyama (tél. 0426-61-0739) sert de la cuisine d'oiseau en plus de toutes sortes de bonnes choses japonaises.

Le Kantô autour de Tôkyô

YOKOHAMA

130 années d'échanges maritimes

depuis le traité de Kanagawa ont fait bondir un minuscule port de pêche au rang de premier port de commerce de l'archipel. Quand le Japon a accepté les sommations du Commodore Perry, Yokohama a ménagé une frange de ses côtes aux étrangers, puis s'est dépêché de construire et de grossir à la vitesse de l'accroissement des échanges avec le reste du monde.

Aujourd'hui, avec 3 200 000 habitants, Yokohama est une des villes satellites de la capitale où les salariés de Tôkyô viennent acheter des appartements H.L.M. à des prix plus abordables.

Le port continue à s'étendre vers Kawasaki et vers Tôkyô.

Yokohama concilie la fascination d'un grand port et le charme d'une ville aérée. Les bancs sur les trottoirs, le parc Yamashita et tous ses couples enlacés devant les immenses bateaux qui viennent du bout de l'océan, ses jardins, le cimetière des Occidentaux, la ville chinoise : Yokohama offre un bol d'air rafraîchissant et dépaysant quand on sort des foules de Tôkyô.

Accès de Tôkyô

Par la ligne J.R. *Yokosuka* qu'on peut prendre à la gare de Tôkyô, Shimbashi ou Shinagawa. Trains toutes les quinze minutes à partir de Yûrakuchô, ligne J.R. *Keihin Tôhoku,* trains toutes les 3 mn. Et de Shibuya, la ligne privée *Tôyoko* (prendre un train express) dessert la gare de Sakuragichô (trajet : 30 mn).

A voir

La gare de Yokohama, avec sa densité de grands magasins et de boutiques est déjà une ville en soi. On pourra monter au dernier étage de Lumine Bldg à l'intérieur de la gare pour avoir la vue d'ensemble sur le port et flâner dans le plus vaste grand magasin du monde, **Sogô.** La clientèle moyenne y avoisine les 70 000 personnes par jour (140 000 les jours fériés) et les expositions du Musée Sogô méritent souvent le déplacement. A partir de la gare, on prendra un bus ou un taxi jusqu'au parc Yamashita.

Le **parc Yamashita** borde le port sur 1 km, et offre toujours sur mer comme sur terre des spectacles insolites : peintres, badauds, enfants qui pêchent à la ligne devant les immenses cargos.

A côté du *Hikawamaru,* qui a renoncé à traverser le Pacifique et dont on peut visiter l'intérieur, on peut s'embarquer sur des vedettes pour faire un tour de la baie pendant 50 mn et voir de plus près les gros vapeurs, les voiliers ou les cargos. Ceux qui préfèrent une vue plongeante pourront grimper les 106 m de la **Marine Tower** (il y a 2 ascenseurs) au sud-ouest du parc Yamashita, et en profiter pour voir le musée des sciences et de la marine qui se trouve à l'intérieur, à côté de boutiques de souvenirs et un restaurant. Un peu plus loin, la promenade continue avec le **cimetière occidental** qui commande aussi une vue splendide. La nuit, l'ambiance y est très agréable.

Sur le trottoir d'en face, les drapeaux bleu, blanc, rouge portant l'empreinte d'un réverbère, et quelques maisons de l'époque Meiji annoncent le quartier du **bluff,** autrefois réservé exclusivement aux étrangers. Dans ce quartier, le petit **musée Yamate** fait revivre les premières personnalités occidentales à avoir foulé le sol de Yokohama après la restauration Meiji. On y voit des militaires, des caricaturistes et des religieuses. Les Français se distinguent avec l'introduction des réverbères et des tuiles en brique.

Plus loin, un petit musée est consacré à l'écrivain Osaragi Jirô dont le *Retour au pays* (traduit en français) est un classique de la littérature de Meiji. Osaragi Jirô séjourna longtemps en France à rechercher des documents sur la Commune de Paris.

Du cimetière occidental, on peut marcher jusqu'au **Centre de la soie,** Yamashita-chô, Naka-ku, tél. 045-641-0841. C'est un immeuble de neuf étages, érigé en 1959 pour le centenaire du port de Yokohama. Le **Musée de la soie** fascine avec ses expositions de vers à soie, de cocons, ses collections de kimonos, présentés aux 2e et 3e étages du Centre. Au 4e étage se déroule tous les jours la **Bourse de la soie** de Yokohama de 9 h 30 à 11 h et de 13 h 30 à 15 h, où les visiteurs sont admis. Le Centre de la soie abrite aussi des agences de voyages, des consulats étrangers, des compagnies aériennes et les bureaux des compagnies maritimes. Bref, si vous louchez sur un de ces énormes cargos pour traverser le Pacifique, c'est là que vous pourrez vous renseigner !

En face du Centre de la soie, l'ancienne ambassade de Grande-Bretagne qui abrite depuis 1981 le musée des archives du port de Yokohama *(Yokohama kaikô Shiryôkan)* vaut un détour pour ses expositions temporaires sur Yokohama à l'ère Meiji, toujours intéressantes (Nihon Odori 3, Naka-ku. Tél. 045-201-2100).

Après **Chinatown,** ses restaurants chinois, ses bars et ses boîtes de nuit, voir le splendide **jardin japonais** de l'époque Meiji, **Sankeien,** les parcs **Nogeyama** (son théâtre en plein air) et **Kamonyama.** Pour le lèche-vitrines, **Isezaki-Chô** (boutiques, cinémas) et le quartier **Motomachi,** le « faubourg Saint-Honoré ! »

Kamakura

La petite ville côtière de Kamakura a gardé des 140 années pendant lesquelles elle abritait le gouvernement militaire *(Bakufu)* tout un capital artistique et historique.

L'époque Kamakura a vu se développer le bouddhisme Zen, venu de Chine. Au XIIIe siècle, la contemplation du Zen se pose en réaction avec la croyance en un paradis amidiste où tout croyant peut être sauvé, et s'oppose aussi à la secte nationaliste Nichiren. L'ascèse du Zen séduit la classe guerrière et accentue sa discipline et son dévouement total envers celui qu'il sert. Beaucoup de nouveaux temples sont érigés aux XIIIe et XIVe siècles. Le grand Bouddha date de 1250. A Kamakura, une vingtaine de temples méritent d'être vus, en plus du *Daibutsu* (Grand Bouddha). Le mieux est de louer des vélos et de se fier à la carte que vous remettront les services d'informations touristiques à droite en sortant de la gare J.R. *Kamakura,* côté Hachimangû (location de vélo à 100 m). A Kamakura, il n'est pas facile d'arrêter un taxi. Ils se reconnaissent par leur plaque d'immatriculation vert foncé. Kamakura jouit d'un micro-climat très doux. C'est une petite ville très résidentielle.

Accès à Kamakura

Accès direct à partir de la gare de Tôkyô par la ligne J.R. *Yokosuka.* Compter 1 h. Accès possible également par Yokohama, ou l'on retrouve la ligne *Yokosuka.*

A voir

Si on veut voir le **Grand Bouddha** non enseveli sous les foules, le conseil sera le même que pour les temples trop célèbres du Pavillon d'or ou du Ryôanji à Kyôto : se lever tôt ! Le Grand Bouddha se trouve à 10 mn à pied de la gare de Hase, accessible par un petit train à partir de la gare de Kamakura. Il y a un escalier qui permet de monter dans la tête d'Amida. Ouvert de 8 h à 18 h (17 h en hiver). De la gare de Hase : temple **Hasedera** avec grande statue de **Kannon.** Vue sur la baie.

A partir de la gare de Kamakura, on se rendra au sanctuaire **Hachimangû** (15 mn à pied), puis vers les cinq grands temples Zen de Kamakura : **Kenchôji, Engakuji** (où les étrangers sont admis à partager la vie monacale avec les levers matinaux, la méditation, les corvées, etc.), le **Jôchiji,** le **Jûfukuji** et **Jômyôji.** Le temple **Zuisenji** est parmi les plus beaux de Kamakura. On y admire dans ses jardins les narcisses en janvier, les pruniers en février, les hortensias en juin, les lespedezas *(hagi)* en septembre et les feuillages rouges en novembre.

TOKYO DISNEYLAND

Dans une atmosphère empruntée à l'époque victorienne, des attractions diverses (pays de l'aventure, de la fantaisie, du Far-West et de demain) s'éparpillent autour du grand château de Cendrillon... Tôkyô Disneyland respecte scrupuleusement la ligne Walt Disney ! Ceux qui connaissent déjà les Disneyland d'Anaheim près de Los Angeles ou le Walt Disneyworld de Floride, ne trouveront rien dans celui de Tôkyô qui mérite spécialement le déplacement. Toute une documentation abondante est distribuée en revanche au T.I.C. et dans les hôtels pour ceux qui veulent profiter de leur séjour au Japon pour s'offrir une journée en Amérique. Nous ne répéterons donc pas ici les indications pour se rendre à Tôkyô Disneyland (dont on voit dépasser quelques tourelles à partir de l'autoroute Tôkyô-Narita). Nous nous bornerons à de simples conseils : vérifier la météo, se chausser confortablement, être prêt à se placer dans de longues files d'attente pour chaque attraction, emporter de l'argent. L'affluence des visiteurs est telle qu'une journée permet à peine de faire le tour de trois ou quatre attractions !

LA PENINSULE MIURA

Très appréciée en été par tous les navigateurs de plaisance. On y fait beaucoup de voile, et sur la côte de la péninsule vers Izu (côte Shônan) on fait de la planche à voile. **Misaki,** à 14 km de Kurihama, est un grand port de pêche. **Aburatsubo** gouverne une petite baie d'eau claire. On peut y prendre des bateaux pour des excursions de 40 mn autour de l'île de **Jôgashima** et jusqu'à Misaki. Voir l'aquarium *Aburatsubo Marine Park.*

Accès de Tôkyô

De la gare de Shinagawa, ligne *Keihin Kyûkô* jusqu'à Misakiguchi.

LA REGION DE TÔKYÔ
Ile de Sado
RYÔTSU
Akadoma
Ogi
NIIGATA
Shibata
Yonezawa
MER DU JAPON
Niitsu
FUKUSHIMA
Kashima
Teradomari
Kamo
Sanjô
Nozawa
Kitakata
Odaka
WAKAMATSU
NAGAOKA
KASHIWAZAKI
KÔRIYAMA
Tomioka
Koide
Tajima
NAOETSU
TAKADA
Ishikawa
Taira
SHIRAKAWA
Itoigawa
Yuzawa
Parc national de Nikkô
Iiyama
Parc national Jôshin-Etsu
Otsu
Yaita
Nikko
NAGANO
Imaichi
Numata
HITACHI
Ômiya
Ueda
MAEBASHI
Kiryû
UTSUNOMIYA
Karuizawa
Tochigi
Komoro
Takasaki
Ashikaga
Isezaki
MATSUMOTO
Saku
Iwase
MITO
Oyama
Shiojiri
KUMAGAYA
KOGA
OKAYA
TSUKUBA
TSUCHIURA
Parc national Chichibu Tama
Chino
Kônosu
Chichibu
Kashima
INA
ÔMIYA
Toride
URAWA
Komagane
KÔFU
Ome
KAWAGUCHI
Kashiwa
Narita
Chôshi
TÔKYÔ
Ôtsuki
HACHIÔJI
CHIBA
Kawaguchi
YOKOHAMA
Baie de Tôkyô
Tôgane
Parc national de Fuji-Hakone-Izu
Goi
Mont FUJI
Fujisawa
Kamakura
PÉNINSULE DE BOSO
Higashigawa
Fujinomiya
HAKONE
ODAWARA
Ôhara
Senzu
Fuji
NUMAZU
Atami
OCEAN PACIFIQUE
SHIZUOKA
Toi
Tateyama
Itô
PÉNINSULE D'IZU
Shimada
Nord
Autoroute
Route principale
Route secondaire
Voie ferrée
Préfecture
Ville importante
Ville Village
Camping
Rotenburo (source thermale)
Shimoda
0 30 km

De là, bus jusqu'à Aburatsubo (15 mn) et Jôgashima (30 mn). On peut prendre un billet forfaitaire Shinagawa-Aburatsubo Marine Park-tour de la péninsule Miura.

Les îles d'Izu

Sept îles : Oshima, Toshima, Niijima, Shikinejima, Kôzushima, Miyakejima, Mikurajima et Hachijôjima, qui s'étirent au sud jusque vers un climat tropical.

Oshima

C'est la plus grande et la plus proche. On l'appelle aussi l' « île aux camélias » car tous les camélias y sont fleuris au mois de février. A l'automne 86, plusieurs éruptions du mont Mihara obligèrent à évacuer l'île pour quelque temps. De nouveau le volcan s'est mis à gronder à l'automne 87. On y accède en bateau à partir de Tôkyô, quai Takeshiba, départ tous les soirs à 22 h. Arrivée au port d'**Okada** (île Oshima) à 5 h du matin. Services supplémentaires de bateaux en été. Compter 3550 yens en été. Accès possible également à partir de **Atami,** durée 1 h 40, quatre départs par jour, à 9 h 10, 10 h, 13 h 50 et 14 h 40 (le week-end). Accès de **Itô** de la péninsule d'Izu : 1 h 40 de traversée, deux départs par jour à 10 h et 14 h 40.

Par avion : A.N.K. (Air Nippon K.) dessert Oshima (aéroport au nord-est de l'île). Deux fois par jour. Aller simple : 6860 yens.

Où séjourner : *Oshima Onsen Hotel,* Senzu, Oshima-machi, tél. 04992-21673. A partir de 10000 yens par personne.
Izu Oshima Kokumin Shukusha, Motomachi Kaigan, Oshimamachi, à un quart d'heure à pied du port *Motomachi.* Tél. 04992-2-1285. Nombreux campings à *Motomachi* et à *Oshima Park.*

Kôzushima

A 60 km au sud de Oshima. Liaison directe en bateau à partir de Tôkyô, quai Takeshiba, tous les jours sauf mercredi. Départ de Tôkyô à 22 h, arrivée à 9 h 20 du matin. Les horaires varient avec les saisons. Confirmer avec la compagnie *Tôkai Kisen,* tél. 432-4551. Les réservations sont indispensables en été.

Kôzushima est une île volcanique dominée par le **mont Tenjô,** très appréciée pour ses plages (plage de *Maehama* avec 2 km de sable blanc, *Nagahama* et *Numajiri*), pour ses sentiers de randonnée et pour son calme. Très nombreux *minshuku.* Réservation par l'intermédiaire de l'Office du Tourisme de Kôzushima. Tél. 04992-8-0321 ou par l'association des Minshuku à Tôkyô (tél. 232-6561).

Hachijôjima

La dernière des îles importantes d'Izu et celle qui attire le plus par son climat exceptionnel, sa végétation tropicale.

Les vols A.N.A. sont très souvent complets. 1 h de vol, six vols par jour. Bateau tous les jours sauf mardi et dimanche d'octobre à décembre : départ à 22 h 10 du quai Hinode de Tôkyô, arrivée au port de *Sokodo* d'Hachijô le lendemain matin à 8 h 30 (5180 yens). Compagnie *Tôkai Kisen* (comme pour Oshima) tél. 432-4551. Location de vélos à 500 m de l'aéroport. Le Sud de l'île surtout est très escarpé. En longeant la côte nord-ouest de l'île, vue splendide sur l'île déserte de **Hachijô-Kojima.** La partie nord de l'île est dominée par le **Hachijô-Fuji** (854 m), au cratère de 400 m. Compter 3 h 30 pour l'ascension à pied.

Dans le sud de l'île, on conseillera **Nakanogô,** où la plupart des gens travaillent dans la teinture de textiles ; démonstration du procédé de teinture et de tissage *kihachijô,* tissu jaune moutarde à dessins marron. Combats de taureaux, *ushi-zumô,* à **Jiyûgaoka,** deux fois par jour. Pas beaucoup de sport, mais du folklore.

A partir de Hachijôjima, bateau tous les cinq jours jusqu'à l'île **Aogashima.** L'île de **Torishima** est la dernière île d'Izu, Les dernières éruptions volcaniques de 1889 et 1902 ont fait disparaître toute la population. Aucun repeuplement depuis.

LES ILES OGASAWARA

Elles consistent en une trentaine d'îles à plus de 1 000 km au sud-est de Tôkyô. Elles ont été rétrocédées au Japon en 1968. Les îles Ogasawara furent découvertes en 1593 par un seigneur de Nagano, Sadayori Ogasawara. L'ensemble des îles constitue un parc national.

Chichijima

C'est l'île la plus large du groupe. Service de bateaux à partir de Tôkyô (28 h 30) par *Ogasawara Kaiun,* tél. 451-5171, une ou deux fois par semaine. Réserver.

Le camping y est interdit. Il y a trois *ryokan.* Tous les deux jours, liaison de bateaux de Chichijima à **Hahajima** (2 h 30). Quatre *ryokan* à Hahajima.

LE MONT FUJI ET SES ENVIRONS

On le voit (ou on le voyait) de vingt-deux préfectures du Japon, ce qui a engendré tous ces noms de quartiers : *Fujimi,* le quartier d'où on voit le Fuji. Avec 3 776 m, c'est le plus haut et le plus parfait sommet du Japon.

Couvert de blanc, ou simplement auréolé d'un peu de neige, le Fuji attendrit toujours celui qui surprend sa silhouette. Zeami, à l'époque Muromachi, disait : *« Le Fuji n'est pas beau parce qu'il est régulier, mais parce qu'il est profond. »* Les peintres avouent qu'ils sont attirés par cette montagne parce qu'elle est trop belle, et que sa géométrie parfaite est extrêmement difficile à immortaliser sur la toile. Aujourd'hui, au Japon, il est difficile de lui échapper : Fuji, c'est une marque de films, une chaîne de télévision, ce sont des banques, des crèmes glacées... mais surtout le Fuji, c'est un symbole national et un membre à part entière de la grande famille japonaise. Chaque année, deux millions de Japonais font l'ascension de la montagne sacrée, dont plusieurs revêtent encore la longue toge blanche, symbole de la pureté du cœur — des robes d'ailleurs qu'on ne lave jamais.

La légende : d'après le *Jôdaiki,* Annales de l'administration impériale, le volcan aurait surgi en une nuit, provoquant par réaction la dépression du lac Biwa. Un vieux bûcheron fut alarmé par le vacarme. Il se précipita hors de sa cabane, pour voir l'énorme montagne toute couronnée de flammes s'élever vers le ciel. C'est lui qui l'aurait baptisée Fuji, « la montagne qui ne mourra jamais ». D'autre part, le *Kojiki* rapporte qu'un soir Mioya-No-Kami, l'un des dieux créateurs du Japon, arriva fatigué au mont Fuji, et demanda l'hospitalité au dieu de la montagne. Celui-ci refusa. Le dieu s'indigna. Pour punir le fils indigne, il couvrit son sommet de neige aussi bien en été qu'en hiver, afin que peu de pèlerins se risquent à grimper et à lui offrir des vivres.

Comment se rendre près du mont Fuji

Le plus simple est de prendre un autocar direct de Hamamatsucho ou Shinjuku jusqu'à la cinquième étape du Fuji. Le trajet dure 2 h 30, prix 2 300 yens. Départs de *Shinjuku* à 8 h 15 devant l'immeuble Yasuda Seimei 2, à 2 mn à pied de la sortie ouest. On peut réserver ses places et se renseigner aux agences J.T.B. ou à la compagnie de cars *Fuji Kyûko* (tél. 374-2221). Départs tous les matins en août, tous les dimanches et jours fériés le reste de l'année.

D'autres cars directs desservent le lac Kawaguchi. Minimum de 14 départs par jour, de Shinjuku, à partir de 7 h 30. Arrivée au lac Kawaguchi 105 mn plus tard. Pour le retour de Kawaguchi, le dernier car part à 17 h 59 et 3 autres le samedi. Prix 1 650 yens. (Vérifier au départ de Shinjuku.) On peut aussi continuer jusqu'au lac Yamanaka. Minimum 11 départs par jour, de 7 h 30 à 18 h, de Shinjuku. Arrivée 2 h 15 plus tard.

Parmi les cinq lacs du Fuji, le lac **Yamanaka** et le **Kawaguchi** sont les plus appréciés pour leurs paysages.

L'ascension du Fuji

Un adage dit que *« le Fuji est plus beau à voir de loin que de près »*. Un autre dit que *« le sage monte le Fuji une fois, seul le fou le ferait deux fois »*. Résultat : une moyenne de 33 000 personnes par jour font l'ascension pendant l'été. Cette ascension n'est autorisée que du 1er juillet au 31 août. Il faut compter neuf heures par l'une ou l'autre des cinq voies possibles à partir du lac **Kawaguchi,** de **Fujiyoshida,** de **Shôji,** de **Gotemba,** de **Subashiri** ou **Fujinomiya.** Toutes les voies d'accès sont balisées par des milliers de pèlerins. Vous n'avez qu'à suivre.

Le pèlerinage dans les règles du Fuji demande généralement de commencer l'ascension dans l'après-midi et de passer la nuit dans les refuges de la dernière étape à 3 400 m (prix proportionnels à l'altitude) avant de repartir pour le sommet et admirer le lever du soleil *(goraikô)*. Le rite demande aussi qu'on s'équipe d'un drapeau et d'une grande canne de bois *(kongôzue)*sur laquelle on imprime un sceau différent à chaque étape, moyennant quelques centaines de yens, mais on peut aussi acquérir la canne sertie de tous les tampons, sans faire l'ascension.

Avec l'altitude, la température baisse, et les prix montent. On pourra apporter une gourde de boissons rafraîchissantes, des pulls, et pour ceux qui sont chatouilleux sur la propreté, un drap. Prévoir également des semelles anti-dérapantes et des lunettes de soleil. Dans la descente, on mange beaucoup de poussière en glissant sur les pentes.

Camping

Le mont Fuji et ses environs sont un but d'excursion très prisé des Tokyoites pour les fins de semaine. A côté des luxueuses résidences secondaires, et des hôtels de cure, il est possible de camper en juillet et août. Il y a six terrains au bord du lac **Yamanaka** (ouvert juillet et août). Camping municipal à **Asahigaoka.** A **Shirakabasô,** on peut réserver des bungalows en appelant le 0556-2-0138. Au bord du lac **Kawaguchi,** camping à **Ashiwada, Naga-Hama,** ouvert toute l'année. Au bord du lac **Saiko,** camping Paramount Park à **Ashiwada,** ouvert toute l'année. Camping **Motosuko** ouvert de juin à septembre, près du lac **Motosuko,** à **Isshiki-Mura.** Le T.I.C. ou l'association des campings (tél. 467-7201) vous informeront.

Fujinomiya

A environ 30 km à l'ouest du mont Fuji, on pourra voir le sanctuaire **Sengen,** la cascade *Shiraito* et, derrière la cascade, vers la limite de la préfecture de Yamanashi, le plateau **Asagiri.**

Nagaizumichô

Le **musée Bernard Buffet** (fermé le lundi) à Nagaizumichô est accessible en car à partir de Shimotogari (ligne *Gotemba* depuis *Matsuda* sur la ligne *Odakyû*).

Hakone

Avec Nikkô, c'est le bol d'air le plus prisé des citadins fatigués et des touristes. Au temps des concessions, les étrangers avaient déjà coutume d'aller s'y rafraîchir. On ne sera donc pas surpris de votre visite, que ce soit dans les petites auberges en bois dont les bains (quelquefois en plein air) sont alimentés par une source thermale, ou dans les hôtels plus industriels, prompts à engouffrer d'une seule bouchée le contenu de cinq cars de Japonais ! Un séjour au pied du mont Fuji déçoit rarement... mais Hakone n'est pas le plus bel endroit pour l'admirer !

L'excursion de Hakone commence ou se prolonge par une promenade dans la forêt de sculptures contemporaines, œuvres d'artistes internationalement connus : le *Musée en plein air de Hakone* (Ninotaira, Hakone. Tél. 0460-2-1161) est ouvert de 9 h à 17 h entre mars et octobre et jusqu'à 16 h seulement de novembre à février (1 300 yens) et abrite plus de 300 pièces, de Rodin à Henry Moore en passant par Dubuffet.

Pour une excursion à Hakone, à partir de Tôkyô, on aura intérêt à acheter un billet *free-pass,* qui permet de faire l'aller-retour Tôkyô-Yumoto, de prendre le funiculaire, le téléphérique, le bateau aller-retour sur le lac Ashi. Billet à acheter au bureau de Odakyû à Shinjuku.

Près de Hakone, on ira voir **Owakudani,** ces grosses volutes sulfureuses qui s'échappent de sources bouillonnantes. On peut atteindre Owakudani par téléphérique à partir de Sôunzan. Un funiculaire relie Sôunzan à Gôra. Owakudani est à 4 km de Tôgendai sur le **lac Ashi.** On peut traverser le lac en bateau de Tôgendai à Moto-Hakone en une demi-heure.

Si on redescend du Fuji par Gotemba, on peut accéder directement à Hakone. A partir de Tôkyô, accès par la ligne *Odakyû* à partir de Shinjuku jusqu'à Hakone-Yumoto ou Odawara où l'on peut prendre le charmant petit train de la ligne Hakone-Tozan qui se fraye un chemin dans une montagne abrupte. Ou bien super-express *Shin-*

kansen jusqu'à Odawara, puis bus (25 mn) jusqu'à Miyanoshita. Il existe des cars directs de Shinjuku à Moto-Hakone.

Le Tôkaidô pour une journée

A Hakone-Machi se trouve un petit musée évocateur du *Tôkaidô* (voir « Le Japon de A à Z »), le musée **Shiryôkan.** De Hakone-Machi, on peut suivre le trajet du Tôkaidô jusqu'à Mishima, en une journée, en combinant marche et autobus. A Hakone-Machi, prendre le bus pour Mishima, mais descendre à Settaijaya, à 10 mn du col de Hakone. Une borne indique qu'on est à 26 *ri* de Edo (un *ri* fait 4 km). De là, le chemin est balisé jusqu'aux ruines du château Yamanaka, où se déroula une bataille au cours de laquelle 2000 hommes du clan Hôjô furent tués par les forces de Toyotomi Hideyoshi. A Yamanaka Shinden, on retrouve l'autoroute n° 1 qui relie Tôkyô et Osaka et qui correspond à l'ancien tracé du Tôkaidô. Le chemin continue à être balisé jusqu'à Fujimi-Daira (vue sur le Fuji et sur le baie). On redescendra cette colline (Kaminaga-zaka) pour atteindre le temple Shôunji. De là, on peut reprendre un bus (toutes les 30 mn) le long de cette autoroute n° 1 jusqu'à Fujimi-Gaoka. On y trouvera des allées de pins, et la borne du 28e *ri.* En descendant à pied, on atteint rapidement les faubourgs de Mishima. De Fujimi-Gaoka jusqu'au grand sanctuaire de Mishima, compter une demi-heure à pied et ensuite 10 mn à pied jusqu'à la gare de Mishima. En tout, la balade demande deux heures de marche.

LA PENINSULE D'IZU

Comme les environs de Kôfu, Chichibu et le Parc national de Nikkô, la péninsule d'Izu est une destination idéale à partir de Tôkyô pour une échappée de deux jours, échappée d'autant plus embellie que l'on restera dans une auberge japonaise. Réservez, ou faites réserver par vos amis japonais, en téléphonant à l'association des ryokan du Japon (tél. 477-5566 à Tôkyô, 10 h-18 h) ou à celle des *minshuku* (tél. 232-6561) selon vos goûts et vos moyens. Nous indiquons sinon, les numéros de téléphone des offices de tourisme locaux.

Odawara

C'est là que se déroula la bataille qui décida de l'avènement au pouvoir de Tokugawa Ieyasu. Voir le château et ses collections d'armures et de sabres, à 10 mn à pied de la gare.

De Odawara, accès à la péninsule d'Izu.

La péninsule

Au sud du mont Fuji, préfecture Shizuoka. La route épouse toute la côte de la péninsule volcanique, traversant quelques-unes des stations balnéaires les plus célèbres et des villages de pêcheurs.

Izu offre stations thermales, plages et fruits de mer aux citadins fatigués. L'idéal est d'en faire le tour en voiture ou mieux, en stop et bateau. Des bateaux circulent beaucoup sur la côte ouest et au sud de la péninsule, entre Shimoda, le cap Hagachi, Dôgashima, Heta et Numazu. La côte ouest est très pittoresque, surtout autour de Nishi-Izu-chô et Matsuzaki-chô.

Les stations thermales les plus industrielles comme **Itô** et **Atami** étalent leurs hôtels à capacité phénoménale sur la côte est. Le spectaculaire **Musée MOA** qui a ouvert ses portes à Atami en novembre 82, vaut la visite autant pour ses collections d'art chinois et japonais (peintures, sculptures, céramiques...) que pour son aspect parc d'attraction et la vue qu'il commande sur la côte d'Izu. (Ouvert 9 h 30-16 h tous les jours sauf jeudi. Tél. 0557-84-2511, 1 300 yens.)

Pour s'y rendre. De Tôkyô, une dizaine de trains directs par jour pour **Shimoda** (quatorze en été).

Pour se baigner. On recommandera la plage Yumigahama à la station thermale de Shimogamo, et la plage Shirahama de Shimoda, sauf pendant les mois d'été qui connaissent une affluence assez comparable à la densité des sardines dans les boîtes de conserve. Le temple *Ryôsenji* à Shimoda mérite une visite pour sa collection de reliques phalliques et de *shoten* (bouddhas en forme de sexes masculins et féminins) plutôt que pour avoir été le théâtre de la signature du traité entre le Commodore Perry et le représentant du gouvernement Tokugawa en mai 1854, faisant de Shimoda le premier port japonais ouvert au commerce étranger.

Stations thermales à Shimoda, à Inatori (bains mixtes au ryokan Inatori Ginsuisô, tél. 0557-95-2211). Bain en plein air alimenté par une source thermale *(rotenburo)* à Hoggawa Onsen, Osawa Onsen, Tokkonoyu. Nombreux *minshuku* entre Koura et le pic Irôzaki. Réservation par l'Office du Tourisme : tél. 05586-2-0141.

KOFU ET SES ENVIRONS

Préfecture de Yamanashi. Par la ligne J.R. *Chûô* à partir de la gare de Shinjuku, on peut se rendre à **Katsunuma,** réputée pour son raisin et pour son temple **Daizen.** Réservation de *minshuku,* tél. 05534-4-1111.

Enzan est une station thermale célèbre pour sa cuisine de légumes de montagnes. On pourra y voir aussi les temples **Erin** et **Umpô** (accès par la même ligne *Chûô,* 1 h 50 par un express à partir de Shinjuku).

Plus loin, mais avant Kôfu, sur la même ligne *Chûô,* **Isawa** est une autre station thermale avec un *rotenburo.* Réservation dans les auberges. Compter 12 000 yens avec deux repas. Tél. 05526-2-3545.

Autre *rotenburo* à **Kawaura** Onsen (45 mn en bus à partir de Enzan). Réservation *ryokan :* tél. 05533-9-2111.

Kôfu ne présente pas beaucoup d'intérêt, mais c'est la porte d'accès aux **gorges de Shôsenkyô.**

CHICHIBU

Au nord-ouest de Tôkyô, c'est un ancien centre de production de la soie, mais surtout un grand lieu de pèlerinage avec un itinéraire de trente-quatre temples dispersés dans la montagne. Le 3 décembre s'y tient le *Chichibu Yo-Matsuri,* l'un des trois grands festivals de nuit du Kantô. Il faut cent hommes pour soutenir les immenses autels portatifs. Les processions, les lumières des feux d'artifice et des lanternes, et la foule tout entière présente pour cette grande occasion, sont très impressionnantes. Les 19-20 juillet a lieu un autre festival, le

Kawase Matsuri, avec des processions très colorées.

Accès

Deux heures en train par la ligne privée *Seibu-Chichibu* à partir de Ikebukuro. En « rapide », 1 h 26.

A voir

Dans la ville de Chichibu, on verra le **sanctuaire Chichibu** à 200 m à l'ouest de la gare. Il faut prendre un bus jusqu'à *Mitsuminesan Ropeway* pour prendre le téléphérique et parvenir au **mont Mitsumine.** En été, on y loue des bungalows et des tentes. Accès également par la gare de Mitsumine-guchi sur la ligne *Chichibu* (la gare est à 5 mn à pied de la gare Seibu-Chichibu). On peut redescendre du sanctuaire Mitsumine. Toute la montagne est particulièrement belle en automne. Si on s'éloigne de Chichibu dans les hauteurs, on se trouve dans des villages-rues accrochés à la montagne, où les *minshuku* sont très accueillants.

Location de vélos : à droite en sortant de la gare Chichibu.

Le mont Mitake

L'ascension constitue une belle randonnée. A 5 mn à pied de la gare Seibu-Chichibu se trouve la gare Ohanabatake d'où l'on prendra la ligne *Chichibu* (25 mn) jusqu'à Mitsumine-guchi. 5 mn de bus jusqu'à Kowaishi. Marcher environ 1 h 30 jusqu'au col de Sugi, d'où l'on atteint Minedaira, puis, après une heure de marche, le sommet du mont Mitake. Environ 1 h 30 à pied jusqu'à Ochiai. Car *Seibu* jusqu'à la gare Mitsumine-guchi, où l'on reprend la ligne *Chichibu* jusqu'à la gare de Ohanabatake.

NIKKO

Au nord de Tôkyô, le sanctuaire **Tôshô-Gû,** unique au Japon, est considéré comme un impératif touristique. Les meilleurs artisans, charpentiers, sculpteurs du XVIIe siècle, furent sollicités pour édifier, dans les années 1636-1637 ce vaste complexe de temples autour de la sépulture de Ieyasu Tokugawa. En tout, 4 500 000 journées-travail (soit la moitié de ce qu'il a fallu pour le Taj-Mahal d'Agra en Inde) auront été nécessaires. Les dorures et les couleurs vives de Nikkô s'inscrivent dans une splendide forêt de cryptomères.

Les temples et le mausolée de Ieyasu Tokugawa, si imposants soient-ils, ne sont en fait qu'un apéritif. Car, tout comme on ne saurait visiter Versailles sans aller jusqu'au hameau de la Reine, on ne saurait borner la visite de Nikkô aux simples temples ! Le circuit comprend la montée de la côte aux 48 tournants, baptisée I-Ro-Ha du nom du poème composé avec les 48 syllabes *Hiragana* de la langue japonaise, jusqu'au *lac Chûzenji* et la cascade *Kegon* (40 mn en car). Un circuit unanimement suivi par les sept millions de visiteurs annuels de Nikkô !

Pour le confort des étrangers qui, dès l'époque Meiji, partaient en villégiature à Nikkô pour échapper à la chaleur moite de l'été, un hôtel de type occidental a été construit en 1873. Cet hôtel, le **Kanaya** (1300 Kamihatsuishi-machi, Nikkô. Tél. 0288-54-0001) a conservé son charme rétro, et reste l'un des plus attachants du

Japon. A voir, ne serait-ce que le temps d'un thé.

Comment se rendre à Nikkô

Le plus rapide, le plus économique et le plus confortable est la ligne privée *Tôbu* à partir d'Asakusa à Tôkyô. En rapide, le trajet dure 1 h 45. Départs à 7 h 20, 8 h, 8 h 40, 9 h, etc. 2 000 yens. Pour le retour, des trains partent à 16 h 40, 17 h 40 et 19 h 38. Sinon, changer à Shimo-Imaichi. On peut aussi prendre des express ou des omnibus moins chers.

A partir d'Asakusa, la même ligne *Tôbu* dessert Kinugawa Onsen en deux heures. De nombreux bus grimpent ensuite dans la montagne, et peuvent vous emmener dans des petites stations thermales tout à fait agréables. Citons surtout **Yunishigawa Onsen, Hachônoyu, Kawamata Onsen...**

Circuit de Nikkô

Compter deux heures et 1 000 yens pour faire le tour du sanctuaire, de ses dépendances, de la salle des trésors et de la tombe de Ieyasu. De la gare, un bus vous conduit en 5 mn au pont sacré, d'où commence la visite de Nikkô.

Le lac Chûzenji. De la salle des trésors, *Hômotsu-Kan,* on peut marcher 10 mn jusqu'à Nishi-Sandô et, là, prendre un bus jusqu'au lac Chûzenji (40 mn). Le bus vous dépose à Akechidaira, d'où l'on peut prendre un petit téléphérique jusqu'à Tembôdai, l'observatoire. Pour le lac Chûzenji, descendre à Chûzenji Onsen (10 mn de bus à partir de Akechidaira). En été, on peut louer des barques sur le lac, ou se joindre à un « tour organisé » du lac en 50 mn, départ toutes les heures. On peut aussi traverser de Chûzenji à Shôbugahama (20 mn).

La cascade Kegon est à 5 mn à pied de l'arrêt de bus Chûzenji Onsen ; elle est célèbre pour ses suicides. On peut descendre en ascenseur au bas de la cascade.

Pour le retour vers la gare de Nikkô, le bus est direct et met 50 mn de Chûzenji Onsen.

Randonnée à pied. Particulièrement superbe fin octobre, début novembre, lorsque les érables sont rouge sang. On partira du village de Yumoto (1 h 30 de car à partir de la gare Tôbu-Nikkô). Le sentier passe par Yunokojiri, Yutaki, Otashiro-Bashi, Izumikado-ike, Senjôgahara, Akanuma, Shôbugahama. Compter 3 h 30 de Yumoto à Shôbugahama, d'où on prend un bateau (20 mn) pour Chûzenji Onsen. Retour en car (1 h) à la gare Tôbu-Nikkô.

MASHIKO

L'Anglais *Bernard Leach* et l'ancien Trésor national *Hamada Shôji* ont fait connaître la poterie de Mashiko en Europe. Malheureusement, la production pléthorique de Mashiko semble avoir oublié l'art du grand maître, pour se plier à des lois plus industrielles. Comme tout grand centre de poterie de l'archipel, Mashiko étale ses magasins de vente de part et d'autre de la rue principale, et exporte dans toutes les boutiques de souvenirs des environs.

Dans cette profusion de pots, il vaut mieux se rendre directement au musée de céramiques **Mashiko Sankô-Kan,** tél. 02857-2-5300, ouvert de 8 h 30 à 17 h, à la 5e intersection à gauche de la rue principale quand on vient de la gare.

Chacun pourra tester ses talents au tour, chez **Tsukamoto Seitô** (tél. 02857-2-3223, ouvert de 8 h à 17 h, fermé de 12 h à 12 h 40). En dehors du village, on trouvera d'autres maîtres qui ne sont pas encore livrés au commerce de gros. Par exemple, **Jinnai Tôru, Murakami Seikichi** et **Sudô Takeo.**

En mai et en novembre ont lieu de grandes foires à la poterie. Téléphoner à la mairie (02857-2-2111) pour connaître les dates exactes.

Comment se rendre à Mashiko

Mashiko se trouve dans la préfecture de Tochigi, à 70 km au nord-est de Tôkyô. On pourra s'y rendre en voiture à partir de Nikkô (mais trajet compliqué en train) ou à partir de Tôkyô. En moto ou en auto, on profitera de cette excursion dans le Tochigi-ken pour voir aussi **Oyama** et ses filatures (renseignements au *Yûki Tsumugi orimono kyôdô kumiai,* 2191 Fukura, Oyama-shi, tél. 0285-49-0009), la fabrication artisanale du papier japonais à **Karasuyana** (renseignements à la fabrique de papier Fukuda, 2-6, Chûô, Karasuyama, Nasu-gun, Tochigi-ken, tél. 02878-2-2100), la ville de **Nasu** avec ses sources thermales et son volcan (l'empereur y possède une résidence et aime venir y prendre le frais en été) et la ferme originale de **Minami Gaoka Bokujô** (élevage laitier, superbe *ryokan,* tél. 02877-62150).

De Ueno, prendre J.R. ligne *Tôhoku* pour Utsunomiya (90 mn par express). Départ de Ueno presque toutes les heures. A Utsunomiya, prendre le bus de la compagnie *Tôya* pour Mashiko. Durée 1 h. Départ toutes les 35 mn de 6 h 30 à 20 h (l'arrêt de bus Miyanohashi se trouve à gauche de la première intersection, à 100 m de la gare Utsunomiya).

TSUKUBA

Le battage de presse systématique et les manifestations internationales qui s'y déroulent interdisent d'ignorer désormais la nouvelle « cité scientifique » de Tsukuba, située à une soixantaine de kilomètres au nord de Tôkyô. En mai 1982, François Mitterrand, en visite officielle au Japon, consacrait déjà une journée à la visite de cette ville nouvelle où sont concentrés universités, centres de recherche et agences gouvernementales. En novembre 84, Tsukuba se distinguait par un symposium international rassemblant mathématiciens, philosophes, théologiens, psychanalystes, maîtres d'arts martiaux, etc., autour du thème des nouvelles sciences et des voies de la connaissance.

Deux ans plus tard, l'exposition internationale Tsukuba 85 permettait aux 28 plus grands noms de l'industrie japonaise, à 29 pays étrangers et à 36 organisations internationales de présenter leur interprétation du sujet « l'homme de demain face à la science et la technologie ». Le résultat de cette vaste kermesse technologique a surtout été de faire effectivement sortir de ses forêts et ses rizières la petite ville de Tsukuba et de la propulser sur l'orbite de ses rêves qui peut se présenter comme une équation : 1/4 Novossibirsk, 1/4 Berkeley, 1/4 Cambridge, 1/4 Boston.

Le problème principal demeure l'accès. Il faut prendre le train (ligne

Jôban, 55 mn, un train toutes les heures) à partir de Ueno jusqu'à Tsuchiura puis service de bus, ou car direct de la gare de Tôkyô (sortie Yaesu-sud, départ toutes les 30 mn). Les Japonais savent construire des moyens de transport ultra-rapides, comme par exemple le train H.S.S.T. capable d'être propulsé à 500 km/h mais plutôt que de mettre en service ces réalisations extraordinaires, elles sont proposées en démonstration sur des pistes d'essai de longueur lilliputienne. Pendant Tsukuba 85, par exemple, le H.S.S.T. roulait à 30 km/h sur une piste de 350 m !

LES PLAGES DE LA PREFECTURE DE CHIBA ET LA PENINSULE DE BOSO

Chôshi

Un port de pêche et un centre de production de sauce de soja. On pourra visiter une usine de la grande marque de sauce de soja *Yamasa* (Araoi-Cho 2-10-1, Chôshi, tél. 0479-22-0095) à condition de se présenter à la réception entre 9 h et 11 h ou entre 13 h et 15 h. De Chôshi à Ohara s'étend une plage de 66 km le long de la côte régulière du Pacifique (Kujûkurihama) avec des endroits de très grande affluence et d'autres quasi déserts. A une extrémité de cette plage, à *Ohara,* on peut même camper en été.

Katsuura

Dans le centre de Katsuura se tient tous les matins une petite foire où sont vendus produits de la mer et légumes de montagne. A 2 km au sud-ouest de Katsuura, voir la côte d'**Ubara.** Mais oui ! les plages sont belles et la mer est propre, à deux heures de Tôkyô...

La **péninsule de Bôsô** jusqu'au cap Suno-saki est toute entrecoupée de petites criques. Très agréable en été. Camping près de **Kamogawa,** à 20 mn à pied de la gare Awa-Kamogawa, sur la ligne J.R. *Sotobô* (renseignements par la mairie : tél. 0470-92-1111), à **Shirahama** (à 40 mn en car de la gare Tateyama, sur la ligne J.R. *Uchibô,* renseignements par la mairie : tél. 0470-38-3111) et à **Tomiura** (à 15 mn en car de la gare de Tomiura, sur la ligne J.R. *Uchibô,* tél. mairie : 0470-33-3660).

Le Chûbu

Situé entre les deux régions très développées du Kansai et du Kantô, le Chûbu, le long du Tôkaidô, a été un passage de culture et le lieu d'affrontement des deux puissances de l'Est et de l'Ouest. D'un point de vue géographique et folklorique, le Chûbu se divise en trois régions distinctes :

Le côté mer du Japon, avec les préfectures de Niigata, Toyama, Ishikawa et Fukui, est un pays de neige, dont le folklore se rapproche de celui du Tôhoku.

Au centre, les préfectures de Nagano et Gifu forment le toit du Japon, avec les plus hauts sommets des *Alpes japonaises*.

Sur la côte Pacifique, un climat doux favorise les cultures de thé, mandarines, pêches et raisins, dans les préfectures d'Aichi, Shizuoka et Yamanashi.

PRINCIPALES FETES DU CHUBU

Préfecture de Niigata et île de Sado

Janvier

14. *Honyaradô,* à Tôkamachi-shi, préf. Niigata. Ligne J.R. Iiyama, gare Tôkamachi.

Février

3. Fête du sanctuaire *Taasobi-Shinji,* à Hatana-chô, île de Sado.
6. Fête du sanctuaire *Otaue-Shinji,* à Akadomari-chô, île de Sado.
2e samedi et dimanche. Fête de neige, à Tôkamachi-shi, préf. Niigata. Ligne J.R. Iiyama, gare Tôkamachi.

Avril

Du 1er au 28. *Shima Matsuri,* dans toute l'île de Sado.
10. *Kenka Matsuri,* à Itoigawa-shi, préf. Niigata. Ligne J.R. Hokuriku, gare Itoigawa.
14. *San-Nô-Matsuri* (*Ondeko,* chevaux), au village de Niiho, île de Sado.
14-27. Fête des cerisiers (*Ondeko,* chansons), à Manomachi, île de Sado.
18. *Akadomari Matsuri* (*Ondeko,* Danse du lion), au village Akadomari, île de Sado.
23. *Yabusame* (Tir à l'arc à cheval), à Hamo-chô, île de Sado.

Juin

15. *Haguro-Jinja-Matsuri* (avec du tir à l'arc à cheval) à Ryôtsu, île de Sado.
Akadama-Sugi-Ike-Matsuri, à Ryôtsu, île de Sado.

Juillet

13-15. Festival *Takayama,* à Aikawamachi, île de Sado.
25-26. *Yahiko-Dôrô-Shinji,* à Yahikomura, préf. Niigata, ligne Echigo, gare Maki et bus.
25-27. *Kôzan Matsuri* (danses et chants), à Aikawa, île de Sado.
28. *Kaifu-Kankô-Matsuri* (compétitions de chants, de bateaux, etc.), à Ryôtsu, île de Sado.

Août

7-8. *Tanabata Matsuri* (*Ondeko* et feu d'artifice sur la rivière) à Ryôtsu, île de Sado.

28-30. *Ogi Matsuri* (danse dans toute la ville, toute la nuit avec *Ondeko,* et la danse du lion) à Ogi-chô, île de Sado.

Septembre

13. *Sairei,* au sanctuaire Hakusan (avec procession de *Ondeko*) au village Akadomari, île de Sado.

Octobre

16. *Shinmachi Matsuri* (avec tournoi de *Sumô*), à Ogi-chô, île de Sado.

Préfecture de Fukui, Ishikawa et Toyama

Janvier

6. *Kaga-Tobi-Dezomeshiki* (grande parade des pompiers en habit d'autrefois), à Kanazawa, préf. Ishikawa. Ligne J.R. *Hokuriku,* gare Kanazawa.

Février

9. *Aeno-Koto* (accueil du génie de la rizière), au village de Yanagida-mura, préf. Ishikawa. Ligne J.R. *Noto,* gare Ushitsu. Egalement le 5 décembre.

24-25. *Sagichô* (fête du feu), à Katsuyama, préf. Fukui. Ligne privée Keifuku, gare Katsuyama.

Mars

2. *Wakasa-Omizu-Okuri* (fête de la première eau puisée à la source à l'occasion de la nouvelle année, pour le temple Tôdaiji de Nara). Fête au sanctuaire Jirugû-ji, à Okama, préf. Fukui. Ligne *Okama,* gare Okama.

Avril

17-18. *Tomobata Matsuri,* à Uchiura-machi, port d'Ogi, préf. Ishikawa. Ligne J.R. *Noto,* gare Noto-Ogi.

18 (tous les 2 ans). *Hotoke-No-Mai,* au temple Itozakidera, à Fukui, préf. Fukui.

23-29. *Jukai-E* (mortifications), au temple Eiheiji, à Eiheiji-chô, préf. Fukui. Ligne privée *Keifuku,* gare Eiheiji.

Mai

1-2. *Demachi-Shimmei-Sha* (cérémonie de printemps) au sanctuaire Demachi-Shimmei-Sha, à Tonami, préf. Toyama. Ligne *Jôhana,* gare Tonami. *Yotaka Matsuri,* à Fukuno-machi, préf. Toyama. Ligne J.R. *Jôhana,* gare Fukuno.

2. *Oshiro Matsuri* (avec danse du lion, très animée). Fête du sanctuaire Okama-jinja, à Okama, préf. Fukui. Ligne *Okama,* gare Okama.

4. *Kamo-Matsuri,* au sanctuaire Kamo-jinja, à Shimomura, préf. Toyama. Ligne J.R. *Hokuriku,* gare Kureha, puis bus.

14-16. *O-Tabi-Matsuri,* aux sanctuaires Ubashi et Hiyoshi, à Komatsu, préf. Ishikawa. Ligne J.R. *Hokuriku,* gare Komatsu.

15. *Hikiyama Matsuri,* au sanctuaire Jôhana-Shimmeigû, à Jôhana, préf. Toyama. Ligne J.R. *Jôhana,* gare Jôhana.

15. *Fushiki-Hikiyama-Matsuri,* au sanctuaire Fushiki, Takaoka, préf. Toyama. Ligne J.R. *Hokuriku,* gare Takaoka.

19-21. *Mikuni Matsuri,* au sanctuaire Mikuni, à Mikuni-chô, préf. de Fukui. Ligne privée *Keifuku,* gare Mikuni.

Juin

1-31. *Genzô-E.* Cours ouverts au public sur le texte de Dôgen, au temple Eiheiji, à Eiheiji. Ligne privée *Keifuku,* gare Eiheiji.
2-3. *Kaizan-Ki* (grand concert de flûtes de bambou Shakuhachi, par des moines), au temple Kokutaiji, à Takaoka, préf. Toyama. Ligne *Hokuriku,* gare Takaoka.
12-14. *Kaga-Hyakumangoku-Matsuri,* à Kanazawa, préf. Ishikawa. Ligne J.R. *Hokuriku,* gare Kanazawa.
3e dimanche. *Hiwatari* (marche sur le feu), au temple Takidanji, Mikuni, préf. Fukui. Ligne privée *Keifuku,* gare Mikuni.

Juillet

7-8. *Abare-Matsuri,* au sanctuaire Yasaka, à Ushitsu, préf. Ishikawa. Ligne J.R. *Noto,* gare Ushitsu.
31 et 1er août. *Nafune-Matsuri,* au sanctuaire Nafune-Hakusan-jinja, à Wajima, préf. Ishikawa. Ligne J.R. *Nanao,* gare Wajima.

Août

Début du mois. *Tatemon-Matsuri* (cérémonie pour une bonne pêche), au sanctuaire Suwa-jinja, à Uozu, préf. Toyama. Ligne J.R. *Hokuriku,* gare Uozu.
31 et 1er septembre. *Togi-Hassaku-Matsuri,* à Togi-machi, préf. Ishikawa. Ligne J.R. *Nanao,* gare Hakui et car.

Septembre

1-3. *Kaze-No-Bon* (grande chanson populaire régionale avec danses), à Yatsuo-machi, préf. Toyama. Ligne *Takayama-Honsen,* gare Etchû-yatsuo.
4. *Shûki-Reisai,* au sanctuaire Kamo, dans le village de Shimomura, préf. Toyama. Ligne J.R. *Hokuriku,* gare Kureha et car.
25. *Karatoyama-Shinji-Sumô,* au sanctuaire Hakui-jinja, Hakui, préf. Ishikawa. Ligne J.R. *Nanao,* gare Hakui.

Octobre

1-3. *Shûki-Reisai,* au sanctuaire Hôjôzu-Hachimangû, à Shin-minato, préf. Toyama. Ligne privée *Shinminato,* de Kaetsu-No-Tetsudô, gare Nishi-Shin-minato.
Du 5 octobre au 10 novembre. Festival des chrysanthèmes (avec lesquels on fait des poupées), au parc Chûôkôen, à Takefu, préf. Fukui. Ligne J.R. Hokuriku, gare Takefu.

Novembre

1-7. *Idori-Matsuri,* Ukawa, à Notomachi, préf. Ishikawa. Ligne J.R. *Noto,* gare Ushitsu.

Décembre

Aeno-Koto (accueil du génie de la rizière), au village de Yanagidamura, préf. Ishikawa. Ligne J.R. *Noto,* gare Ushitsu et car.

Préfectures de Yamanashi, Shizuoka, Nagano, Gifu et Aichi

Janvier

1. *Iwato-Biraki,* fête du sanctuaire Togakushi, dans le village de Togakushi-mura, préf. Nagano. Ligne Shinetsu, gare Nagano et 1 h de car.
6. *Obinzuru-Mawashi* (on vient toucher la statue de Binzuru pour guérir ses maladies), fête du temple Zenkôji, à Nagano, préf. Nagano. Ligne *Shinetsu,* gare Nagano.

10-11. *Ame-Ichi* (marché de bonbons), à Matsumoto, préf. Nagano. Ligne Shinonoi, gare Matsumoto.
13. Festival des hommes « nus », au sanctuaire Kanoyama, à Nagoya, préf. Aichi.
15. *Dôsochin-Himatsuri* (fête du feu), à la station thermale Nozawa, préf. Nagano. Ligne *Iiyama,* gare Iiyama ou Tokari, et car.
17. *Hadaka-Matsuri* (fête de purification), fête du temple Chôshôin, Kawanakajima, à Isawa, préf. Yamanashi. Ligne Chûô, gare Isawa et car.

Février

3 janvier lunaire. *Tenteko-Matsuri* (procession d'hommes portant un navet, pour chasser les maladies), fête du sanctuaire Niike-Hachiman, Niikemachi, préf. Aichi. Ligne *Meitetsu-Nishio,* gare Fukuji et car.
13 janvier lunaire. *Naoi-Shinji* (fête de purification), fête du sanctuaire Owari-Okunitama-jinja, à Inazawa, préf. Aichi. Ligne J.R. *Tôkaidô,* gare Inazawa.
14. *Oni-Matsuri* (chasse aux « ogres »), fête du sanctuaire Shimmeisha, à Toyohashi, préf. Aichi. Ligne *Tôkaidô,* gare Toyohashi.
18. *Tanigumi Odori* (danse dont les exécutants sont costumés avec des « ailes de phénix » faites avec des tiges de bambou et des plumes), fête du sanctuaire Chinjuten-jinja, dans le village de Tanigumi, préf. Gifu. Ligne *Tôkaidô* et changer à Gifu pour la ligne privée *Meitetsu,* gare Tanigumi et car.

Mars

15. *Hônen-Matsuri* (rites phalliques), fête du sanctuaire Tagata-jinja, à Komaki, préf. Aichi. Ligne *Meitetsu-Komaki,* gare Tagata-jinja-mae. Des groupes de jeunes gens promènent à travers la ville des autels portatifs supportant d'énormes phallus, et vont à la rencontre d'autres groupes qui portent des autels supportant des sexes féminins près du sanctuaire Ogata-jinja, à Inuyama, préf. Aichi. Ligne Meitetsu, gare Inuyama.
17. *Odori-Nembutsu* (danses de prière), fête du temple Saihôji, Atobe, à Nozawa, préf. Nagano. Ligne *Shinetsu,* changer à Komoro pour la ligne Koumi, gare Nakagomi, et taxi (10 mn) ou à pied.

Avril

3. Fête de Ikibina (des petites filles sont déguisées en poupées), fête du sanctuaire Minashi, dans le village Miya-mura, préf. Gifu. Ligne *Takayama,* gare Ichinomiya.
4-5. Fêtes des sanctuaires Kifune, Shimmei et Shirahime, à Yaozu, préf. Gifu. Ligne *Meitetsu,* gare Yaozu.
2e week-end. *Inuyama-Matsuri* (procession de chars décorés), au sanctuaire Harizuna-jinja, à Inuyama, préf. Aichi. Ligne *Meitetsu,* gare Inuyama-kôen.
13. *Sarugaku-Nô* (Nô primitif), au village de Neo-mura, préf. Gifu. Ligne *Tôkaidô,* gare Gifu et 1 h de car.
14. *Saru-Mai* (danses anciennes exécutées par des garçons de 12 et 13 ans, costumés avec des masques de singes), au sanctuaire Hiyoshi, à Shimada, préf. Shizuoka. Ligne *Tôkaidô,* gare Shimada et car.
14-15. Grande fête de Takayama (avec procession de chars décorés), au sanctuaire Hie-jinja, à Takayama, préf. Gifu. Ligne *Takayama,* gare Takayama.
Hikiyama-Matsuri (fête avec des chars

décorés), à Mino, préf. Gifu. Ligne *Etsumi-nan,* gare Mino.
2e dimanche. *Kuroda-Ningyô-Jôruri* (théâtre de marionnettes), au sanctuaire Suwa-jinja, Shimo-Kuroda, à Kamisatomachi, préf. Nagano. Ligne *Iida,* gare Ina-Kamisato.
19-20. Grande fête de Furukawa (dans la vieille ville) au sanctuaire Kita-wakamiya-jinja, à Furukawa, préf. Gifu. Ligne *Takayama,* gare Hida-Furukawa.
24-25. Fête du sanctuaire Otsu-jinja (avec la procession des grands chars décorés) à Kamioka, préf. Gifu. Ligne *Kamioka,* gare Kamioka.
25. *Odaidai* (danses des petites filles), fête du sanctuaire Sengen-jinja, au bord du lac Kawaguchi-ko, préf. Yamanashi. Ligne privée *Fuji-kyû,* gare Kawaguchi-ko, ou en car de Tôkyô (Hamamatsu-chô ou départ de Shinjuku — sortie Nishi-guchi), arrêt Kawaguchikohan.

Mai
1-2. Fête du sanctuaire Minashi-jinja (dont les danses sont considérées comme des « trésors uniques » dans leur technique d'exécution), au village Miya-mura, préf. Gifu. Ligne *Takayama,* gare Hida-Ichinomiya.
3-5. Fête des carpes vivantes, à Saku, préf. Nagano. Ligne Koumi, gare Kita-Nakagomi.
4-5. *Sôja Matsuri,* fête du sanctuaire Hida-Sôja, Takayama, préf. Gifu. Ligne *Takayama,* gare Takayama et car.
10. Fête du sanctuaire Murakami (danses Torigei), Hitoe-gane, à Kamitakara, préf. Gifu. Ligne *Takayama,* gare Takayama et car.

Juin
1er dimanche. Fête de la laque de Kiso, village Narakawa-mura, préf. Nagano. Ligne *Chûô,* gare Kiso-Hirasawa.
5. *Atsuta Matsuri,* grande fête du sanctuaire Atsutajingû, à Nagoya, préf. Aichi. Station de métro Jingûmae, à Nagoya.

Juillet
15. *Take-No-Nobori* (visite du sanctuaire, procession avec de grands drapeaux. A l'origine : prière pour la pluie), dans la station thermale Bessho-onsen, à Ueda, préf. Nagano. J.R. *Shin-etsu,* gare Ueda et bus (ou train privé).
15-16. Danses *Kashima-Odori,* au sanctuaire Kinomiya, à Kinomiya, à Atami, préf. Shizuoka. Ligne *Itô,* gare Kinomiya.
17. *Yabusame* (tir à l'arc à cheval), au sanctuaire Nyaku-Ichi-ôji, à Omachi, préf. Nagano. Ligne *Oito,* gare Shinano-Omachi.
17-18. Fête d'été (avec procession de *geisha* et feu d'artifice), à la station thermale Kami-Yamada-onsen, préf. Nagano. Ligne *Shin-etsu,* gare Tokura et car.
Du 22 juillet au 16 août. Fête de la danse *Kiso,* à Kiso-Fukushima, préf. Nagano. Ligne *Chûô,* gare Kiso-Fukushima.
4e samedi et dimanche. Fête du sanctuaire Tsushima-jinja (procession de lanternes sur le bord de la rivière), à Tsushima, préf. Aichi. Ligne *Meitetsu* (à partir de Nagoya), gare Tsushima.

Août
1. *Mifune-Matsuri* (grande fête avec le tambour Osuwadaiko, et danses), fête du sanctuaire Suwa-jinja, Shimosha, à Shimo-Suwa, préf. Nagano. Ligne Chûô, gare Shimo-Suwa.

1er dimanche. Courses de chevaux, sur le plateau Taka-Botchi, préf. Nagano. Ligne Chûô, gare Shiojiri ou Matsumoto et 50 mn de car (deux services par jour).
15. Feu d'artifice sur le lac Suwa, lac Suwa, préf. Nagano. Ligne *Chûô,* gare Shimo-Suwa.
Vers le 15. *Bon-Odori* (grande fête, où toute la ville danse) à Gujô-Hachiman-machi, préf. Gifu. Ligne *Etsumi-Nan,* gare Gujô-Hachiman, ou en car de Nagoya et Gifu.
24. *Waseda-Ningyô* (Théâtre de marionnettes), au sanctuaire Waseda, à Waseda, à Anan-chô, préf. Nagano, Ligne *Iida,* gare Onda et car.

Septembre

9. *Miya-Matsuri* (procession vers la plage avec des autels portatifs), fête du sanctuaire Yatsurugi-jinja, à Miyamachi, préf. Aichi. Ligne *Tôkaidô,* gare Mikawa-Miya.
14-15. *Hachiman Matsuri,* fête de Takayama (dans la vieille ville), à Takayama, préf. Gifu. Ligne *Takayama,* gare Takayama.
26-27. *Mifune-Matsuri,* fête du sanctuaire Hotaka, à Hotaka, préf. Nagano. Ligne *Oito,* gare Hotaka.
30. Fête du sanctuaire Shingan (avec danses Torigei), Hitoe-gane, à Kamitakara, préf. Gifu. Ligne *Takayama,* gare Takayama et car.

Octobre

2. Fête de *O-Bon* (avec accompagnement au grand tambour) et *Osa-No-Taiko-Odori* (fête de la pluie), Osa, à Tarui, préf. Gifu. Ligne *Tôkaidô,* gare Tarui.
3. *Taimatsu-Matsuri* (procession d'un sanctuaire à un autre, avec des autels portatifs, des torches et l'accompagnement au grand tambour), à la station thermale Asama-onsen, préf. Nagano. Ligne *Shinonoi,* gare Matsumoto et car.
3. *Haruna-Matsuri* (fête où l'on pare les chevaux de décorations), à Nagisomachi, préf. Nagano. Ligne *Chûô,* gare Tadachi.
8-10 (tous les deux ans). *Kankara-Machi* (danse du lion) au sanctuaire Tatsuno-o-jinja, à Kakegawa, préf. Shizuoka. Ligne *Tôkaidô,* gare Kakegawa.
9-10. Grande fête de Takayama, à Takayama, préf. Gifu. Ligne *Takayama,* gare Takayama.
14-19. *Kodaijin,* aux sanctuaires Ogimachi-Hachimangû, Hatogaya-jinja, Iijima-jinja, à Ogi-machi, préf. Gifu. Ligue *Etsumi-Nan,* gare Mino-Shiratori et car, ou ligne *Takayama,* gare Takayama et car.

Novembre

19-20. *Ebisu-Kô* (feu d'artifice), à Nagano, préf. Nagano. J.R. ligne *Shin-etsu,* gare Nagano.
22-24. Fête d'automne, au sanctuaire Togakushi, à Togakushi, préf. Nagano. J.R. ligne *Shin-etsu,* gare Nagano et car.

Décembre

Vers le milieu du mois. Fête de Shimotsuki (avec danse de purification Kagura autour d'une marmite remplie d'eau bouillante), à Kami-mura, Minami-Shinano-mura, préf. Nagano. J.R. ligne *Iida,* gare Hiraoka et car.

L'île de Sado et la préfecture de Niigata

Les monts Echigo et Mikuni dressent leurs sommets à 2 000 m, entre les préfectures de Niigata et Gumma. D'autres montagnes freinent les communications vers l'est et l'ouest. Tout le paysage volcanique s'accompagne de stations thermales et de stations de ski et 85 % de la terre cultivée consistent en rizières. Au large des côtes de Niigata, se trouvent les plus grands champs pétrolifères du Japon.

La préfecture de Niigata se situe sur le chemin de diffusion de la culture de centre-ouest vers le nord. Les abondantes précipitations de neige expliquent l'architecture des maisons, et la patience doublée de docilité qui caractérise les habitants de cette région.

Dans la préfecture de Gumma, les **Jôshûjin** (*Jôshû* est l'ancien nom de *Gumma*) sont plus gais et plus ouverts. Toute la neige tombe derrière les montagnes, côté Niigata, mais les Jôshûjin reçoivent un vent sec, froid et violent en hiver.

Autour de Niigata-Echigo, c'est le *Pays de neige* présenté par Kawabata Yasunari, dans son roman. Toutes les stations thermales et les stations de ski restituent un charme local, particulier à cette région.

Yuzawa

Station de ski, comme Iwappara, Ishiuchi (toutes situées le long du chemin de fer, sur la ligne *Joêtsu*). La neige y est abondante et de qualité, mais la température n'est pas très froide.

Takahan Hotel, tél. 0257-84-3333, et nombreux *minshuku.*

Naoetsu

Rattachée à Takada par la ligne *Shin-etsu.* On peut y voir les maisons spécialement conçues pour la neige avec un toit qui s'avance sur le trottoir. Naoetsu permet d'accéder au port d'Ogi, dans l'île de Sado. En se dirigeant vers la préfecture de Nagano, on pourra s'arrêter sur le plateau Myôkô et dans les nombreuses stations de ski (Myôkô, Akakura, Ikenotaira) qui sont en même temps des stations thermales. Des *ryokan* partout.

L'ILE DE SADO

Très riche en folklore (Nô, marionnettes, danses et tambours *ondeko*), l'île de Sado est aussi appréciée pour le bleu de sa mer et de son ciel. Belles montagnes, excellents poissons et coquillages, nombreuses fêtes et simplicité des habitants, Sado est la destination idéale. En outre, on y trouvera de nombreux sites préhistoriques, et on pourra visiter les mines d'or, où étaient déportés autrefois les prisonniers politiques. De dimension modeste avec un périmètre de 227 km, Sado est la 5e île de l'archipel.

L'île de Sado change complètement avec les saisons. Fin avril, les cerisiers sont en fleur. L'été est annoncé par les azalées, les pivoines et les lis, et atteint son paroxysme pendant le mois d'août, avec des fêtes partout (les réservations d'hôtels sont recommandées). En hiver, la mer du Japon s'abat violemment sur les côtes occidentales de l'île ; les huîtres sont excellentes !

Comment s'y rendre

En train : depuis l'inauguration de la ligne *Joetsu-Shinkansen,* Ueno est relié à Niigata en 2 h 30. Avec la correspondance de l'aéroglisseur, on arrive une heure plus tard à Ryôtsu.

En avion, à partir de Niigata, avec *Shin Chûô Airways.* Quatre liaisons par jour, d'avril à octobre. 25 mn de trajet, tél. à Niigata : 0252-75-4352, et tél. à Tôkyô : 0422-31-4191 (Chôfu).

En bateau, renseignements et réservations à Niigata, tél. 0252-45-1234.
Niigata-Ryôtsu (sur la côte est de l'île), avec *Sado Kisen Ferry,* 2 h 30 de trajet, 8 services par jour en été, 1 730 yens. Le dernier bateau quitte Niigata à 21 h 30, en correspondance avec le train *Shinkansen* de 18 h 10 de Tôkyô-Ueno, et arrive à Ryôtsu à 0 h. Attention, le port de Niigata est à 25 mn à pied de la gare. Prévenir l'aubergiste de votre arrivée tardive : il viendra souvent vous chercher au port. Il existe aussi un service d'aéroglisseur, deux fois plus rapide et deux fois plus cher (liaisons quotidiennes).
Naoetsu-Ogi, avec *Sado Kisen Ferry* en 2 h 40. Deux à quatre départs, 1 910 yens.
Niigata-Akadomari (au sud de l'île) avec *Sado Kisen Ferry,* durée 3 h, 1 ou 2 départs par jour.
Teradomari-Akadomari est le plus court trajet. Fonctionne l'été seulement, départ à 9 h 10, arrivée à 11 h 10.

Où séjourner

L'île de Sado ajoute à sa beauté naturelle une extraordinaire qualité d'accueil. Tous les voyageurs français reviennent plutôt enthousiasmés, et fiers de nouvelles adresses d'auberges où ils se sont fait dorloter. Alors, pour ceux qui, dans leur voyage au Japon, seraient arrivés jusqu'à Sado sans encore dormir une seule fois sur des *tatami* ni se frotter à la vie familiale locale (c'est votre cas ? relisez le guide Arthaud), c'est le moment ou jamais. On vous conseille surtout l'auberge Yunozawa, Niigata Sado Kanai. Tél. 02596-3-2027, dans le centre de l'île, à une heure environ du port de Ryôtsu.

Une autre adresse à **Niibo** (20 mn de bus de **Ryôtsu**) a fait la joie de voyageurs français : chez M. **Honda** Yohachiro, membre de la société pour la préservation du théâtre de poupée de Sado, situé, 734, Shomyoji, Niibo. Tél. 02592-2-2316.

Sinon, le *Ryôtsu Kankô Center* (tél. 02592-3-3300) pourra se charger à votre place de n'importe quelle réservation d'auberge et d'hôtel. A Ryôtsu même, signalons les hôtels de la source thermale Shiizaki.

Les campings sont surtout nombreux dans le Nord de l'île ou dans les montagnes du Centre. Les *minshuku* ne manquent pas non plus, surtout à Moura, Futatsugame, Takashita ou Ogi. A **Hirane,** *Wakamesô* (tél. 02597-5-2741), mais aussi hôtel dont le bain est alimenté par la source thermale et donne sur la mer ; *Hôtel Hirane,* au cap Hirane, tél. 02597-5-2326.

Location de voitures et de bicyclettes à Ryôtsu.

Le bureau d'information touristique à **Ryôtsu** vous remettra une carte avec les principales curiosités de l'île. La superficie limitée de l'île permet d'en faire le tour en trois jours. On pourra voir les pêcheuses de perles au sud de l'île et les plus belles côtes au nord, près de Futatsugame.

Les montagnes de la préfecture de Nagano

Région de hauts sommets et de parcs nationaux, à l'écart des grandes routes de passage du Tôkaidô et du Hokuriku, la préfecture de Nagano garde ses traditions particulières de « culte des montagnes », surtout à Tateyama, Ontake-San et Togakushiyama (voir : *Yamabushi* dans « Le Japon de A à Z »).

D'autre part, les villes de Nagano et Komoro, ainsi que d'autres lieux célèbres de la préfecture, servent de cadre aux romans de l'écrivain de l'époque Meiji *Shimazaki Tôson,* et sont devenus ainsi très populaires.

La sériciculture est parmi les principales industries de la région, et les nouilles de sarrasin *(soba)* sont une spécialité de la préfecture.

Les montagnes de Nagano sont la destination préférée de tous les amateurs de montagne et des randonneurs. A pied, on conseillera des *haikingu,* à partir de l'étang Daiza-Hôshi (car à partir de Nagano), de Mine-no-chaya (à 25 km en car de Naka-Karuizawa). On pourra se fier à la carte Karuizawa, au 1/50 000.

KOMORO ET KARUIZAWA

Au pied du volcan **Asama** (toujours actif), Komoro, ancienne cité médiévale, est le point de départ d'excursions dans le Jôshin Etsu Kôgen (parc national).

Karuizawa, 940 m d'altitude, est une station estivale vers laquelle toute l'intelligentsia japonaise et maintenant les étrangers se dirigent l'été pour échapper à la chaleur humide de Tôkyô. A partir de Karuizawa, possibilité d'ascension du mont Asama. Les deux derniers kilomètres avant le cratère sont interdits d'accès depuis la dernière éruption. Nombreux *ryokan* et *minshuku* à Karuizawa. Réservation *minshuku,* tél. 0267-42-2491.

Accès en train

Tôkyô (Ueno) - Karuizawa, 150 km, 2 h en rapide *(tokkyû)* et 2 h 30 en express *(kyûko).* 25 mn en train express de Komoro à Karuizawa.

NAGANO

La ville s'est développée à partir du temple Zenkôji au VIIIe siècle. C'est maintenant un centre administratif et économique, dont la population dépasse légèrement 300 000 habitants.

Accès en train

De Tôkyô (221 km) par la ligne *Shinetsu :* 3 h en rapide, et 3 h 50 en express.

D'Osaka (443 km) : trains rapides sur les lignes *Tôkaidô, Chûô* et *Shinonoi* (5 h 50).

De Nagoya (252 km) : trains rapides lignes *Chûô* et *Shinonoi* (3 h 22).

De Matsumoto (63 km), train express, ligne *Shinonoi.*

Où loger

En ville, le **Nagano Hotel,** appelé aussi Saihô-kan, et le **Palace Hotel** (près de la gare) sont deux *business* *hotels* confortables et de prix raisonnable.

A voir dans les environs

Le temple Zenkôji à 2 km de la gare, en bus. C'est un grand centre religieux qui attire toujours des foules de pèlerins et de touristes.

C'est à Obusei, à 20 mn de train de Nagano que le peintre **Hokusai** a passé les dernières années de sa vie. Les amateurs feront le pèlerinage et ne manqueront pas de se rendre au petit musée qui lui est consacré : *Hokusai-Kan.* (Tél. 02624-7-5206).

Au nord-est de Nagano, le **mont Togakushi** (car à partir à Nagano) est surtout connu pour les cultes *Shugendô,* religion syncrétique du bouddhisme, shintoïsme et du culte des montagnes (voir *Yamabushi* dans « Le Japon de A à Z »). On pourra voir le grand sanctuaire **Togakushi** non loin du village-rue de Togakushi, où se succèdent toutes les boutiques d'artisanat de bambou. Nombreux *minshuku* à Togakushi, réservation par l'Office du tourisme, tél. 0262-54-2566.

En continuant la route des montagnes Nagano-Togakushi, on arrive à la station thermale de **Myôkô,** accès en train par la gare de Myôkô-Kôgen. En hiver, les auberges de Myôkô abritent tous les skieurs (possibilité de skier la nuit) et en été, les randonneurs et vacanciers qui viennent se reposer près du lac Nojiri. Accès au lac Nojiri en train, à partir de la gare de Kurohime.

Autour du lac, nombreux *minshuku.* Réservation par l'Office du Tourisme de Kurohime, tél. 02625-5-3226. Location de vélos (compter 1 h 30 pour faire le tour du lac), de barques, de bateaux à moteur et possibilité de faire du ski nautique, entre le 20 avril et le 30 octobre, et du 1er au 20 novembre. S'il y a des clients, circuits en bateau autour du lac.

Akakura, Ikeno-Taira, Tsubame, Seki sont, comme Myôkô, des stations thermales et des stations de ski. Elles sont accessibles en car à partir de Myôkô-Kôgen, sauf Seki, qu'on atteint à partir de la gare de Sekiyama.

LES AUTRES CENTRES D'INTERET DE LA REGION

Plateau Shiga-Iiyama

Shiga Kôgen est un plateau parsemé de nombreuses sources thermales, et l'une des plus grandes stations de ski du Japon. En hiver, toutes les stations thermales de **Yudanaka, Shin-Yudanaka, Hoshikawa, Honami, Andai, Shibu, Kanbayashi, Kakuma, Maruike, Hoppo, Kidoike** et **Kumanoyu** accueillent les skieurs. A **Jigokudani,** on pourra voir dans les bains en plein air alimentés par la source thermale *(rotenburo)* des singes se baigner. On se rendra à Shiga Kôgen en car, à partir de la gare de Yudanaka (ligne privée à partir de Nagano). A partir de Tôkyô, compter en train express 5 h.

Réservation *minshuku* à **Maki** (près de Shiga Kôgen) par l'Office du tourisme, tél. 02624-2-2250. Vers Yamada et Okuyamada, réservation *minshuku* au 02624-2-2477. Dans les autres stations thermales, on ne trouvera que des *ryokan.*

Chino

Chino est une bourgade de 48 000 habitants, située entre la très belle montagne de Yatsu Gatake et le lac Suwa. C'est la gare d'accès au plateau de Tateshina (ligne de chemin de fer *Koumi,* qui passe par le point le plus élevé), lieu de villégiature idéal avec campings, manèges d'équitation, location de vélos, bateau, patinage sur le lac.

Suwa

Station thermale qui attire skieurs et curistes d'une part, et pèlerins d'autre part dans les grands sanctuaires vermillon de Shimo et Kami-Suwa (à 5 km l'un de l'autre). Accès par la gare de Kamisuwa, 3 h en train express, à partir de Tôkyô (Shinjuku). Le plateau de Kirigamine, à 10 km au nord-est de Suwa, est idéal pour le ski en hiver. Très nombreuses auberges.

Matsumoto

C'est le second centre industriel et commercial de la préfecture après Nagano. Au cœur de la ville, le *château du corbeau* est l'un des plus impressionnants du Japon. En car, à partir du terminal de cars de Matsumoto, on pourra se rendre au plateau **Utsukushigahara** perché à 2 000 m d'altitude, qui constitue un belvédère exceptionnel pour toutes les montagnes de la région. On s'arrêtera de préférence à Ogahana et Ogatô. Deux itinéraires sont possibles, mais le plus fréquent est celui de l'autoroute à péage Utsukushigahara Skyline. Compter 1 h 50. Cars à partir de Shimosuwa et Ueda.

Accès à Matsumoto : en train, à partir de Tôkyô (Shinjuku), 235 km, 3 h 17 en rapide. Osaka, 380 km, 5 h en rapide. Nagoya, 190 km, 2 h 30 en rapide. Nagano, 63 km, 51 mn en rapide.

Kamikôchi

A 1 500 m d'altitude, le bassin est entouré de hauts sommets : le mont **Okuhotaka-Dake** (3 190 m), le 3e sommet du Japon, et le mont **Yariga-Take** (3 180 m), surnommé le « roi des Alpes japonaises », sont d'ascension réservée aux alpinistes chevronnés.

Accès : à Matsumoto, ligne privée jusqu'à Shinshimajima, et car à partir de *Shinshimajima bus terminal* jusqu'à Kamikôchi. Entre début novembre et avril, les cars s'arrêtent à Sawatari ; il reste 1 h 30 à pied jusqu'à Nakanoyu. En voiture, on peut monter jusqu'à 2 700 m (reste 1 h 30 à pied) sur le mont Norikura. Les cars circulent entre juillet et octobre de Shinshimajima (compter 2 h).

Le Hokuriku et la péninsule de Noto

Le Hokuriku correspond à la partie nord du toit du Japon. Les chaînes de montagnes de Hida, Tateyama et Ushiro-Tateyama dressent vers l'est leurs sommets, de plus de 3 000 m d'altitude, traversés par de nombreux torrents qui alimentent des centrales hydrauliques. De Naoetsu à Takaoka, la plaine côtière est très étroite. La baie de Toyama et la péninsule de Noto interrompent la monotonie de cette côte. Le Sud est une région de forte population et d'industrialisation autour de Kanazawa, mais aussi région d'une grande humidité, favorable à la production de soie et de fibres chimiques. Toute la province est enfouie sous la neige en hiver. En avril et mai, le grand vent qui vient des montagnes crée un phénomène de *fœhn,* et réchauffe soudain la température.

Pendant longtemps, le Hokuriku est resté un pays isolé, très mal desservi par les moyens de transport. Venant de la préfecture de Niigata, et se dirigeant vers les vallées de Toyama, la ligne de chemin de fer s'arrête à Jôhana. Les bus en direction de Shirakawa-Gô ne sont pas très fréquents. En revanche, la route, refaite en 1974, est excellente et magnifique.

La préfecture du Toyama surtout s'est distinguée politiquement et culturellement du reste du pays. A la fin du XIIe siècle, d'abord, des fugitifs du clan Taira s'étaient réfugiés autour de Gokayama, après avoir essuyé une défaite avec le clan Minamoto. Puis, à partir du milieu du XVIe siècle, la secte bouddhiste Ikkô contrôle le pays, de concert avec les petits seigneurs, après l'insurrection d'Ikkô-Ikki, contre les grands noms du pouvoir seigneurial.

A Wajima, dans la péninsule de Noto, et sur la route qui conduit de Jôhana à Gokayama et Shirakawagô, on verra ces immenses maisons aux toits de chaume qui tombent jusqu'à terre, et qui abritaient les familles sur 3 ou 4 générations.

D'autre part, la secte amidiste Jôdoshinshû, très implantée dans cette région, explique l'agencement de la maison conçu pour les cérémonies religieuses. En plus de la beauté des sites et des stations thermales, le Hokuriku mérite un séjour prolongé à cause de l'attrait historique des villes de Kanazawa et Takaoka. Les danses de tambours *(gojinjo-daiko)* de Wajima, et les chansons populaires que l'on rythme avec des instruments de bois, comme le *sasara* (assemblage souple de morceaux de bois qui s'entrechoquent comme des castagnettes) ou tout simplement les deux baguettes de bambou du *kokiriko,* qu'on frappe en faisant pivoter les mains selon un ordre précis, sont d'autres éléments d'un folklore riche.

Dès le milieu de l'époque des Tokugawa, les marchands de médicaments du Toyama se firent connaître dans tout le Japon, en profitant de la saison creuse de l'agriculture pour vendre leurs produits sur toutes les routes. Parmi les autres productions artisanales de la région, on trouvera les céramiques colorées de Kutani, le damasquinage et la teinture de Kaga, les broderies, les autels et objets du culte amidiste et la laque à Wajima.

Dans le Hokuriku, un moyen de transport individuel est très recommandé. Beaucoup de routes ne sont pas encore desservies par les bus ou les trains. Les horaires de bus sont fantaisistes et les services sont souvent suspendus en hiver. Quitte à être bloqué dans une vallée, on se consolera avec les spécialités culinaires de la région, comme le crabe echizen et les crevettes douces.

Accès

En train. Au départ de Tôkyô : ligne *Shinkansen-Kodama* jusqu'à Maibara, et changer pour la ligne principale *Hokuriku*. Au départ d'Osaka : ligne directe par Fukui, Kanazawa et Wajima.

En avion. A.N.A. dessert Toyama, à

partir de Tôkyô et Komatsu (Kanazawa), à partir de Sapporo, Sendai, Tôkyô et Fukuoka.

En auto, stop ou moto. Route nationale n° 8.

LA PENINSULE DE NOTO

On peut en faire le tour en car, au départ de la gare de Kanazawa. Toute la péninsule vaut la peine d'être vue, mais on conseillera surtout de rester à Wajima ou à Hakui.

Wajima

Rassemble tous les touristes qui viennent admirer les rizières en terrasses plongeant dans la mer sur la côte nord de la péninsule. L'Ouest de la ville est un port de pêche d'où déménagent entre juin et octobre les pêcheurs, pour l'île Hegura-Jima, à 48 km de là, tandis qu'à l'Est est concentrée l'industrie de la laque. La laque de Wajima, très belle et solide, a une tradition de 1 000 ans. On peut visiter les ateliers. Visiter aussi, à Wajima, les maisons des familles Kami-Tokikuni et Shimo-Tokikuni, descendants du clan Taira.

A Wajima se tient tous les jours finissant par 4 et 9, de 8 h à 11 h dans la rue Kawai-chô, un marché très pittoresque *(Asaichi)*.

Du 20 mars au 10 novembre (sauf le 31 juillet et le 1er août), on pourra voir tous les soirs au sanctuaire Kasuga, trois ou cinq hommes masqués frapper sur des tambours et danser les *Gojin-jo-Daiko,* ces danses de tambour qui étaient destinées à l'origine à encourager les soldats au moment de l'attaque.

Nombreux *minshuku* à Wajima.

Camping à **Sodegahama,** à un quart d'heure à pied de la gare de Wajima, et à Uchiura-machi en bord de mer, à 25 mn à pied de la gare de Matsunami. Six *minshuku* et un camping (ouvert d'avril à octobre) au « coude » de la péninsule, sans doute le meilleur belvédère de la mer du Japon. Accès en 1 h de car, à partir de Monzen. Accessible aussi en car à partir de la gare de Anamizu, sur la ligne J.R. *Nanao*.

Hakui

Le temple **Myôjôji** de la secte Nichiren est le plus grand temple de la région.

Minshuku à foison.

LE HOKURIKU

Kanazawa

A 79 km au nord-ouest de Fukui et à 64 km à l'est de Toyama. Au début de l'époque Edo, la province de Kaga se distinguait des autres régions du Japon par une production de riz supérieure à un million de *koku* (1 *koku* égale 150 kg). Plutôt que de privilégier une politique militaire, le troisième seigneur de Kanazawa, Maeda Toshitsune, y encouragea les arts et invita des savants. Voilà déjà de quoi rendre une ville agréable !

Ajoutez que cette petite ville est assez éloignée sur la côte de la Mer du Japon pour avoir échappé aux bombardiers américains, et vous comprendrez son surnom japonais de « petite Kyôto ». La ville s'est développée autour de son château (détruit par un incendie en 1881. Il ne reste plus qu'une tour et le portail Ishikawamon d'origine). Les seigneurs Maeda, concurrents des Tokugawa, furent assez prudents pour bien protéger leurs temples à l'entrée de la ville. La visite du *Myôryûji,* le temple des *ninja* (hommes-espions assez habiles pour se glisser partout et disparaître sans laisser de traces et héros des grands récits du XVIe siècle), donne aujourd'hui une bonne idée des ruses et des pièges avec lesquels les seigneurs se tenaient en respect à l'époque Edo. Le *Myôryûji* ne compte pas moins de 29 escaliers avec trappes permettant d'accéder ou de fuir vers 22 des 23 pièces du temple.

Les amoureux de temples et de vieilles maisons en bois et papier n'auront que le choix à Kanazawa. Dans le quartier *Teramachi* (près du *Myôryûji*) pour les temples, et dans celui de *Nagamachi* pour les maisons plus ou moins anciennes à découvrir derrière de longs murets couverts de tuile. *Saihitsu-An* est une ravissante maison datant d'un siècle, propriété jadis d'un adepte de la cérémonie du thé. Aujourd'hui, c'est un musée explicatif de la teinture *Yuzen*. Visite de rigueur pour tout savoir sur cette technique inventée au XVIIIe siècle et permettant de teindre relativement facilement la soie la meilleure marché. Quelques vieilles façades de bois aussi dans les anciens quartiers de geishas : le quartier est, près du pont Ohashi sur la rivière Asanogawa (avec visite possible de la maison Shima), est un peu mieux préservé que le quartier ouest, près de la rivière Saigawa.

Le jardin *Kenrokuen* est officiellement l'un des plus beaux du Japon avec ceux d'Okayama, Mito et Takamatsu. Le dépliant en anglais remis à l'entrée à tout visiteur *gaijin* s'acquittant de son droit d'entrée explique que l'idée de base du jardin japonais est « de vivre en harmonie avec la nature, et non pas de la conquérir comme il semble que cela en soit la tendance dans les jardins plus artificiels d'autres pays ». Une armée impressionnante de jardiniers s'occupe pourtant à ramasser les moindres feuilles mortes et à tailler toute plante qui pousserait un peu trop loin des limites imparties. Avec ses 10 ha, *Kenrokuen* est certainement l'un des plus grands parcs japonais. Planté sur 200 ans, son immense variété d'arbres et de fleurs en font un parc dont les couleurs changent tous les jours. A l'extrémité sud-est du parc, *Seison-kaku* est un palais construit en 1863 sous les ordres de Maeda Noriyasu, à l'intention de sa mère. Les seigneurs Maeda ne laissaient certainement pas leurs parents vivre leur retraite à l'étroit. Les pièces immenses de *Seison-Kaku* ont été décorées par les artistes les plus renommés de la région à l'époque.

Kanazawa présente ses traditions artisanales dans son musée préfectoral d'Ishikawa, non loin de *Seison-Kaku*. Pour les achats de *Kaga-Yûzen* (les mouchoirs sont plus abordables que les kimonos), de poterie *Kutani* (à l'émail de couleur vive), de laque, de papier *washi* fabriqué à Futamata ou les bibelots taillés dans le pawlonia... les boutiques ne manquent pas près du château ou en ville. Kanazawa est aussi réputé pour un certain mobilier, difficilement transportable s'il venait à tenter le voyageur français : les autels bouddhiques !

Accès à Kanazawa. Une heure par avion jusqu'à l'aéroport de Komatsu à partir de Tôkyô. En train de Tôkyô : *Joetsu Shinkansen* jusqu'à Nagaoka

(1 h 30) et train rapide Nagaoka-Kanazawa, 3 h 10. Ou bien Ueno-Kanazawa direct par le rapide, 6 h 40. A partir d'Osaka, 3 h en train rapide, ligne J.R. *Hokuriku.* Car à partir de Nagoya, en passant par Shirakawago, 9 h (ne fonctionne pas l'hiver).

Où loger. Le syndicat d'initiative en face de la gare (Tél. 0762-31-6311) peut se charger des réservations. Nombreux *minshuku. Ryokans* pour toutes les bourses. Le plus économique, *Murataya,* 1-5-2 Katamachi. Tél. 0762-63-0455, 3 800 yens. Le plus cher, l'hôtel *Hakuunro* à *Yuwaku Onsen :* jusqu'à 50 000 yens par personne. Deux temples : Kôganji (Tél. 0762-41-2280) et *Chôkyûji* (Tél. 0762-41-2727). Et bien sûr, des hôtels à l'occidentale. Comme bien d'autres villes de province, Kanazawa souhaite ardemment « s'internationaliser », c'est-à-dire se faire connaître du monde entier. Pour cela, elle s'est équipée d'hôtels, tels l'Hôtel international ou le New Grand Hotel, qui permettent aisément de se croire n'importe où, sauf au Japon.

Les fanatiques de stations thermales feront étape à *Yuwaku Onsen* au sud-ouest de Kanazawa (45 mn par le bus n° 12), d'où il est très facile de visiter le **village Edo,** ensemble reconstitué de maisons et boutiques de l'ère Edo.

Autres informations pratiques. Il est possible de louer des bicyclettes à Kanazawa. Si vous choisissez de vous déplacer en autobus, prenez un forfait des Hokutetsu bus, 650 yens la journée.

Eiheiji

Le plus grand centre de la secte Zen au Japon (branche *Sôtô*). Soixante-dix temples se répartissent sur une superficie de 330 000 m^2, entourée de vieux cryptomères de 600 ans. On peut visiter quelques temples du Eiheiji, tous les jours entre 5 h et 17 h. La visite dure environ 1 h 30 et doit respecter quelques principes : marcher à gauche dans le couloir, silence, etc.

Les voyageurs sont admis à dormir au temple à condition de se plier à la vie monacale : lever à 4 h (en hiver) et 3 h en été, et exercices de méditation *zazen* jusqu'à 6 h du matin. Puis écoute des *sûtras,* au *Hattô,* temple principal où se réunissent les moines. Après le déjeuner de midi, *zazen* de 14 h à 15 h 30, suivi de la lecture des *sûtras* jusqu'à 17 h : heure du dîner. Après le *furo* à 18 h, et qui a lieu une fois tous les cinq jours, dernier *zazen* de 19 h à 20 h 30. Les repas sont très succincts : bol de riz, quelques légumes fermentés et de la soupe à base de *miso.*

Tous les voyageurs ne sont pas automatiquement admis au temple. Souvent, on passera deux ou trois jours à l'auberge de jeunesse avant d'être invités par les moines à partager leur vie. En hiver, il fait très froid au Eiheiji. Voir calendrier des fêtes pour les principaux événements qui s'y déroulent.

Auberge de jeunesse de Eiheiji : Eiheiji Monzen Y.H., 22-3, Shihi, Eiheiji-machi, tél. 07766-3-3123. A 5 mn à pied de la gare Eiheiji.

Les préfectures de Toyama et Gifu

La région des maisons gasshô

Le terme *gasshô,* d'après les caractères chinois qui le composent, signifie « prier les mains jointes ». Les maisons *gasshô* sont d'immenses constructions de bois à plusieurs étages dont les toits de chaume très inclinés, au point d'évoquer les mains jointes pour la prière, contrastent avec les maisons aux toits de tuile en pente que l'on verra de Takaoka à Jôhana.

Ces maisons, apparues au milieu de l'époque Edo, abritent une même famille sur trois ou quatre générations. Les pièces d'habitation sont toutes au rez-de-chaussée, alors que la partie supérieure sert à l'élevage des vers à soie et au stockage du riz.

La plus grande densité de maisons *gasshô* se trouve au village de **Shirakawagô,** accessible uniquement par la route. La ligne de chemin de fer qui longe la mer du Japon s'arrêtant à Jôhana. **Jôhana** est une charmante localité dont le temple Zentokuji rassemble tous les jours des centaines de fidèles ; festivals le 15 mai et le 15 septembre.

La route de Jôhana à Gokayama et Shirakawagô, refaite en 1974, se faufile entre les montagnes et passe par plusieurs villages où on trouvera encore beaucoup de maisons *gasshô*. On conseillera cette route magnifique surtout entre mai et décembre, avant que la neige ne gêne, voire n'interdise, toute circulation. C'est dans cette région **Gokayama** à « cinq vallées » qu'ont été exilés les hommes du clan Taira.

On trouvera facilement des *minshuku* dans tous les villages. A **Taira,** à trois quarts d'heure de car de Jôhana, réservation *minshuku* au : 07636-6-2426. A Kami-Taira (25 km de Jôhana), réservation au : 07636-7-3211.

Un peu plus loin, **Suganuma** est un hameau, uniquement de maisons *gasshô,* dont deux font *minshuku*. Gentillesse et simplicité n'excluent pas une certaine excentricité.

Sur cette route qui mène à Shirakawagô, les cars ne sont pas fréquents. A **Nishiakao,** à 10 km au sud de Suganuma, on pourra visiter une maison *gasshô* de 260 ans dans laquelle habite une famille de six personnes.

Shirakawagô regroupe 90 maisons *gasshô*. Réservation des *minshuku* par l'Office du tourisme, Tél. 05769-6-1013. Les *minshuku* les plus excentrés sont peut-être les plus sympathiques. Mais partout, l'accueil est à la mesure de la beauté des maisons. A Shirakawagô, on pourra visiter des sortes de micro-villages de maisons *gasshô*. Magnifique balade garantie. De Shirakawagô, liaison de car jusqu'à Nagoya : le trajet dure 5 h 30, 4 150 yens, départ de Hatogaya.

Plutôt que de retourner directement vers la plaine, on conseillera la route de montagne qui mène à Takayama.

Pour se rendre à Takayama

De Shirakawagô, changer à Makito. Compter environ 3 h 30 pour faire la liaison, y compris le temps d'attente pour la correspondance. Les cars sont rares en hiver (3 services par jour en février). Vérifier les horaires à l'auberge.

TAKAYAMA

C'est une des villes les plus attachantes du Japon. Petite bourgade, au cœur des « Alpes japonaises », Takayama n'a jamais dépassé un cadre provincial. Jamais soumise non plus aux bombardements, la ville a gardé ses vieilles maisons de bois et de papier, et un rythme de vie très paisible. On n'a aucun mal à s'imaginer 100 ou 200 ans en arrière, à l'époque où les hommes qui faisaient coulisser les portes à claire-voie derrière les enseignes de coton avaient les cheveux tirés en chignon et le haut du crâne dégarni.

Deux jours ne seront pas de trop pour découvrir :

Kamisan no machi, « la vieille ville », avec ses distilleries de *saké,* marquées d'énormes boules de sapin. C'est là qu'on suivra le processus de fabrication du saké (41 jours de fermentation) et qu'on goûtera le saké nouveau *(amazake).* On y verra aussi toutes sortes d'artisans (graveurs sur bois, sculpteurs, laque).

Un marché se tient tous les matins *(asaichi)* à côté de l'ancien siège du gouvernement local *(jinya),* le long de la rivière Miyagawa. Avec Hakodate, Wajima et Kôchi, Takayama reste l'une des rares villes japonaises à avoir conservé sa tradition de marché.

Minzoku-mura, le musée du village de Hida regroupe une quinzaine de maisons à toits de chaume, vieilles de 200 à 500 ans, toutes importées du village de Shirakawagô. Elles mettent en évidence l'architecture mais aussi le mode de vie des paysans de Hida, pendant l'époque Edo. Ce musée s'étend sur 600 m et est parsemé de boutiques de cadeaux et souvenirs de la région, ainsi que de cafés et restaurants. Bus n° 4 à partir de la gare, direction Hida-no-sato.

Voir également le musée de la laque *(Shunkeikaikan),* le musée d'art populaire *Kusakabe mingeikan,* le temple *Shôrenji* et, par temps clair, le château qui permet d'avoir une vue superbe sur toutes les « Alpes » du Nord.

Renseignements pratiques

Location de bicyclettes, de voitures, et informations touristiques près de la gare.

Réservation auberges. Tél. 0577-33-8501. Réserver une semaine en avance en été et pour les grandes fêtes des 14-15 avril et 9-10 octobre. Très belle auberge de jeunesse.

Les achats : tissages, *saké,* ombrelles *janome* et *wagasa* (fabriquées à Gifu), laque, sculptures sur bois.

Dans les auberges de Takayama, on goûtera les légumes de montagne, la spécialité de *miso* grillé et des *soba.*

En hiver, *l'enneigement* rend les monts quelquefois impraticables. Il sera toujours prudent de vérifier les horaires de cars.

Accès à Takayama

Nagoya - Takayama, 166 km, 3 h en rapide. *Gifu - Takayama,* ligne *Takayama,* 2 h 48 en express. *Osaka - Takayama,* 296 km, 5 h 23 en express, pas de rapide direct.

Les environs

La région de Takayama se prête parfaitement aux promenades en montagne avec étapes dans des sources thermales avec bains en plein air.

A deux heures de route, en se dirigeant vers l'est (car à partir de l'hôtel Yari à Takayama), on pourra se rendre à la station thermale **Shin-Hotaka,** par le col Hirayu. Bain en plein air alimenté par la source thermale. A partir de **Shin-Hotaka,** nombreuses excursions possibles dans les montagnes, toutes bien indiquées. A moins de ne faire un grand détour pour se rendre à **Kamikôchi,** il sera impossible de franchir la barrière de montagnes.

LA REGION DE KISO

La région de Kiso est parsemée de petites villes aux maisons anciennes de l'époque Edo. Magome (où a vécu l'écrivain Toson Shimazaki), Narai et Tsumago, anciennes étapes de la route Edo-Nagano, sont les plus merveilleux villages du Japon quand on les découvre seul. A éviter absolument les jours fériés quand tout Nagoya s'y déverse pour consommer et photographier. Des sentiers de randonnée épousent presque cette ancienne route Edo-Nagano. On se rend à Tsumago par la ligne *Chûô* (Tôkyô - Matsumoto - Nagiso). Compter 1 h 30 pour Matsumoto-Nagiso, puis car (départ toutes les 2 heures) pour Shiroyamaguchi (destination Magome, 7 mn de trajet). Autre accès à partir de la gare Nakatsugawa de la ligne Chûô : départs de car pour Magome fréquents.

Les autres centres d'intérêt du Chûbu

TATEYAMA, KUROBE ET OMACHI

C'est à partir de Toyama que l'on pourra prendre la très belle route de montagne Tateyama-Kurobe. Les **mont Tateyama** avec le mont Fuji et le mont Haku-san (près de Shirakawagô) sont l'une des trois montagnes sacrées du Japon. On pourra en faire l'ascension à pied à partir de **Murodô** (2 h 30). D'avril à octobre, des refuges de montagne sont ouverts à Murodô, Midagahara, Raichôsawa, Mikurigaike et Ichinokoshi. *Kokumin Shukusha* à Kamaya Onsen, tél. 0764-81-1301 ainsi qu'à Midagahara (tél. 0764-42-3535).

De Tateyama à Shinano-ômachi, la traversée des montagnes d'ouest en est est superbe, mais peu commode. Seules les voitures professionnelles sont autorisées à prendre cette route. Les autres voyageurs devront emprunter funiculaire et cars, pour parcourir ce trajet extraordinaire mais très cher, compter 9 900 yens par personne. Cette route permet d'apprécier le mont Tateyama (3 000 m), autrefois centre de culte des montagnes (voir *Yamabushi*), et la cascade **Shômyô :** 350 m de haut et 15 m de large. On pourra se rendre à pied à la cascade en 2 h, à partir de la gare Tateyama.

NAGOYA

Accès à Nagoya

366 km à l'est de Tôkyô.

En train. Super-express Hikari de la ligne *Tôkaidô,* 2 h, 10 100 yens à partir de Tôkyô.

En car. Les *Highway Bus :* 16 départs entre 6 h 30 et 16 h 20, de la gare de Tôkyô (voir "Tôkyô"), et cars de nuit *Dream,* départ à 23 h 20. Arrivée après 6 h de route. Cars Dream, 6 000 yens avec réservation.

Réservation à la gare de Tôkyô, tél. 215-0489. Les cars s'arrêtent à Numazu, Shizuoka et Hamamatsu (les *Dream* sont directs).

En avion. A.N.A., J.A.L. et J.A.S. desservent Nagoya, à partir de Sapporo, Hakodate, Akita, Hanamaki, Sendai, Niigata, Nankishirahama, Matsuyama, Kôchi, Oita, Fukuoka, Nagasaki, Kumamoto, Miyazaki, Kagoshima et Okinawa.

En bateau. Depuis Sendai et Tomakomai par *Taiheiyô Ferry*.

Où loger

Business Hotel Dai-ichi Wahington, 3-18, Nishiku-chô, Naka-ku, tél. 052-951-2111, chambre simple à partir de 4500 yens, ou, dans une catégorie supérieure, le **Castle Plaza Hotel** (env. 13000 yens). Tél. 052-582-2121 et le **Nagoya Kankô Hotel** (231-7711).

Un syndicat d'initiative se trouve à l'intérieur de la gare. On pourra y demander un plan de la ville et des environs.

A voir

Nagoya, 4e ville de l'archipel avec 2070000 habitants, est un grand centre industriel et administratif reconstruit après les bombardements de la guerre. Le château, restauré en 1959, ne devra pas décider de l'étape touristique, sauf en période de festival, du 10 au 20 octobre, lorsque cérémonie du thé, concerts de *koto* et diverses manifestations se déroulent dans le parc du château.

En revanche, le musée **Tokugawa** (ouvert tous les jours de 10 h à 16 h, sauf le lundi et fermé du 25 décembre au 1er janvier) qui abrite une partie des *Emakimono* du *Genji-Monogatari,* ainsi que d'impressionnantes collections de bols pour la cérémonie du thé pourrait suffire à attirer des visiteurs, si ses collections étaient un peu plus souvent exposées. Mais chaque fois que nous nous sommes rendus à Nagoya, le musée avait de bonnes raisons de ne pas dévoiler ses trésors. A côté du musée Tokugawa, le musée **Hôsa-Bunko** expose des collections de documents rares. Ces deux musées sont à 20 mn de bus de la gare de Nagoya (destination Jiyûgaoka, Chagasaka).

Autre collection très intéressante mais d'accès difficile : les statuettes bouddhiques du moine *Enkû* au temple Arako-Kannon. A voir le samedi seulement et de 13 h à 16 h (25 mn en car à partir de la sortie ouest de la gare de Nagoya. Destination Shimono, Isshiki, descendre à Arako-chô). Le moine bouddhiste *Enkû* (1632-1695) était originaire de la région de Nagoya, mais on retrouve les statuettes de bois qui ont pris son nom dans tout le Japon.

Le sanctuaire **Atsuta** est le 2e sanctuaire de la famille impériale après Ise. Le 1er mai, on y verra un spectacle de *Bugaku,* le 4 mai, les rites *Shinyo Tôgyô Shinji,* et le 18 juin, fête du repiquage du riz. Le *Bunka-den,* à l'est du jardin, abrite peintures et masques de *Bugaku.*

LES ENVIRONS DE NAGOYA

De Nagoya, on pourra se rendre au sanctuaire d'Ise et à Toba. (Voir : *Kinki.*)

Seto

A 29 km au nord-est de Nagoya.

Setomono, au Japon, est devenu synonyme de faïence. A voir le musée de céramiques et puisqu'il faut faire un choix parmi la quantité impressionnante d'ateliers, nous recommandons celui de Rokubé-Tôen, tél. 0561-82-4585. Les troisièmes samedi et dimanche de septembre c'est le grand marché de porcelaine, le long de la route nationale n° 246.

Accès en train par la ligne privée *Meitetsu Seto,* à partir de la gare de Sakae-machi, à Nagoya, 40 mn de trajet, trains toutes les 15 mn ; ou en car J.R., à partir de la gare de Nagoya, 1 h 10 et treize départs par jour.

Tajimi

A 5 km au nord de Seto, Tajimi est à visiter pour son musée de la céramique *(Gifuken Tôjiki Chinretsukan),* ouvert de 10 h à 16 h, fermé le lundi et les lendemains de jours fériés.

Inuyama

A 24 km au nord de Nagoya. Autour d'un des plus anciens châteaux du Japon, la petite ville d'Inuyama reçoit en fin de semaine les citadins de Nagoya et en été tous les amateurs de pêche aux cormorans sur la rivière Kiso, baptisée le « Rhin du Japon ». On ne trouvera que des *ryokan* à Inuyama, en général assez chers. L'hôtel **Meitetsu** (chambres japonaises et à l'occidentale, cher) est situé à côté du très beau jardin *Urakuen.* Auberge **Hakuunsô,** à 8 mn à pied de la gare, tél. 0568-61-0003 et Minshuku Yayoi, tél. 0568-61-0751.

A Inuyama, on pourra voir également le parc aux singes et le petit sanctuaire de **Momotarô** (accès en bateau à partir du pont Inuyamabashi), et le four de céramique de **Gotô Takao.** Accès en train, par la ligne *Meitetsu - Inuyama,* départ de la gare Shin-Nagoya, 45 mn de trajet.

C'est à partir d'Inuyama qu'on se rend (en car) au village **Meiji** (ouvert de 10 h à 17 h, du 1er mars au 31 octobre, et de 10 h à 16 h de novembre à février) où sont rassemblées toutes les premières constructions de l'ère Meiji : gares, mairie, maisons d'écrivains célèbres, etc. Les bâtiments édifiés à l'époque Meiji se caractérisant par leur inspiration occidentale, on ne cherchera pas dans ce musée le dépaysement. Mais l'intérêt que les Japonais portent à ces vestiges d'un passé si proche est révélateur de la distance parcourue par le Japon en un peu plus d'un siècle. Compter une demi-journée pour en faire le tour.

Gifu

A 37 km au nord-ouest de Nagoya. C'est dans cette ville satellite de Nagoya que sont fabriquées toutes les ombrelles en papier huilé *(wagasa),* vendues à Kyôto et à Takayama, les éventails *uchiwa,* le papier japonais *washi* et les lanternes de papier. Les traditions de fabrication des parapluies et des lanternes remontent au XVIe siècle. Les soirs d'été, on pêche au cormoran sur la rivière **Nagara.** On se rend au pont **Nagarabashi** en 20 mn en car à partir de la gare de Gifu.

Accès en train : 25 mn par la ligne *Tôkaidô* à partir de Nagoya. Eviter le *Shinkansen,* dont la gare Gifu-Hashima est à 25 km du centre ville.

Hamamatsu

A 108 km à l'est de Nagoya, et 240 km de Tôkyô. Siège de la compagnie d'instruments de musique et de motos *Yamaha,* Hamamatsu est réputée pour sa fête de cerfs-volants géants du 3 au 5 mai sur les dunes de sable de **Nakatajima,** et sa spécialité d'anguille. Autour de Hamamatsu, nombreuses excursions possibles vers la lagune de **Hamana** ou les gorges de la **Tenryûgawa.**

Le Kinki

Le Kinki, avec les sept préfectures de Shiga, Mie, Nara, Wakayama, Osaka, Kyôto et Hyôgo, est une région clé par sa position géographique, au centre-ouest de l'île de Honshû, et par son rôle joué dans l'histoire du Japon.

Les plaines côtières d'Osaka et d'Ise, ainsi que les bassins intérieurs dans lesquels se sont établies les anciennes capitales de Kyôto, Nara et Asuka sont entourées au nord, vers la mer du Japon, par de petites montagnes (600 m). Au sud, la péninsule de Kii est barrée de montagnes de 2 000 m qui descendent dans la mer en découpant des *rias*.

Le Kinki est devenu le centre politique, économique et culturel du Japon à partir de l'établissement du gouvernement du Yamato. Par la suite, l'influence du continent s'est répandue à partir des anciennes capitales de Asuka, Nara et Kyôto. Même après le transfert de la capitale à Edo (voir : *Tôkyô*), Osaka, qui occupe une position stratégique sur la mer Intérieure, maintient sa place de centre économique du Japon. Aujourd'hui, la ceinture Osaka-Kobé, pourtant complètement dépourvue de matières premières et d'énergie, reste la région industrielle du Japon la plus développée avec la plaine de Tôkyô.

PRINCIPALES FETES DU KINKI

Les fêtes qui se déroulent à Kyôto et à Nara seront traitées dans les paragraphes concernant ces deux villes.

Janvier

1. *Gêtâ-Sai* (pour célébrer l'empereur et le soleil). Fête du sanctuaire Yashiro-jinja, à Toba, dans l'île Kamijima, préf. Mie. Ligne Sangû, gare Toba, et bateau.
Mukae-Mizu-Shinji. Fête du sanctuaire Hiryû-jinja, à Nachi, préf. Wakayama. Ligne Kise, gare Nachi, bus Otakimae.
Misogi-Shinji (fête de purification). Fête du sanctuaire Ijika-jinja, à Toka, préf. Mie. Ligne Sangû, gare Toba, puis bateau.
8. Fête du feu du sanctuaire Katsube-jinja, à Moriyama, préf. Shiga. Ligne J.R. Tôkaidô, gare Moriyama.
Du 10 janvier au 10 mars, *Bonsai-Ten* (exposition de pruniers nains), au pavillon Kei-Un-Kan, à Nagahama, au bord du lac Biwa, préf. Shiga. Ligne Hokuriku, gare Nagahama.
15. *Fune-Danjiri* (fête pour une pêche abondante). Fête du sanctuaire Nagashima-jinja, à Kii-Nagashima-chô, préf. Mie. Ligne Kise, gare Nagashima.

Février

Vers le 2. *Omoto-Setsubun* (chasser les mauvais esprits). Fête du sanctuaire Omoto-Sôhon-En, à Ayabe, préf. Kyôto. Ligne San-In, gare Ayabe.
8 janvier lunaire. *Dôto-Shiki* (prière pour les enfants de 3 ans), au temple

Ao-Yakushidô, à Shimizu-chô, préf. Wakawama.

Mars

1-5. *Yâya-Matsuri* (fête et réjouissance de tous dans les danses et dans les chants) du sanctuaire Owase-jinja, à Owase, préf. Mie. Ligne J.R. Kise, gare Owase.
2. Fête du sanctuaire Hamano-Iwaya-jinja, Arima-machi, à Kumano, préf. Mie. Ligne Kise, gare Kumano et bus.
Samedi et dimanche à la mi-mars. *Sagichô*. Fête du sanctuaire Himure-Hachimangû, à Omi-Hachiman, préf. Shiga. Ligne Tôkaidô, gare Omi-Hachiman.

Avril

5-7. *Kagura*. Fête du sanctuaire Ise-Jingû, à Ise, préf. Mie. Ligne Kintetsu ou ligne J.R. Sangû, gare Ise.
12-15. *San-Nô Matsuri*. Fête du sanctuaire Hiyoshi-Taisha, à Otsu, préf. Shiga. Ligne Tôkaidô, gare Otsu.
13-15. Grande fête du sanctuaire Kumano-Hongû, Kumano-Hongû-Taisha, à Hongû-chô, préf. Wakayama. Ligne Kise, gare Shingû et bus.
14-15. *Taimatsu-Matsuri* (fête avec des torches). Fêtes du sanctuaire Himure-Hachimangû, à Omi-Hachiman, préf. Shiga. Ligne Tôkaidô, gare Omi-Hachiman.
14-16. *Hikiyama-Matsuri* (origine : anniversaire du premier fils de Toyotomi Hideyoshi, théâtre de kabuki-kyôgen dans la rue), fête du sanctuaire Nagahama-Hachimangû, à Nagahama, préf. Shiga. Ligne Hokuriku, gare Nagahama.
22. *Batô-Nin-Sai* (date de l'époque Kamakura, fête dirigée par des marchands de chevaux), fête du sanctuaire Taga-Taisha, à Tagachô, préf. Shiga. Ligne Omi-Tetsudô, gare Taga.
27-28. *Kane-Kuyô* (d'après la légende qui a inspiré les pièces de Kabuki et de Nô), au temple Dôjô-ji, à Dôjô-ji, préf. Wakayama. Ligne Kise, gare Dôjô-ji.

Mai

1. *Aburahi Matsuri* (tous les 5 ans, la prochaine en 1991, avec des danses très variées). Fête du sanctuaire Aburahi-jinja, à Kôga-chô, préf. Shiga. Ligne Kusatsu, gare Kôga.
3. *Nabe-Kamuri-Matsuri* (processions de filles coiffées de marmites, origine : punition des femmes adultères). Fête du sanctuaire Chikuma-jinja, à Maibara-chô, préf. Shiga. Ligne Tôkaidô, gare Maibara.
Premier dimanche. *Ibasaka-Oroshi-Matsuri* (fête du sanctuaire). Descente de la divinité du mont Iba-san, à Notogawa-chô, préf. Shiga. Ligne Tôkaidô, gare Notogawa.
8. *Hotoke-Mai* (danse ancienne de la cérémonie bouddhique), au temple Matsuno-o-dera, à Maizuru, préf. Kyôto. Ligne Obama, gare Matsuno-o-dera.
10. *Nanakawa Matsuri* (danses de l'époque Kamakura). Fête du sanctuaire Oarahiko-jinja, à Shin-Asahi-chô, préf. Shiga. Ligne Kosei, gare Shin-Asahi.
13-14. *Chûjôhime-Dai-Eshiki* (commémoration de la princesse Chûjô-Hime), au temple Tokushô-ji, à Arida, préf. Wakayama. Ligne Kise, gare Kii-Miyahara.
16-18. *Sendango Matsuri* (fête de protection des enfants, et grand marché de bonsai), au temple Miidera à Onjô-ji, à Otsu, préf. Shiga. Ligne Tôkaidô, gare Otsu.

Fin du mois. *Otaue-Hajime* (cérémonie pour le repiquage du riz). Fête du sanctuaire Ise. Dans les rizières du sanctuaire Ise-jingû, à Ise, préf. Mie. Ligne Kintetsu ou J.R. Sangû, gare Ise et bus.

Juin

1. *O-Mita-Sai* (cérémonie de repiquage du riz avec danses), au sanctuaire Sarutahiko-jinja, à Ise, préf. Mie. Ligne Kintetsu ou J.R. Sangû, gare Ise et bus.
14. *Otaue-Shinji* (cérémonie de repiquage du riz). Fête du sanctuaire Sumiyoshi-Taisha, Sumiyoshi-ku, à Osaka. Accès par la ligne Nankai, gare Sumiyoshi-Kôen.
15. *Aoba-Matsuri* (anniversaire du fondateur de la secte Shingon : Kûkai), au temple Kongôfu-ji, mont Kôya, préf. Wakayama. Ligne Nankai, gare Gokurakubashi, et funiculaire.
24. *O-Taue-Sai* (cérémonie de repiquage du riz, avec des danses très anciennes). Fête du sanctuaire Izawano-miya, à Isobe-machi, préf. Mie. Ligne Kintetsu-Shima, gare Isobe.
1er juin lunaire. *Shiokake-Matsuri* (fête des plongeuses Ama), au sanctuaire Wagu-Yakumo-jinja, à Shima-chô, préf. Mie. Ligne Kintetsu-Shima, gare Ugata et bus.

Juillet

11. *Shirongo-Matsuri* (fête des plongeuses), au sanctuaire Shirahige, dans l'île Suga-Shima, à Toba, préf. Mie. Ligne Kintetsu ou J.R. Sangû, gare Toba, puis bateau.
14. *Nachi-Himatsuri*, grande fête du feu du sanctuaire Hiryû-jinja, dans le grand sanctuaire Kumano-Nachi-Taisha, à Nachi-Katsuurachô, préf. Wakayama. Ligne Kise, gare Nachi-Katsuura, puis bus pour Otaki-mae.
18. *Taiko-Mawashi* (danse à grand tambour), au temple Sokujô-Myôô-in, au village Katsuragawa-Bô-mura, près d'Otsu, préf. Shiga. Ligne Kosei, gare Katata, et 1 h de bus.
24. *Monju-Defune-Matsuri* (fête de la mer avec feu d'artifice), Monju, à Miyazu, préf. Kyôto. Ligne Miyazu, gare Amano-Hashidate.
24-25. *Tenjin-Matsuri,* fête du sanctuaire Temmangû, Kita-ku, à Osaka, préf. Osaka.
Derniers samedi et dimanche. *Kokawa-Matsuri* (grande procession en mémoire d'un triomphe légendaire), au sanctuaire Ubunasu, à Kokawa, préf. Wakayama. Ligne Wakayama, gare Kokawa.

Août

1. *Ise No Sao-Tobi* (se lancer dans le lac Biwa, d'une hauteur de 7 mètres), à Omi-Hachiman, préf. Shiga. Ligne Tôkaidô, gare Omi-Hachiman.
4. *Kazahino-Mino-Sai,* fête du sanctuaire Ise-jingû, à Ise, préf. Mie. Ligne Kintetsu ou J.R. Sangû, gare Ise.
1-8. Fête du lac Biwa, feu d'artifice, dans toute la préf. Shiga, autour du lac Biwa.
3-5. *Mantô-Sai,* fête du sanctuaire Taga-Taisha, à Taga, préf. Shiga. Ligne Omi-Tetsudô, gare Taga.
15. *Kujira-Odori* (danse de la pêche à la baleine), au port Taiji, préf. Wakayama. Ligne Kise, gare Taiji.
Kanko-Odori, Kumode, à Tsu, préf. Mie. Ligne Kise ou Kintetsu, gare Tsu.
16. *Miyazu-Tôrô-Nagashi* (fête avec des lanternes sur la mer), à Miyazu,

préf. Kyôto. Ligne Miyazu, gare Miyazu.
Oni-No-Mai (danse de *Oni*), Shiide, à Kudoyama-chô, préf. Wakayama. Ligne Nankai, gare Kudoyama et bus.
17. Grand feu d'artifice (les plus grands dans la région), sur la côte Omoto, à Kumano, préf. Mie. Ligne Kise, gare Kumano.
17. *Senkô-Sai* (feu d'artifice sur le lac Biwa), au sanctuaire Takebe-Taisha, à Otsu, préf. Shiga. Ligne Keihan-Dentetsu, gare Karahashi.

Septembre
Jour d'équinoxe. *Kagura-Sai* (danses Kagura), au grand sanctuaire Ise-Jinjû, à Ise, préf. Mie. Ligne Kintetsu ou J.R. Sangû, gare Ise.

Octobre
1. *Aki-Matsuri* (fête d'automne du sanctuaire, avec danses Dengaku, d'une longue tradition), au sanctuaire Hiro-Hachiman-gû, à Hirogawa-chô, préf. Wakayama. Ligne Kise, gare Yuasa.
13. *Kaizan-Ki* (fête commémorative de la fondation du temple, avec concert de flûte japonaise « Shakuhachi », par les moines errants « Komusô »), au temple Kôkoku-ji, à Yurachô, préf. Wakayama. Ligne Kise, gare Kii-Yura.
15-17. *Kan Name-Sai* (offrande de la nouvelle récolte). Grande fête du sanctuaire Ise-Jingû, à Ise, préf. Mie. Ligne Kintetsu ou J.R. Sangû, gare Ise.
16. *Mifune-Matsuri* (avec des courses de bateaux). Fête du sanctuaire Kumano-Hayatama-Taisha, à Shingû, préf. Wakayama. Ligne Kise, gare Shingû.
22-29. Fête du château Hikone, au château, à Hikone, préf. Shiga. Ligne Tôkaidô, gare Hikone.

Novembre
23. *Niiname-Sai,* fête du sanctuaire Ise-jingû, à Ise, préf. Mie. Ligne Kintetsu ou J.R. Sangû, gare Ise.

Décembre
8. *Hitaki-Matsuri* (marche sur le feu par des moines), au sanctuaire Tarô-bô-gû, à Yôka-ichi, préf. Shiga. Ligne Omi-Tetsudô, gare Yôka-ichi.

Kyôto

On dit des gens de Kyôto qu'ils sont maniérés : ils ont leur dialecte, leurs détours de langage, leur nourriture maquillée en chef-d'œuvre pour le régal de l'œil, leurs *maiko-san* (élèves *geisha*), leurs chères traditions et 16 % des trésors nationaux du Japon. Le déménagement de l'empereur à Tôkyô, lors de la restauration Meiji, n'a pas tué mille ans de raffinement culturel et de vie religieuse, développés en dépit de la prééminence du pouvoir militaire, depuis les fastes de l'époque Heian.

LE CŒUR DE L'ART ET L'AME DU JAPON

Aujourd'hui, les temples, les vieilles maisons de bois et les artisanats encensés comme art, telles la soie *Nishijin,* la broderie, la teinture, la céramique, la laque ou les poupées, continuent à faire de Kyôto le cœur du Japon.

Kyôto est coupé des influences

adoucissantes de la mer par des montagnes. Les températures y sont amplifiées. En été, le thermomètre dépasse 30 °C dans la journée. L'hiver y est rigoureux, mais toujours d'une grande luminosité. Le printemps et l'automne sont extrêmement agréables.

Kyôto a ébauché son plan en damier sur le modèle de la capitale chinoise T'ang, au VIIIe siècle. En 794, l'empereur Kammu y transfère la capitale. La ville *Heian-kyô,* « capitale de la paix », prospère à l'image du clan *Fujiwara,* qui, par ses alliances systématiques avec la famille impériale, y maintient son pouvoir et un luxueux train de vie. La suprématie du pouvoir militaire, et le code de loyauté du *Bushidô* annoncent la fin de l'époque Fujiwara, en 1185. En 1334, le gouvernement militaire « sous la tente » reprend place à côté de la cour impériale à Muromachi. Au XVIIe siècle, Kyôto comptait 500 000 habitants. La population baissa de moitié au profit de la nouvelle capitale Edo à partir du XVIIIe siècle, mais artisans, savants, bonzes et artistes demeurèrent.

Aujourd'hui, 1 600 temples et 300 sanctuaires épargnés par les bombardements américains grâce entre autres à *Serge Elisseeff* font de Kyôto une capitale religieuse et historique. 330 *geisha* et *maiko* y perpétuent les arts et les traditions. Kyôto est la 6e ville du Japon avec 1 500 000 habitants. Beaucoup d'artisanats, d'activités liées au tourisme, une vie nocturne animée dans les quartiers de *Shinkyôgoku, Kawaramachi...* Kyôto est une ville à dimension humaine, où il reste toujours quelque chose à découvrir et où il fait bon vivre.

FETES ET FESTIVALS A KYOTO

Le *Tourist Information Center* (T.I.C., entrée sur Karasuma dôri, mais dans l'immeuble du *Kyôto Tower hotel,* en face de la sortie est de la gare, ouvert de 9 h à 17 h du lundi au vendredi et le samedi de 9 h à 12 h) affiche dans ses murs un calendrier de toutes les manifestations du mois à Kyôto : festivals, mais aussi expositions, foires à la brocante, représentations de Nô, etc. C'est au T.I.C. aussi qu'on se procurera le *Kyôto monthly guide,* réplique mensuelle, kyotoite, mais tout aussi gratuite, du *Tour companion* de Tôkyô, et le *Kansai Time Out,* organe de presse de la communauté étrangère résidant à Kôbe, donnant les programmes de cinémas, les tournées des groupes de musique, entre autres adresses et conseils de *gaijin.*

Tout au long de l'année, un certain nombre de festivals se répètent à date fixe, et concourent à la célébrité et au charme de la ville. Commençons par le **Shôgatsu,** le nouvel an japonais. La fête est autant extériorisée à Kyôto avec les kimonos, les coiffures d'apparat, les 108 coups de cloche qui résonnent dans tous les temples, et les buvettes de *saké,* les stands de *okonomi-yaki* dans le parc Maruyama, etc., qu'elle semble discrète dans la capitale du Kantô. Dans le temple Chion-In, la foule se presse pour aller voir une dizaine de bonzes déguisés pour un soir en sonneurs de cloche, unir leur force pour balancer un bélier et faire résonner les 7,5 tonnes de bronze de la plus grosse cloche du Japon. Les maisons sont décorées de pin, bambou, mandarines et gâteaux de riz, et tout le monde « s'habille » pour aller au temple ou au sanctuaire.

25 janvier. Marché en plein air à **Hatsu Tenjin** à **Kitano Tenmangû.**

1-30 avril. **Miyako odori,** danses des cerisiers, récital des *geisha* et *maiko.*

1-24 mai. **Kamogawa odori,** danses de *maiko* et de *geisha* à Pontochô.

15 mai. **Aoi Matsuri,** procession de costumes d'époque du palais impérial jusqu'aux sanctuaires **Shimogamo** et **Kamigamo.**

21 mai. Représentation de Nô au temple **Nishi-Honganji.**

3e dimanche de mai. **Mifune Matsuri,** festival des trois bateaux sur la rivière Oi et Arashiyama.

1-2 juin. **Takigi Nô,** devant le sanctuaire Heian.

20 juin. **Takekiri-E** au temple **Kurama** au nord. Deux groupes de moines vêtus comme autrefois s'affrontent en coupant des bambous, prédisent l'avenir et augurent des récoltes de riz.

1er juillet au 31 août. A **Uji** et à **Arashiyama,** pêche aux cormorans la nuit de 19 h 30 à 21 h 30 tous les soirs. Dîner sur l'eau.

16-17 juillet. **Gion Matsuri.** Le 17 surtout, de 9 h à 13 h, procession de 29 énormes chars magnifiquement décorés. Le 16 au soir, tout le centre de Kyôto est en ébullition. Le saké coule à flots !

16 août. **Daimonji Okuribi.** A 20 h, on allume l'idéogramme qui signifie « grand » (et se lit « Dai ») sur le mont Nyoigadake, puis sur quatre autres collines. C'est la fin de la fête de **O-Bon.**

16 août. Le **Mantô Nagashi** a lieu aussi ce jour-là, sur la rivière Oi à Arashiyama. On fait flotter des centaines de lanternes de papier sur la rivière à la tombée de la nuit.

15-27 septembre. C'est la pleine lune : on va l'admirer en groupe.

10 octobre : jusqu'au 7 novembre. **Kamogawa Odori** au théâtre de Pontochô Kaburenjô.

22 octobre. **Jidai Matsuri,** avec des défilés représentant les treize principales époques de l'histoire de Kyôto et du Japon, de 794 à 1868.

1-25 décembre. **Kaomise Kabuki** pendant un mois.

A ces fêtes s'ajoutent les dizaines d'autres festivals inspirés par les pruniers, les cerisiers, les glycines, les *momiji* en octobre, ou les fêtes religieuses ou *shintô* célébrées en même temps dans tout le Japon. Pour le Aoi Matsuri, le Gion Matsuri et le Jidai Matsuri, il est prudent de faire ses réservations à l'avance.

COMMENT SE RENDRE A KYOTO

En train

Les Japonais vous proposent immédiatement le train super-express *Shinkansen,* très rapide mais dont le confort n'est pas à la mesure du prix : 12 600 yens en seconde classe à partir de Tôkyô !

Si vous vous rendez directement à Kyôto, prenez un super-express *Hikari* (moins de 3 heures). Le *Kodama* fait 10 arrêts et met 4 heures. Départ toutes les 10 mn de 6 h à 20 h 12. Les voitures non réservées *(Jiyû Seki)* sont numérotées de 1 à 5 dans le *Hikari.* Les voitures no 1 et no 2 du *Shinkansen* sont réservées aux non-fumeurs. La première classe *(green car)* de *Shinkansen* revient plus cher que l'avion. L'avion coûte 15 600 yens, mais atterrit à l'aéroport *Itami* de Osaka, à 1 h de Kyôto. Un service de bus relie l'aéroport à la gare centrale et aux principaux hôtels.

Pour quitter Kyôto par avion et se rendre à l'aéroport, des bus partent toutes les 20 mn de la gare centrale, sortie ouest Hachijô, arrêt devant l'Hôtel Keihan. Premier bus à 5 h 45. Attention, ils passent dans les hôtels avant et sont quelquefois complets devant la gare.

Le train ordinaire coûte 7 600 yens plus cher que le car de jour, et est très mal commode en raison des nombreux changements.

En autobus

De Tôkyô. Cars de jour (6 500 yens : le trajet dure 9 heures et il faut changer à Nagoya) et de nuit, directs (7 800 yens). Départ de la sortie *Yaesu,* de la gare de Tôkyô. Les bus de nuit *(Dream)* partent à 23 h, arrivée à 7 h 45 devant la gare de Kyôto.

De Nagoya. Trois compagnies de car, J.R., *Nihon Kyûkô* et *Kintetsu Kôsoku* partent de la gare. 2 000 yens. Durée du trajet : 2 heures 50.

En voiture ou en moto

De l'autoroute *Tômei,* sortir à Kyôto sud.

Pour quitter Kyôto vers Nara

La gare la mieux située pour un itinéraire touristique d'une journée à Nara est la gare *Kintetsu.* De Kyôto, le train met 34 minutes par rapide *(Tokkyû)* et coûte 880 yens. Le train ordinaire met 55 minutes. Le train J.R. met 1 heure 10.

Pour quitter Kyôto en stop : prendre le bus 19 ou 20 de la gare de Kyôto jusqu'à l'arrêt Jônangû. Vous serez tout près de la bretelle d'autoroute.

REPERES ET MOYENS DE TRANSPORT

La ville de Kyôto a dépassé les limites d'un damier régulier de dix artères parallèles de côté. Dix rues ont gardé le nom de leur simple numéro (*nijô, sanjô, shijô,* etc., jusqu'à *jûjô*), les autres portent toutes sortes de noms plus difficiles à mémoriser. On détermine une adresse en disant qu'elle se trouve à l'est *(higashi-iru),* à l'ouest *(nishi-iru),* au nord *(agaru)* ou au sud *(sagaru)* d'une intersection de deux rues que l'on nomme avant de donner cette orientation.

Par exemple, la taverne Jûtoku où jouent tous les soirs des orchestres de jazz, de rock ou de pop se trouve dans *Kamigyô-Ku, Omiya-Shimodachûri Sagaru,* soit au sud de l'intersection des rues *Omiya* et *Shimodachûri.*

Kyôto, comme Tôkyô, est divisé en *ku,* équivalents de nos arrondissements. Loin des angles droits des intersections, les adresses se repèrent sur le même système des *chô* ou *machi* et des *banchi* que dans la capitale. Quelquefois, une adresse sera complétée par les précisions suivantes : *mae,* devant ; *kado,* au coin ; *gawa,* côté ; *dôri,* avenue, etc. La géométrie de Kyôto épargne quelques égarements, mais attention : les noms des rues ne sont inscrits (surtout en caractères *rômaji*) qu'aux carrefours les plus importants.

A voir une carte de Kyôto, on a l'impression que les principaux temples sont accessibles à pied. Le plan en damier est trompeur. Kyôto se cache dans une cuvette de 40 km de long sur 10 de large, et les grands centres du bouddhisme sont dans les montagnes qui l'entourent. C'est vrai qu'on apprécie beaucoup la ville en se perdant dans ses ruelles à l'écart de la circulation et des travaux de construction du métro (la première ligne souterraine sous Karasuma dôri, allant de la gare centrale jusqu'à Kitaôji, a été mise en service en 1981). Et c'est vrai qu'il y a des promenades ou des circuits à faire absolument à pied entre plusieurs temples et dans les collines de la périphérie.

Mais l'idéal est de louer un vélo : on peut s'adresser au bureau exigu de **Nippon rent-a-car, rent-a-cycle,** juste en face de la sortie Hachijô de la gare de Kyôto, location de 8 h à 20 h ; ou à **Rent-a-cycle Heian,** repérable par sa grande enseigne jaune visible sur la droite à partir de l'angle Karasuma dôri et Shimochôjama dôri, près de l'ancien palais impérial Gosho, location de 8 h à 17 h.

Kyôto est très bien desservi par les transports en commun : les autobus municipaux *(city bus)* sont verts, marqués d'un numéro et souvent d'un des idéogrammes suivants : *(kô* 甲*)* ou *(otsu* 乙*)* pour distinguer deux itinéraires différents à l'aller et au retour. Faire attention au sens dans lequel vous allez.

Les autobus roulent de 5 h 30 à 23 h 10. Les arrêts sont annoncés en japonais par une bande magnétique enregistrée. Pas de billet, mais à la sortie, insérez 160 yens dans la boîte à gauche du conducteur, à moins que vous n'ayez acheté des carnets de 7 tickets à l'avance. Il existe aussi un forfait « tourisme » valable pour tous les trajets que vous souhaitez sur les bus municipaux, en une journée. Renseignez-vous à l'Office du Tourisme.

Les autobus de la compagnie privée *Keihan,* les bus J.R. et les Kyôto-bus facilitent aussi les déplacements surtout vers la périphérie : mont Hiei, Ohara, Takao, etc. Accès aussi possible par les lignes de train *Keifuku* ou *Kinki Nippon* (vers Nara).

Comme dans tout le Japon, on peut louer une voiture à Kyôto. Cela en vaut surtout la peine pour les autoroutes qui redescendent du mont Hiei vers le lac Biwa, la route de Takao et toutes les excursions dans la plaine du Yamato et la péninsule d'Ise.

Nippon rent-a-car a dix-sept bureaux à Kyôto dont l'un à la sortie ouest de la gare de Kyôto, tél. (075) 681-0311. La société concurrente **Eki Rent-a-car** est de l'autre côté, sortie est (Karasuma), tél. (075) 071-3020.

RENSEIGNEMENTS PRATIQUES

Indicatif téléphonique : 075. A composer avant tous les numéros à sept chiffres signalés ci-après en cas d'appel de l'extérieur de Kyôto.

Boîte aux lettres. Le courrier hors Kyôto s'insère dans la fente de gauche. Le C.P.O. (Poste centrale) se trouve à gauche de la sortie est de la gare centrale.

Réservation hôtels : les grands hôtels ont un bureau de réservation à Tôkyô. Voir page suivante.

Office du Tourisme. Tél. 371-5649. On y parle français. Au rez-de-chaussée de *Kyôto Tower,* en face de la sortie est de la gare, mais entrée sur Karasuma dôri. Ouvert de 9 h à 17 h. Fermé samedi après-midi et dimanche.
Institut franco-japonais du Kansai. Tél. 761-2105. Higashi-Ichijô dôri, Yoshida, Sakyô-ku.

OU LOGER A KYOTO

Ville de congrès internationaux et de tourisme, Kyôto est très bien équipée pour recevoir chaque année vingt millions de visiteurs, dont trois cent mille étrangers : hôtels internationaux, *business hotels* ou auberges de jeunesse... toute la gamme du confort à l'occidentale est représentée. Mais il est presque dommage de garder ses exigences de confort européen, quand on respire toute la journée l'atmosphère des temples, des châteaux, des quartiers de plaisir... ou tout ce qui appartient à l'âme japonaise.

Il y a à Kyôto quantité de vieilles auberges japonaises *(ryokan)* où la décoration des pièces, les jardins, la cuisine et le service ne peuvent que séduire et permettent d'avoir une idée des sentiments complexes du *wabi* et du *sabi,* sentiments de calme et de paix intérieure évoqués par la sobriété et le bon goût.

A côté de ces *ryokan* de luxe, il en existe beaucoup aux prix plus modestes mais au service de qualité, ainsi que d'autres très bon marché — moins chers que l'auberge de jeunesse — dans de très jolies maisons japonaises. A Kyôto, plus qu'ailleurs, c'est l'occasion de dormir dans un temple. Une vingtaine à Kyôto accueillent les voyageurs pour la nuit, et leur offrent les repas selon la formule d'un *minshuku.* Il vaut mieux arriver avant 17 h. Les voyageurs sont souvent associés au régime alimentaire et aux pratiques religieuses mais très rarement aux corvées de la communauté. Les moines se couchent tôt pour se lever avec le soleil, si ce n'est pas avant.

Hôtels à l'occidentale

Compter au minimum 15 000 yens par personne pour une chambre avec bains, repas compris. Nous les indiquons par ordre de prix décroissant.
Miyako Hotel, Higashiyama-ku, Sanjô Keage. Tél. 771-7111. Réservation de Tôkyô : (03) 572-8301. A 25 mn en voiture de la gare de Kyôto et 1 h 15 d'autobus à partir de l'aéroport d'Osaka. Possibilité de dîner en compagnie de *geisha* et de *maiko.* 20 chambres japonaises. Piscine.
Kyôto Grand Hotel, Shimogyô-ku, Horikawao-Shiokôji. Tél. 341-2311. Réservation de Tôkyô : 573-6061. A 5 mn à pied de la gare de Kyôto. Chambre japonaise à 16 000 yens.
Hôtel Fujita, Nakagyô-ku, Nishizume, Nijô-Ohashi. Tél. 222-1511. Réservation de Tôkyô : 433-5151. A 10 mn en voiture de la gare de Kyôto et une heure de l'aéroport d'Osaka.
Kyôto Hotel, Nakagyô-ku, Oike, Kawara-machi. Tél. 211-5111. Réservation de Tôkyô : 265-6625. A 10 mn en voiture de la gare de Kyôto et une heure de l'aéroport d'Osaka.
International Hotel Kyôto, Nakagyô-ku, Nijô-Aburanokôji 284. Tél. 222-1111. Réservation de Tôkyô : 433-5151. Devant le château Nijô. Dans le même quartier que les deux hôtels précédents. Danse de *maiko.*
Kyôto Century Hotel, 680 Higashi-

Shishôji-chô, Shiokôji sagaru. Tél. 351-0111.

Kyôto Royal Hotel, Nakagyô-ku, Sanjô, Kawaramachi. Tél. 223-1234. Réservation de Tôkyô : 574-7746. En plein centre.

New Miyako Hitel, en face de la gare de Kyôto, sortie *Hachijô*. Tél. 661-7111. Réservation de Tôkyô : 572-8301.

Kyôto Tower Hotel, en face de la gare, mais de l'autre sortie, la sortie principale *Karasuma*. Tél. 361-3211. Réservation de Tôkyô : 211-7074.

Kyôto Prince Hotel, Sakyô-ku, Shimogamo, Tadasunomori. Tél. 721-1111. Réservation de Tôkyô : 431-8867. Près du Centre international des congrès.

Hôtel Gimmond, Nakagyô-ku, Takakura Oike-dôri. Tél. 221-4111. Réservation de Tôkyô : 664-1800.

Kyôto Dai-Ni Tower Hotel, Shimogyô-ku, Shiokôji-sagaru, Higashinotôin dôri. Tél. 361-3261. Même chaîne que le *Tower Hotel* en face de la gare, sortie est.

New Ginkaku Inn, à 3 mn à pied de la gare de Kyôto, Higashinotôin, Shichijô-sagaru. Tél. 341-2884. Réservation Tôkyô : 551-4126.

Hôtel Palace-Side Kyôto, en face du vieux palais impérial *(Gosho)*, Kamigyô-ku, Shimodachûri, Karasuma. Tél. 431-8171. Réservation de Tôkyô : 541-3553.

Kyôto Park Hotel, Higashiyama-ku, en face du temple Sanjûsangendô. Tél. 525-3111.

Hôtel New Kyôto, à 5 mn à pied, au nord du château *Nijô*. Tél. 801-2111. Réservation de Tôkyô : 562-2528.

Hôtel Sunflower, près du sanctuaire Heian, Sakyô-ku, Okazaki, Higashi-Tennô-chô 51. Tél. 761-9111. Réservation de Tôkyô : 251-1110.

Kyôto Traveler's Inn, Sakyô-ku, Okazaki Enshôji 91. Tél. 771-0225. A deux pas du sanctuaire Heian.

Kyôto Dai San Tower Hotel, Shimogyôku, Shinmachi shichijô. Tél. 343-3111.

Les beaux ryokan

Tawara-Ya, Nakagyô-ku, Fuyachô, Oike-sagaru. Tél. 211-5566. Existe depuis 300 ans. Toutes les chambres ont leur jardin. S'en tirer avec une note de 50 000 yens par jour n'a rien d'extraordinaire.

Hiiragi-Ya, Nakagyô-ku, Fuyachô, Oike-kado. Tél. 221-1136. Un des *ryokan* les plus authentiques de Kyôto que fréquentaient les écrivains Mishima, Kawabata, etc. A partir de 30 000 yens avec les repas, jusqu'à 70 000 yens.

Sumi-Ya, Nakagyô-ku, Fuyachô, Sanjô agaru. Tél. 221-2188. Pavillons de thé dans les jardins, à partir de 30 000 yens.

Seikôrô Inn, Gojô (5 mn en taxi de la gare). Tél. 561-0771. Higashiyama-ku, Tôyamachi, Gojô-sagaru. Le patron a fait ses études à *Gyôsei* (Ecole de l'Etoile du Matin de Tôkyô) et parle donc français. De 20 000 à 40 000 yens pour une personne.

Hachishin, près de la salle des Congrès internationaux, Rakuhoku-Takaragaike. Tél. 781-5151. 18 000 yens avec deux repas.

Yachiyo, devant l'entrée du temple Nanzenji, Sakyô-ku. Tél. 771-4148. Très beaux jardins. A partir de 16 000 yens jusqu'à 40 000 yens.

Kikusui, Sakyô-ku, Nanzenji, Fukuchi-chô 3-1. Magnifique jardin et excellente cuisine. A partir de 19 000 yens la chambre simple. Tél. 771-4101.

Yoshi-Ima, Shinmonzen-dôri, Gion,

Kyôto. Tél. 561-2620. Chambres à 15 000 ou 20 000 yens.

Les ryokan bon marché

Tani Guest House, 8, Daitokujichô, Murasakino, Kita-ku, Funaoka-kôen-mae. Prendre le bus 205 à partir de la gare et descendre à Funaoka-kôen-mae. M. et Mme Tani vous accueillent avec une extrême gentillesse dans une jolie maison, au fond de la deuxième ruelle à main droite à partir de l'avenue. Chambres pour couples et dortoirs sur *tatami*. 1 400 yens la nuit. Possibilité de faire café, thé, etc., mais pas de cuisine. Tél. 492-5489. C'est l'auberge la moins chère et la plus connue des « voyageurs professionnels » qui passent un an ou deux à découvrir l'Asie, mais ce n'est pas forcément la plus propre !

Uno Guest house, tenue par la mère de Mme Tani. 108, Marutamachi Shinkarasuma-Nakagyôku. Tél. 231-7763. A partir de la gare, sortie est, bus n° 205 à partir du quai A3. Descendre à Kawaramachi-Marutamachi.

Tani Guest house, à Nichiôji-Kujô. Tél. 681-7437. Minami-ku, Kisshô-in, Inokuchichô 13. Prix : entre 1 300 yens et 1 800 yens, mais moins cher à partir du 3e jour.

Guest House Hirota, Nijô, Nakagyôku, Kyôto. Tél. 075-221-2474, métro Oike, 5 mn à pied. Ancien Okura (trésorerie) aménagée, style japonais (6 000 yens).

Ichiume Ryokan, Higashikiyamagi, Gojô-sagaru, Shimogyôku. Tél. 351-9385. 2 000 yens sans repas.

Yuhara Ryokan, Shimogyôku, Kiyamachi, Shômen. Tél. 371-9583. 3 000 yens sans repas.

Ces deux dernières auberges sont situées dans le même quartier de Gojô, autrefois célèbre pour ses « maisons de thé » où officiaient quelques prostituées. Il en reste des maisons de bois très attachantes, de vieux propriétaires qui bafouillent trois mots d'anglais et... toute cette atmosphère bien de Kyôto !

Kitano-ya, Sarijo Higaski-iru Agaru Higashiyama, Sakyo-ku. Tél. 771-1488. 3 500 yens. Egalement très bien située, près du sanctuaire Heian.

Hiraiwa Ryokan, 314 Hayao-Chô, Kaminokuchi-Agaru, Ninomiyacho-dori, Shimogyôku. Tél. 075-351-6748. Très bien situé par rapport au centre ville et au temple Kiyomizu. Chambres à 3 000 et 5 600 yens. Accès par bus 200, 214 ou 215 du quai A3 ou A4 devant la gare de Kyôto.

Kyoka Ryokan, Higashi-iru, Higashi Tonin, Shimozuzuya-machi dori, Shimogyô-ku. Tél. 371-2709. 3 500 yens. Tout près de la gare, c'est une auberge du groupe des auberges économiques du Japon.

Aoi-So, 16-8 Nakamizocho Koyama, Kita-ku. Tél. 075-431-0788 ou 414-0788 (bus 2, 36, 203) à partir de la gare de Kyôto, descendre à Karasuma-Shimofusacho). 2 300 yens sans repas.

D'un standing supérieur, mais très connu de la clientèle américaine :

The 3 sister's in annex (Tél. 075-761-6333). Près du sanctuaire Heian. Possibilité de chambres individuelles. Douches. 7 000 yens.

Iwanami Ryokan, Shinmonzen, Higashi Oji nishi, Higashiyama-ku. Tél. 561-7135. Env. 7 500 yens. En plein quartier des antiquaires.

Les minshuku

Il y en a environ 200 à Kyôto, la plupart dans la périphérie au nord vers

Ohara, à l'ouest vers Sagano et dans les collines de l'Est. Prix standard : 5 500 yens avec deux repas. La formule *minshuku* n'est à retenir à Kyôto que si on veut vraiment goûter à la vie familiale japonaise.

Dans la périphérie nord, vers Ohara :
Ohara San So, tél. 744-2227, chez un potier, capacité : 50 personnes. Descendre au terminus des bus allant à Ohara, à partir de la gare de Kyôto, n° 1 devant la poste centrale. Une heure de trajet.
Ohara No Sato, tél. 744-2917, devant le temple Jakkô-In. Même bus que pour le précédent. Marcher 15 mn à partir de l'arrêt. Capacité : 90 personnes.

Dans la périphérie ouest :
Nogiku, tél. 872-5231, est une maison de campagne entourée de potagers. Location de vélos.

Deux maisons ayant appartenu à des acteurs célèbres font aussi *minshuku :* Katsu Shintarô pour le *minshuku* **Sagano Sato,** devant le temple **Tenryû-Ji,** tél. 881-9387 et Hasegawa Kazuo, « idéal de beauté japonaise », pour le *minshuku* **Sagano-En,** tél. 861-0622.

Passer la nuit dans les temples

Les voyageurs sont souvent associés à la vie de la communauté, et sont les bienvenus aux services du matin. Compter 3 000 à 5 000 yens. Pour éviter les impairs, prévenez le T.I.C. de votre désir de séjourner dans un temple, et faites les réservations par son intermédiaire.
Daishin-In, tél. 461-5714. Capacité : 50 personnes. Cuisine généralement végétarienne (Ukyô-ku, Hanazono, Myôshinji-chô).
Myôkenji, tél. 414-0808 (Kamigyô-ku, Teranouchi, Shinmachi nishiiru).
Daikaku-Ji, tél. 871-0071. Extinction des feux à 21 h. Lever à 5 h, prière-méditation à 5 h 30, petit déjeuner à 7 h. Réserver à l'avance au moyen d'une carte-réponse japonaise *(Ofukuhagaki).*
Jôrenge-In, tél. 744-2408. 5 000 yens avec 2 repas végétariens (Sakyô-ku, Ohara Raigôin-chô).

Citons aussi les temples **Myôrenji** (Kamigyô-ku, Teranouchi, Horikawa nishi, tél. 451-3527), le **Gesshi-In** (Higashiyama-ku, Shimogawara Kôdaiji sagaru, tél. 561-8088) ; le **Heianbô** (Shimogyôku, Shichijôdôri, Shinmachi nishi, tél. 351-0650).

Les auberges de jeunesse

Higashiyama Youth Hostel, Sanjô-dôri, Hirakawabashi. Tél. 761-8135.
Kitayama Youth Hostel, près du pavillon d'argent *(Kinkaku-ji)* Kôetsuji-Takanamine, Kita-ku. Tél. 492-5345, deux autres à Utano, tél. 462-2288 et à Ohara, tél. 744-2721.

LES RESTAURANTS ET LA VIE NOCTURNE

Cuisine Zen et obentô de Kyôto

La cuisine de Kyôto est renommée pour sa beauté. A côté de la cuisine de la cérémonie du thé, une des spécialités de la ville est le *obentô* que l'on a coutume de traduire par casse-croûte japonais car c'est un repas préparé à l'avance et servi dans des paniers de bois. Le *obentô* de Kyôto ne ressemble en rien au *bentô* des gares. On pourra s'en rendre compte au restaurant **Rokusei** (Sakyô-ku, Nishitennôchô, tél. 761-6171), près du sanctuaire Heian. Compter 3000 yens minimum et prévoir un dîner vers 17 h 30.

Chez Rokusei, vous goûterez le *Teoke Bentô,* servi dans un panier de bois, alors que chez **Nakamura-Rô** près du sanctuaire Yasaka à Gion (Minami-mon), on vous servira un **Dengaku Bentô.** Tél. 561-0016. Au restaurant **Isobe,** dans le parc Maruyama, vous aurez un *Maruyama Bentô,* servi dans une vaisselle en forme de lanterne (tél. 561-2216). Attention, tous ces restaurants ferment tôt (vers 21 h).

Vous mangerez *Zen* dans les temples quand vous les visiterez. **Yudôfu-Okuta** (tél. 771-8709) est le plus connu et le moins cher des restaurants du **Nanzen-Ji** (fermé le jeudi, ouvert de 10 h 30 à 17 h). La spécialité, c'est le caillé de soja bouilli (yûdôfû) qu'il est permis d'assaisonner à volonté pour en relever la fadeur.

Dans le même style, **Sagano,** près du temple Tenryû-Ji vers Arashiyama, est un petit restaurant excellent, tél. 861-0277.

Tous les grands magasins, *Daimaru, Takashimaya, Hankyû, Kintetsu, Fuji* ont leur 6e ou 7e étage occupé par des restaurants qui proposent de la cuisine plus variée que celle des temples.

Kyôto, éloignée de la mer, n'est pas le meilleur endroit pour manger les *sushi,* plats de poisson cru.

Cuisine française

Deux restaurants vivement recommandés :
Le Foujita, à l'intérieur de l'institut franco-japonais, 8, Izumidono-cho Yoshida, Sakyo-ku, tél. 761-0325, est ainsi nommé en raison du tableau « paysage de Normandie » de Léonard Foujita qui orne ses murs. Foujita lui-même avait fait don de ce tableau lors de l'inauguration de l'institut en 1937.
Chez Yvonne, Tanakatakahara-chô, Sakyo-ku. Tél. 701-4531, ouvert 17 h 30-23 h et fermé le lundi.

Tavernes et musique en direct

Kyôto arrive très facilement à faire oublier sa grandeur. Le soir, toute la vie nocturne est ramassée dans le centre. On écoutera de la musique en direct à partir de 15 h à **Jûtoku,** Kamigyô-ku, Omiya shimodachûri sagaru (tél. 841-1691) en face d'une enseigne du Yomiuri Shimbun. 500 yens la *music charge.* Excellente cuisine macrobiotique.
Chanclair (Kawaramachi, Kôjinguchi devant l'arrêt de bus Kôjinguchi, tél. 221-0519) joue de la musique classique au rez-de-chaussée (10 h à 23 h) et du jazz au premier étage (10 h 30 à 23 h).
Zig-Zag (tél. 751-9843) passe du rock de 12 h à 24 h dans l'immeuble Shizuya Heights à Kamiminamida-chô, Jôdoji, Sakyô-ku, à 5 mn de l'arrêt de bus Ginkakuji.

Pour la chanson française, une adresse attachante : **Paris-Canaille,** Shijo-Kawaramachi sagaru. Tél. 361-3535 tous les soirs entre 18 h et 23 h.
Down Beat propose du jazz à deux pas de l'Asahi Kaikan, à Kawaramachi-sanjô, tél. 223-0417, de 11 h du matin à 22 h 30.

Ambiance de Kyôto la nuit

Les bars, dirigés par d'anciennes *maiko* et où l'on joue de la musique japonaise, sont en général très réservés et n'acceptent que des clients « membres » qui se sont auparavant acquittés d'une coquette cotisation. A défaut d'être accepté dans ces bars exclusifs, vous pouvez toujours aller dépenser quelques yens supplémentaires dans des discothèques plus classiques. Par exemple : **Maharaja** près du carrefour Kawaramachi-sanjô. Tél. 255-5991.

ACHATS ET MARCHES

Deux marchés aux puces très importants ont lieu chaque mois : le 21 au temple **Tôji** et le 25, au **Kitano Tenmangû.** Les plus grands marchés sont en décembre et en janvier.

Au **Fushimi Inari,** le 1er dimanche de chaque mois, mais aussi presque tous les jours, un marché se tient dans le chemin de derrière *(Urasandô)* qui commence à partir de la gare Fushimi Inari de la ligne *Keihan*. Le marché commence tôt et ferme en début d'après-midi.

Marché de céramiques et de porcelaines à **Gojôzaka,** entre le 7 et le 10 août. 400 exposants de céramique.

Pour l'artisanat, on aura un aperçu général au **Dentô Sangyô Kaikan** (fermé le lundi et fêtes), centre d'artisanat et de traditions avec tissage, teinture, porcelaine, poupées, bambous, éventails, etc. Et on trouvera un bon choix dans tous les grands magasins et dans les arcades des hôtels.

D'autres adresses : **Yamato Mingeiten,** à côté de la librairie Maruzen à l'est de Kawaramachi, nord de Shijô, ouvert tous les jours de 10 h à 21 h 30, tél. 221-2641. Au 4e étage de la librairie Maruzen se trouve un *Craft Center* ouvert jusqu'à 17 h 30 et fermé le dimanche et les jours fériés. Tél. 241-2161. Le **Kyôto Handicraft Center** est à 50 m à l'est de Higashiôji-dôri, au nord de Marutamachi, tous les jours de 9 h 30 à 18 h (17 h 30 en hiver).

Poterie. On en trouve tout le long de Gojô-dôri, à partir de la rivière Kamo jusqu'à la rue Higashiôji, et le long du tournant en allant à Kiyomizu.

Artisanat de bambou. Lié à la cérémonie du thé, c'est une spécialité de Kyôto. Voir **Onoe,** Sanjô-Ohashi Higashi, tél. 751-0221 et **Nishikawa,** Gion Ishidanshita, tél. 561-1269.

QUE VOIR A KYOTO ?

Si votre séjour est limité, ou si vous ne savez vraiment pas par quel bout attaquer le Japon des temples et des trésors, dirigez-vous tout de suite vers les lieux trop célèbres que sont le **Pavillon d'argent** *(Ginkaku-ji),* le temple Zen **Ryôan-ji** avec son jardin de pierres, le château **Nijô,** le **Pavillon d'or** *(Kinkaku-ji),* le temple **Kiyomizu,** le **Sanjûsangendô** avec ses 1 000 *Kannon* à onze têtes et mille mains, et le sanctuaire **Heian** avec ses jardins.

C'est à peu près l'itinéraire des tours organisés et les principaux « devoirs » du touriste consciencieux. Prenez vos dispositions en conséquence : soit vous vous fondez au groupe, soit vous essayez de le devancer... car le jardin sec du Ryôan-ji perd un peu de sa sérénité Zen quand on le voit noyé sous des hordes disciplinées par des haut-parleurs !

Le temple Kiyomizu est ouvert dès le lever du soleil, Ryôan-ji et Sanjûsangendô à partir de 8 h, le sanctuaire Heian à partir de 8 h 30 et les Pavillons d'or et d'argent à partir de 9 h.

On évalue à une cinquantaine le

Nakamura-Rô

Yasaka Sanct

「京のこころにふれる」

京都祇園ホテル

京都・祇園石段下●電話(075)551－2111代

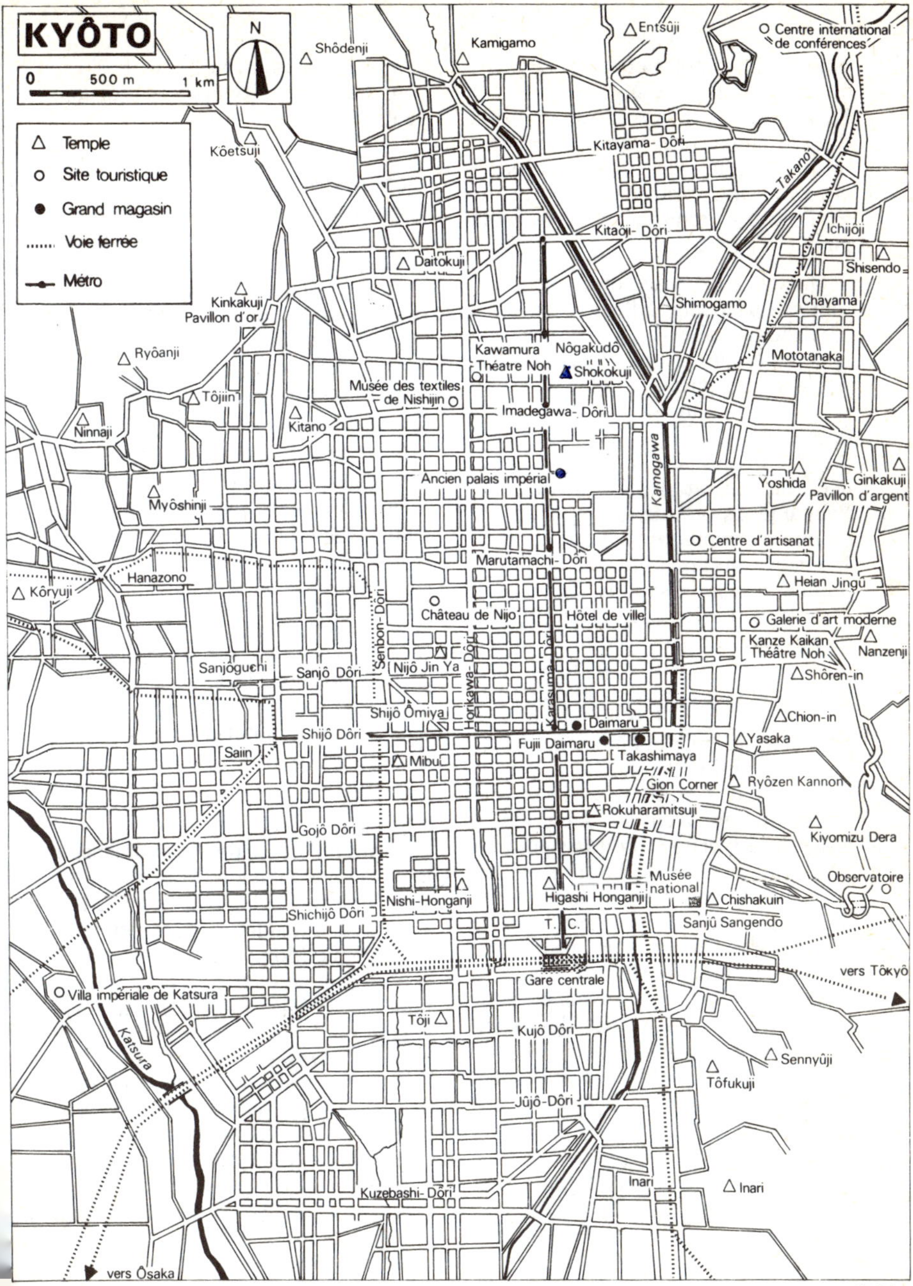
KYÔTO
0 500 m 1 km
N
Temple
Site touristique
Grand magasin
Voie ferrée
Métro
Shôdenji
Kamigamo
Entsûji
Centre international de conférences
Kôetsuji
Kitayama-Dôri
Takano
Kitaoji-Dôri
Ichijôji
Daitokuji
Shisendo
Kinkakuji Pavillon d'or
Shimogamo
Chayama
Ryôanji
Kawamura Théatre Noh
Nôgakudô
Shokokuji
Mototanaka
Musée des textiles de Nishijin
Tôjiin
Ninnaji
Kitano
Imadegawa-Dôri
Kamogawa
Ancien palais impérial
Yoshida
Ginkakuji Pavillon d'argent
Myôshinji
Centre d'artisanat
Marutamachi-Dôri
Hanazono
Kôryuji
Heian Jingû
Château de Nijo
Hôtel de ville
Galerie d'art moderne
Senbon-Dôri
Kanze Kaikan Théâtre Noh
Nanzenji
Horikawa-Dôri
Karasuma-Dôri
Sanjôguchi
Sanjô Dôri
Nijô Jin Ya
Shôren-in
Shijô Ômiya
Chion-in
Daimaru
Shijô Dôri
Fujii Daimaru
Yasaka
Saiin
Mibu
Takashimaya
Gion Corner
Ryôzen Kannon
Rokuharamitsuji
Gojô Dôri
Kiyomizu Dera
Musée national
Observatoire
Nishi-Honganji
Higashi Honganji
Chishakuin
Shichijô Dôri
T. C.
Sanjû Sangendo
Gare centrale
vers Tôkyô
Villa impériale de Katsura
Tôji
Katsura
Kujô Dôri
Sennyûji
Tôfukuji
Jûjô-Dôri
Inari
Inari
Kuzebashi-Dôri
vers Ôsaka

nombre de temples et sanctuaires qui nécessitent absolument une visite à Kyôto. Si vous avez choisi de flâner dans ce Japon, jetez votre dévolu dans une direction, ouest, est, périphérie nord ou sud, centre, et profitez des explications données ci-après pour guider vos pas.

Quelques conseils préliminaires : tout ce qui touche à l'empereur étant d'entrée très réservée, et Kyôto, capitale impériale jusqu'à l'année 1868, comptant un certain nombre de palais et villas liés aux descendants de la déesse Amaterasu, il est indispensable de s'y prendre à l'avance pour décrocher les autorisations de visite. Pour une raison que les Japonais ont du mal à comprendre (et que les non-Japonais font aussi bien de ne pas se poser), les autorisations sont accordées plus facilement aux étrangers qu'aux autochtones. Pour le Palais impérial, la demande peut se faire simplement 20 mn avant le départ de la visite organisée (10 h et 14 h, sauf samedi après-midi et dimanche, fermé du 25 décembre au 5 janvier). Pour le palais Sentô, il suffit aussi de se présenter 10 mn avant le début de la visite, à 11 h et 13 h 30. Mais pour les villas *Shugakuin* et *Katsura,* il est conseillé de réserver au moins cinq jours à l'avance en avril, mai, octobre et novembre (époques des festivals et d'affluence touristique), et sinon au moins deux jours à l'avance. Pour cela, se rendre à l'Agence des Affaires impériales, Palais impérial, Kamigyô-ku, tél. 211-1212 avec son passeport. Les demandes peuvent être faites à Tôkyô.

Pour la visite de Kyôto, les étudiants de l'université de Kyôto et de Dôshisha se proposent comme guides bénévoles. Si cela vous tente, le T.I.C. vous mettra en contact avec de diligents cicérones.

Higashiyama

A pied parmi temples, jardins et musées. Cet itinéraire commence par :

Le **temple aux mille et une *Kannon*** à onze têtes et à mille mains *(Sanjûsangendô).* Ouvert de 8 h à 17 h en été, il fait face au musée national. De la gare, vous pouvez l'atteindre en 25 mn à pied à partir de la sortie est, ou par bus.

Le musée. Il est ouvert de 9 h à 16 h. Il faut absolument voir ses collections archéologiques, ses porcelaines de Chine, ses sculptures bouddhiques et ses peintures. Les expositions temporaires sont souvent intéressantes.

De l'autre côté de Sanjû-Sangendô, on trouvera le temple **Yôgen-In** de la secte Jôdo, dont la visite est justifiée au moins par les peintures de Kanô Sanraku et de Sôtatsu sur les portes. Ouvert de 9 h à 17 h (16 h de novembre à mars).

Un peu plus loin, de l'autre côté de Higashiôji dôri, se dresse le **Chishaku-In** de la secte Shingon (ouvert de 9 h à 16 h 30, fermé le lundi et entre 12 h et 13 h) remarquable pour ses peintures de l'époque Momoyama et ses jardins connus pour ses azalées. Il faut continuer sur la Higashiôji dôri en allant vers le nord, jusqu'au prochain grand carrefour, traverser du côté du musée national, et s'aventurer pendant 2 mn dans de petites ruelles, pour se reposer un peu des temples, dans la maison-musée du potier **Kawai Kanjirô.** Ouvert de 10 h à 17 h, fermé le lundi et du 10 au 20 août, ainsi que du 24 décembre au 7 janvier. Une maison très belle et très attachante.

A 15 mn à pied de là, vers le nord, en se dirigeant vers Gojôzaka, on s'arrêtera au **Tôjiki Kaikan,** voir les expositions de céramique Kiyomizu (ouvert de 9 h 30 à 17 h, tous les jours, entrée gratuite) et à côté, au **Centre artisanal,** ouvert de 10 h à 17 h 30 et fermé le mercredi *(Craft Center).*

En remontant la pente, au milieu des vendeurs d'ombrelles et de colifichets, on atteindra l'un des temples les plus connus de Kyôto, juché sur une imposante structure de bois : le temple **Kiyomizu.** Ouvert de 6 h du matin au coucher du soleil. Le temple est considéré trésor national. Il a été érigé en 805, mais restauré en 1633.

A partir de Kiyomizu, on peut se rendre au belvédère du parc **Higashiyama** par des sentiers de montagne. On peut aussi se diriger vers le parc **Maruyama,** en redescendant la pente de Kiyomizu *(Kiyomizu zaka)* jusqu'à mi-parcours et en prenant à droite la pente de Sannen-zaka jusqu'à Ninen-zaka. Laisser la Ryôzen Kannon à main droite, puis le théâtre en plein air, et on arrive à l'étang du parc Maruyama et au sanctuaire Yasaka.

Autour de Gion

Un quartier préservé des destructions de la guerre où il fait bon flâner en fin d'après-midi.

Le point de repère de Gion est le sanctuaire **Yasaka** avec son grand *torii* rouge vermillon. Gion séduit toujours par ses maisons de bois d'où s'échappent des bambous. Le soir, on y croise des *maiko* poudrées, fantômes d'une autre époque. Du 1er au 30 avril, les *maiko* viennent y danser *(Miyako-Odori)* quatre fois par jour (Gion Kôbu Kaburenjô, Minamigawa, Gion).

Le **Gion Corner,** au rez-de-chaussée de *Yasaka Kaikan* (tél. 561-1115), est réservé exclusivement au touriste pressé qui voudrait rapporter de son voyage des clichés de tous les arts traditionnels du Japon. Deux séances à 19 h 40 et 20 h 40 du 1er mars au 29 novembre.

A gauche du *torii* du sanctuaire Yasaka, une balade très agréable part de la ruelle ascendante vers le parc Maruyama et mène au Chion-In et au Shôren-In. Le **Chion-In** est un des plus grands temples de la secte *Jôdo* (ouvert de 9 h à 16 h). Il est connu aussi pour sa cloche gigantesque et son plancher au son du rossignol japonais *Uguisu* émis par les lattes quand on marche dans le corridor du temple principal.

Au **Shôren-In** de la secte *Tendai* (visite de 9 h à 17 h), on admirera un des plus beaux jardins de Kyôto dessinés par Sôami et Enshû.

Le temple **Kenninji** est le premier temple de la secte Zen *Rinzai* à Kyôto. L'entrée est libre, mais il faut faire une demande à l'avance au temple. Très belle collection de tableaux et jardin magnifique.

Au temple Shingon **Rokuhara Mitsuji,** on verra beaucoup de statues de l'époque Kamakura classées trésor national (entrée de la salle des trésors de 8 h à 17 h). C'est à 5 mn à pied vers l'ouest de l'arrêt de bus *Kiyomizu Michi.*

Autour du sanctuaire Heian

Les fréquentes couches de peinture vermillon donnent au sanctuaire une apparence clinquante. Son architecture est copiée sur les palais de l'époque Heian. On y accède par le bus n° 5 à partir de la gare, arrêt *Bijutsukan mae* (25 mn).

Le **sanctuaire Heian** est le théâtre du *Jidai-matsuri* le 22 octobre, lorsqu'on commémore l'arrivée de l'empereur Kammu à Kyôto et les débuts de Heian-Kyô, capitale de la paix. Voir absolument les jardins, ouverts de 8 h 30 à 17 h, d'avril à octobre, et jusqu'à 16 h 30 en hiver.

De l'autre côté de la Nijô-dôri, le **Dentô Sangyô Kaikan** permet d'avoir un aperçu de l'artisanat de la région : teintures sur soie *Yûzen,* broderies, porcelaines *Kiyomizu,* laque, poupées, cloisonné, éventails, papier japonais, etc. Fermé le lundi.

A 5 mn à pied, on pourra s'arrêter au **Musée national d'art moderne** (ouvert de 10 h à 17 h, fermé le lundi), qui présente les tendances actuelles de l'art moderne japonais et mondial.

La promenade est vraiment agréable au nord du sanctuaire Heian, vers **Kurotani** et surtout vers le temple **Shin-Nyodô** de la secte *Tendai.* Tranquillité assurée, même les jours fériés. Du 5 au 15 novembre, un service religieux « des dix nuits » y est dit.

On peut traverser le **sanctuaire Yoshida** pour son parc, son ambiance, ses fêtes, et arriver à l'Université nationale de Kyôto, cousine par prestige de la fameuse Tôdai, l'Université nationale de Tôkyô. Elle existe depuis 1871, et compte 15 000 étudiants. L'**Institut franco-japonais** du Kansai est à 500 m du sanctuaire Yoshida vers l'ouest, sur Higashiôji dôri. Détour et halte-déjeuner à son restaurant « Le Foujita » chaudement recommandés, en cas d'envie pressante de cuisine française.

En allant du sanctuaire Heian au Nanzenji, on traverse les restes du canal construit en 1890 pour relier le lac Biwa à la rivière Kamo.

Le **Nanzenji** est un immense complexe de douze temples de la secte Zen Rinzai (ouvert de 9 h à 16 h). Chercher le monastère derrière le jardin Nanzen-in : c'est une ancienne villa impériale adossée à une colline boisée. On y admirera de ravissants *fusuma* peints sur or par la famille Kano dans plusieurs pavillons disposés en damier et reliés entre eux par des galeries couvertes. En 1291, cette villa fut convertie en temple Zen par l'empereur Kameyama, ce qui explique le parfait jardin Zen. L'ensemble est classé trésor national. Un nouveau monastère construit strictement dans le même style architectural, prolonge l'ancien et accueille les meilleurs maîtres et élèves Zen. Les touristes sont rares... visite hautement recommandée.

De Nanzenji, on accède au temple **Eikandô** de la secte *Jôdo* (visite de 9 h à 16 h) qui abrite une très belle statue d'Amida de l'époque Muromachi.

A partir du temple Eikandô, on peut se rendre au **Ginkakuji,** le pavillon d'argent qui n'a jamais été recouvert d'argent, en longeant le canal Sosui. C'est un chemin de 2 km, bordé de petits temples et de cerisiers, qu'on appelle *Chemin de la philosophie.* Non loin de là, vous pourrez faire un léger détour pour voir les formidables collections Sumitomo de vieux bronzes chinois. Demandez *Sen-oku Hakko Kan,* et si vous avez affaire à un inculte, voilà l'adresse : Shishigatani, Sakyo-ku.

Le **Ginkakuji** représente le courant de culture Higashiyama de l'époque Muromachi. Il fut construit en 1483 par le 8e *shogun* Ashikaga pour surpasser la beauté du Pavillon d'or construit par son grand-père (ouvert de 8 h 30 à 16 h 30).

A 3 mn à pied de l'arrêt de bus *Ginkakuji michi,* voir la maison, les collections et les jardins de **Hakusa Sonsô.** De fin avril à fin mai et de fin octobre à fin novembre s'y tiennent des expositions extraordinaires. Ouvert de 10 h à 17 h.

Le centre de Kyôto

D'abord le **palais impérial.** Les étrangers sont privilégiés. Vous y êtes admis pourvu que vous en ayez fait la demande à l'*Agence des affaires impériales* (*voir* "Que voir à Kyôto"). Visites à 10 h et 14 h, entrée par *Kiyodokoromon.* Par le métro, descendre à *Karasuma Imadegawa.* La reconstruction du palais date de 1790. Les Japonais ne sont admis dans ces trésors impériaux que deux fois par an : une semaine en avril et une autre en octobre. Au palais **Sentô,** on admirera le grand jardin conçu par Enshû.

Le château **Nijô** ne fait pas de sélection à l'entrée. On y accède par la porte est : *Higashi Otemon.* Ouvert tous les jours de 8 h 45 à 16 h, sauf du 26 décembre au 3 janvier. C'est le château construit par le *shôgun* Tokugawa Ieyasu en 1603 pour lui servir de résidence pendant ses visites à l'empereur à Kyôto. La décoration intérieure est caractéristique de l'art *Momoyama.* Jardins superbes.

A 5 mn à pied au sud du château, on peut visiter le **Nijô-jinya,** vieux *ryokan* qui recevait les *samurai* venus voir le château. Téléphoner auparavant. Tél. 841-0972. 4 visites par jour.

Réservez **Ponto-Chô,** le quartier limité par la rivière Takase à l'ouest et la rivière Kamo à l'est, et par Sanjô et Shijô, pour la tombée du jour. C'est un quartier de distraction depuis l'époque Edo, où il fait bon se promener à pied entre des maisons de bois, toutes serrées et très jolies, coupées de traboules comme à Lyon. C'est un des quatre quartiers de *geisha* de Kyôto avec Gion, Miyagawachô et Kitano. La plupart des restaurants ont une terrasse qui surplombe la rivière Kamo. Dès que la température se fait clémente, les terrasses se remplissent. De la berge en deçà, promenade chérie des couples, on reçoit tous les rires, les chants, la musique de *Koto.* Les restaurants y sont assez chers. Du 1er au 24 mai et du 15 octobre au 7 novembre, à Ponto-Chô ont lieu les *Kamogawa Odori,* danses de *geisha* et de *maiko.*

Au coin des rues Imadegawa et Horikawa, le centre des textiles **Nishijin** ne mérite une visite que pour son *kimono-show* (durée 20 mn) donné pour les tours organisés. En revanche, un peu plus au sud, le **musée Raku,** avec ses objets de la cérémonie du thé, mérite une visite, surtout lors des expositions spéciales (tél. 414-0304, ouvert 10 h-16 h).

Les temples entre le sanctuaire Shimogamo et le Kitano Tenmangû

C'est le quartier où flâner en priorité si vous êtes à Kyôto un 25 du mois.

Une journée de tourisme commencera alors par :

Le sanctuaire **Kitano** (Kitano Tenmangû ou Kitano Tenjin) érigé à la mémoire de Sugawara Michizane (845-903), politicien, savant, homme de lettres de l'époque Heian, mort en disgrâce. Sa mort ayant été suivie de terribles catastrophes, ce sanctuaire fut construit pour apaiser son esprit. La salle des trésors est ouverte le 25 de chaque mois, mais uniquement en cas de beau temps (10 h-16 h). Le même jour a lieu une immense foire à la brocante (vieux kimonos, accessoires, céramiques, meubles, etc., à des prix sensiblement moins chers qu'à Tôkyô). On y fête les pruniers fin février.

Le temple **Sembon Shakadô** est à 10 mn à pied à l'ouest et vaut certainement une visite pour ses statues de **Kaikei** et de **Jôkei** de l'époque Kamakura.

L'immense temple Zen **Daitokuji,** à environ 2 km au nord, est à voir surtout pour le jardin **Daisenin** et ses pavillons pour la cérémonie du thé, et ses peintures sur *fusuma.* Six bâtiments seulement du complexe Daitokuji sont ouverts au public.

Environ un kilomètre au sud du *Daitokuji,* se trouve le **Hôkyô-ji** et ses poupées, et 500 m plus loin un autre temple qui exige des visiteurs qu'ils adressent une demande écrite avant de venir. C'est le **Myôrenji** fondé par un disciple de Nichiren. Splendides peintures sur paravent, et très beau jardin de pierre.

En continuant vers l'est, le **Shôkokuji** est un temple de la secte Zen *Rinzai* reconstruit après les destructions des guerres de Onin. Un grand sanctuaire, pour boucler cet itinéraire, le **Shimogamo jinja,** fondé avant même que Kyôto ne devienne capitale. Il a été reconstruit en 1863.

A l'ouest, Pavillon d'or et jardin sec

Avant d'aborder ces deux impératifs dans la découverte touristique de Kyôto, une visite est conseillée au **Tôji-In,** en contrebas de l'université *Ritsumeikan.* C'était le temple des *shôgun* Ashikaga. Devant le jardin de pierres, le bruit des planches du corridor quand on marche dessus est celui de l'*uguisu.* Dans le temple, un beau portrait de Daruma, et, dans les jardins, des pavillons de thé. Ouvert de 8 h à 17 h 30 (17 h en hiver).

On atteint le **Kinkaku-ji** ou Pavillon d'or, par le bus n° 12 à partir du château Nijô. Le bijou a été restauré après l'incendie criminel qui a inspiré le roman de Mishima Yukio et en 1987 sa couverture d'or a été refaite. La beauté envoûtante du temple est souvent bafouée par des reproductions aux couleurs trop vives et par des hordes de touristes et d'écoliers. A chacun de jouer pour trouver le meilleur moment pour l'admirer. Ouvert de 9 h à 17 h 30 (17 h d'octobre à mars).

Prendre le bus n° 59 du Kinkaju-ji pour le **Ryôan-ji :** les 15 rochers de son jardin sec l'ont rendu trop connu à travers le monde. « Attribué à Sôami (xve siècle), le célèbre jardin peut être considéré comme une des réalisations les plus pures de l'esthétique japonaise de l'inspiration zen. De ce jardin dépouillé se dégage une impression intransmissible. Le plus sage est de le contempler en silence, si possible, et de se garder de lui donner un sens caché. » (Pierre Rambach, *Le Génie du Japon,* Arthaud). A chacun de voir ce que déclenche chez lui ce gravier ratissé, de préférence avant 10 h et les haut-parleurs des cars de touristes. Ouvert de 8 h à 17 h. En septembre, les lotus du lac sont fleuris.

Sur le chemin du Pavillon d'or au Ryôan-ji, on dépasse le musée **Dômoto** (accès par les bus 12, 15). Ouvert de 10 h à 18 h, sauf le lundi, et du 21 au 31 août et du 26 décembre au 1er janvier. On y trouve tous les tableaux du peintre Dômoto, de l'époque Meiji.

Le **Ninnaji** fut le premier et le plus important temple de la cour impériale. Belle salle des trésors, mais ouverte du 1er au 15 octobre uniquement, et de 9 h à 16 h. Ouvert de 9 h à 17 h (16 h en hiver).

Presque en face de l'entrée principale du temple se trouve l'école de *Nishijin.* On peut s'inscrire pour un jour et prendre une leçon de tissage *Nishijin.* Tél. 462-0253.

Plus qu'un temple Zen, **Myôshin-Ji** est une ville, tellement il est grand. On ne peut en visiter que quatre bâtiments : *Honbô, Taizô-in, Keishun-in, Daishin-in.* Le centre **Hôjô** donne sur un beau jardin. Voir les grandes peintures du plafond de Kanô Tanyû. Au *Taizô-in,* on verra un beau tableau de l'époque Muromachi, dans le *Keishun-in* ainsi qu'un très beau jardin avec un pavillon de cérémonie du thé. Voir aussi les jardins du *Daishin-in.*

A l'ouest, vers le Kôryû-Ji

Le temple **Kôryû-Ji** fut fondé en 622 et reconstruit à l'époque Edo. C'est là qu'on trouvera la superbe statue de Miroku Bosatsu, le Maitreya, Bouddha de l'avenir, représentative de l'art Asuka et beaucoup d'autres belles statues. Ouvert de 9 h à 17 h (16 h 30 en hiver).

Les studios de cinéma de la compagnie Tôei *(Tôei Uzumasa Eiga Mura)* sont à 5 mn à pied du Kôryû-ji. On peut assister au tournage d'un film, voir tous les décors des films de *samurai.* Restaurants, musées, vente de posters des vedettes du grand écran. Ouvert de 9 h à 17 h (16 h en hiver).

Le **Rokuô-in** est un beau temple de la secte Zen, avec des jardins de l'époque Edo. Ouvert de 9 h à 17 h.

Il faut s'arrêter au **centre culturel Yûzen** de Kyôto à Nishikyôgoku, pour y voir la technique de la peinture sur soie. Ouvert de 9 h à 16 h. Près du centre culturel Kyôto Yûzen, on pourra visiter l'exposition de kimonos brodés, ainsi que les ateliers de broderie du *centre Shishû,* ouverts de 9 h à 17 h. (Accès également par le bus 73, descendre à *Nishikyôgoku,* et marcher 10 mn.)

La **villa Katsura** se trouve à 1,5 km de là, au sud-ouest. Considérée comme le parangon de l'architecture japonaise traditionnelle, c'est un ensemble remarquable de maisons et de jardins dont le style simple et dépouillé contraste avec le sanctuaire *Tôshôgû* de Nikkô, construit à la même époque. Accès par les bus 33 ou 60. C'est à 15 mn à pied de la gare Katsura de la ligne *Hankyû Electric.* Autorisation préalable indispensable (*voir* « Que voir à Kyôto »).

Vers Arashiyama et Matsunoo

La perle de ce quartier ouest de Kyôto est sans conteste le temple

Saihô-ji, connu également sous le nom de *kokedera,* le temple de mousse. Il faut montrer patte blanche avant d'être admis à le visiter, mais le jeu en vaut la chandelle surtout en novembre lorsque les feuilles rouge vif des érables tourbillonnent au-dessus des variétés les plus incroyables de mousses. Pour être admis dans ce temple-parc, il est indispensable d'adresser une carte-réponse japonaise *(ôfukuhagaki)* à l'adresse suivante : Saihôji, 56 Kamigatani, Matsuo, Nishikyoku, Kyoto-Shi, en mentionnant vos nom, prénom, âge, nombre de personnes, jour et heure souhaités pour la visite. Cette carte est à envoyer au moins une semaine à l'avance. Muni de la réponse, vous pourrez vous présenter à la grille d'entrée. Il vous sera ensuite demandé de vous acquitter d'une « offrande » de 3000 yens et peut-être de calligraphier en japonais un sutra (on vous fournit modèle, encre, pierre, etc.). Ce n'est qu'après cet exercice d'humilité que vous serez libre de vous promener dans le célèbre jardin de mousses.

Trois kilomètres au nord du *kokedera,* le **Tenryû-ji** est un très beau temple de la secte *Rinzai.* Ouvert de 8 h à 17 h 30 (9 h à 17 h en hiver).

Les collines d'Arashiyama (375 m d'altitude) étaient des lieux d'excursion des nobles de l'époque Heian.

On peut descendre en bateau (20 personnes) les rapides de la rivière **Hozu,** de Kameoka à Arashiyama. Les 16 km se font en deux heures, dans un cadre magnifique. Du 10 mars à la fin novembre, des bateaux partent à heure fixe : 9 h, 10 h, 11 h, 12 h 30, 14 h et 15 h 30. Prix : 3000 yens par adulte. Prendre la ligne *San'in* de J.R. à la gare de Kyôto, descendre à la gare de *Kameoka* et marcher environ 10 mn jusqu'à l'embarcadère. Renseignements et réservations au 07712-2-5846.

Autour du Daikaku-Ji

A l'origine, le **Daikaku-Ji** était le palais détaché de l'empereur Saga. On y trouvera plusieurs pavillons avec des peintures sur *fusuma* (portes coulissantes) très célèbres, des Bouddhas sculptés dans des pierres et de superbes jardins, autour d'un grand lac. Ouvert de 9 h à 16 h 30. Accès par les *Kyoto Bus* 28 et 91.

A 1,5 km du Daikaku-Ji, se trouve le **Nenbutsu-Ji,** impressionnant avec ses centaines de Jizô-Sama, divinité protectrice de l'âme des enfants, porteurs de bougies. Ouvert de 9 h à 16 h 30, accès par *Kyoto Bus* 62 et 72.

Le temple **Jôjakukô-Ji** est à ajouter à la liste des temples à voir dans ce périmètre, et surtout les jardins **Okôchisansô** tout près de ce temple. C'est en fait la villa d'un acteur de cinéma (Okôchi Denjirô) qui s'est distingué dans les films de *samurai.*

A l'automne, il est recommandé de se promener dans les montagnes du Nord-Ouest, vers Takao. On s'arrêtera pour voir le **Jingo-ji** (trésor national) et le **Kôzanji** à Toganoo. La promenade est magnifique vers **Kiyotaki,** surtout en novembre quand toute la forêt s'est teinte en fauve ou en rouge.

Au nord de Kyôto, du côté de la villa Shugaku-in

Le palais détaché de **Shugaku-in** est une des merveilles impériales de Kyôto. Pour l'autorisation, se reporter plus haut « Que voir à Kyôto ? ». La villa est entourée de trois immenses jardins et bordée de forêts, de champs et de rizières. A voir absolument. Au pied du mont Hiei, il faut voir aussi le temple **Manshu-in** de la secte *Tendai*. Ouvert de 9 h à 17 h.

Autour de l'étang Takaragaike

Le temple **Entsû-ji** est peut-être difficile d'accès (prendre un bus en direction de Kino, descendre à *Entsûjimichi,* et marcher 10 mn à pied), mais vaut la visite. C'est un petit temple avec un beau jardin sec. Le **Shôden-ji** est accessible par le bus *Kita 4* (descendre à *Jinkô-in mae* et marcher 10 mn). Tableaux de Kanô Sanraku et beau jardin sec.

Plein nord

Pour qui a le temps de s'attarder à Kyôto, une journée parmi les temples du nord de la ville révélera des trésors.

Le **Kuramadera** et le **Kibune-Jinja** ont tous deux une histoire longue et brodée de légendes. Les montagnes plantées de cèdres immenses sont, paraît-il, habitées par les *Tengu* (voir : « Le Japon de A à Z »). Prendre, à la gare centrale, le bus municipal n° 4 ou 14 jusqu'à la gare de *Demachi Yanagi* (30 mn). Descendre à *Eidenmae.* Prendre la ligne de *Kurama* à la gare de *Keifuku Electric* de *Demachi Yanagi.* Kurama est le terminus. Le long de la rivière Kibune, s'alignent toutes sortes de restaurants qui cuisinent de délicieux poissons d'eau douce.

Le temple **Sanzen-in** s'admire avec toute la nature dans laquelle il est lové. Plusieurs lignes d'autobus y conduisent. Compter 1 h à partir de la gare de Kyôto. Ouvert de 8 h à 16 h 30 (16 h de décembre à février). Magnifique statue d'Amida. C'est le premier temple que vous verrez si vous restez dans une auberge de Ohara.

Au sommet du **mont Hiei,** le temple **Enryaku-ji,** quartier général de la secte *Tendai* du bouddhisme ésotérique, est une ville entière. Il faudrait deux jours pour en faire le tour. C'est un temple qui domina longtemps le monde bouddhique du Japon. A la fin de l'époque Heian, la secte comptait 3 000 temples. En 1571, Oda Nobunaga détruisit le temple pour marquer son opposition à la puissance politique, basée sur la puissance militaire des moines. On y accède par un bus, destination *Shimei-Dake,* de la gare de Kyôto et descendre à Enryaku-ji (1 h 30). Et également par un enchaînement de bus et de téléphériques à partir de la gare de Kyôto. Bus jusqu'à la gare de *Demachi Yanagi* de *Keifuku Electric.* Descendre à *Yase-Yûen,* terminus de la ligne *Keifuku,* puis prendre deux téléphériques. On peut encore marcher une demi-heure avant d'atteindre le temple ou faire du stop ou prendre un bus. Ouvert de 8 h 30 à 16 h 30. Grimper dans la montagne à la recherche des autres pavillons.

La route qui redescend du mont Hiei en plongeant vers le lac Biwa est magnifique (et à péage). On peut rentrer vers Kyôto, ou prendre à gauche vers *Otsu,* siège de la cour impériale au VIIe siècle.

Le lac **Biwa** est le plus grand lac du Japon. Son nom vient de la ressemblance de ses formes avec l'instrument de musique *biwa.* La légende rapporte que le lac Biwa surgit en une nuit, du même tremblement de terre qui engendra le mont Fuji.

Le lac Biwa fait partie d'un parc quasi national. Il a inspiré nombre de pinceaux et de plumes. On peut y faire des promenades d'agrément en bateau à partir de **Hama-Otsu, Hikone, Nagahama** et **Imazu.**

Dans les environs immédiats de Otsu, il faut voir le **Miidera,** à 5 mn en bus de Hama-Otsu. Il reste une soixantaine de bâtiments des huit cent soixante construits au VIIe siècle à la mémoire de l'empereur Kôbun. Le *Kannondô* dédié à Nyoirin-Kannon à l'intérieur du Miidera était la quatorzième étape du pèlerinage des trente-trois lieux sacrés des provinces de l'Ouest. On y a une superbe vue sur le lac.

Le temple **Ishiyama,** à 10 mn à pied du terminus de la ligne Ishiyama sur *Keihan Electric* était la treizième de ces trente-trois étapes. On peut y admirer beaucoup de trésors d'architecture. On dit que la Dame Murasaki Shikibu rédigea le *Dit de Genji* dans la salle de *Genji-no-ma* à côté du bâtiment principal.

Les wagons de l'Orient-Express ont trouvé leur voie de garage près de Otsu, à **Biwako-Ohashi,** et se sont convertis en restaurant et hôtel dans le *leisure land* de Kôyô Paradise.

A partir d'Otsu, d'agréables excursions sont possibles soit vers la côte ouest (plus sauvage), soit vers la côte marquée de sites médiévaux tels les villes charmantes de Omihachiman ou Hikone.

Autour de la gare principale

Le temple **Tôji** est presque à un kilomètre en direction sud-ouest de la sortie *Karasuma.* C'est un temple qui garde le style *Jôgan.* De belles statues. Ouvert de 9 h à 17 h d'avril à novembre, et jusqu'à 16 h de décembre à mars. Le 1er et le 21 de chaque mois, s'y tient le marché *Kôbô,* sorte de grande foire où l'on déniche des antiquités, de la céramique, de vieux vêtements, des *bonsai,* etc.

A partir de la sortie est de la gare, on peut commencer par se laisser impressionner par la plus grande construction de bois : le temple **Higashi-Honganji,** quartier général de l'école *Otani* de la secte *Jôdo-Shinshû* de la Vraie Terre pure. Entrée libre, mais offrandes bienvenues. A 10 mn à pied vers l'ouest, le **Nishi-Honganji** fait symétrie au Higashi-Honganji. C'est le centre de la même secte *Jôdo-Shinshû.* Il est considéré comme un des plus beaux exemples d'architecture de Kyôto et abrite plusieurs trésors nationaux dont tous ne sont pas ouverts au public.

Le **musée des coutumes** est au 5e étage du Building *Izutsu,* en face du Nishi-Honganji, sur Horikawadôri, ouvert de 9 h à 17 h, fermé le lundi. Cela peut être une bonne introduction à l'histoire du Japon, de l'époque Asuka jusqu'à Meiji. Tél. 351-6750.

A partir du Nishi-Honganji, on se rendra facilement vers des lieux d'autre culte. Le quartier de **Shimabara** était un quartier de maisons closes autorisé par le *Bakufu.* Une grande porte en marque l'entrée. Toutes les fenêtres sont à claire-voie de bois. Entre autres belles maisons, voir la plus vieille des maisons réservées à ces plaisirs : **Sumiya.** Aujourd'hui, c'est un restaurant où l'on peut dîner en compagnie de *geisha.* Il est fréquenté par quelques groupes de touristes du

Kyôto by night auxquels vous pouvez vous joindre. Le tour part tous les soirs à 18 h 30 de la gare de Kyôto, durée 3 h. A Shimabara, a toujours lieu le 21 avril une procession des *tayû* (prostituées de luxe) mais le festival est plus discret que celui de Shimonoseki. Le théâtre Kabuki met volontiers en scène des processions de *tayû* et des histoires qui se terminent (moralement ?) par le double suicide d'une *tayû* et de son amant.

La périphérie sud

Le sanctuaire du Renard, **Fushimi Inari Taisha,** a été immortalisé par Malraux dans ses **Antimémoires.** La promenade est superbe dans les corridors infinis de *torii* vermillon qui grimpent dans la montagne jusqu'à permettre une vue générale sur la cuvette de Kyôto. Le sanctuaire est à 5 mn à pied de la gare Inari ou Fushimi Inari sur *Keihan Electric.*

Les plus grandes fêtes y ont lieu au moment du nouvel an, et puis le 5 janvier pour la fête *Oyama-Sai* quand on fait des offrandes de saké sur les pierres sacrées au milieu de la montagne ; le 12 janvier pour la cérémonie de tir à l'arc *Hôsha-Sai ;* pour l'anniversaire du sanctuaire en février ; pour la fête de promotion industrielle de la région le 10 avril ; pour le festival d'Inari le 3 mai ; la fête du repiquage du riz le 10 juin ; le grand rassemblement des fidèles des sanctuaires Inari le 23 juillet *(Motomiya-Sai)* et la fête du feu le 8 novembre pour remercier des récoltes abondantes.

Près du sanctuaire Inari, le **Sekihô-Ji** est un très beau petit temple entouré de Bouddhas de pierre. Le temple est à voir avec le tombeau de l'empereur Kammu qui lui est voisin. Accès par la ligne *Keihan,* gare de Fukakusa. 5 mn à pied de la gare.

Très au sud, mais à ne pas manquer : le **Byôdô-in,** dont on voit une pâle représentation sur les pièces de 10 yens. C'est une merveille à voir absolument pour sa représentation de l'oiseau mythologique *Hô-O* (phénix), son architecture et ses jardins qui figurent le paradis. On y accède après 10 mn de marche à partir de la gare Uji sur les lignes *J.R.* et *Keihan Electric.* Ouvert de 8 h 30 à 17 h 30.

Quelques temples loin des sentiers battus

Vers l'ouest, on partagera les repas végétariens des bonzes du **Jûrin-Ji,** où se trouve la tombe de Narihira, poète de l'époque Heian. Accès par la ligne *Hankyû,* gare de Higashimukômachi. Prendre un bus pendant 20 mn, et descendre à Oshio. Si on continue à pied pendant une demi-heure, à partir de Oshio, on arrive au **Zenpô-Ji.** De là, accès possible au **Sanko-Ji.**

Vers le sud, le temple **Ikkyû-Ji** (Shûon-An). C'est à 15 mn à pied de la gare de Shintanabe sur la ligne *Kintetsu.*

Nara

Le berceau de la civilisation

La préfecture de Nara correspond plus ou moins à l'ancienne province du Yamato, où s'est développé le premier centre culturel et politique du Japon. Par la suite, la rivière qui draine la plaine a permis l'introduction de la culture chinoise par la mer Intérieure.

Kashihara, la « plaine des hêtres », à 21 km au sud de Nara, fut la première capitale historique du Japon, choisie par l'empereur Jimmu. D'après le *Kojiki,* la « chronique des choses anciennes », Kashihara serait devenue capitale en 660 avant notre ère, mais les fouilles archéologiques situent l'empereur Jimmu au Ier siècle av. J.-C. A quelques kilomètres à l'est de Kashihara, **Asuka** fut un pôle de développement, avant que l'impératrice Suiko (554-628) n'y établisse sa capitale, au moment des débuts du bouddhisme au Japon. A partir du 29e empereur Kimmu (539-571), jusqu'au 42e empereur Mommu (697-707), la coutume était de changer de capitale au moment d'une nouvelle succession au trône impérial. C'est avec l'impératrice Gemmei que Nara devint la première capitale permanente du Japon, en 710.

Mœurs et coutumes

Dans la plaine de Nara, on retrouvera des traces des villages d'autrefois : un fossé de cinq ou six mètres de large entoure encore certains villages, comme ceux de **Hieda** et **Yamato-Kôriyama.** Les maisons *Yamato-Mune* se caractérisent par des toits de chaume épais, relevés par quelques tuiles.

Les repas sont simples : le *Cha-Gayu* est une bouillie de riz mélangée au thé. Les *Narezushi* sont des boulettes de riz surmontées de poisson vinaigré.

Artisanat

Quatre-vingt-dix-neuf pour cent des fouets de bambou utilisés pour la cérémonie du thé sont fabriqués à **Takayama-chô,** dans la ville d'Ikoma. L'encre de Chine et les pinceaux de calligraphie sont fabriqués dans la même tradition depuis le moine Kûkai. On trouvera aussi de la laque, de la céramique, des éventails et des reproductions d'éventails.

FETES A NARA

Janvier

1. *Gyôten Kaichô* (cérémonie dédiée à Bouddha, pour la nouvelle année), au temple Hasedera à Sakurai (voir Sakurai).
1-15. Exposition spéciale du tableau Kisshô-Tennyo, au temple Yakushiji, à Nara.
15. *Yamayaki* (feu sur le mont Wakakusa), au mont Wakakusa.

Février

Vers le 2. *Setsubun Saitô Goma-E* (cérémonie du feu), au temple Gangôji, à Nara.
Vers le 2. *Mantôrô* (cérémonie avec des milliers de lanternes, en pierre et en métal), au sanctuaire Kasuga Taisha, à Nara.
1-3. *Shunie* (*Oni-Oi :* chasse aux « ogres »), au temple Hôryûji Saiendô, à Ikaruga-chô, près de Nara (12 km au sud-est).
3. Fête de *Onibi* (feux follets), au temple Kinpusenji, à Yoshino (46 km au sud de Nara, voir Yoshino).
14. *Dada-Oshi* (chasse aux *Oni* « ogres »), dans le temple Hase, à Sakurai (26 km au sud de Nara, voir Sakurai).
14 janvier lunaire. *Kurusô* (Bugaku suivant une tradition de 1700 ans, d'après la légende), au sanctuaire

Kiyomigahara, à Yoshino (46 km au sud de Nara, voir Yoshino).

Mars

1-14 (surtout les 12, 13 et 14). *Omizutori* (fête de la première eau puisée à la source, pour la nouvelle année, avec de grandes illuminations), au temple Tôdaiji Nigatsudô, à Nara.
13. *Kasuga Matsuri* (cérémonie avec danses), au sanctuaire Kasuga Taisha, à Nara. Tradition de 1 100 ans. Danse Bugaku dès 21 h.
15. *Otaue Matsuri* (cérémonie de repiquage du riz, avec danses), au sanctuaire Kasuga Taisha, à Nara.
22-24. *Oeshiki*. A l'origine, c'était une cérémonie en l'honneur du fondateur du temple, qui occupa une place importante dans l'introduction du bouddhisme au Japon. Au temple Hôryûji, à Ikarugachô, près de Nara.
Du 30 mars au 5 avril. *Hanae-Shiki* (décorations avec des fleurs de la statue de Bishamon), au temple Yakushiji, surtout le 5 avril, 5 « démons » foncent dans le temple avec des torches.

Avril

5. A 20 heures. Chasse aux démons par trois hommes éclairés par des torches, à travers les pavillons du temple plongé dans l'obscurité. Au temple Yakushiji.
8. Anniversaire du Bouddha, au temple de Tôdaiji, Daibutsuden, à Nara. *Otaimatsu* (anniversaire du Bouddha, avec cérémonie et procession des bonzes), au temple Shinyakushiji, à Nara.
11-12. *Hanakue-Shiki* (procession de « seigneurs » costumés, et offrandes de fleurs de cerisiers), au temple Kinpusenji, à Yoshino (46 km au sud de Nara, voir Yoshino).
Du 11 avril au 5 mai. Exposition spéciale de la statue Guze-Kannon, au pavillon Yumedono, dans le temple Hôryûji, à Ikarugachô, près de Nara.
2e samedi et dimanche. *Ocha-Mori* (grande cérémonie du thé), au temple Saidaiji à Nara.
Fin du mois. *Botan-Kenka-Sai* (fête des pivoines), au temple Hasedera, à Sakurai.

Mai

5. Concert de *gagaku* (à 13 h), au *Man-yô-Shokubutsu-en,* jardin des plantes du sanctuaire Kasuga Taisha, à Nara.
11-12. Takigi-Nô (Nô en plein air, le soir, à la lumière des torches), au temple Kôfukuji, à Nara.
14. *Nerikuyô-Eshiki* (25 hommes costumés en Bodhisattva miment l'accueil d'une princesse au paradis), au temple Taimadera, à Taimachô.
19. *Uchiwa-Maki* (danses de Bugaku et distribution générale d'éventails rigides, *uchiwa,* et de gâteaux de riz), au temple Tôshôdaiji, à Nara.

Juin

5-7. Anniversaire du moine Ganjin, fondateur du temple, et exposition spéciale de la statue de Ganjin, au pavillon Mie-dô. Au temple Tôshôdaiji, à Nara.
17. *Saikusa Matsuri* (fête des lis), au sanctuaire Isagawa, à Nara.

Juillet

7. *Kaeru-Tobi* (fête des grenouilles), au temple Kinpusenji, au mont Yoshino.

Août

7. *Daibutsu-Ominugui* (nettoyage du

grand Bouddha), au temple Tôdaiji, à Nara.
9. *Oyoku* (une visite ce jour-là en vaut 65 000), au pavillon Nigatsudô, dans le temple Tôdaiji, à Nara.
15. *Mantôrô* (fête des lanternes), au sanctuaire Kasuga Taisha à Nara.
23-24. *Jizô-Eshiki* (danses d'*O-Bon*), au temple Yatadera, à Yamato-Koriyama.

Septembre

Pleine lune. *Uneme Matsuri*. Fête de la lune (processions avec des chars décorés), au sanctuaire Uneme-jinja, étang Sarusawano-ike, à Nara.
Pleine lune. *Sanbutsu-Kangetsu-E* (ouverture du Pavillon d'or, éclairé de lanternes, et admiration de la lune), au temple Tôshôdaiji, à Nara.

Octobre

5. Exposition spéciale de la statue Sôgyô-Hachiman, au temple Tôdaiji, à Nara.
8. *Okina-Mai* (représentations de Nô primitif), au sanctuaire Zuhiko-jinja, à Nara.
2e dimanche. *Ocha-Mori* (grande cérémonie du thé), au temple Saidaiji, à Nara.
Mi-octobre à début novembre *Shika-No-Tsuno-Gari* (un prêtre shintô assisté de plusieurs aides scie les bois de deux cerfs), dans le parc à côté du sanctuaire Kasuga, à Nara.
Du 20 octobre au 3 novembre Exposition spéciale du tableau Kisshô-Tennyo, au temple Yakushiji, à Nara.
Du 22 octobre au 10 novembre Exposition spéciale de la statue Guze-Kanon, au pavillon Yumedono, dans le temple Hôryûji, à Ikaruga, près de Nara.
Fin octobre à début novembre Exposition du **Shôsô-In** (collection des plus vieux trésors du Japon), au musée national de Nara.

Novembre

3. *Concert de gagaku,* au jardin Manyô-Shokubutsu-en du sanctuaire Kasuga Taisha, à Nara.
2e dimanche. *Kemari Matsuri* (jeux de balle, en kimonos d'époque), au sanctuaire Tanzan-jinja, à Sakurai.

Décembre

16. Exposition spéciale de statues, au pavillon Sangatsudô, dans le temple Tôdaiji, à Nara.
16-18. *Kasuga-Wakamiya-On-Matsuri* (spectacle de Nô sur la pelouse), au sanctuaire Wakamiya, dans le grand sanctuaire Kasuga Taisha, à Nara.

ACCES A NARA

De Kyôto

Mieux vaut prendre la ligne privée *Kintetsu* (45 mn en express, et 33 mn en rapide) dont la gare d'arrivée à Nara se trouve plus près du parc, et des arrêts de bus, en direction des grands temples du *Hôryûji, Tôshôdaiji, Yakushiji et Saidaiji.*

D'Osaka

Ligne *Kintetsu* de Namba à Nara, 31 mn en rapide.

LES HOTELS A NARA

Un très bel hôtel au charme et au vieux confort européen irrésistible à ceux qui peuvent se le payer (compter au minimum 16 000 yens et insister pour avoir une chambre dans le vieux

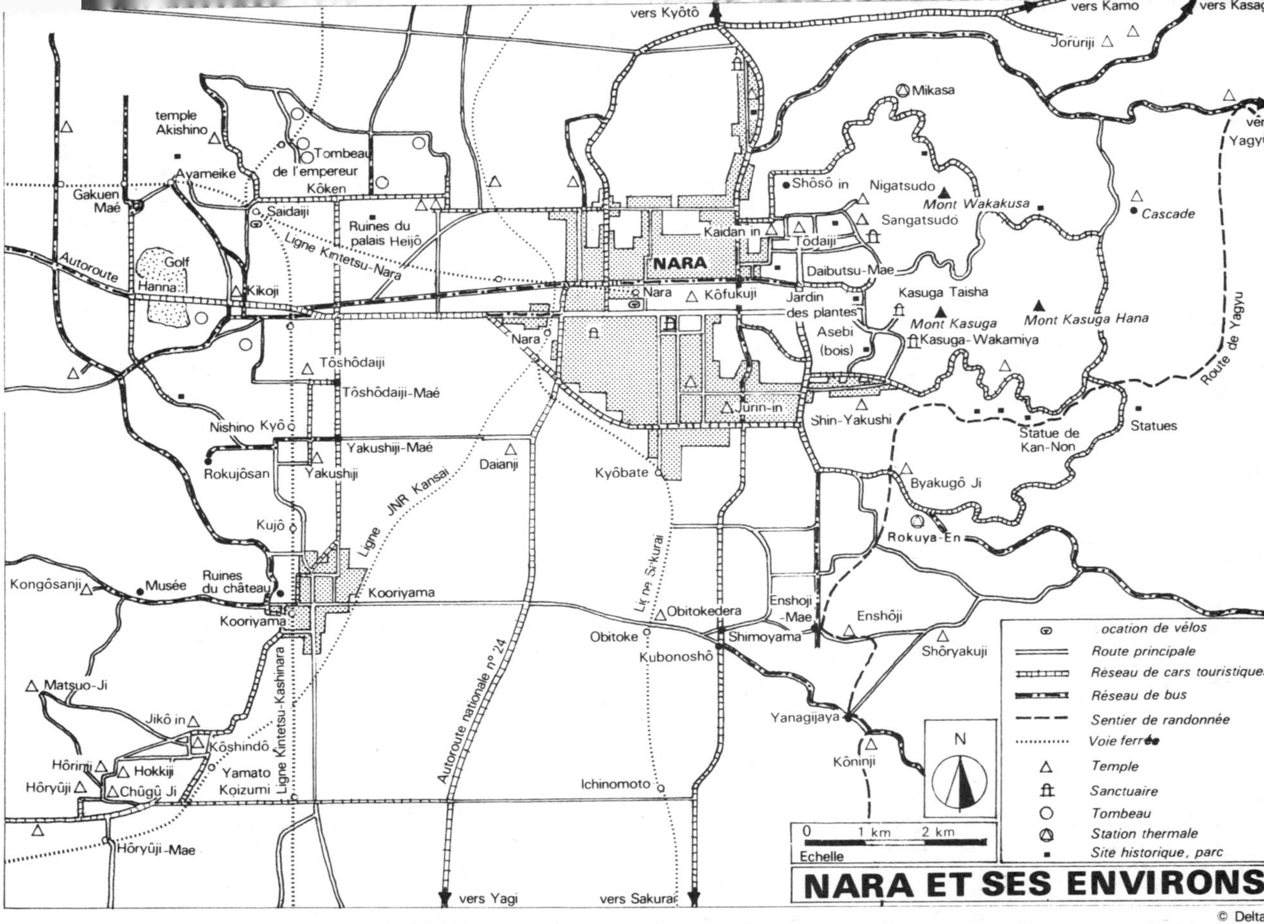
NARA ET SES ENVIRONS
vers Kyôtô
vers Kamo
vers Kasagi
Jôruriji
Mikasa
vers Yagyû
Route de Yagyu
Cascade
temple Akishino
Tombeau de l'empereur Kôken
Ayameike
Gakuen Maé
Saidaiji
Ruines du palais Heijô
Ligne Kintetsu-Nara
Autoroute
Golf Hanna
Kikoji
NARA
Kaidan in
Tôdaiji
Shôsô in
Nigatsudo
Mont Wakakusa
Sangatsudô
Daibutsu-Mae
Nara
Kôfukuji
Jardin des plantes
Kasuga Taisha
Mont Kasuga
Mont Kasuga Hana
Kasuga-Wakamiya
Asebi (bois)
Tôshôdaiji
Tôshôdaiji-Maé
Jurin-in
Shin-Yakushi
Statue de Kan-Non
Statues
Nishino Kyô
Yakushiji-Maé
Daianji
Rokujôsan
Yakushiji
Ligne JNR Kansai
Kyôbate
Byakugô Ji
Kujô
Rokuya-En
Ligne Sakurai
Kongôsanji
Musée
Ruines du château
Kooriyama
Enshoji -Mae
Enshôji
Obitokedera
Kooriyama
Obitoke
Shimoyama
Shôryakuji
Kubonoshô
Matsuo-Ji
Yanagijaya
Jikô in
Kôshindô
Kôninji
Hôrinji
Hokkiji
Yamato Koizumi
Ligne Kintetsu-Kashinara
Autoroute nationale n° 24
Hôryûji
Chûgû Ji
Ichinomoto
Hôryûji-Mae
vers Yagi
vers Sakurai
ocation de vélos
Route principale
Réseau de cars touristiques
Réseau de bus
Sentier de randonnée
Voie ferrée
Temple
Sanctuaire
Tombeau
Station thermale
Site historique, parc
N
0
1 km
2 km
Echelle
© Delta

bâtiment plutôt que dans l'annexe) : le **Nara Hotel,** tél. 0742-26-3300. Le récent hôtel **Fujita Nara** est aussi très confortable (minimum 13 000 yens). Pour les bourses moins garnies, il existe des petits *ryokan* autour de la gare *Kintetsu,* des *minshuku* et de nombreux *business hotels*.

Dans les proches environs de Nara (*Yamato-Kôriyama,* etc.), les *ryokan* sont meilleur marché. Quelques temples accueillent les visiteurs : par exemple, le temple **Yatadera,** tél. 07435-3-1445, à Yamato-Kôriyama.

Le Y.M.C.A. organise un accueil-hébergement dans des familles japonaises parlant anglais. Faire la demande au moins un jour à l'avance à Nara Y.M.C.A., tél. 0742-44-2207.

LES TRANSPORTS A NARA

Nara est de dimension modeste, mais les principaux centres d'intérêt sont très espacés les uns des autres.

Location de bicyclettes, en face de la gare Kintetsu. Mais attention ! il vaut mieux éviter de se lancer sur les grandes routes en bicyclette : les voitures y roulent sans pitié pour les cyclistes (ou les piétons d'ailleurs !). A pied, on pourra prendre le sentier de randonnée *Yamanobe* (5 h de marche entre Nara et Sakurai), à partir du temple Byakugôji, dans le parc de Nara. Le chemin est régulièrement fléché (reconnaître le caractère *Yama,* « la montagne » dans *Yamanobe; voir* : « Langue »). Prévoir de bonnes chaussures de marche. Quelques cafés et restaurants, type *shokudô,* en route.

NARA EN UNE JOURNEE

On conseillera l'itinéraire : *Kôfukuji - Musée national - sanctuaire Kasuga-Taisha - temple Tôdaiji* et les *jardins Isuien.* Un syndicat d'initiative est ouvert tous les jours de 8 h à 17 h, au 1er étage de la gare Kintetsu, où l'on pourra trouver des cartes en anglais. Aux 3e et 4e étages du même bâtiment, une exposition très didactique sur l'histoire de Nara permet d'acquérir les connaissances de base avant de visiter la région.

De la gare Kintetsu, descendre l'artère commerçante Higashimukidôri vers le sud, et tourner à gauche dans la rue Sanjô pour trouver, à main droite, l'étang Sarusawa avec la pagode à cinq étages du **Kôfukuji** en arrière-plan (en tout, 300 m depuis la gare).

Au Kôfukuji, le *Tôkondô,* au nord de la pagode à cinq étages, abrite une statue de bronze du Yakushi Nyorai. Dans le bâtiment octogonal du *Hokuendô,* on honore une statue de bois de Miroku Bosatsu : le Bouddha de l'avenir, sculpté par Unkei, en 1212. Ouvert du 28 octobre au 21 novembre. Voir surtout la salle des Trésors *(Kokuhôkan),* au nord du Tôkondô.

Le Musée national. Il est ouvert de 9 h à 16 h 30, tous les jours, sauf le lundi. Situé à 500 m à l'est du Kôfukuji. Exposition d'art bouddhique et, de la fin octobre à la mi-novembre, exposition de quelques trésors du *Shôsôin.*

Le sanctuaire Kasuga. C'est l'un des plus importants centres *shintô* du Japon. Le chemin du sanctuaire est dessiné à travers le parc par des centaines de lanternes en pierre. Avant de parvenir à la porte d'entrée du sanctuaire *(torii),* on laissera à main gauche le jardin botanique **Manyô** (ouvert de 9 h à 16 h), avec ses 167 espèces végétales évoquées dans le *Manyôshû* (recueil de 10 000 poèmes compilé à l'époque Nara), et à main droite le parc **Rokuen,** où sont élevés en liberté mille cerfs. Les mille lanternes du sanctuaire sont allumées deux fois par an, le 3 ou 9 février et le 15 avril, pour le festival *Mantôrô.*

D'après la légende, la divinité à la mémoire de laquelle le clan Fujiwara érigea le sanctuaire se rendit à Nara à dos de cerf blanc. Depuis, les cerfs sont respectés comme messagers de la divinité. Le sanctuaire, tout entouré de verdure, cache son ancienneté par de fréquentes couches de peinture vermillon. La salle des trésors *(Hômotsuden)* abrite, dans un bâtiment très récent, plusieurs centaines d'objets d'art, classés trésors nationaux.

Le chemin qui part à droite, à partir des marches de pierre à l'ouest du couloir de lanternes, mène au sanctuaire **Mizuya,** et à la colline **Wakakusayama.** Pour se rendre au temple Tôdaiji, suivre la route à gauche, bordée de boutiques de souvenirs.

Temple Tôdaiji. Il est ouvert de 8 h 30 à 16 h 30 ; entrée payante à chaque bâtiment : *Sangatsudô, Daibutsuden, Kaidan-in.*

L'empereur Shômu ordonna la construction du temple Tôdaiji, pour la statue du Bouddha Vairocana (en japonais : *Birushana Bosatsu*), considéré par la secte Kegon comme le corps spirituel de Sakyamuni. Le courant des touristes emporte généralement tous les visiteurs directement vers cette statue en bronze, la plus grande du monde, à l'intérieur du *Daibutsuden.* Ses dimensions imposantes frappent toujours dès l'entrée. Pour parer au manque de recul, on conseillera de l'admirer en diagonale, à partir du coin gauche.

Le *Sangatsudô* est le plus vieil édifice du temple Tôdaiji. On pourra y voir, entre autres, une statue de Fukû Kensaku Kannon, de l'époque Tempyô. A l'ouest du *Sangatsudô,* le beffroi, dont l'architecture trahit à la fois une influence de l'Inde et de la Chine des T'ang, est classé trésor national. Avant la porte *Nandaimon* du temple Tôdaiji, supportée par treize piliers, on longera une rivière vers la droite, et on tournera à gauche au bout de ce chemin : l'entrée du musée et des jardins Isuien se trouve à cent mètres à gauche.

Le jardin Isuien. Ouvert de 10 h à 16 h, fermé le mardi, sauf en avril, mai, octobre et novembre. C'est un très beau jardin japonais dans lequel sont dispersés des pavillons de thé.

Très agréable promenade à pied du superbe temple de **Shin-Yakushi-ji** jusqu'à **Byakugô-ji.**

LES ENVIRONS DE NARA

Le nord-est

Le temple Jôruri-ji est à voir, surtout pour ses jardins figurant le paradis ! Accès en bus à partir de la gare **Kintetsu-Nara.** 40 mn. Descendre à **Joruri-ji-mae.**

L'ouest

Ligne *Kintetsu* de Nara jusqu'à Saidaiji. Location de vélos à la gare. A partir de la gare, on conseillera de se rendre vers le site de l'ancien palais **Heijôkyô,** construit par l'impératrice

Gemmei en 710, sur le modèle du château *Changan* des T'ang, puis au temple **Saidaiji** (ouvert de 8 h à 17 h, sauf en hiver : de 9 h à 16 h), centre de la secte *Shingon-Ritsu.* La salle des trésors *(Shûkôkan)* abrite de nombreuses sculptures, peintures et calligraphies, conservées comme trésors nationaux.

A voir : **Akishinodera,** à 10-15 mn du Saidaiji en vélo pour sa statue de la muse de la musique *Gigeiten* et ses jardins de mousse.

Le Tôshôdaiji. A 30 mn à pied au sud de la gare Saidaiji (ou à 15 mn en car, à partir de la gare Kintetsu, à Nara). Centre de la secte *Ritsu* fondée par le moine chinois Ganjin, le Tôshôdaiji garde intégralement l'atmosphère de l'époque Nara. Temple immense, dont tous les bâtiments sont intéressants. Le hall où est exposée la statue du moine *Ganjin* n'est ouvert au public que le jour anniversaire du moine le 6 juin, et ce jusqu'au 9 juin.

Le temple Yakushiji. A 5 mn à pied vers le sud. C'est le centre de la secte *Hossô,* tout aussi grand que son voisin le Tôshôdaiji. La salle des trésors n'est ouverte que du 20 octobre au 10 novembre. C'est un des sept grands temples de Nara : on ira surtout y admirer la célèbre triade *(Yakushi Nyorai, Nikko Bosatsu* et *Gakko Basatsu)* réalisée en 697. Mais ce temple agresse un peu les visiteurs par son commercialisme. On vient d'y reconstruire la pagode de l'ouest.

Au sud-ouest : le plus vieux temple du Japon

Le Hôryûji. A 12 mn de train (J.R., ligne Kansai), gare Hôryûji.

Le Hôryûji est le plus vieil édifice en bois du monde, et le plus vieux temple du Japon. Il fait partie des devoirs du touriste : on y verra dans le bâtiment principal la célèbre triade de Sakyamuni sculptée en 623, sur les ordres du prince Shôtoku, et beaucoup d'autres sculptures de l'époque Asuka qui témoignent des débuts de l'art bouddhique japonais. Le Hôryûji comprend une quarantaine de bâtiments. Compter une bonne demi-journée pour ce seul temple. Derrière le Hôryûji, ne pas manquer la visite du Chûgû-ji, au moins pour sa très belle statue de Nyoirin-Kannon.

A proximité, on pourra voir le temple **Hôrinji** (un kilomètre au nord du Hôryûji) et ses belles statues de l'époque Asuka, ainsi que le **Hokkiji,** au nord-est du Hôryûji.

Dans la ville de **Yamato-Kôriyama,** on recommandera le musée folklorique *(Nara-kenrintsu-minzoku-hakubutsukan),* le sanctuaire *Koizumi,* et le tombeau de *Tsutsui Junkei.*

Le sud

Tenri. A 12 km au sud de Nara, c'est le centre de la secte *Tenri,* à 15 mn à pied de la gare Tenri, sur la ligne *J.R.,* à partir de Nara. Visites autorisées. En profiter pour voir le très beau sanctuaire *Isonokami.* Il y a régulièrement de grands rassemblements religieux qui attirent les fidèles de tout l'archipel. Tous les 26 du mois, c'est le *Tsukinamisai,* très impressionnant par la ferveur des croyants de *Tenri.* Si vous vous posez des questions sur cette secte, vous trouverez certainement à cette occasion certains adeptes transformés en agents de relations publiques et prêts à vous donner des

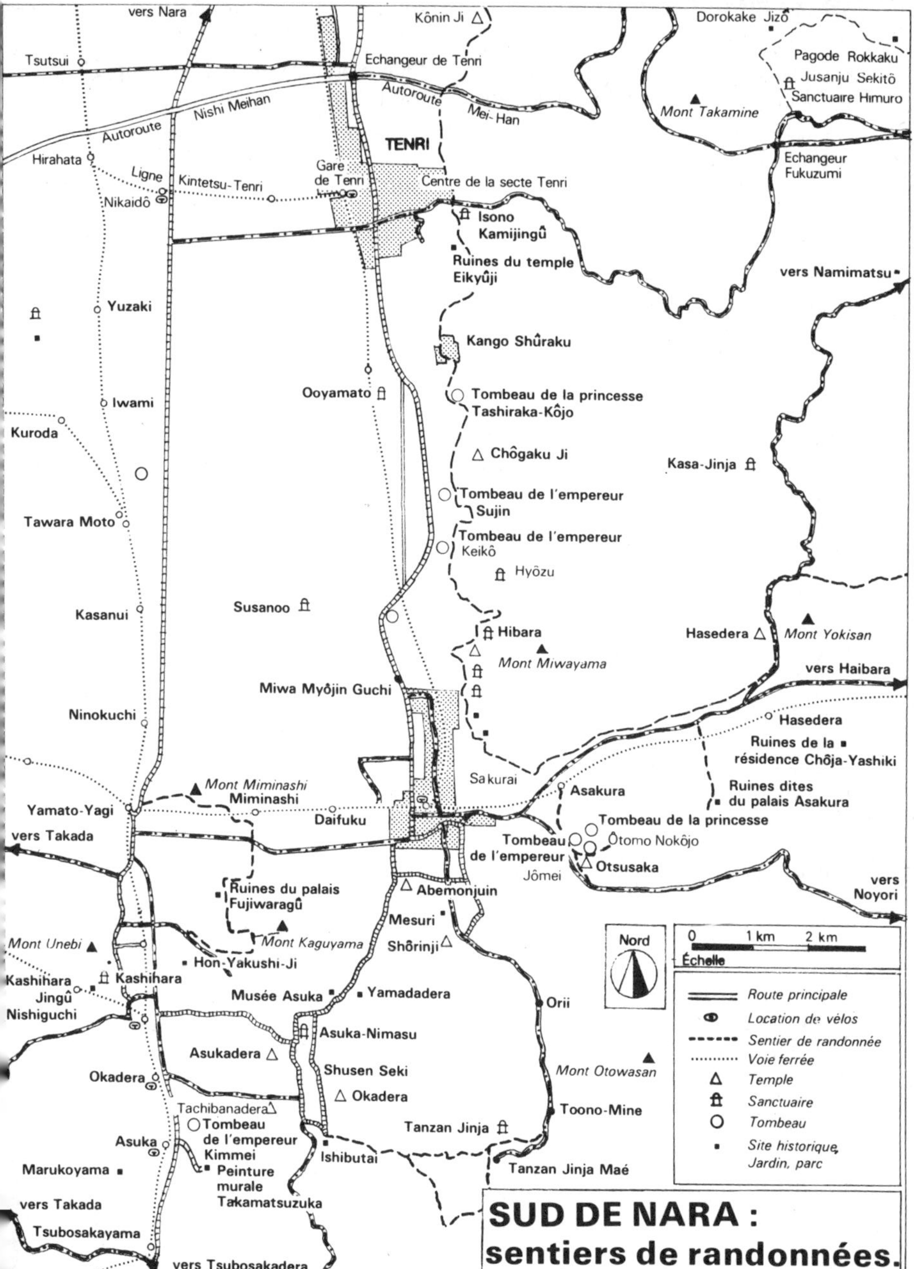

SUD DE NARA : sentiers de randonnées.

explications. Tenri peut être le départ du sentier de randonnée Yamanobe.

Kashihara. Ligne *Kintetsu-Kashihara,* gare de Yagi-Nishiguchi. Voir le quartier *Imai* avec ses maisons de l'époque Edo, visiter la maison de famille Imanishi et le musée archéologique.

Asuka. Capitale du Japon avant Nara. On a découvert en 1972, à l'intérieur du tombeau *Takamatsu-Zuka,* des peintures murales représentant des personnages des VIIe et VIIIe siècles avec des habits montrant une influence coréenne. On ne verra que des reproductions des peintures à l'intérieur du tumulus, les originaux étant gardés à l'abri. Le musée du tumulus *Takamatsu-Zuka* est fermé du 15 juin au 14 juillet, et de décembre à février.

Asuka est extrêmement riche en sites archéologiques. La location d'un vélo est vivement recommandée pour pouvoir en faire le tour en une journée. Le bureau d'information de la gare vous remettra carte et livret explicatif en anglais. Compter une journée entière.

Sakurai. A 20 km au sud de Nara.

Le temple Hasedera de la secte ésotérique *Shingon* est admirablement situé en haut d'une colline, et rappelle beaucoup le centre bouddhique du mont Kôya. De fin avril au début mai, 7 000 pivoines sont en fleur. Ouvert de 8 h à 17 h. Accès en 20 mn à pied, à partir de la gare Hasedera (ligne *Kintetsu-Osaka*), ou bien prendre le bus de la gare de Sakurai pour le Hasedera (25 mn de trajet) et 5 mn à pied. Les samedi et dimanche, entre le 3 avril et le 22 mai, onze services de cars relient chaque jour Hasedera au temple Murôji (40 mn de trajet).

Le temple Murôji, accessible également en 15 mn en car à partir de la gare Murôguchi-ôno, abrite de nombreux trésors nationaux, mais surtout est situé dans un site extraordinaire, qu'on atteint après une allée de cryptomères. On peut louer des vélos devant la gare Murôguchi-ôno et les rendre à Nabari ou Akame.

Yoshino. A 52 km au sud de Nara. Accès en 1 h 30 en car, départ près de la gare Kintetsu de Nara, direction Kami-chi et Kashiwagi. A partir d'Osaka (Abunobashi), ligne *Kintetsu-Yoshino* jusqu'au terminus (1 h 10 en rapide).

Yoshino fut le siège de la cour du Sud (par opposition à la cour de Kyôto) de 1336 à 1388, au moment du règne des Empereurs retirés. Voir le temple *Kinpusenji.* Le mont *Yoshino* est connu pour ses cerisiers innombrables. En avril, on peut voir les degrés de floraison sur plusieurs kilomètres. De la gare Kintetsu-Yoshino, départ du funiculaire pour le mont Yoshino.

Les réservations dans les auberges sont prudentes. Plusieurs temples accueillent les voyageurs, entre le 3 mai et le 22 septembre. Par exemple : Temple *Tônan-in,* tél. 07463-2-3005. Sinon *Kokumin Shukusha : Gojôryokusuien,* tél. 07472-3-0661. Auberge de jeunesse très accueillante : *Y.H. Yoshinoyama Kizô-in,* tél. 07463-2-2887. A 20 mn en bus de la gare de Yoshino-jingû, et 5 mn à pied.

Iga-Ueno. A 40 km de Nara. Très belle excursion dans les montagnes qui bordent à l'est la plaine de Yamato. On trouvera à Iga-Ueno, en plus du château restauré, de la céramique Iga-Yaki et des ombrelles en papier huilé.

Nabari. A 25 km au sud de Iga-Ueno. Accès en train, par la ligne *Kintetsu,* à partir d'Osaka. A 30 mn de car, de la gare de Nabari (8 km), la vallée de *Koochi,* avec ses formations rocheuses extraordinaires. Les 48 cascades d'*Akame* se trouvent à 3 km de la gare Akameguchi. On peut les atteindre par un sentier de randonnée à partir de la vallée de Koochi.

La péninsule de Kii

La péninsule de Kii, avec les préfectures de Mie et de Wakayama, se distingue par la beauté de ses côtes, et la densité des grands centres religieux comme le mont Kôya, « Vatican » du bouddhisme ésotérique et les sanctuaires de Kumano et Ise.

Wakayama

A 71 km au sud-ouest d'Osaka. Accès par les lignes J.R. *Hanwa* et *Nankai,* à partir d'Osaka.

Wakayama, ville portuaire et industrielle, garde un certain charme de son passé de ville féodale. Le temple **Ki-Miidera** (à 5 km au sud de la gare Wakayama, ou 600 m de la gare J.R. Ki-miidera) est la seconde étape du pèlerinage des trente-trois temples de l'Ouest du Japon.

A partir des gares de Wakayama ou Wakayamashi, on peut se rendre en car (25 mn) à la très agréable station balnéaire de **Wakanoura,** et au belvédère du **Takatsushiyama.**

Pour se loger bon marché, *Kokumin Shukusha* : Shin-Waka Lodge, tél. 0743-44-9000.

De Wakayama, service de cars pour Hashimoto (1 h 45) et correspondance pour Kôyasan.

Le mont Kôya

Plus de 50 temples de la secte *Shingon,* tous isolés sur une montagne de 900 m, constituent l'un des centres bouddhiques les plus impressionnants du Japon. Loin, à l'écart de la cour de Kyôto, Kôyasan fut choisi au début du IXe siècle par le moine Kûkai pour y établir le centre de la secte. Kôyasan perdit sa puissance au XVIe siècle, dans le même mouvement que l'Enryaku-ji, bastion de la secte rivale Tendai sur le mont Hiei près de Kyôto, qui fut incendié par Oda Nobunaga.

Les rites du feu, les transes et d'autres pratiques ésotériques attirent beaucoup de touristes à Kôyasan, surtout pendant l'été, où la fraîcheur du climat devient un autre atout déterminant.

Accès de Kyôto ou d'Osaka (Namba). Plusieurs lignes dont *Nankai* mènent à Gokuraku-bashi (1 h 30 en rapide, à partir d'Osaka). De Gokuraku-bashi, funiculaire jusqu'à Kôyasan (5 mn). La gare d'arrivée du funiculaire est à 3 km du village de temples (service de bus).

Ni hôtel ni *ryokan* à Kôyasan, mais le choix entre 53 temples où il est possible de loger. Réservation, par l'*Association du Tourisme de Kôyasan,* tél. 07365-6-2616. Le prix est sensiblement plus cher que celui des *minshuku.* Lever matinal, et cuisine végétarienne.

Kôyasan vaut au moins un séjour

d'une nuit pour pouvoir apprécier, dans l'obscurité de la nuit, l'immense nécropole coupée de cryptomères gigantesques. Le silence de la nuit et les bruits des gongs au petit matin sont aussi extrêmement impressionnants. Le temple principal, le **Kongôbuji,** où réside le supérieur du Kôyasan, est à mi-chemin entre la gare du funiculaire et le mausolée de *Kôbô Daishi.*

La côte sud de la péninsule

Elle est très abîmée, mais on y découvre encore quelques plages de sable blanc et des sources thermales dans la mer. On aura intérêt à longer la côte par la route et à s'arrêter dans les stations suivantes :

Shirahama. Peut-être une des trois plus grandes stations thermales du Japon, avec Atami et Beppu, et le plus bel endroit de la péninsule pour se baigner. Prévoir son séjour en conséquence : vous ne serez pas seul.

Kushimoto. Une barrière de quarante rochers se dresse sur 700 m pour fermer une anse de la mer. Belle plage et *Minshuku* à Kushimoto, près de la barrière de rochers.

De Kushimoto, nombreux services de ferries pour l'île d'**Oshima,** et l'**Ile aux camélias,** à 2 km de là. Une route traverse Oshima.

Katsuura et **Nakano.** Deux villes côtières qui sont à la fois des stations thermales. Le bain de l'hôtel *Urashima* à Katsuura (tél. 07355-2-1011) est à l'intérieur d'une grotte ouverte sur la mer. Sur l'île de Nakano, qui fait face à Katsuura, on conseillera également l'hôtel *Nakanoshima* au bord de l'eau, avec un bain en plein air alimenté par une source thermale *(rotenburo)* et une piscine. Tél. 07355-2-1111. L'un et l'autre sont chers. *Musée de la baleine* à Taiji.

De Katsuura, on pourra se rendre au site des *48 cascades,* dont la première, la cascade de *Nachi,* a été immortalisée sur la toile (voir musée *Nezu* à Tôkyô). Le temple Sonshôji, en face de la cascade, accueille les voyageurs pour la nuit. Repas végétarien inclus, 5 000 yens.

Le parc national d'Ise

La visite du sanctuaire d'Ise, à l'est de la péninsule de Kii, est un impératif. Devant la beauté du site et du sanctuaire, il est impossible de rester insensible. Ise apparaît comme un lieu éminemment sacré. Les visiteurs ne sont pas admis au-delà de la première enceinte. Les fêtes du sanctuaire d'Ise sont des occasions uniques d'apprécier des danses sacrées *kagura* (voir le calendrier des fêtes du Kinki).

Accès : Ise se trouve à égale distance de Osaka et Nagoya. A partir de Osaka, gare Namba, compter 2 h en train express. A partir de Nagoya, 1 h 30. Des deux villes, trains directs *J.R.* ou *Kintetsu.* Service maritime entre Gamagôri et Toba : le bateau met 2 h à traverser la baie.

A partir de la gare d'Ise, on peut se rendre à pied au sanctuaire **Gegû,** et, de Gegû, accès en bus au **Naigû.**

A partir d'Ise, on conseillera de longer la route de la côte, et d'aller voir les deux rochers unis par une corde à Futamigaura et de se rendre dans la baie d'**Ago.** Tout le long de la côte de **Toba** vers la péninsule **Sakishima,** on pourra voir des plongeuses qui pêchent algues, coquillages et perles.

L'île de Mikimoto, l'inventeur japonais de la perle de culture, est très décevante.

Osaka et ses environs

OSAKA

Capitale des affaires, réputée pour le dynamisme de ses commerçants, Osaka repousse d'abord à cause de sa trop grande densité d'immeubles industriels. Mais celui qui aime la ville aimera Osaka, ses quartiers très animés la nuit, ses restaurants bons et pas chers, et ses centres commerciaux sans fin comme celui de *Sanbangai* qui s'étale sur trois niveaux à partir de la gare d'Umeda. D'un autre côté, les distances par rapport à Kyôto ou Kôbe sont trop vite parcourues pour que l'on passe la nuit à Osaka. En revanche, on ira y voir le théâtre de marionnettes *Bunraku* au nouveau **Théâtre National de Bunraku** *(Kokuritsu Bunraku-za Gekijo)* inauguré en 1984 (Nihonbashi 1-12, Miami-ku. Tél. 212-2531) et on pourra faire un tour au château.

Le musée ethnologique *(Minzokugaku Hakubutsukan)* situé à l'emplacement de l'Exposition universelle de 1970, au nord d'Osaka, est à voir impérativement. C'est certainement l'un des musées les plus beaux et les plus vivants du monde. A l'occasion de son 10e anniversaire en 1987, le musée a rappelé quelques chiffres : il conserve 160 000 objets, 300 000 documents ethnologiques et 40 000 documents audiovisuels sur la musique et le langage. On peut y consacrer une journée. De plus, l'architecture du musée, que l'on doit à Kurokawa Kishô, est assez remarquable (musée fermé le mercredi).

Accès : à partir des gares Shin-Osaka, Umeda ou Namba, ligne de train *Midôsuji* pour Senri-chûô, puis bus pour *Ekispo Lando*.

A côté du musée ethnologique se trouvent un **musée des Beaux-Arts** et un **musée folklorique** *(Nihon Mingei-kan)* qui méritent tous les deux une visite. En ville, au *Centre de technologies,* on verra les maquettes d'un aéroport flottant dont la construction était prévue dans la région, et bien d'autres gadgets impressionnants de la société de l'an 2000.

Un musée à voir absolument dans le centre de la ville : le **musée des Céramiques orientales,** Nakanoshima 1-1, Kita-ku. Tél. 06-223-0055.

A partir de Kyôto ou Kôbe, on se rendra à Osaka en 45 mn (ligne *Hankyû,* à partir de Kyôto) ou 30 mn (ligne *Hanshin* de Kôbe-Sannomiya). En voiture, compter une heure.

Soit d'Osaka, soit de Kôbe, part une fois par semaine, le bateau « Ganjin » pour Shanghai. 48 h de traversée. Minimum 23 000 yens. Renseignements à Kôbe, Nitohû Kokusai Ferry : 078-392-1021.

KOBE

Premier port du monde pour le volume de cargos containers, Kôbe est une ville cosmopolite riche de fortes communautés indiennes et chinoises. Dans certains quartiers, l'animation s'y poursuit fort tard. Kôbe garde tout le charme d'une vie de port, sans se laisser satelliser par sa voisine, l'effervescente Osaka. Port Island, la première île artificielle habitée du monde, a été consacrée en 1981 par l'Exposition internationale Portopia 81, honorée de 6 millions d'entrées. Par la suite, le large plan d'urbanisation de la ceinture portuaire prévoit une autoroute « maritime » reliant les deux îles artificielles de Port Island et Rokko au nouvel aéroport du Kansai.

A Kôbe, on conseillera surtout le musée d'art municipal, **Kôbe Shiritsu Hakubutsukan** (ancien musée d'art **Namban**) Kyômachi 24, Chuo-ku, tél. 078-391-0035 : une occasion intéressante d'apprendre l'histoire de Kôbe, l'un des premiers ports ouverts aux étrangers. Le musée est situé au cœur de ce qui était autrefois la concession étrangère. Il conserve les plus belles collections d'art *Namban* (*Namban* désigne les « barbares du Sud », c'est-à-dire les Européens qui arrivèrent au Japon au XVIe siècle) mais les expose très rarement.

Ceux qui préfèrent le calme d'une station thermale à l'animation du centre ville iront jusqu'à **Arima Onsen,** à 45 mn de bus au nord de Kôbe, profiter de l'hospitalité bon marché du *ryokan Takayama-sô* (400-1 Arimachô, Kita-ku. Tél. 078-904-0744) qui fait partie du groupe des auberges japonaises au meilleur rapport qualité-prix. On y parle anglais.

A partir de Kôbe, on pourra prendre des bateaux pour l'île d'Awaji, Beppu, Imabari, Kannoura, Matsuyama, Miyazaki, Okinawa, Osaka, l'île de Shôdo, Takamatsu, Tokushima et les îles coralliennes dc Amami Oshima, Tokuno Shima, Okino Erabu Jima, Yoronjima, etc.

Excursion à Takarazuka

Le nom de la ville est celui de la troupe de femmes qui présente une revue genre Lido tous les jours à 13 h (le dimanche, séance à 11 h et 15 h). Le théâtre se trouve à 5 mn à pied de la gare Takarazuka. A partir de la gare Hankyû Sannomiya, changer à Nishinomiya-Kitaguchi. Compter 45 mn.

Himeji

A 53 km à l'ouest de Kôbe, on visitera son château, qui a servi de décor au film de Kurosawa *Kagemusha.* C'est l'un des plus beaux châteaux du Japon, rescapé des bombardements américains de 1945. Accès par le train super-express *Kodama* de la ligne *Shinkansen* (42 mn à partir de Shin-Osaka), ou train ordinaire.

Le musée d'histoire de la préfecture de Hyôgô, dont on doit l'architecture à **Kenzo Tange,** est assez amusant : on peut y toucher des reproductions d'objets historiques (Honmachi 68, Himeji. Tél. 0792-88-90-11).

L'île d'Awaji

Awajishima peut être considérée comme le berceau du théâtre de marionnettes. Il faut absolument assister à la représentation quotidienne de théâtre (entre mars et novembre, tél. 07995-2-0260) dans la petite salle de **Fukura** à côté du port. La représentation dure à peine une heure. Du port de Fukura, on pourra prendre un bateau pour aller voir le tourbillon du détroit de **Naruto.** Par ailleurs, la spécialité culinaire de Fukura est le poisson cru vivant *(Ikizukuri).*

On aura intérêt à traverser l'île sur le versant ouest montagneux et très

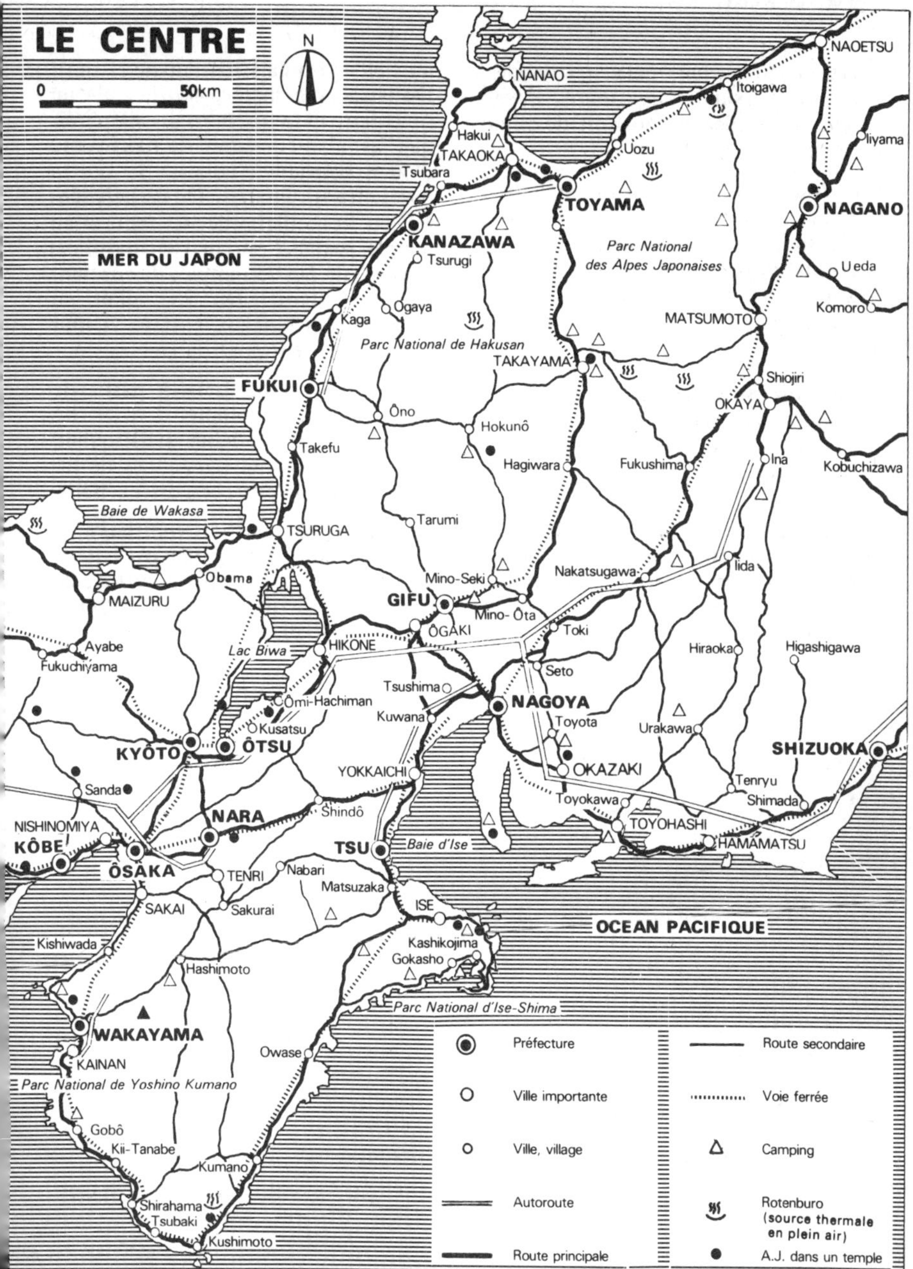
LE CENTRE
N
0 50km
MER DU JAPON
OCEAN PACIFIQUE
NAOETSU
NANAO
Itoigawa
Hakui
Iiyama
Uozu
TAKAOKA
Tsubara
TOYAMA
NAGANO
KANAZAWA
Tsurugi
Parc National des Alpes Japonaises
Ueda
Komoro
Ogaya
Kaga
MATSUMOTO
Parc National de Hakusan
TAKAYAMA
FUKUI
Shiojiri
OKAYA
Ôno
Hokunô
Takefu
Hagiwara
Fukushima
Ina
Kobuchizawa
Baie de Wakasa
Tarumi
TSURUGA
Obama
Iida
Nakatsugawa
Mino-Seki
MAIZURU
GIFU
Mino-Ôta
Toki
ÔGAKI
Ayabe
Fukuchiyama
Lac Biwa
HIKONE
Hiraoka
Higashigawa
Seto
Tsushima
Ômi-Hachiman
NAGOYA
Kuwana
Toyota
Urakawa
Kusatsu
KYÔTO
ÔTSU
SHIZUOKA
OKAZAKI
YOKKAICHI
Sanda
Tenryu
Toyokawa
Shimada
Shindô
NARA
NISHINOMIYA
TOYOHASHI
KÔBE
HAMAMATSU
ÔSAKA
TSU
Baie d'Ise
TENRI
Nabari
Matsuzaka
SAKAI
Sakurai
ISE
Kishiwada
Kashikojima
Gokasho
Hashimoto
Parc National d'Ise-Shima
WAKAYAMA
Owase
KAINAN
Parc National de Yoshino Kumano
Gobô
Kii-Tanabe
Kumano
Shirahama
Tsubaki
Kushimoto
Préfecture
Ville importante
Ville, village
Autoroute
Route principale
Route secondaire
Voie ferrée
Camping
Rotenburo (source thermale en plein air)
A.J. dans un temple

pittoresque. Nombreux *minshuku* à Sumoto, Tsuna, Higashiura, Awajichô, etc. Office du tourisme de Sumoto : tél. 07992-2-0742.

Pour se rendre à Awaji, très nombreux bateaux : Akashi-Iwaya (25 mn), Akashi-Tomijima (40 mn), Nishinomiya-Shizuki (1 h 55), Kôbe-Sumoto (1 h 10), Okazaki (Naruto)-Fukura (1 h).

LA BAIE DE WAKASA

Amano-Hashidate, sur la mer du Japon. Le **« pont du ciel »,** l'un des trois sites « les plus beaux du Japon » avec Matsushima et Miyajima d'après les Japonais, est une bande de sable de 3,6 km de long, plantée de pins. On pourra la parcourir à pied, ou prendre un bateau à partir de Amano-Hashidate. Le bateau longe le « pont du ciel » jusqu'à Ichinomiya (17 mn). De là, on marchera 5 mn jusqu'à un sanctuaire et on prendra un téléphérique jusqu'au belvédère de **Kasamatsu** d'où il convient d'admirer le site la tête entre les jambes. De ce belvédère, on conseillera de se rendre au temple **Nariai-Ji** en car (45 mn aller-retour), un des 33 temples des provinces de l'Ouest. Du 25 juillet au 15 août, des bateaux partent la nuit pour longer le « pont du ciel ».

Accès direct en train à partir de Kyôto. 127 km, compter 2 h 20. Le trajet est superbe début avril, quand les montagnes sont parsemées de taches rose clair des cerisiers en fleur.

Où loger. A côté des *minshuku* et *ryokan,* l'hôtel *Young Inn Hashidate,* à 100 m vers la gauche en sortant de la gare est de type occidental. Tél. 07722-2-2133.

Shikoku

Les préfectures de Tokushima (Awa), Kagawa (Sanuki), Ehime (Iyo) et Kôchi (Tosa) constituent *Shikoku,* littéralement « les quatre pays ». Avec 5 % de la superficie du Japon, c'est — ou c'était — la quatrième île de l'archipel. Depuis avril 1988 en effet, le pont Seto-ohashi relie Kojima dans la préfecture de Okayama (Honshû) à Sakaide, au nord-est de Shikoku. Grâce à ce pont routier et ferroviaire de 13 km de long, Shikoku espère sortir un peu de son isolement. La liaison Honshû-Shikoku gagne en effet 35 mn et est désormais assurée quels que soient les caprices de la météo. Deux autres liaisons routières sont prévues pour relier Shikoku à Honshû, en passant par d'autres îles de la mer Intérieure.

Dans l'ensemble, l'île est montagneuse, mais non volcanique. Le mont Ishizuchi culmine à 1981 m. La baie de Tosa, au sud, met en évidence les parcs de Muroto et Ashizuri. Les pluies sont abondantes sur la côte pacifique, qui reçoit de plein fouet, à la fin du mois d'août et en septembre, les typhons.

Le moine Kûkai, né dans l'île de Shikoku, à l'emplacement du temple Zentsûji, y fit un grand pèlerinage. Quatre-vingt-huit temples, symboles des passions humaines, ponctuent cet itinéraire de 1440 km, que des pèlerins vêtus de blanc parcourent en général en deux semaines, en automne et au printemps. A côté du pèlerinage des quatre-vingt-huit temples, on appréciera la côte du Pacifique et la campagne du Sud. Enfin, partout à Shikoku, la nourriture est excellente.

PRINCIPALES FETES DE SHIKOKU

Janvier

1. Première visite de l'année au sanctuaire Kotohira-gû, à Kotohirachô, préf. Kagawa. Ligne J.R. *Dosan* (de Takamatsu et de Kôchi), gare Kotohira.
2. *Shamisen-Mochi-Tsuki* (on pile du riz pour faire des *mochi,* gâteaux de riz, en dansant et en s'accompagnant au *shamisen,* au tambour, etc.), au temple Nagaoji, à Nagao, préf. Kagawa. Ligne *Kotoden-Nagao,* gare Nagao.

3e dimanche. *Chikara-Mochi* (compétition d'haltères de *mochi,* gâteaux de riz pesant, pour l'occasion, 150 kg), au temple Taizanji, à Itano, préf. Tokushima. Ligne *Kôtoku-Honsen,* gare Itano, et car pour Shintaku.

Février

22-23 janvier lunaire. *Dai-Eyô :* cinq cents hommes « nus » se disputent le bois sacré lancé de la pagode du temple Zentsûji, à Zentsûji, préf. Kagawa. Ligne *Dosan* (de Takamatsu et de Kôchi), gare Zentsûji, ou autocar de Takamatsu.

Mars

Du 20 mars au 7 avril. Fête du château

de Kôchi, à Kôchi, préf. Kôchi. Ligne *Dosan,* gare Kôchi.
Fin du mois à mi-avril. Fête des cerisiers au parc Tamematsu, à Nakamura, préf. Kôchi. Ligne *Nakamura,* gare Nakamura.

Avril

Pendant trois jours au début du mois. *Dorondo-Matsuri* (les femmes couvrent les hommes de boue dans la rizière), au sanctuaire Wakamiya-Hachimangû, Nagahama, à Kôchi, préf. Kôchi. Ligne *Dosan,* gare Kôchi puis car.
15-16. Danse *kaineri,* avec des rames, au sanctuaire Kashima-jinja, à Hôjô, dans l'île de Kashima, préf. Ehime. Ligne *Yosan,* gare Iyo-Hôjô, et bateau.
25-26. *Kabuki,* au sanctuaire Rikyû-Hachimangû, à Tonoshô, dans l'île Shôdo-Shima, préf. Kagawa. Bateau d'Osaka (6 h), de Kôbe (4 h 30), d'Okayama (40 mn), de Takamatsu (1 h).

Mai

3 (tous les deux ans). *Onda-Matsuri* (les femmes qui désirent des enfants se disputent des statuettes), Kirakawa, à Muroto, préf. Kôchi. En autocar de Kôchi (2 h) ou de Mugi, sur la ligne *Mugi.*
3-5. Combat de cerfs-volants, à la rivière Odagawa, à Ikazaki, préf. Ehime. Ligne *Uchiko,* gare Ikazaki.
5. *Kemari* (jeu traditionnel ; on lance une balle, avec le pied), au sanctuaire Kotohira-gû (dans la cour de Shoin), à Kotohira, préf. Kagawa. Ligne *Yosan,* gare Kotohira.

Juin

Du 1er au 20 septembre. Pêche aux cormorans, à Ozu, préf. Ehime. Ligne *Yosan,* Iyo-Ozu.

Juillet

1-10. Ouverture du mont Ishizuchi-yama (des dizaines de milliers d'ascètes vêtus de blanc se rendent au sanctuaire), sanctuaire Ishizuchi-jinja, à Saijô, préf. Ehime. Ligne *Yosan,* gare Iyo-Saijô, puis 1 h de car, téléphérique, et 3 h de marche jusqu'au sommet. Autre possibilité d'accès : ligne *Yosan,* gare Matsuyama, 3 h 20 d'autocar (pas de service en hiver) jusqu'à Tsuchi-goya et 2 h de marche. Interdit aux femmes.
7. *Kemari* jeu traditionnel : on lance une balle, avec le pied, au sanctuaire Kotohira-gû (dans la cour de Shoin) à Kotohira, préf. Kagawa. Ligne *Yosan,* gare Kotohira.
10 juin lunaire. *Shittoroto-Odori* (danses des pêcheurs), à Muroto, préf. Kôchi. En autocar de Kôchi (2 h) ou de Mugi.
23-24. Grande fête du sanctuaire Warei-jinja (avec danses des dragons à tête de *oni*), à Uwajima, préf. Ehime. Ligne *Yosan,* à partir de Matsuyama ou Takamatsu ou ligne *Yodo,* à partir de Kôchi, gare Uwajima.
25 juin lunaire. *Jindai-Odori* (danses de tradition millénaire), au sanctuaire Tenman-jinja, à Nishi-Iyamura, préf. Tokushima. Ligne *Yosan,* gare Awa-Ikeda ou Ooboke, puis car pour Kazurabashi et une demi-heure de marche.

Août

Début du mois. *Awa-Ningyô-Jôruri* (grand théâtre de marionnettes) à Tokushima, préf. Tokushima. (Informa-

tions au : 0886-21-2337.) Ligne *Kôtoku-Honsen,* gare Tokushima.
9-11. *Yosakoi-Matsuri* (danses très rythmées avec des castagnettes), à Kôchi, préf. Kôchi. Ligne *Dosan,* gare Kôchi.
10-12. *Awa-Odori,* à Naruto, préf. Tokushima. Ligne *Naruto,* gare Naruto.
12-15. *Awa-Odori* (4 jours de carnaval ininterrompu), à Tokushima, préf. Tokushima. Ligne *Kôtoku* ou *Tokushima,* gare Tokushima.
Vers 13-15. *Takamatsu-Matsuri* (procession de 10 000 danseuses), à Takamatsu, préf. Kagawa. Ligne *Kôtoku* ou *Yosan,* gare Takamatsu.
14-16 juillet lunaire. *Kane-Odori* (danses de prière bouddhique), au temple Jizô-dô, à Yamashiro-machi, préf. Tokushima. Ligne *Dosan,* gare Awa-Kawaguchi.
20. Fête du feu du mont Daishi-san (un feu monte du pied du mont Daishi jusqu'au sommet, et dit adieu aux esprits des monts qui étaient revenus), à Okawa-machi, préf. Kagawa. Ligne *Kotoden-Nagao,* gare Nagao, et car.

Septembre

23 août lunaire. Fête d'automne (autel en forme de bateau, et danses traditionnelles) au sanctuaire Otonashi-jinja, à Yokonami, préf. Kôchi. Ligne *Dosan,* gare Susaki et car pour Yokonami.

Octobre

Du 1er au 9 septembre lunaire. *Nii-Koku-Sai* (offrande de la nouvelle récolte de l'année, avec des tournois originaux de Sumô), au sanctuaire Oyamazumi-jinja, dans l'île d'Omishima, préf. Ehime. Bateau d'Imabari.
10. Fête du sanctuaire Kotohira-gû (avec grande procession en costumes d'autrefois), à Kotohira, préf. Kagawa. Ligne *Dosan,* gare Kotohira.
11-15. Fête de l'île Shôdo-Shima (compétitions acrobatiques) aux sanctuaires Utsumi-Hachimangû et Kameyama-Hachiman, dans l'île Shôdo-Shima, préf. Kagawa. Bateau d'Osaka (6 h), de Kôbe (4 h 30), d'Okayama (40 mn) ou de Takamatsu (1 h).
12. Fête d'automne (danses avec des rames : danses *Kaineri*), fête du sanctuaire Kashima-jinja, à Hôjô, préf. Ehime. Ligne *Yosan,* gare Iyo-Hôjô.
14-16. Fête d'automne (avec grande procession) du sanctuaire Isono-jinja, à Saijô, préf. Ehime. Ligne *Yosan,* gare Iyo-Saijô.
15. Fête du sanctuaire Hachiman-jinja (avec des chars en forme de bateaux), à Kainan-chô, préf. Tokushima. Ligne *Mugi,* gare Awa-Kainan.
16. Fête du sanctuaire Awai-jinja (passage du détroit, avec un autel portatif), à Naruto, préf. Tokushima. Ligne *Kôtoku* ou *Naruto,* gare Naruto.
16-18. *Taiko-Matsuri* (fête rythmée par les grands tambours), à Niihama, préf. Ehime. Ligne *Yosan,* gare Niihama.
19. Fête du tambour, au sanctuaire Sanjô-jinja, à Ikeda, préf. Tokushima. Ligne *Yosan,* gare Awa-Ikeda.
28-29. Fête d'automne du sanctuaire Uwatsuhiko-jinja (avec danses du cerf), à Uwajima, préf. Ehime. Ligne *Yodo* ou *Yosan,* gare Uwajima.

Novembre

1-2. Fête du sanctuaire Niita-jinja (avec danses de l'épée), à Sagawamachi, préf. Kôchi. Ligne *Dosan,* gare Sagawa.
3. Procession des seigneurs *(daimyô)*

en costumes, au sanctuaire Jûnisha-jinja, à Naruto, préf. Tokushima. Lignes *Kôtoku* et *Naruto,* gare Naruto.
12-13. Fête d'automne (joutes avec autels portatifs *Abare-Mikoshi*), fête du sanctuaire Todoroki-jinja, à Kainan-chô, préf. Tokushima. Ligne *Mugi,* gare Awa-Kainan.

Décembre
Fin du mois. *Kemari* (jeu traditionnel : on lance une balle avec les pieds), au sanctuaire Kotohira-gû, dans la cour Shoin, à Kotohira, préf. Kagawa. Ligne *Dosan,* gare Kotohira.

COMMENT SE RENDRE A SHIKOKU

En avion

A.N.A. dessert Takamatsu, à partir d'Osaka et Tôkyô ; Kôchi, à partir d'Osaka, Tôkyô et Miyazaki ; Matsuyama, à partir d'Osaka, Tôkyô et Nagoya.

J.A.S. dessert Tokushima de Tôkyô et Osaka ; Takamatsu de Tôkyô, Kumamoto et Fukuoka ; Matsuyama de Miyazaki, Fukuoka et Kagoshima ; Kôchi de Nagoya et Osaka.

S.W.A.L. dessert Matsuyama d'Okinawa.

En bateau

Depuis la mise en service du pont Seto-ohashi, en avril 1988, la liaison bateau entre Uno dans la préfecture d'Okayama et Takamatsu (préfecture Kagawa) a été supprimée.

A l'ouest de l'île, le bateau Nigata-Horie (traversée en 1 h 40) assure également la correspondance avec les trains venant de Kita-Kyûshû, Hiroshima, etc.

Sinon, on pourra se rendre en bateau à Shikoku, à partir de Tôkyô, Osaka, Kôbe, de la péninsule de Kii, de la côte sud du Chûgoku et de Kyûshû. On donnera ci-dessous les principales voies d'accès à partir du Kinki, et les numéros de téléphone des compagnies maritimes dans les villes de départ.

Tôkyô - Tokushima par *Ocean Tôkyû Ferry* (tél. à Tôkyô : 03-567-0971).
Tôkyô - Katsuura - Kôchi par *Nihon Kôsoku Ferry* (tél. à Tôkyô : 03-052-274-1801).
Wakayama - Komatsujima par *Nankai Ferry* (traversée en 2 h, 1 220 yens).
Fuke - Tokushima par *Kyôdô Kisen* (traversée en 2 h 30).
Osaka - Komatsujima par *Kyôdô Kisen* (traversée en 3 h, tél. à Osaka : 06-612-3511).
Osaka (ou **Kôbe**) - **Tokushima** par *Hankyû Kisen* (traversée en aéroglisseur en 1 h 45, tél. 078-331-5007), par *Tokushima Kôsoku* (traversée en 2 h, tél. 06-575-2101) ou par *Kansai-Kisen* (tél. 06-612-0768).
Kôbe - Takamatsu par *Katô Kisen* (tél. à Kôbe : 078-451-1011), ou par *Shikoku Ferry, Nihon Kaiun,* ou par *Kansai Steamship* (tél. 06-572-5181).
Fukura (Ile Awaji) - **Okasaki** par *Atan Kisen* (traversée en 1 h, tél. 079-952-0054).
Kôbe - Naruto par *Hankyû Kisen* (aéroglisseur, traversée en 1 h 30, tél. 078-331-5007).

Autour de Shikoku

TAKAMATSU ET LE NORD DE L'ILE

Au nord de l'île, Takamatsu, principale ville de la préfecture de Kagawa, peut être un bon point de départ pour le tour de Shikoku.

Takamatsu est une étape pratique. A partir de la ville, on pourra faire, en une journée, le tour des curiosités de la préfecture.

Comment s'y rendre

En avion : Takamatsu est desservi par A.N.A., à partir d'Osaka (40 mn) et de Tôkyô (2 h), et J.A.S., à partir de Tôkyô, Fukuoka (1 h 15) et Kumamoto (1 h 15).

En bateau : *Kansai Kisen* dessert Takamatsu à partir d'Osaka.

Le bateau dessert **Kôbe,** puis **Sakate** dans l'île de Shodo, avant Takamatsu. Il continue ensuite sur Beppu.

Hôtels

Comme dans toutes les villes moyennes du Japon complètement anéanties pendant la guerre, on trouvera difficilement une auberge/un hôtel très attirant par sa tradition ou son architecture. En revanche, les business hôtels foisonnent ! Le **Kokumin Shukusha Ritsurinsansô** a le mérite de présenter au moins une alternative japonaise et économique. A partir de la gare Takamatsu, bus en direction de Sakaide, descendre à Hachimangûmae — 5 mn de trajet — puis 10 mn à pied. Tél. 0878-34-3000.

Il est possible également de passer la nuit dans au moins cinquante temples sur les 88 du pèlerinage de Shikoku. Téléphonez (en japonais) au : 08872-2-0366 pour vous renseigner et réserver.

A voir

Le parc Ritsurin (76 ha) tient sa place parmi les plus grands jardins japonais, à côté de ceux de Kanazawa, Mito et Okayama. C'est une promenade toujours plaisante. On verra à l'intérieur le musée folklorique **Sanuki Mingei Kan.**

A partir du port de Takamatsu, bateaux vers l'île **Onigashima,** dont la principale attraction est la grotte des ogres qu'a combattus le héros imaginaire du conte d'enfants *Momotarô.*

MARUGAME

A 25 km de Takamatsu vers l'ouest, Marugame est une ancienne ville médiévale où sont fabriqués en hiver et au printemps 80 % des éventails rigides *(uchiwa)* du Japon. On conseillera de dormir au temple **Zentsûji** (tél. 0877-62-0111), à 8 km au sud de Marugame. Fondé en 813, par le moine Kûkai, c'est un centre du bouddhisme ésotérique Shingon, et l'un des quatre-vingt-huit temples du pèlerinage de Shikoku.

C'est à partir de Marugame que des bateaux desservent les îles Shiwaku. Pour les horaires de départ vers **Honjima** et **Shimotsui** (préfecture d'Okayama), se renseigner auprès de Kansai Kyûkô Ferry au 0877-22-5254. Nombreux *minshuku* à Honjima.

A voir

A 10 mn en car du Zentsûji, en allant vers l'intérieur des terres, le sanctuaire **Kotohiragû (Kompirasan)** est l'un des plus populaires du Japon. Les premières des 785 plus 1 368 marches d'accès à ce sanctuaire, dédié à Okuninushino Mikoto (descendant du Susanoo no Mikoto), se trouvent à 800 m de la gare J.R. Kotohira, en allant vers le sud-ouest. Compter 1 h 30 pour atteindre le sanctuaire le plus élevé.

Les escaliers sont bordés de part et d'autre de boutiques diverses où l'on pourra s'équiper de cannes ou reprendre des forces avec la spécialité culinaire locale : les nouilles de sarrasin *soba,* ou les épaisses nouilles blanches *kompira-udon* relevées avec diverses sauces. Au tiers de la montée, le bâtiment **Sho-in** (ouvert de 9 h à 16 h) conserve de très belles peintures sur paravent. C'est dans la cour du Sho-in qu'ont lieu les jeux de balle traditionnels *kemari.*

Plus au sud, on pourra passer la nuit au temple **Daikôji,** le n° 67 du pèlerinage.

Le temple **Kan-Onji** est à 23 km au sud-ouest de Kotohira (accès par la ligne J.R. *Yosan,* à partir de Tadotsu, gare Kan-Onji). Le Kan-Onji se trouve au pied de la colline Kotohiki, au sommet de laquelle on verra le sanctuaire **Kotohiki Hachiman** qui offre la meilleure vue sur la mer Intérieure et le *Zenigata,* empreinte de sable figurant une immense pièce de monnaie du XVIIe siècle, qui aurait été imaginée par les habitants pour prouver à leur seigneur qu'ils ne dépensaient pas d'argent inutilement.

On peut rester dormir au Kan-Onji (tél. 0875-25-3871). Sinon, le *Kokumin Shukusha* **Tsutajima** se trouve à 15 mn à pied de l'arrêt Nio du car Takuma-Kan-Onji, tél. 0875-82-3351, à partir de la gare de Takuma (ligne *Yosan*).

LA PREFECTURE DE EHIME

Située à l'ouest de l'île, c'est la plus peuplée, la plus urbanisée et la plus visitée des quatre préfectures de Shikoku. Un plan de développement très ambitieux devrait permettre à cette région de se mettre au pas des régions les plus industrialisées de l'île principale. En décembre 1975, les travaux ont commencé pour construire un pont reliant cette préfecture à Honshû.

Le groupe d'îles **Omishima, Hakatajima** et **Oshima** au nord de Imabari, et **Nakajima, Nuwajima** au nord-ouest de Matsuyama relèvent administrativement de la préfecture d'Ehime. Le climat doux de toute cette région profite aux orangers.

Matsuyama

On se rendra à Matsuyama en avion A.N.A. à partir de Tôkyô, Nagoya et Osaka, J.A.S. à partir de Fukuoka, Kagoshima et Miyazaki ou en bateau. Il y a deux ports à Matsuyama : Mitsuhama d'une part, que l'on atteindra à partir de Hiroshima, Kure, Iwakuni et Yanai ; Matsuyama-Kanko-Ko d'autre part, qui est desservi à partir de Hiroshima, Ikuchijima, Kure, Mihara, Onomichi, Oita, Beppu, Kokura, Imabari, Kôbe et Osaka. Attention à l'arrivée en train à Matsuyama : la gare est très éloignée du centre ville.

Dans la ville même, on pourra s'arrêter voir le château.

Mais c'est surtout la plus vieille station thermale du Japon **Dôgo On-**

sen aux confins de la ville, qui vaut le détour. Dans le cadre d'une magnifique structure de bois, bambou et lanternes de papier, *Dôgo Onsen* est en fait un bain public réminiscent des bains romains (on pense à la ville de Bath en Grande-Bretagne). Après le bain, chacun y prend son temps vêtu d'un *yukata,* autour d'un verre et d' « amuse-gueules » *(dango)* dans des salles tapissées de tatamis. Cette ambiance a été décrite par l'écrivain de l'ère Meiji Natsume Soseki dans son roman *Botchan.*

On se rend à *Dogô-Onsen* en tramway ou en car à partir de la gare de Matsuyama (4 km). Très nombreux *ryokan.* A deux pas des bains, une auberge de bois, vieille de 60 ans, charmante et sans prétention : *Tokiwa ryokan.* Tél. 0899-31-5520. D'autres auberges un peu moins chères à *Okudogo-Onsen,* à 30 mn en car de la gare de Matsuyama.

C'est à Matsuyama aussi qu'une certaine Mme Kagitani Kana se rendit célèbre car elle contrôlait tout l'artisanat de teinture indigo *(Kasuri).* Le centre *Iyo-kasuri-Kaikany* (tél. 0899-22-0405) retrace toute l'histoire de cette industrie commencée il y a 170 ans. Grand choix de textiles *kasuri* en vente.

En 1986, Matsuyama s'est équipée d'un rutilant centre culturel préfectoral avec salle de 3 000 places, cabines de traduction simultanée, etc., afin d'accueillir des conférences internationales. L'architecture a été confiée à un « enfant du pays », Tange Kenzo.

A 70 km à l'est de Matsuyama, on recommandera la route qui mène au **mont Ishizuchi,** en passant par **Omogo,** la vallée de la rivière **Niyodo** et les gorges sauvages d'**Omogokei.** Le mont Ishizuchi (1 982 m) est un centre de culte des montagnes (voir : *Yamabuchi*), on peut en faire l'ascension à partir d'Omogo ou Saijô. Un car, puis un téléphérique réduisent notablement les efforts. L'accès le plus rapide est à partir de Iyo-Saijô (ligne J.R. *Yosan*). On prendra un car (66 mn de trajet) jusqu'à *Ishizuchi-Ropeway-mae,* puis un téléphérique et 6 mn de télésiège ou 3 heures de marche jusqu'au sommet. Les *kokumin shukusha* **Ishizuchi** (tél. 08975-7-8915) ou **Omogo** (tél. 0892-58-2211) sont difficiles d'accès. (Accès en car, 3 h de Matsuyama.)

Au sud de la préfecture, on s'arrêtera pour voir le tout nouveau parc *Nanrakuen,* dont la réalisation a pris 13 ans.

LES AUTRES POINTS D'INTERET

Les îles Omishima et Osaki-Kamijima

Les services de bateau sont fréquents (traversée 35 mn), à partir d'Imabari (Shikoku) et de Onomichi et Takehara (préf. Hiroshima). Dans l'île, le sanctuaire Oyamazumi est dédié à Oyamazumi-Okami, frère aîné de la déesse soleil Amaterasu Omikami. On y verra 80 % des collections d'armures classées trésors nationaux.

Dans l'île voisine d'**Osaki-Kamijima,** on trouvera de nombreux *minshuku,* et un *kokumin shukusha : Kinoe,* tél. 08466-2-0555. Osaki-Kamijima se trouve à 30 mn de ferry de Miyaura (île Omishima) ou à 50 mn en bateau de Imabari.

Pour d'autres renseignements de bateau : voir les îles Geiyo.

Uwajima

Dans la ville côtière d'**Uwajima,** à 2 h 10 en train express de Matsuyama, on pourra voir des combats de taureaux les 2 janvier, 3 avril, 24 juillet, 14 août, 10 octobre, 23 novembre, mais également le 1er ou le 2e dimanche des mois de mai, juin, septembre et décembre. Les combats commencent à 11 h 30 et durent environ 3 h. On pourra confirmer les dates et horaires au 0895-25-3511.

L'île d'Okinoshima

Il n'y a rien de particulier à voir, mais c'est une des plus belles îles du Japon.

On s'y rendra à partir du port de Katashima, à 10 mn en car de **Sukumo.** Sukumo est accessible en 30 mn de car à partir de **Nakamura,** terminus de la ligne de chemin de fer. Dans le temple *Taiheiji,* à Nakamura, les jeunes filles seules seront admises à dormir (tél. 0880-35-2993). De Katashima, deux bateaux par jour partent pour l'île **Oki.** Le premier, tôt le matin, se rend d'abord à **Ugurushima** (en 1 h 05), puis atteint **Hirose.** Le même bateau passe par **Hahajima** et **Kashiwajima,** en rentrant à Katashima. L'après-midi, le bateau de 14 h fait escale à Kashiwajima, Hahajima, Hirose avant Ugurushima, d'où il rentre directement. Les horaires de bateau changent continuellement. Il sera bon de vérifier sur place.

A Okinoshima comme à Ugurushima, on sera sûr de faire des festins de poissons.

On trouvera à se loger sans problème. A Okinoshima par exemple, *Sawachika ryokan* sur le port a déjà eu la surprise d'accueillir quelques Français.

Le cap Ashizuri

Avec le cap Muroto, c'est l'un des endroits les plus sauvages de Shikoku. Le temple **Kongôfukuji,** à l'extrémité du cap (tél. 0880-88-0038), accueille les jeunes filles pour la nuit.

De **Tosa-Shimizu** (1 h 15 en car de Nakamura), on pourra rapporter des colliers de coraux et du thé « noir ». On s'arrêtera à **Tatsukushi** (car à partir de Tosa-Shimizu) pour visiter le musée de coquillages (*Kairui Hakubutsukan,* ouvert de 8 h à 18 h) qui, avec 3 000 espèces de coquillages exposés, donne une idée des ressources du Pacifique le long des côtes de Shikoku.

En traversant l'île de Takamatsu à Kochi, on pourra s'arrêter aux environs d'**Okobe** et **Koboke** et faire de très belles promenades en longeant la rivière d'un bleu très profond (la voie ferrée longe aussi la rivière).

Kôchi

Toute la baie de Tosa est très appréciée pour la beauté des plages et de l'océan. A **Kôchi,** le château (à 1,5 km de la gare) abrite des collections d'archéologie et des masques de *kagura.* On verra à Kôchi des coqs avec des « queues » de plus d'un mètre et des chiens d'un pedigree japonais, les *tosa-ken.* Chaque dimanche, dans la rue *Oitesuji-dôri,* se tient un marché.

Le cap Muroto

Le cap Muroto, à 2 h 30 en car de Kôchi, est moins sauvage que le cap Ashizuri, mais c'est un site idéal pour le camping en été. A l'extrémité du cap se trouve le 24e temple du pèlerinage, le temple **Hotsumisaki,** appelé également **Higashidera.**

En remontant la côte vers Tokushima, on s'arrêtera à **Hiwasa** pour voir entre juin et août, les tortues géantes venir pondre sur la plage d'*Ohama.*

Tokushima

C'est une ville moderne, reconstruite à 80 % après les bombardements de 1945. Le festival *Awaodori,* du 12 au 15 août, entraîne dans ses danses la plupart des visiteurs. On évalue à un million le nombre de ceux qui se joignent à la fête chaque année.

D'avril à novembre, on pourra assister à des représentations de théâtre de marionnettes **Ningyô-joruri** mais seulement durant les week-ends et les jours fériés. Tél. du théâtre : 0886-65-2202.

On trouvera un bureau de *ryokan* et *minshuku* à la sortie de la gare. A 88 km au sud-ouest de Tokushima, **Tsurugisan** est une des plus belles montagnes de l'île. En juillet et août, un service de car relie **Tsuzuradô** au *Kokumin Shukusha* **Tsurugisansô,** tél. 08836-7-5150 (Sadamitsu-Tsuzuradô en car, 1 h 05).

Près de Tokushima, on pourra aller voir la fabrication de papier japonais *shibori* à Fujiseishi Kigyôkumiai.

Naruto

A 16 km au nord de Tokushima, Naruto commande le détroit de 1,3 km entre Shikoku et l'île d'**Awaji.**

Un pont entre les deux îles a été inauguré en juin 1985, permettant désormais aux touristes de s'approcher en car et à pied jusqu'à avoir une vue plongeante sur les célèbres tourbillons au lieu de rencontre des eaux de la mer Intérieure et du Pacifique.

SHODOSHIMA

Shôdoshima est la deuxième île de la mer Intérieure après Awaji, et un petit paradis méditerranéen où poussent des oliviers et où l'on trouve même des truffes.

A partir de Himeji, Takamatsu, Hinase, Kôbe, Osaka, Uno ou Okayama, les liaisons par ferry sont assez fréquentes jusqu'à l'un des cinq ports de l'île : **Tonoshô,** le plus important autour duquel ont poussé les hôtels qui vendent à prix fort la carte « paradis tropical » de Shodojima (c'est là qu'on louera voiture ou mobylette) ; **Ikeda** est plus proche de la réserve de paons et des champs d'oliviers. **Sakate,** au Sud-Est et enfin **Fukuda** et **Obe** au Nord-Est, sont les trois ports les plus attirants, où les *minshuku* gardent du caractère. Le site tant vanté de **Kanka Kei** doit être vu de téléphérique et de préférence à l'automne au moment des érables. La mobylette ou la voiture sont très vivement recommandées : les routes sont bonnes, quasi désertes (en semaine), et un moyen de transport personnel permet d'apprécier pleinement les parfums et les oiseaux de cette très belle île, en plus de ses forêts de bambous et bien sûr d'oliviers. Environ deux cents familles continuent à fabriquer artisanalement des *sômen* (fines nouilles de froment). A voir absolument.

Nous recommandons surtout le Nord-Est de l'île pour se loger : très joli (mais sans garantie de propreté) *minshuku* **Sakai** au milieu des maisons de pêcheurs de **Fukuda** (tél. 0879-84-2831 à 1 h 30 de bus de Tonoshô) ou *minshuku* isolé en pleine montagne au-dessus de Tonoshô, **Shimaya.** Tél. 0879-62-3214.

Le Chûgoku

Le Chûgoku, avec les cinq préfectures de Tottori, Shimane, Yamaguchi, Hiroshima et Okayama, correspond à l'extrémité sud-ouest de l'île de Honshû. Une chaîne de montagnes dirigée d'est en ouest coupe la région en deux moitiés très différentes par leur climat, leur culture et leur industrie.

Au nord, du côté de la mer du Japon, San-in reçoit vents violents et neige abondante. C'est une région de montagne, d'agriculture, de sériciculture et de pêche.

Au sud, le long de la mer Intérieure, San-yô est une grande voie de passage protégée des vents et des typhons, d'une part par les montagnes de Chûgoku, et d'autre part par l'île de Shikoku. Okayama, Hiroshima et Shimonoseki en sont les grands pôles de développement.

Aux premiers siècles de notre ère, le pouvoir d'Izumo s'opposait à celui du Yamato. La région d'Izumo et d'Imba sert de cadre à de nombreuses légendes. Les superstitions y sont très vivaces : on croit toujours à l'esprit du renard qui poursuit les gens et les rend fous. Les îles Oki, dans la mer du Japon, sont riches d'un folklore particulier.

Les tissages *bingo-gasuri* des préfectures d'Hiroshima et d'Okayama, la céramique *bizen* d'Okayama, les *rakuzen* de Shimane ou la céramique de Hagi, le papier japonais de Tottori et de Shimane témoignent des traditions artisanales du Chûgoku.

Les différences géographiques ont forgé des caractères divers : on dit volontiers des gens d'Okayama, Hiroshima et Tottori qu'ils sont audacieux, et de ceux de Yamaguchi qu'ils sont aussi courageux que conservateurs.

La secte Jôdo-Shinshû est très implantée dans le Chûgoku. A Okayama, on remarque une importance particulière de la secte Nichiren.

PRINCIPALES FETES DU CHUGOKU

Janvier

3. Fête du nouvel an (un personnage masqué se promène dans la rue avec un grand drapeau), à Taisha-machi, préf. Shimane. Ligne *Taisha,* gare Taisha.

Février

5 janvier lunaire. *Mekari-Shinji* (on se rend en bateau au sanctuaire Hino-Misaki-jinja, pour faire des offrandes d'algues), à Taishamachi, préf. Shimane. Ligne *Taisha,* gare Taisha.
Durant trois jours jusqu'au 2e dimanche. *Foire Shimmei-Ichi* (existe depuis 400 ans), Azumachô, à Mihara, préf. Hiroshima. Ligne *San-yô,* gare Mihara.
2e samedi. Fête de purification avec des hommes « nus » (tradition de 500 ans), à Mimasaka-chô, préf. Okayama. Ligne *Hime-shin,* gare Hayashino.
3e samedi. *Eyô* (fête de purification,

des hommes « nus » se disputent un bâton), temple Saidai-ji, à Okayama, préf. Okayama. Ligne *San-yô,* gare Okayama.

Avril

3 mars lunaire. *Nagashi-Bina* (on jette dans la rivière des poupées qu'on imagine chargées d'adversité), à Tottori et à Mochigase-chô, préf. Tottori. Ligne *San-in,* gare Tottori.
7. *Aofushigagaki,* fête du sanctuaire Miho-jinja (circuit de bateaux décorés, d'après une légende très ancienne), à Mihono-seki, préf. Shimane. Ligne *San-in,* gare Matsue et car.
15. Fête du sanctuaire *Kurata-Hachimangû* (danse ancienne du lion), à Tottori, préf. Tottori. Ligne *San-in,* gare Tottori.
16-18. Théâtre de *Nô* en plein air, au sanctuaire Itsukushima-jinja, à Miyajima, préf. Hiroshima. Ligne *San-yô,* gare Miyajima-guchi et 10 mn en bateau.
21. Fête du sanctuaire *Ube-jinja* (avec danse de l'animal imaginaire *kirin*) à Kokufu-chô, préf. Tottori. Ligne *San-in,* gare Tottori et car.
21. Fête du temple Kokubun-ji (avec danse *renge-e,* de l'époque de Nara, ancienne danse de cour qui révèle les influences du continent), à Saigô-chô, dans l'île de Dôgo (dans les îles Oki), préf. Shimane. En bateau à partir du port Sakai ou de Shichirui.
23-25. *Sentai-Sai* (grande procession dédiée à l'empereur Antoku, mort dans la défaite du clan Taira au XIIe siècle), au sanctuaire Akamajingû, Amidadera-machi, à Shimonoseki, préf. Yamaguchi. Ligne *San-yô,* gare Shimonoseki.
29. Combat de taureaux (tradition de 750 ans), au temple Kokubunji, à Saigô-chô, dans l'île de Dôgo (dans les îles Oki), préf. Shimane. En bateau à partir du port Sakai ou de Shichirui.

Mai

Le 3 (tous les 2 ans). Fête du sanctuaire Mizuwakasu-jinja (processions, tir à l'arc à cheval), à Goka-mura, dans l'île de Dôgo (dans les îles Oki), préf. Shimane. Du port Shichirui ou Sakai-Minato bateau jusqu'au port de Saigô dans l'île et car. La prochaine fois en 1990.
2e dimanche. *Nanajû-Go-Zen-Matsuri* (compétition de tir à l'arc), au sanctuaire Kibitsu, à Okayama, préf. Okayama. Ligne *San-yô,* gare Okayama.
Vers le 15 (tous les 12 ans, prochaine en 1992). *Hô-Ra-Enya* (fête du bateau), à Matsue, préf. Shimane. Ligne *San-in,* gare Matsue.
14-16. Grande fête avec danses de repiquage du riz, du lion, etc. On accueille un envoyé particulier de l'empereur. Fête du sanctuaire Izumo-Taisha, à Taishamachi, préf. Shimane. Ligne *Taisha,* gare Taisha.
18-19. Fête du sanctuaire Hijiri-jinja. Procession en costume de seigneurs et de guerriers d'autrefois, à Tottori, préf. Tottori. Ligne *San-in,* gare Tottori.

Juin

1. *Suzumidono-Matsuri,* fête du sanctuaire Izumo-Taisha, à Taisha-machi, préf. Shimane. Ligne *Taisha,* gare Taisha.
1er dimanche de juin. Fête des tambours à Chiyoda, Yamagata-gun, préf. de Hiroshima.
5. *Gorei-E-Sai* (danses Furyû, tir à l'arc à cheval, etc.), fête du sanctuaire Tamawakasuno-Mikoto-jinja, à Saigô-chô, dans l'île de Dôgo (dans les

îles Oki), préf. Shimane. Bateau du port de Shichirui ou de Sakai, pour l'île Dôgo.

Juillet

17 juin lunaire. *Kangen-Sai* (offrande de musique, l'orchestre joue dans un bateau), fête du sanctuaire Itsukushima, à Miyajima, préf. Hiroshima. Ligne *San-yô,* gare Miyajima-guchi et bateau.

19-26. *Senzaki-Gion,* Senzaki, à Nagato, préf. Yamaguchi. Ligne *San-in,* gare Nagato-shi.

20 et 27. *Sagi-Mai* (danse du héron), fête du sanctuaire Yasaka-jinja, à Tsuwano, préf. Yamaguchi. Ligne *Yamaguchi,* gare Tsuwano.

20 et 27. *Gion-Matsuri* (avec danse du héron, le 20 juillet à 18 h), fête du sanctuaire Yasaka-jinja, à Yamaguchi, préf. Yamaguchi. Ligne *Yamaguchi,* gare Yamaguchi.

26. Danse traditionnelle de *Kumi-Kagura,* au sanctuaire Iseno-Mikoto-jinja, à Goka-mura, dans l'île de Dôgo (dans les îles Oki), préf. Shimane. Bateau du port de Shichirui ou Sakai, puis bus.

28 juin lunaire. *Sumiyoshi-Matsuri* (feu d'artifice sur les bateaux), au sanctuaire Sumiyoshi-jinja, à Onomichi, préf. Hiroshima. Ligne *San-yô,* gare Onomichi.

28-29 (tous les 2 ans, en 1983 et 1985). Fête du sanctuaire Yurahime-jinja (la fête a lieu dans des bateaux), à Nishino-Shimachô, dans l'île de Nishinoshima (dans les îles Oki), préf. Shimane. Bateau du port de Shichirui ou Sakai.

29. Fête avec feu d'artifice sur le lac Shinji, à Matsue, préf. Shimane. Ligne *San-in,* gare Matsue.

Août

2-3. *O-Taue-Matsuri* (cérémonie de repiquage du riz, existant depuis l'époque Kamakura), fête du sanctuaire Kibitsuhiko-jinja, à Okayama, préf. Okayama. Ligne *San-yô,* gare Okayama.

3-4. Anniversaire de la mort de Marie Curie, à la station thermale Misasa, dont l'eau de source contient du radium (feu d'artifice, danses régionales de *geisha,* en présence de l'ambassadeur de France), à Misasa, préf. Tottori. Ligne *San-in,* gare Kurayoshi et car.

10-15. Danses de Tsuwano (dérivées des danses Furyû), à Tsuwano, préf. Yamaguchi. Ligne *Yamaguchi,* gare Tsuwano.

14-17. *Tsukinowa-Matsuri* (d'après la légende locale, avec procession et danse *yasugi-bushi,* et danse pour la pêche des loches), à Yasugi, préf. Shimane. Ligne *San-in,* gare Yasugi.

14-16 juillet lunaire. Danse *Shiraishi-Odori,* à Kasaoka, dans l'île Shiraishi, préf. Okayama. Ligne *San-yô,* gare Kasaoka et 1 h de bateau.

15-16. *Shanshan-Matsuri* (danse de parapluies, à l'origine : demande de la pluie), à Tottori, préf. Tottori. Ligne *San-in,* gare Tottori.

16. *Fête O-Bon* (des milliers de lanternes en papier sont laissées allumées dans les embarcations), à Matsue, préf. Shimane. Ligne *San-in,* gare Matsue.

18 juillet lunaire. *Tamatori-Matsuri* (des jeunes gens se disputent des trésors dans la mer), fête du sanctuaire Itsukushima-jinja, à Miyajima, préf. Hiroshima. Ligne *San-yô,* gare Miyajima-guchi et bateau.

Septembre

1er. Combat de taureaux, à Tsumamura, dans l'île de Dôgo (dans les îles Oki), préf. Shimane. Bateau du port de Shichirui ou de Sakai.
15 août lunaire. Danse *Hanagasa-Odori,* à Chiyoda-chô, préf. Hiroshima, ligne *Kabe,* gare Kabe.
15. Danse *Dengaku,* au sanctuaire Mita-Hachiman.
9 septembre lunaire. Danse *Dengaku,* au sanctuaire Hiyoshi-jinja, en alternance d'une année sur l'autre, dans l'île Nishino-shima (dans les îles Oki), préf. Shimane. En bateau du port de Shichirui ou de Sakai.
24. *Ozakae-Shinji* (avec danse Kagura, le soir. Origine des danses Kagura), au sanctuaire Sada-jinja, à Kashima-chô, préf. Shimane. Ligne *San-in,* gare Matsue et car.
27. Fête du sanctuaire Suga-jinja (avec concours de danses Kagura), à Daitô-chô, préf. Shimane. Ligne *Kisuki,* gare Izumo-Daitô et car.
Vers la fin du mois. Grand concours de Kagura (avec danse et musique), à Kabe-chô, préf. Hiroshima. Ligne *Kabe,* gare Kabe.

Octobre

7. Procession des seigneurs en costume d'autrefois, aux sanctuaires Hiyoshi, Yuno-Seki et Otorii, à la station thermale Sekigane, préf. Tottori. Ligne *Kurayoshi,* gare Sekigane.
9 septembre lunaire. Voir au 15 septembre.
2e samedi et 2e dimanche. *Kurashiki-Matsuri,* à Kurashiki, préf. Okayama. Ligne *San-yô,* gare Kurashiki.
4e dimanche. Danse *Karako-Odori,* au sanctuaire Mitama-sha, à Ushimado-chô, préf. Okayama. Ligne *Akoo,* gare Oku.

Novembre

3. Fête avec grande procession et tambours, à Matsue, préf. Shimane. Ligne *San-in,* gare Matsue.
Un samedi autour du 15. *Hadakan-Bô-Matsuri* (procession spectaculaire), au sanctuaire Bôfu-Tenman-gû, à Bôfu, préf. Yamaguchi. Ligne *San-yô,* gare Bôfu.

Décembre

3. *Morotabune* (course de bateaux dans le port), fête du sanctuaire Miho-jinja, à Mihonoseki, préf. Shimane. Ligne *San-in,* gare Matsue et car.
31. *Chinka-Sai* (fête aux flambeaux), au sanctuaire Itsukushima-jinja, à Miyajima, préf. Hiroshima. Ligne *San-yô,* gare Miyajimaguchi et 10 mn de bateau.

COMMENT SE RENDRE DANS LE CHUGOKU

En train

San-in, le long de la mer du Japon, et **San-yô,** le long de la mer Intérieure, sont facilement accessibles en train, respectivement par les lignes *San-in* et *San-yô* qui longent les côtes.

Plusieurs lignes permettent de passer d'une côte à l'autre. Ce sont d'est en ouest, les lignes *Ban-tan, Imbi, Tsuyama, Hakubi, Kisuki, Sankô, Geibi, Yamaguchi* et *Mine.* Les lignes *Habuki,* entre Okayama et Yonago, et la ligne *Yamaguchi,* de Ogôri à Masuda, sont les lignes les plus fréquentées.

Par la route

Des cars longue distance circulent entre Osaka, Tottori et Yonago ainsi qu'entre Osaka, Tôjô et Hiroshima.

LA MER INTERIEURE

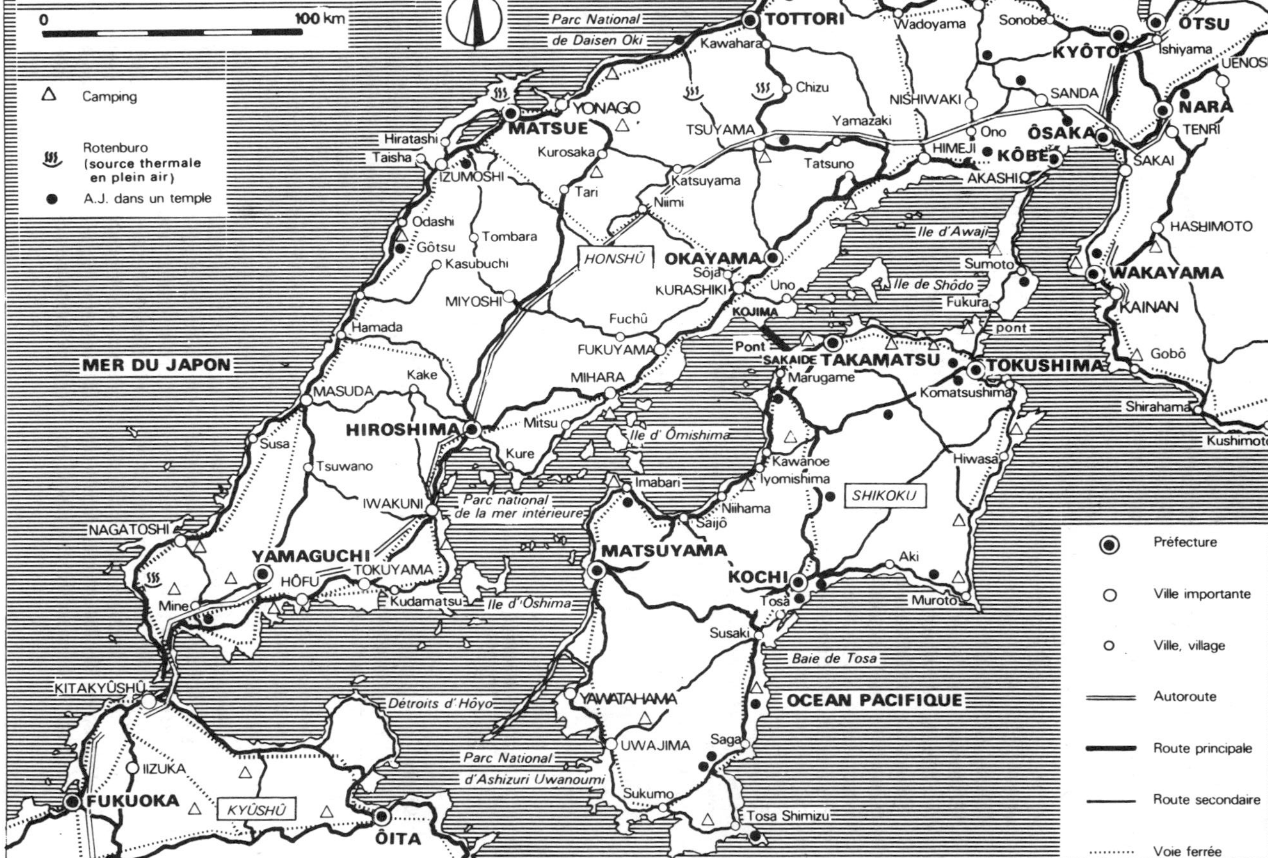

Services de cars également sur les transversales nord-sud, comme de Tottori à Himeji, de Matsue à Hiroshima, de Masuda à Hiroshima.

L'autoroute est désormais terminée entre Osaka et Shimonoseki en passant par Tsuyama, Miyoshi et Hiroshima.

En avion

A.N.A. dessert les aéroports de Okayama, Hiroshima et Ube du côté San-yô, et de Tottori et Yonago du côté San-in. J.A.S. dessert Okayama, les îles Oki, Yonago et Izumo.

En bateau

Beppu-Hiroshima, 5 h 30, par *Hiro-Betsu-Kisen*. Tél. 0977-21-2364 à Beppu. Départs tous les jours. Nombreuses liaisons à partir de Shikoku (Matsuyama, Imabari, Tadotsu et Marugame) en passant par les îles de la mer Intérieure.

LE LONG DE LA MER INTÉRIEURE D'EST EN OUEST

Bizen

C'est davantage une région qu'une ville et c'est surtout la région de la céramique. Le musée de céramique *Tôgei-Kaikan,* à deux pas de la gare Imbe, est une excellente introduction à la visite des fours dispersés.

Bizen est à 45 km de Okayama : venant de Kôbe, on prendra la ligne *Akoo* à partir d'Aioi, sur la ligne *San-yô* qui longe la mer Intérieure. Pour se loger, on conseillera les *minshuku* des îles **Hinase** ou de **Ushimado.** Accès en car à partir de la gare Hinase jusqu'au port, puis bateau pour l'île **Kakuijima** (10 mn), **Ootabujima** (40 mn) et **Kashirajima** (30 mn).

Okayama

Encore une grande ville pratiquement entièrement reconstruite après les bombardements de 1945 ! On y cherchera en vain un cachet exceptionnel ! Pourtant la visite de la partie touristique (et culturelle) de la ville, heureusement assez bien ramassée autour du château noir et du fameux *jardin Kôrakuen,* n'est pas à sous-estimer. Tout est accessible à pied (ou à défaut en bus) à partir de la gare où l'on se procurera un dépliant avec explications en anglais sur Okayama et ses charmes.

Les quatre musées d'Okayama, sans valoir à tout prix le détour, sont très intéressants. Le musée d'Art du Proche-Orient conserve les pièces du collectionneur Yasuhara et montre en prime quatre pièces mésopotamiennes, copies conformes de celles du Louvre.

L'année 84 a vu la naissance d'un musée privé (donc cher) consacré au peintre de l'époque Taishô *Yumeji Takehisa.* A peine plus grand, est le *musée préfectoral,* juste à l'entrée de Kôrakuen, à la muséographie aussi triste que celle du Musée national de Ueno à Tôkyô, mais aux objets extrêmement intéressants. De l'autre côté du parc toujours enchanteur de Kôrakuen (lotus, bambous, mousses...) et derrière le château du corbeau, dûment restauré pour donner au moins une illusion totale d'authenticité sur la photo, se trouve le musée le plus intéressant : le *musée des Beaux-Arts* qui possède des collections extraordinaires mais les expose avec force parcimonie !

A Okayama, on achètera du papier japonais *(washi)*, toutes sortes d'artisanat de paille et bien sûr de la céramique Bizen. Beaucoup d'antiquaires et de beaux tissages.

Okayama est facilement accessible en train, par la ligne du super-express *Shinkansen* ou par la ligne *San-yô*. On peut s'y rendre en autocar à partir de Kurashiki, Chûgoku-Katsuyama, Sôja, Tsuyama et Hayashino. En bateau d'Okayama, services jusqu'à Shôdoshima et Takamatsu.

A une vingtaine de kilomètres à l'est d'Okayama, la région du Kibi, avec ses temples, ses sanctuaires et ses tumuli, est une excursion à faire absolument. Le sanctuaire *Kibitsu* aurait été fondé au IVe siècle (on marchera 500 m au sud de la gare de Kibitsu, sur la ligne *San-yô*).

On se rendra ensuite à Kurashiki, à 20 mn de train d'Okayama, pour une cure de musées et de vieux bâtiments entourés de canaux et de saules pleureurs. La vieille partie de Kurashiki est complètement préservée et constitue une enclave dans une grande ville moderne.

Beaucoup dc très jolies auberges, mais pas toujours authentiques dans le vieux quartier. Le musée Ohara avec sa collection d'impressionnistes peut-être plus imposante que celle du *Metropolitan Museum of Art* de New York est le musée auquel il est impossible d'échapper, mais on n'est pas déçu par d'autres musées de la ville aménagés dans d'anciens greniers à riz, comme le musée d'archéologie *(Kôkogaku-Hakubutsukan)*, le musée des arts populaires *(Mingeikan)* ou encore le musée de jouets folkloriques de la région qui ont aussi des trésors à révéler. Le musée d'archéologie surtout — ouvert en 1950 — conserve plus de 1 400 objets provenant de fouilles japonaises (en plus d'antiquités colombiennes et péruviennes) et expose des pièces très intéressantes de la période des *Kofun*.

A 1 h 20 en car de Kurashiki, la très belle excursion du mont Washû permet de dominer les îles de la mer Intérieure.

Les îles Geiyo

Le groupe des îles Geiyo représente un véritable archipel lové entre la côte San-yô et le nord de Shikoku. Les bateaux qui relient Onomichi ou Takehara dans le Chûgoku, à Imabari au nord-ouest du Shikoku, permettent une traversée splendide en faisant escale dans l'une des îles Ikuchijima, Omishima ou Innoshima.

Bateau à partir d'Onomichi : Onomichi - Setoda (dans l'île d'Innoshima) - Omishima - Imabari (1 h 25 de trajet). 17 départs par jour en été.

Renseignements auprès de la compagnie **Setonaikai Kisen.** Tél. 0848-22-4178.

Onomichi - Tsuchio - Imabari (1 h 25 de trajet). 8 départs par jour. Liaison en car Onomichi - Tsuchio (45 mn) par le **nouveau pont.**

Bateau à partir de Takehara : Takehara (premier départ à 8 h 50) - Miyaura (île d'Omishima, à 9 h 12) - Imabari (arrivée à 9 h 52). 3 départs par jour.

A partir de Miyajima et d'Hiroshima : la compagnie *S.T.S. Setonaikai Kisen* propose une « croisière » en hydrofoil le long des îles Shimokamagarijima, Kamikamagarijima, Osakishimojima, Okamurajima, Omishima et Ikuchijima. Un service par jour entre le 1er mars et le 30 novembre, durée 4 h 30, aller simple.

Le climat des îles Geiyo est comparable au climat méditerranéen. C'est la seule région où l'on trouvera tant d'oliviers, de citronniers et des orangers. Ces îles font partie du parc national de la mer Intérieure. **Ikuchijima** est la plus visitée : les liaisons en bateau sont fréquentes et on y trouvera de nombreux *minshuku*.

Près du port de **Setoda,** le *minshuku Pony,* tél. 08452-7-0120, a déjà ravi quelques Français.

A **Ikuchijima,** le temple *Kôsanji,* construit par un pauvre marin à la mémoire de sa mère, de 1936 à 1966, ainsi qu'une collection d'oiseaux, un aquarium et des jardins attirent des milliers de visiteurs. (Pour l'île de **Omishima,** voir : « Shikoku ».)

Hiroshima

Mis à part le dôme de la bombe A, le Musée du souvenir de la paix et le Parc mémorial de la paix, concentrés dans le même périmètre, Hiroshima n'évoque plus en rien la ville balayée par les « 10 000 soleils » du 6 août 1945. Hiroshima est une ville verte, traversée par les nombreux bras de la rivière Ota. L'arrivée en avion permet une magnifique vue sur les parcs à huîtres de la mer Intérieure et sur la ville. Hiroshima attend tous les touristes qui peuvent, à partir de là, se rendre au sanctuaire marin d'Itsukushima.

Les employés de l'Office du Tourisme, à l'intérieur de la gare, parlent un peu anglais et s'occupent des réservations d'hôtels. Inutile de chercher de vieilles auberges en bois. Elles ont été rayées de la carte. L'auberge de jeunesse est excentrée mais possède une piscine.

Le dépliant en anglais remis par les services du tourisme localise très bien les différentes curiosités et indique les horaires d'ouverture et les prix d'entrée des monuments et musées. Le parc **Shukeien** dessiné sur le modèle d'un lac célèbre de Hangzhou en Chine, et le nouveau **musée des Beaux-Arts d'Hiroshima,** ouvert en 1978 à l'occasion du centième anniversaire de la Banque d'Hiroshima dans le parc Chûô (une centaine d'impressionnistes, d'Ecole de Paris et des tableaux d'artistes japonais intéressants pour voir l'évolution de la peinture à l'huile japonaise à partir du « Nihonga »), sont de visite réconfortante après celle du **Musée de la bombe A,** musée peut-être pénible à voir, mais très explicatif du 6 août 1945 et de toutes ses conséquences mondiales et morales. C'est le seul musée bon marché du Japon.

Légèrement au sud dans la baie d'Hiroshima, l'île de **Miyajima** draine continuellement des millions de visiteurs. Tous les festivals et les représentations de Nô et de Bugaku, sur la scène en plein air du sanctuaire marin érigé au VIIe siècle et rénové au XVIIe, sont extrêmement impressionnants. Si on visite Miyajima au milieu des foules, on conseillera d'y rester une nuit pour voir l'île et la mer Intérieure à la lueur des lanternes de pierre. Les *ryokan* y sont assez chers et le *kokumin-shukusha* **Miyajima Lodge,** très bien situé à 15 mn à pied du débarcadère, paraît assez réticent à accueillir les *gaijin* qui ne parlent pas la langue de l'archipel. Mais il suffit d'une phrase en japonais pour retenir une chambre. Les employés du bureau de tourisme de Miyajima, à droite quand on descend du bateau, sont très coopératifs. Pour les bourses mieux garnies, le *ryokan* Iwasô (tél. 0829-44-2233), vieux de 130 ans, mais agrandi et rénové, est l'étape de la famille impériale.

Miyajima est à 10 mn en bateau, à partir de *Miyajima-guchi,* à 30 mn en train « rapide » d'Hiroshima. Les bateaux sont très fréquents. Par temps dégagé, l'ascension en téléphérique (compter au moins 1 300 yens et ne rien emporter qui puisse tenter les singes) est récompensée par la vue sur la mer Intérieure et la côte San-yô.

Autour de Yamaguchi

Les grottes d'**Akiyoshidô,** à une trentaine de kilomètres au sud-ouest de Yamaguchi, sont parmi les plus vastes grottes calcaires du monde. Des cars s'y rendent régulièrement à partir de Yamaguchi (visite de 8 h 30 à 16 h 30). A partir du milieu des grottes, un ascenseur permet de remonter à la surface, au cœur du plateau calcaire d'Akiyoshidai : sur 1 400 ha, paysage curieux de désolation, des milliers de cailloux se détachant d'une végétation très pauvre.

Shimonoseki

C'est le phare occidental de Honshû. On peut s'y rendre en train par la ligne *Shinkansen* ou la ligne *San-yô,* et en car à partir de Yamaguchi, Nagato et Fukuoka.

Shimonoseki est une ville de passage avec l'île de Kyûshû d'abord, dont elle est séparée par moins d'un kilomètre, franchi aujourd'hui par de multiples tunnels, et la Corée d'autre part.

Des bateaux quittent Shimonoseki à 17 h tous les jours sauf le samedi. Arrivée à **Pusan** le lendemain à 8 h 30 du matin ; 9 000 yens, 2e classe. Le voyage est souvent mouvementé, et l'économie réalisée est faible par rapport au prix du billet d'avion Fukuoka-Séoul. Réservation : tél. 0832-66-8211 à Shimonoseki.

A Shimonoseki, se rendre au parc **Hinoyama,** à 4 km au nord-est de la gare de Shimonoseki, merveilleux belvédère et site de camping. Le *kokumin-shukusha* **Kaikansô,** tél. 0832-23-0108, est pratique, à 15 mn en taxi de la gare de *Shinkansen.*

LA COTE DE LA MER DU JAPON DE TOTTORI A HAGI

Le Chûgoku, côté San-in, est très pittoresque. Les paysages y sont plus ruraux, plus variés et la vie semble davantage imprégnée de légendes et des superstitions.

Les dunes de sable de Tottori

Tottorisakyû : surprenantes dans un paysage japonais. Loger plutôt à Hakuto.

En avion, Tottori est desservi par A.N.A., à partir d'Osaka et de Tôkyô. En car, on peut s'y rendre à partir d'Osaka, Yonago, Kurayoshi et Himeji. En train, ligne *San-in,* gare Tottori.

Dans les dunes de sable, on aura intérêt à marcher à contre-courant des autres touristes et à se réserver ainsi le

« désert de sable » pour soi sur les 9/10 de sa dimension, en descendant à l'arrêt précédant celui du départ du circuit. Sur le dixième restant sont concentrés un télésiège, trois « halls » de souvenirs, un parking de cars de touristes et un dromadaire pour la photo souvenir.

De novembre à mars, la spécialité culinaire de Tottori est le crabe *matsuba,* davantage tourteau que crabe, mais excellent. En demandant à la mairie (et en payant 30 000 yens minimum), les passionnés de folklore pourront voir une « danse de parapluie » identique à celles qu'on exécutait à l'origine pour faire venir la pluie.

Le mont Daisen

En été, l'ascension en est possible en deux heures à partir de Daisen. En hiver, Daisen est la principale station de ski du Chûgoku. On trouvera *ryokan* et *minshuku* autour du temple Daisenji.

Les îles Oki

A 2 h 30 en bateau de la côte de la mer du Japon, les îles Oki sont séparées en deux groupes : à l'ouest, les îles **Dôzen** avec les trois îles principales **Nishinoshima, Chiburijima** et **Nakanoshima,** appelées îles mâles à cause de l'escarpement des côtes et par opposition aux versants plus « féminins » — en tout cas plus doux — de l'île **Dôgo.** Toutes ces îles font partie du parc national *Daisen* et sont remarquables par leur beauté et leurs contours sauvages. Le trajet en ferry de Beppu (à l'est de Nishinoshima) jusqu'à l'île Dôgo met un peu plus d'une heure, mais permet d'avoir une vue splendide des petites îles rocheuses qui parsèment une mer du Japon extrêmement propre.

Les bateaux pour les îles Oki partent de Sichirui ou de Sakai Minato.

Pour se rendre dans les îles Dôzen : 2 ou 3 ferries par jour partent de Sakai Minato, en passant par l'île Chibarijima ou Saïgo Dôgo (3 h 40 ou 3 h 20). De Shichirui, 2 ferries par jour d'avril à octobre vers Uragô, Ama (2 h 45) ou Beppu.

Pour se rendre dans l'île Dôgo : les bateaux des îles Dôzen continuent leur route jusqu'à Saigô. En passant par Kurui et Uragô, le bateau met 5 h ; en passant par Ama et Beppu : 4 h 35. En juillet et août, un bateau fait la liaison directe Shichirui-Saigô, en 2 h 30, alors qu'entre novembre et mars les bateaux ne circulent que tous les deux jours. De Shichirui à Saigô, un service direct par jour en 2 h 30. Via Uragô, compter 5 h.

En avion : Oki est desservi par T.D.A., à partir d'Osaka (3 vols par jour, pas d'avion de décembre à février), de Yonago et d'Izumo.

Shichirui est un petit port situé de l'autre côté du bras de mer qui enserre **Sakai Minato.** Les deux ports sont à 20 mn l'un de l'autre en bus. Les *minshuku* sont nombreux à Shichirui.

On pourra louer des vélos dans les îles Dôzen et Dôgo, près des débarcadères. Dans les îles Dôzen, plusieurs excursions sont possibles en bateau. Le bateau est en effet le meilleur moyen pour découvrir le **Kunigakaigan,** qui est la côte la plus pittoresque de l'île de Nishinoshima. La route ne longe malheureusement pas la côte, et les montées sont souvent raides en vélo. Quant aux cars, ils sont rares.

En été, les îles Oki sont très fréquentées par tous ceux qui sont avides de fraîcheur. A partir de 18 h 30, tous les soirs du 1er juillet au 31 août (et en mai, juin, septembre et octobre, les vendredi, samedi et dimanche) ont lieu des soirées folkloriques organisées par la municipalité.

L'île de Dôgo est riche de sanctuaires intéressants, de petits musées, de maisons traditionnelles et de plages. A côté du sanctuaire Tamawakasu-no-mikoto, on ira voir les cloches d'Oki (reproduites sur les timbres-poste à 20 yens) que les cavaliers sonnaient chaque fois qu'ils croisaient des gens en se rendant à Nara, capitale de l'époque. Voir les maisons traditionnelles d'Oki, à trois niveaux.

Plusieurs bureaux à Saigô se chargent de « placer » le voyageur dans un *minshuku* à son arrivée. Dans l'ensemble, ce sont des maisons de pêcheurs aménagées pour pouvoir recevoir une dizaine d'hôtes à la fois ; on conseillera le *minshuku Takanashi Yasuku,* à Dôgo, à moins de 10 km de Saigô, tél. 08512-2-0779. A Saigô, avant de reprendre le bateau ou en arrivant, n'oubliez pas le café *Rui,* en face de la poste ; on y bredouille le français, on y boit du bon café et l'accueil est de qualité pour les étrangers.

Matsue

Au cœur d'une des régions les plus riches en archéologie et en histoire, Matsue est devenue la métropole régionale de San-in. Située en bordure du lac **Shinju,** et traversée par des canaux et des douves, la ville semble baigner dans l'eau. La beauté du cadre naturel de la chaîne de montagnes et surtout de l'île **Yomegashima,** plantée dans l'estuaire de la rivière Ohashi, a été décrite par Lafcadio Hearn dans ses *Aperçus d'un Japon méconnu.*

On peut se rendre à Matsue en train (ligne *San-in,* gare Matsue) et en car à partir de Hiroshima, Izumo et Shimonoseki.

Auberges et hôtels pour tous budgets. Le plus luxueux, le *ryokan Minamikan* au bord du lac Shinji, accepte aussi les demi-pensionnaires. A défaut d'y passer une nuit, on pourra y prendre un repas.

L'auberge de jeunesse est à 2 km de la gare, à Furue, et n'est pas des plus sympathiques. Du *Kokumin-shukusha « Shôgisansô »,* tél. 0852-22-0420, à 7 mn en car (direction Fudokinooka) de la gare de Matsue (descendre à Shôgisan, puis 7 mn à pied) on aura une belle vue sur le lac Shinji.

L'Office du tourisme, à gauche en sortant de la gare (dans le bâtiment de la gare) fournit des dépliants et des cartes de la ville en anglais. Location de vélos à gauche en sortant de la gare.

On se rend au château avec le bus n° 3 (arrêt devant la gare). Il est prudent de surveiller les toitures du château, afin de s'orienter, car le bus s'arrête à 10 mn à pied de l'entrée. A cause de la vue panoramique qu'on a du donjon, et de sa situation au cœur des trésors historiques de Matsue, le château est un bon point de départ pour la découverte de la ville. A partir de la sortie du château, il suffira de longer les douves sur la gauche pour atteindre, après 10 mn de marche, le pavillon de cérémonie du thé *Meimei-an* (un prospectus explicatif en anglais est remis à l'entrée), puis la maison-musée de *samurai,* l'ancienne maison de Lafcadio Hearn (fermée de 12 h à 13 h) et, juste à côté, le musée consacré à la vie et à l'œuvre de cet écrivain, né en Grèce d'une mère grecque et d'un père irlandais, et naturalisé japonais.

Diamétralement opposé par rapport à la gare, à 6 km vers le sud, **Fudoki-nooka** est un site archéologique avec plusieurs tumuli, *kofun,* et un musée qui expose quelques *haniwa* reconstituées. A 2 km de ce site, le sanctuaire *Yaegaki* abrite des peintures de l'époque Nara. C'est un sanctuaire gardé par les dieux du mariage. La coutume veut que l'on pose une pièce de 10 yens sur un carré de papier blanc sur la surface d'un étang. L'eau révèle une écriture à l'encre sympathique. Plus l'eau emporte rapidement le papier vers le fond de l'étang, plus le mariage se réalisera rapidement.

Les fabriques de papier japonais sont à visiter à Bessho, à une douzaine de kilomètres au sud de Matsue, et à 10 km de Yagumo. Très peu de cars vont jusqu'à Bessho.

Izumo-Taisha

Le grand sanctuaire d'Izumo, le plus ancien du Japon, est dédié à *Okuninushi-no-mikoto,* descendant de *Susanoo-no-mikoto,* frère de Amaterasu. De grandes fêtes ont lieu du 14 au 16 mai. Le 1er juin se déroule le *Suzumidono-matsuri*. Même si les bâtiments sont relativement récents, la visite du sanctuaire est toujours très impressionnante.

On y accède facilement en car à partir de la ville d'Izumo (9 km au sud-est, deux départs par heure, de 7 h à 22 h), ou en train, à partir de Matsue. Autour du sanctuaire, toutes sortes de boutiques de souvenirs absorbent les visiteurs après le pèlerinage.

Des cars partent de Izumo Taisha pour Matsue-onsen et Hinomisaki. Pour Hiroshima, un car par jour, départ à 15 h 30, arrivée 20 h.

Tsuwano

A l'écart des grands centres touristiques, Tsuwano est une petite bourgade qui respire encore l'ambiance d'Edo. La ligne de chemin de fer *San-in* dessert la gare de Masuda, d'où on peut se rendre à Tsuwano. De Matsue, compter 3 h 20 par train direct, et de Hakata 5 h 20 par J.R.via Masuda.

Le musée d'art et traditions populaires ainsi que ce qui reste du château Sanbommatsu justifieront, en plus des vieilles maisons, une étape dans cette petite ville. Les 20 et 27 juillet, on pourra y voir les danses Sagimai au sanctuaire *Yasaka* (danses du héron).

Hagi

La céramique de Hagi est reconnue, avec les *rakuyaki* et les *karatsuyaki,* comme une céramique de toute première classe. Tous les fours de Hagi respectent un goût simple, des lignes sobres et une couleur unie beige-rose. Mais Hagi est aussi une petite ville protégée des ravages de la guerre ; temples et anciennes maisons de *samurai* se succèdent dans un encadrement de verdure et de mer.

Le Kyûshû

Une « grande île » qui représente 12 % de la superficie du Japon et environ 1 500 petites îles constituent le Kyûshû, divisé administrativement en huit préfectures : Fukuoka, Saga, Oita, Nagasaki, Kumamoto, Miyazaki, Kagoshima et Okinawa. De cette guirlande d'îles qui semble s'étaler sans limites vers le sud, on distinguera Okinawa et les îles plus méridionales.

Le Kyûshû est une région volcanique. Le mont Aso est célèbre entre tous par les dimensions spectaculaires de sa caldeira : 18 km d'est en ouest et 24 km du nord au sud. Les montagnes du centre et du sud cachent des vallées qui préservent un folklore et des légendes bien particulières comme c'est le cas à Gokano-shô, Shiibamura, Merano-shô et Itsuki-mura. Les îles Iki, Tsushima et Gotô, à l'ouest de la grande île, ont aussi leurs traditions propres, héritées d'un ancien matriarcat. Au sud, le volcan Sakurajima est toujours en activité, et la chaîne de Kirishima se prolonge au-delà de Kagoshima par l'archipel de Nansei.

Situé d'une part entre le 31ᵉ et le 34ᵉ parallèle de latitude nord, et baigné d'autre part par les courants chauds à l'ouest et au sud, le Kyûshû jouit d'un climat beaucoup plus doux, mais aussi plus pluvieux que le reste du Japon. Le Kyûshû subit chaque année plusieurs typhons.

La population est surtout concentrée au nord, autour d'un des quatre plus grands complexes industriels du Japon. Les ressources en charbon, la densité des routes maritimes et la proximité des marchés asiatiques sont autant de facteurs de développement autour des pôles de Fukuoka et Kita-Kyûshû. Sinon, plus de 55 % de la terre cultivée consistent en rizières. Nagasaki demeure un port de pêche très important.

Proche de la Corée et de la Chine, le Kyûshû fut très tôt ouvert aux influences continentales. C'est à partir du Kyûshû que furent lancées les expéditions en Corée, d'abord au IIIᵉ siècle, puis sous la conduite de Toyotomi Hideyoshi, en 1592 et 1596. C'est aussi par-là que les escopettes furent introduites au Japon par des Portugais naufragés. Pendant le shôgunat des Tokugawa, Nagasaki demeure la seule porte du Japon entrebâillée aux étrangers. Les chrétiens, persécutés, dissimulent leurs crucifix ou les « maquillent » sous des aspects d'objets du culte bouddhique. Ils se cachent autour de Nagasaki, Hirado et les îles Iki, Tsushima, Gotô.

PRINCIPALES FETES DU KYUSHU

Janvier

1. *Hôrai-Enya,* à Bungo-Takada, préf. Oita. Ligne *Nippô,* gare Usa et car.

3. *Tama-Seseri,* fête du sanctuaire Hakozaki-gû, à Fukuoka, préf. Fukuoka. Ligne *Kagoshima,* gare Hakata.

7. *Oni-Yo* (chasse aux « ogres »), au sanctuaire Gyokusuigû, à Kurume, préf. Fukuoka. Ligne *Kagoshima,* gare Kurume.
31. *Hadaka-Matsuri* (rites de purification « nus »), au sanctuaire Aoshima-jinja, dans l'île Aoshima, Miyazaki, préf. Miyazaki. Ligne *Nichinan,* gare Aoshima.

Février

1er janvier lunaire. *Mekari-Shinji* (offrande d'algues *Wakame*), au sanctuaire Mekari-jinja, Moji, à Kita-Kyûshû, préf. Fukuoka. Ligne *Kagoshima,* gare Moji-kô et car. Cette fête se déroule à 3 h du matin, à marée basse.
1. Fête du sanctuaire Udo (visite des jeunes mariés au sanctuaire, le mari tire un cheval monté par sa femme, habillée en costume d'autrefois), préf. Miyazaki. 1 h 10 en car à partir de la gare de Miyazaki (direction Udo-Jingû) et 15 mn à pied.
Fête du printemps, au sanctuaire Sangû-jinja, à Shibushi-chô, préf. Kagoshima. Ligne *Shibushi,* gare Shibushi.
Vers le 2. *Sumô* de bébés de moins de 2 ans, au temple Saikyô-ji, à Hirado, préf. Nagasaki. Ligne *Matsu-ura,* gare Hirado-guchi et car.
4. *Kitahara-Ningyô* (théâtre de marionnettes), au sanctuaire Harada, à Nakatsu, préf. Oita. Ligne *Nippô,* gare Nakatsu.

Avril

1-3. *Hinokuni-Matsuri,* à Kumamoto, préf. Kumamoto. Ligne *Kagoshima,* gare Kumamoto.
Dimanches entre le 3/4 et le 29/5. *Hata-Age* (concours de cerfs-volants, monts Kompira, Kazagashira et Kara-Hakkei, à Nagasaki, préf. Nagasaki. Ligne *Nagasaki,* gare Nagasaki.
5. Fête de cerfs-volants, dans l'île Iki, préf. Nagasaki. 2 h 30 en bateau à partir du port d'Hakata, ou 30 mn en avion à partir de Fukuoka.
Milieu du mois. Fête des glycines, au sanctuaire Miyazaki-jingû, à Miyazaki, préf. Miyazaki. Ligne *Nippô,* gare Miyazaki.
16 mars lunaire. *Shima-Biraki* dans l'île Aoshima, à Miyazaki, préf. Miyazaki. Ligne *Nichinan,* gare Aoshima.
27-29. *Nagasaki-Matsuri,* fête de Nagasaki (avec danses, courses de bateaux - *Peeron*), préf. Nagasaki, ligne *Nagasaki,* gare Nagasaki.
29 avril au 5 mai. Grande foire à la porcelaine, à Arita, préf. Saga. Ligne *Sasebo,* gare Arita.

Mai

3-4. *Hakata-Dontaku* (processions en costumes ; à l'origine, grande fête du nouvel an), à Hakata, préf. Fukuoka. Ligne *Kagoshima,* gare Hakata.
Un dimanche du mois. Fête des cerfs-volants, au volcan Ondake, dans l'île Fukue (îles Gotô), préf. Nagasaki. 3 h 30 en bateau à partir du port de Nagasaki.

Juin

Un dimanche correspondant à peu près au 5 mai lunaire. *Otaue-Sai* (danse de repiquage du riz), fête du sanctuaire Kagoshima-jingû, à Hayato-chô, préf. Kagoshima. Ligne *Nippô,* gare Hayato-chô.
1er dimanche. *Otsuna-Hiki* (joutes avec une corde), à Yobuko, préf. Saga. Ligne *Karatsu,* gare Nishi-Karatsu et car.
Dimanches compris entre la mi-juin et

la mi-juillet. Grande course de bateaux *Peeron,* Fukahori, à Nagasaki, préf. Nagasaki. Ligne *Nagasaki,* gare Nagasaki.

Juillet

1-15. *Hakata-Yamagasa* (course d'autels portatifs décorés), fête du sanctuaire Kushida, Hakata, à Fukuoka, préf. Fukuoka. Ligne *Kagoshima,* gare Hakata.
10-12. *Kokura-Gion* (procession accompagnée de tambours), fête d'été du sanctuaire Yasaka-jinja, Kokura, à Kita Kyûshû, préf. Fukuoka. Ligne *Kagoshima,* gare Kokura.
11-17. *Usuki-Gion* (processions des seigneurs avec les couleurs de leurs clans, etc.), fête du sanctuaire Yasaka-jinja, à Usuki, préf. Oita. Ligne *Nippô,* gare Usuki.
23-25. *Nakatsu-Gion* (concours de chars et théâtre de marionnettes : *Kitahara-Ningyô*), à Nakatsu, préf. Oita. Ligne *Nippô,* gare Nakatsu.
24-25. *Ningyô-Gion* (grandes marionnettes - théâtre - et lanternes), au sanctuaire Yasaka-jinja, à Setakamachi, préf. Fukuoka. Ligne *Kagoshima,* gare Setaka.
25. *Taikoyama* (on traverse la rivière avec des autels portatifs), à Nishino-Omote, dans l'île de Tanega-shima, préf. Kagoshima. 4 h en bateau du port de Kagoshima, ou 35 mn en avion de Kagoshima.
27-28. *Onda-Matsuri,* au sanctuaire Aso-jinja, à Ichino-miya, préf. Kumamoto. Ligne *Hô-hi,* gare Miyaji.
Du 31 juillet au 2 août. Fête d'été (avec course d'autels portatifs), fête du sanctuaire Usa-jinja, à Usa, préf. Oita. Ligne *Nippô,* gare Usa et car.

Août

3. *Hita-Gion* (des chars décorés s'avancent doucement jusqu'au bord de la rivière), à Hita, préf. Oita. Ligne *Kyûdai,* gare Hita.
13-15. *Fête d'O-Bon* (des milliers de lanternes sont allumées dans le port, le 15), à Nagasaki, préf. Nagasaki. Ligne *Nagasaki,* gare Nagasaki.
13-15. *Chankoko-Odori* (danse de prières *Nembutsu),* Fukue, dans l'île Fukue (îles Gotô), préf. Nagasaki, 3 h 30 de bateau à partir du port de Nagasaki.
15-17. Fête du sanctuaire Omiya (avec des danses de filles coiffées de lanternes de papier), à Yamaga, préf. Kumamoto. Ligne *Kagoshima,* gare Kumamoto et car.
Le week-end suivant la fête d'O-Bon. *Tsuruzaki-Odori* (danse *d'O-Bon*), Tsuruzaki, à Oita, préf. Oita. Ligne *Nippô,* gare Oita.
18. *Danse Jangara,* à Hirado, préf. Nagasaki. Ligne *Matsu-ura,* gare Hirado-guchi et car.
24 juillet lunaire. Fête du feu, près des statues sculptées dans le rocher, à Usuki, Fukada, préf. Oita. Ligne *Nippô,* gare Usuki et car.
26-28 juillet lunaire. *Fête d'O-Bon* (célébrée selon la coutume chinoise), au temple Sûfuku-ji, à Nagasaki, préf. Nagasaki. Ligne *Nagasaki,* gare Nagasaki.

Septembre

11-15. *Boshita-Matsuri* (procession de 100 « guerriers », et courses de chevaux), fête du sanctuaire Fujisaki-Hachiman-gû, à Kumamoto, préf. Kumamoto. Ligne *Kagoshima,* gare Kumamoto et bus. Le soir de la pleine lune. *Ozunahiki-Matsuri* (grande lutte autour d'une corde de 350 m de long, de 35 cm de diamètre, et pesant 5 tonnes), à Sendai, préf. Kagoshima. Ligne *Kagoshima,* gare Sendai.

Octobre

7-9. *Nagasaki-Okunchi* (danses très variées, y compris danse de dragon à la chinoise), à Nagasaki, préf. Nagasaki. Ligne *Nagasaki,* gare Nagasaki.
10-13. *Saga-Furyû* (danses masquées), au sanctuaire Saga-jinja, et Matsubara-jinja, à Saga, préf. Saga. Ligne *Nagasaki,* gare Saga.
Le 12 des années bissextiles. *Koyô-Mai et Koyô-Zumô* (danse ancienne de *Kugutsu* et *sumô* devant le *kami*), au sanctuaire Koyô-jinja, à Nakatsu, préf. Oita. Ligne *Nippô,* gare Nakatsu.
14 septembre lunaire. Fête du sanctuaire Tokushige (procession de jeunes gens en costumes de guerriers, et danses accompagnées de tambours), à Ijûin, préf. Kagoshima. Ligne *Kagoshima,* gare Ijûin.
3e vendredi, samedi, dimanche d'octobre. *Ton-Ten-Ton Matsuri* avec combats de chars contre autels portatifs au rythme du tambour *Ton-Ten-Ton,* au sanctuaire Imari-jinja à Imari, préf. Saga, ligne *Matsu-ura,* gare Imari.
Derniers samedi et dimanche. Grande fête du sanctuaire Miyazaki-jinjû, à Miyazaki, préf. Miyazaki. Ligne *Nippô,* gare Miyazaki-jingû.

Novembre

1-3. *Kofun-Matsuri* (danses en costumes d'époque), Saitobaru, à Saito, préf. Miyazaki. Ligne *Tsuma,* gare Tsuma et car.
3. *Danses Iwato-Kagura* (d'après la légende d'Amaterasu - déesse soleil), au sanctuaire Ama-no-Iwato-jinja, à Takachiho, préf. Miyazaki. Ligne *Takachiho,* gare Takachiho et car pour Iwato.
3-4. *Karatsu-Okunchi* (procession de chars décorés. A l'origine : imitation du Gion-matsuri de Kyôto), fête du sanctuaire Karatsu-jinja, à Karatsu, préf. Saga. Ligne *Karatsu,* gare Karatsu.
3-5. *Yagorôdon-Matsuri* (procession derrière une immense représentation du personnage légendaire *Yagorôdon*), au sanctuaire Iwagawa-Hachiman-jinja, à Osumi-chô, préf. Kagoshima. Ligne *Shibushi,* gare Iwagawa.
14. Fête du sanctuaire Tateiwa-jinja (avec danses *Kaidemma*), Mimitsu, à Hyûga, préf. Miyazaki. Ligne *Nippô,* gare Mimitsu.
14-16 octobre lunaire. *Hadaka-Matsuri* (fête de purification), au sanctuaire Wakamiya-Hachiman-jinja, à Bungo-Takada, préf. Oita. Ligne *Nippô,* gare Usa et car.

Décembre

2-4. *Oepe-Ssan* (remerciement pour les récoltes), au sanctuaire Ebisu-jinja, Wakamatsu, à Kita-Kyûshû, préf. Fukuoka. Ligne *Chiku-hô,* gare Wakamatsu.
8. Fête d'automne (avec la danse régionale *Menfuryû*), au sanctuaire Yûtoku-Inari-jinja, à Kashima, préf. Saga. Ligne *Nagasaki,* gare Hizen-Kashima.

COMMENT SE RENDRE DANS LE KYUSHU

De l'étranger

En avion. Fukuoka est un aéroport international. On peut s'y rendre directement à partir de Pékin, Guam, Hong Kong, Pusan, Saipan, Séoul, Shanghai et Taipeh.

En bateau. Une fois par semaine, un bateau relie Keelung ou Kao Sioung (Taiwan) à Okinawa (voir bateaux Okinawa et « Pour quitter Tôkyô »).

D'une autre île du Japon

En avion. A.N.A. dessert Oita, Fukuoka, Iki, Kumamoto, Nagasaki, Miyazaki, Kagoshima et Okinawa. J.A.S. dessert Fukuoka, Nagasaki, Kumamoto, Oita, Kagoshima, Tanegashima, Yakushima, Amami-Oshima, Tokunoshima, Okinoerabu et Yoronjima. J.A.L. dessert Fukuoka et Okinawa.

En bateau. A partir de Tôkyô, on peut se rendre à Kokura (voir Kita-Kyûshû). A partir du Kinki, liaisons Osaka-Shin-Moji et Kôbe-Kokura (voir Kita-Kyûshû) ou bien Kôbe-Oita, Kôbe-Hyûga, Osaka-Kagoshima, Osaka-Kôbe-Shikoku-Beppu, Osaka-Hyûga. A partir d'Okinawa, liaisons jusqu'à Kagoshima. De Shikoku : Matsuyama-Kokura, Uwajima-Yawatahama-Beppu ou Usuki, et Sukumo-Saeki (sud de Beppu).

En train. La ligne de train super-express va jusqu'à Hakata-Fukuoka (le Kyûshû est séparé de Honshû par moins de 1 km de mer). Les communications se font par tunnel, jamais par ferry.

A l'intérieur du Kyûshû, les services de car sont excellents, et sont souvent plus rapides que les trains.

Le Kyûshû du nord au sud

LE NORD

Kita-Kyûshû-Kokura

Son titre de première ville sidérurgique du monde suffirait à la rayer d'un itinéraire touristique. Mais Kita-Kyûshû présente l'avantage d'être desservie par plusieurs compagnies maritimes à partir du Shikoku, du Kinki et de Tôkyô, et ne doit donc pas être négligée comme point de départ pour la découverte de l'île, d'autant plus que les fours de céramique *Agano,* à Akaike-machi, ne sont qu'à 20 km au sud-ouest. Mais comme dans la plupart des villes célèbres par leur poterie, on se rendra compte de la production locale en allant chez les potiers eux-mêmes, et en essayant de voir plus que ce qu'ils exposent dans leurs salles de vente.

En bateau. Tôkyô-Kokura par *Ocean Tôkyû Ferry,* tél. 03-567-0971 à Tôkyô.

Osaka-Shin-Moji, par *Meimon Taiyô Ferry,* tél. à Osaka 06-531-5511.

Kôbe-Kokura, par *Hankyû Ferry,* tél. à Kôbe 078-441-0801.

Fukuoka-Hakata

De part et d'autre de la rivière Naka, les deux villes de Fukuoka et Hakata se fondent aujourd'hui dans ce qui est la dixième ville du Japon et le centre administratif du Kyûshû.

Pour s'y rendre. En train. Hakata est le terminus de la ligne du super-express *Shinkansen,* et est donc accessible en 7 h à partir de Tôkyô (1 150 km).

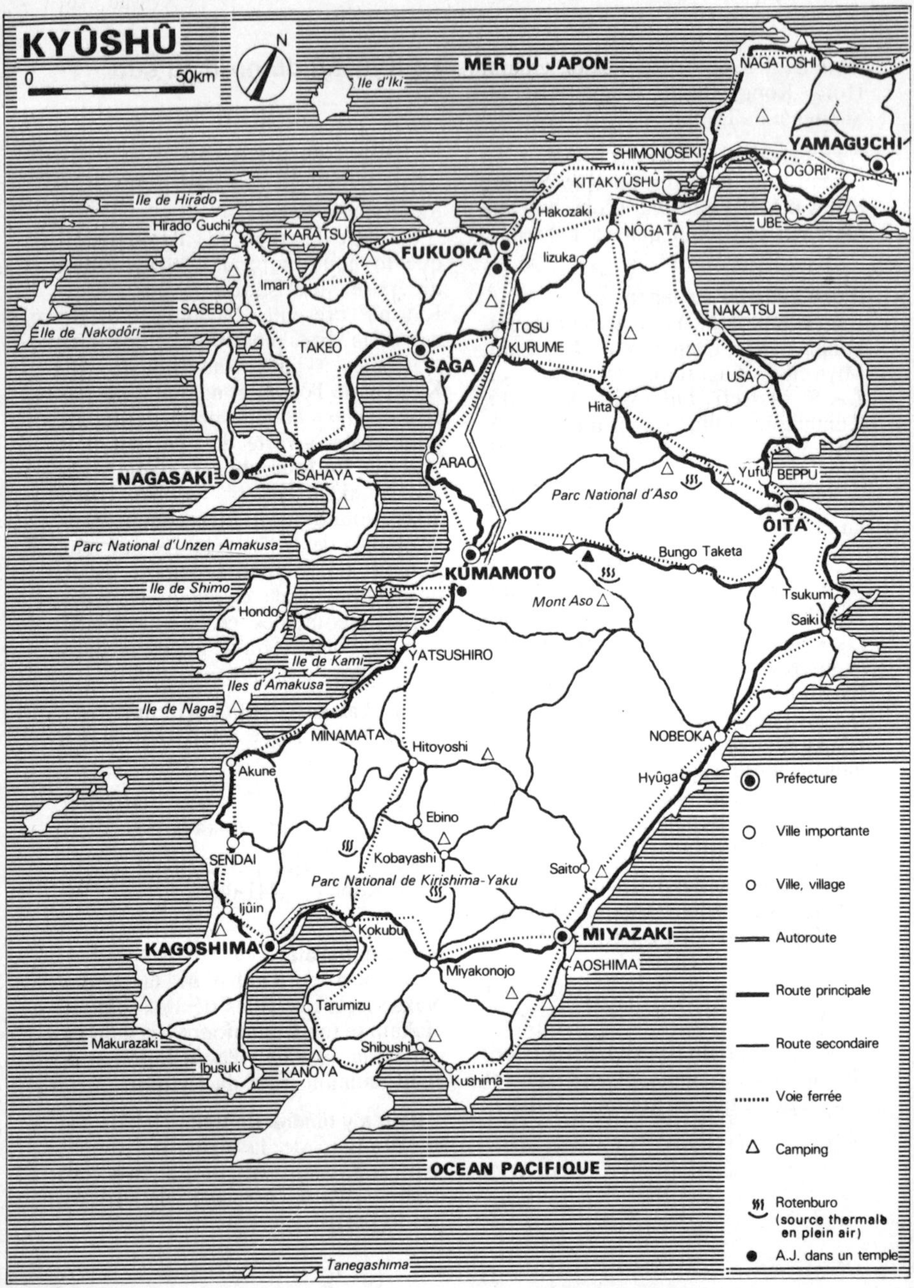

KYÛSHÛ
0
50km
N
MER DU JAPON
Ile d'Iki
NAGATOSHI
YAMAGUCHI
SHIMONOSEKI
KITAKYÛSHÛ
OGÔRI
UBE
Ile de Hirado
Hirado Guchi
KARATSU
Hakozaki
NÔGATA
FUKUOKA
Iizuka
Imari
SASEBO
Ile de Nakodôri
TOSU
KURUME
TAKEO
SAGA
NAKATSU
USA
Hita
ARAO
NAGASAKI
ISAHAYA
Yufu
BEPPU
Parc National d'Aso
ÔITA
Parc National d'Unzen Amakusa
KUMAMOTO
Bungo Taketa
Ile de Shimo
Hondo
Mont Aso
Tsukumi
Saiki
YATSUSHIRO
Ile de Kami
Iles d'Amakusa
Ile de Naga
MINAMATA
Hitoyoshi
NOBEOKA
Akune
Hyûga
Ebino
SENDAI
Kobayashi
Saito
Parc National de Kirishima-Yaku
Ijûin
Kokubu
KAGOSHIMA
MIYAZAKI
AOSHIMA
Miyakonojo
Tarumizu
Makurazaki
Shibushi
Ibusuki
KANOYA
Kushima
OCEAN PACIFIQUE
Tanegashima
Préfecture
Ville importante
Ville, village
Autoroute
Route principale
Route secondaire
Voie ferrée
Camping
Rotenburo (source thermale en plein air)
A.J. dans un temple

En avion. Fukuoka-Itazuke est un aéroport international (à 10 mn en taxi de la gare) desservi à partir de Pékin, Guam, Hong Kong, Taipei, Séoul, Pusan, Saipan, Shanghai, mais aussi par de nombreuses lignes intérieures.

A.N.A. dessert Fukuoka à partir de Tôkyô, Nagoya, Osaka et Okinawa.

J.A.L. à partir de Sapporo, Tôkyô, Osaka et Okinawa.

J.A.S. à partir de Sendai, Tôkyô, Takamatsu, Kôchi, Matsuyama, Izumo, Yonago, Miyazaki, Kagoshima, Tanegashima, Yakushima, Amami-Oshima, Tokunoshima, Okino-Erabu et Yoronjima.

A.N.K. à partir de Komatsu, Kagoshima, Amami-Oshima, îles Iki, Tsushima et Fukue (îles Goto).

En bateau. Du port de Hakata, des bateaux partent pour les îles Ikishima, Tsushima et Naha (Okinawa). Des cargos partent pour Taipei, Bangkok, Singapour, Djakarta, etc., qui acceptent parfois des passagers.

Hébergement. L'hôtel *Sunlife,* tél. 092-473-7112, à 1 mn de la sortie ouest de la gare, est pratique et bon marché. Tout près se trouve le *Hakata Miyako,* tél. 092-441-3111, au confort plus élaboré et aux tarifs plus élevés.

Les poupées en terre cuite *Hakata-ningyô,* les tissages *Hakata-ori,* et les poteries de Takatori font habituellement partie des « souvenirs » de Fukuoka.

A 500 m à l'ouest et au nord de la gare, le temple Shôfukuji et le sanctuaire Kushida méritent tous deux une visite. Mais surtout, à 16 km au sud-est de Fukuoka, dans la petite ville de Dazaifu, ancien centre politique du Nord-Kyûshû, on s'arrêtera au sanctuaire Dazaifu Tenmangû, dédié à Sugawara Michizane (845-903), homme politique banni du gouvernement de Kyôto et réhabilité sous le nom de Kankô ou Tenjin comme patron des lettres et de la calligraphie. Dazaifu est un haut lieu religieux et historique. Ses centaines de pruniers sont des raisons supplémentaires pour se rendre absolument à ce sanctuaire, d'où l'on accède très facilement aux fouilles de l'ancienne ville chinoise. A 2 km au sud-ouest du Dazaifu Tenmangû, le temple Kanzeon-ji était autrefois le plus grand du Japon occidental. Car et trains pour Dazaifu à partir de la gare d'Hakata.

Autour de Saga

Yanagawa, à 15 km au sud-est de Saga, est une ancienne ville féodale, surprenante par ses aspects de Venise avec tous ses canaux sur la rivière Yaba. Le circuit en bateau à fond plat sur les canaux permet de voir les anciennes maisons de la famille Tachibana.

Près de **Kashima,** à 31 km au sud-ouest de Saga (accès à partir de la gare Hizen-Kashima, sur la ligne *Nagasaki),* le sanctuaire Yûtoku-Inari-jinja est surnommé le *Nikkô* du Kyûshû. Le sanctuaire est à 5 km au sud de la gare. Les cars, qui partent de la gare Hizen-Kashima et se rendent à la station thermale Yûtoku, font un arrêt devant le sanctuaire.

La gare d'**Arita** se trouve sur la ligne *Sasebo* (25 km à l'est de Sasebo). On peut s'y rendre en car à partir des stations thermales Takeo ou Ureshimo (50 mn). Nombreux *minshuku* à

Hasami, à 20 mn en car d'Arita (réservations au 0956-85-2111).

Dans cette abondance de porcelaine bleu cobalt, quelques potiers se distinguent. Près de Kami-Arita, *Satô Sôha* fait une porcelaine épaisse avec des dessins d'un bleu moins vif que la moyenne d'Arita. *Inoue Manji* réalise des pièces très pures de porcelaine blanche. Dans le café *Tôgeikan,* à 10 mn à pied de la gare d'Arita, le long de la *Baipass dôri,* quelques pièces de Inoue Manji sont exposées.

Sinon, la visite d'Arita ne saurait omettre la maison du Trésor national *Kakiemon,* à côté de l'arbre Kaki, dont les fruits auraient inspiré les délicates touches d'orangé de la porcelaine Kakiemon. Le prix de la porcelaine exposée tient compte de la finesse, de la tradition et du renom des Kakiemon, c'est dire que c'est... inabordable ! *Imaemon* et *Gen-emon* font aussi une porcelaine d'art, très fine.

Le musée de la porcelaine, dans l'immeuble de la Chambre de commerce et d'industrie, et la carrière de kaolin d'Izumiyama compléteront la visite d'Arita. Le grand marché de la porcelaine a lieu du 29 avril au 5 mai.

La porcelaine d'Arita est exportée à partir du port d'Imari, à 16 km au nord d'Arita, autre centre important de céramique.

La gare d'Imari se trouve sur la ligne *Chikuhi.*

A 40 mn en car à partir de la gare **Imari** (direction Fukushima-kô), *kokumin-shukusha Tsubaki-sô,* tél. 09554-7-3147. Sinon, camping à **Okawachi,** peut-être un des plus jolis villages du Japon (location de tente possible). Parmi les fours d'Okawachi les studios de *Tenjikan* et *Seikan* (en haut de la colline) méritent une attention particulière. Du 1er au 5 avril se tient à Imari et à Hasami un marché de la porcelaine.

Karatsu, à 25 km au nord d'Imari, est accessible en train (ligne *Karatsu*). Les *ryokan* sont en ville, tandis que les *minshuku* sont en bord de mer. Téléphoner au 09557-3-6111, pour réserver un *minshuku.* A 7 mn à pied de la gare Higashi-Karatsu (ligne *Chikuhi*), *kokumin-shukusha « Nijino-matsubara-hotel »,* tél. 09557-2-5181.

Du château de Karatsu (où il y a des expositions temporaires de céramique), la vue est panoramique sur la baie. Dans la ville, la maison et les collections du Trésor National *Nakazato Tarôemon* sont à voir absolument en introduction à la céramique *E-garatsu* (voir « Civilisation », « Céramique »). La très belle plaine aux pins *(Nijino-matsubara)* qui borde la plage, à 5 mn de la gare Higashi-Karatsu, est un site naturel protégé, et une des plus grandes plages du Japon.

L'île Iki

Les bateaux partent de Hakata et de Yobuko :

Hakata - Ashibe (à l'est de l'île), en 2 h 35, un bateau par jour. En plus, il existe un rapide, plus cher.
Hakata - Gôno-ura (au sud-ouest de l'île), en 3 h, 2 services par jour, 1 840 yens. Deux bateaux rapides par jour effectuent la traversée en 1 h 30.
Yobuko - Indôji (au sud de l'île), en 1 h, 5 ou 6 services par jour, 1 260 yens. Renseignements à Kyûshû-Yûsen, tél. 092-281-0831.

En avion. 3 vols A.N.K. *(Air Nippon Kôku)* par jour, à partir de Fukuoka (30 mn). L'aéroport est à Ishida, à 10 km à l'est de Gônoura.

Minshuku dans toute l'île Iki : pour réserver à **Katsumoto,** tél. 09204-2-1156 ; à **Ishida,** tél. 09204-7-1161 ; à **Gônoura,** tél. 09204-7-1322. Le *kokumin-shukusha Ikijima-sô,* tél. 09204-3-0124, se trouve à 15 mn en car du port Gônoura (descendre à **Yunomoto**).

Avec l'île de **Tsushima,** dont elle est éloignée de 70 km, Iki appartient au parc naturel *Iki-Tsushima.* Beaucoup d'habitants de Fukuoka viennent se reposer sur les belles plages d'Iki pendant les fins de semaine. Autrefois, les bateaux qui venaient de la Corée y faisaient escale. C'est pourquoi on y trouve aujourd'hui quelques maisons coréennes de pierre et des vestiges historiques. Les traces de christianisme y sont nombreuses. Comme dans tous les arrière-pays du Japon, on sera assuré d'y être accueilli très chaleureusement par les insulaires, pour la plupart pêcheurs. Iki reste tristement célèbre pour le massacre de milliers de dauphins. Les plus belles côtes de l'île sont au sud, vers la péninsule Yahata, au sud-est de Gônoura. Les cerfs-volants décorés de Iki sont célèbres.

Les îles de Tsushima

Pour s'y rendre. En bateau. A partir de Kokura, de Hakata et de l'île Iki (Gônoura).
Hakata (départ 9 h 50) - Gônoura (île Iki, à 12 h 40) - Izuhara (au sud-est de Tsushima, arrivée 14 h 55).
Hakata (départ 18 h 15) - Izuhara, direct (arrivée 22 h 30).
Réservation et confirmation d'horaires à Kyûshû Yûsen, tél. 092-281-0831.

A partir de Kokura (Kita-Kyûshû) : Kokura (Sunazu, départ à 22 h 40) - Hidakatsu-Kami-Tsushima (au nord de l'île, arrivée 4 h 35).

En avion. 6 vols A.N.K. par jour à partir de Fukuoka en 40 mn, 2 vols par jour de Nagasaki. L'aéroport de Tsushima se trouve près de Izuhara.

Tsushima consiste en deux îles : **Kaminoshima** au nord et **Shimonoshima** au sud. Comme à Iki, les *minshuku* ne manquent pas. A 25 mn en car du port d'Izuhara (direction Hidakatsu) *kokumin-shukusha,* tél. 09205-4-2391.

A Izuhara, capitale de l'île, on pourra voir les ruines de l'ancien château de *Kaneishi.* La baie d'*Aso,* à 10 km au nord-est, fait partie des plus beaux paysages de l'île.

Hirado

Hirado consiste en une « grande » île autour de laquelle se greffent 25 îles secondaires. La ville de Hirado se trouve à 125 km à l'ouest de Fukuoka. On y accède :

En train. Un express par jour à partir de Nagasaki et Karatsu jusqu'à Hirado-guchi, puis bus ou taxi. Depuis 1980, l'île est reliée à Kyû-Shû par un pont suspendu.

En car. De la gare de Sasebo, 1 h 20.

En bateau. Après l'excursion des 99 îles qui part de Sasebo-Kashimae.

A Hirado, la plupart des *ryokan* sont près du port. Pour réserver un *minshuku,* téléphoner au 0950-22-4111. *Higoya,* à 5 mn à pied du port (tél. 0950-22-2467), est un *minshuku* très sympathique. Au centre de la ville, dans la grande et vieille auberge *Taguchirô,* on sert du poisson cru encore frétillant sur l'arête (*ikizukuri :* un raffinement culinaire suprême pour les Japonais ! La différence de saveur avec le poisson cru, normalement frais, est tellement subtile qu'elle disparaît aisément sous l'assaisonnement de la sauce de soja et du raifort, et qu'elle ne justifie pas, à notre goût européen, l'énorme supplément de prix !)

Sur demande spéciale, l'aubergiste vous ouvrira ses collections privées d'estampes érotiques avec, notamment, un grand *emakimono* d'Hokusai (vrai ou faux ?) où sont dépeintes les aventures malheureuses de trois hommes naufragés sur une île habitée uniquement par des femmes, et condamnés à satisfaire la princesse et les servantes des lieux. Les femmes, finalement mécontentes, renvoient les hommes...

On peut louer des vélos à : Sakikatamachi ; au *minshuku Michishio,* tél. 22-3301 et au *Kokumin-shukusha Hirado Hollanda-kan,* tél. 22-3939.

Hirado fut, avec Nagasaki, à partir de 1616, le seul port ouvert au commerce étranger. Le christianisme, introduit 60 années plus tôt, y fut durement réprimé par la famille Matsuura, sur l'ordre du *shôgun* Tokugawa.

Dans Hirado, l'ancienne résidence des Matsuura abrite des collections japonaises, chinoises et européennes : c'est un des musées locaux les plus intéressants du Japon. L'île recèle aussi des collections inattendues d'art érotique et même franchement pornographique d'accès réservé, puisque la police japonaise réprime toujours sévèrement ce genre de délit. Nous avons découvert, pour notre part, trois collections importantes dans la ville de Hirado et alentour.

En dehors de la ville, l'île d'Hirado révèle des paysages superbes et sauvages, en plus de plages splendides.

Hirado peut être le point de départ de l'excursion des « 99 îles » (qui sont, en fait, environ 200) : huit départs par jour, dont six mettent 65 mn jusqu'à Sasebo. Les autres bateaux mettent 1 h 30, et sont moins chers. Le dernier bateau quitte Sasebo à 16 h 20 (Kashimae).

Sasebo

Le port de Kashimae, où accoste le bateau des « 99 îles », est à 25 mn en bus de la gare. On trouvera de nombreux *ryokan* à Sasebo et un *kokumin-shukusha « Kujûkushima-sô »,* tél. 0956-28-5108.

Sasebo est un grand port et un important chantier naval. On peut s'y rendre aussi en train par la ligne *Sasebo,* à partir de Hakata ou par la ligne *Omura* à partir de Nagasaki. A 30 mn en bus de la ville, le **mont Yumihari** permet une vue panoramique sur les îles et la mer bleue. Pendant trois jours, autour du 10 octobre, un marché de la céramique *Mikawachi* se tient à Sasebo.

Les îles Gotô

Sept îles principales Uku, Ojika, Nakadôri, Wakamatsu, Naru, Hisaka et Fukue se détachent du nord au sud dans cet archipel de 140 îles subtropicales. Pendant trois siècles, l'archipel a servi de refuge aux chrétiens persécutés par le shôgunat des Tokugawa. L'accueil extrêmement chaleureux des insulaires, ajouté à la beauté de la mer, rend ces îles reculées inoubliables pour tous les *gaijin* qui y ont séjourné.

Fukue, au sud de l'archipel, est l'île la plus grande et la mieux desservie. C'est là que se trouve l'aéroport qui permet de se rendre dans l'île en 35 mn à partir de Nagasaki et en 55 mn à partir de Fukuoka par A.N.K.

Les bateaux pour les îles **Gotô** partent de Sasebo ou de Nagasaki. De Sasebo : départ du bateau à 8 h jours impairs, à 13 h jours pairs (confirmer auprès de *Kyûshû Shôsen,* tél. 0958-22-9151). Le bateau de 8 h dessert **Arikawa** (2 h 40), au nord de l'île **Nakadôri,** puis les îles **Ojika** et **Uku** et revient à Sasebo.

Celui de 13 h s'arrête à l'île Uku. Un autre bateau part les jours pairs de Nakadôri pour Sasebo.

De Nagasaki : des bateaux partent à 8 h 10, 12 h 40 et 17 h et desservent **Fukue** (arrivées 12 h, 17 h 10 et 20 h 25).

Les deux premiers bateaux reviennent à Nagasaki. Tous les jours sauf le lundi, un bateau part de Hakata à 1 h 45 du matin et va jusqu'à Fukue en faisant escale à Hirado et les îles.

Une seule route fait le tour de l'île d'Ukujima, mais elle ne longe pas la côte. Dans Nakadôri, on pourra se loger près de Narao, ou bien près de Gônokubi et Arikawa. Dans l'île de Fukue, *minshuku* à foison. On recommandera surtout ceux qui sont près de la plage de sable fin Takahama.

Nagasaki

Ville moyenne (450 000 habitants), ville « méditerranéenne » qui s'étale sur des collines enserrant une baie magnifique décrite par Pierre Loti, Nagasaki est aujourd'hui une des plus jolies villes du Japon : on y retrouve une certaine ambiance européenne avec les cloches des églises, et les reconstitutions des maisons des riches commerçants occidentaux installés là au XIXe siècle. Les tramways ajoutent encore au côté sympathique. On y mange de la rascasse. L'étape à Nagasaki est indispensable pour les fêtes *Okunchi* du 7 au 9 octobre, ainsi que pour *O-Bon.* L'histoire de Nagasaki est fascinante à plus d'un titre : terre de mission catholique au XVIe siècle, puis seul comptoir ouvert aux commerçants hollandais pendant la fermeture du Japon, le port s'est prodigieusement développé à partir de 1860... jusqu'à subir la seconde bombe atomique le 9 août 1945.

Le Mémorial de la paix est assez surprenant. Derrière le *Monument aux 26 martyrs,* le musée raconte l'histoire du christianisme au Japon. Voir l'église d'Oura, la plus vieille du pays, et tout à côté la maison que le Britannique Glover s'est fait construire à la fin du XIXe siècle, et qui est maintenant voisine des superbes maisons de Frederick Ringer ou Mr Alt. A 5 mn à pied de la maison Glover, on verra le temple confucianiste chinois Koshibyôji et le musée Jûrokuban avec beaucoup de témoignages sur les crypto-chrétiens. Les temples *Sûfukuji* et *Kôfukuji* de style chinois sont plus éloignés dans le quartier des temples, mais sont de véritables splendeurs.

On se rend à Nagasaki en train, ou en car à partir de Fukuoka (Hakata)

(2 h 15 en rapide) ou de Kumamoto (3 h 45) après changement à Tosu. En avion par A.N.A. à partir d'Osaka, Tôkyô, Nagoya et Okinawa. Vols J.A.S. à partir de Tôkyô, Nagoya et Miyazaki. Vols A.N.K. à partir de Kagoshima, de Tsushima et de Fukue. L'aéroport est construit sur l'eau à Omura, à une heure de bus du centre ville.

L'hôtel le plus prestigieux, le **Nagasaki Grand Hotel,** de classe presque internationale, a des tarifs de *business hotel* à Tôkyô. Très nombreux hôtels bon marché autour de la gare.

Parc national d'Unzen Amakusa

De Nagasaki, des cars express partent toutes les 30 mn à destination d'Unzen (2 h 20), puis cars de correspondance pour Shimabara, toutes les heures (50 mn). Tout au long de cette route, les rizières entourées de murets de pierre s'étagent en terrasses et dominent la mer. A Unzen, les *ryokan* sont très nombreux.

Unzen est un très beau massif volcanique troué de sources thermales : à Aobama, sur la côte ouest de la péninsule Shimabara, on s'arrêtera voir les Unzen-Jigoku, sorte de geysers. A Shimabara, sur la côte est, le château abrite un musée qui retrace, au premier étage, l'histoire des chrétiens cachés de la région. Non loin de ce château se trouve un quartier très original avec de vieilles maisons dont l'une a autrefois appartenu à un *samurai* et est ouverte au public.

Les *îles Amakusa* (environ 120 au total) ont servi d'exil aux chrétiens persécutés. La visite en voiture en franchissant tous les ponts qui relient les îles est vivement recommandée. Sinon, des bateaux circulent de Shimabara à Matsushima (1 h 30, 3 ou 4 services par jour) ; et de Hondo à Minamata (2 h, 4 services par jour), etc.

Les *ryokan* ne manquent pas dans les îles Amakusa. Ils sont en général bon marché, sauf s'il s'agit d'une source thermale. Les *kokumin-shukusha* sont d'accès assez difficile.

LE CENTRE ET LA COTE EST

Au centre, se trouve le plus grand volcan actif du monde, et des stations thermales sur la côte est.

Kumamoto

Idéalement situé entre le parc naturel d'Unzen-Amakusa et le mont Aso, Kumamoto ne nous paraît pas mériter un séjour prolongé au-delà de la visite du **Château noir** (à 2,5 km au nord-est de la gare, bus ou tramway) et du **jardin Suizenji,** à 1 km de la gare J.R. *Suizenji*.

Des cars « business » relient Nagasaki à Kumamoto en 3 h 55 (10 services par jour) et d'autres cars traversent l'île de Oita à Kumamoto en 3 h 45 (6 services par jour), et de Miyazaki à Kumamoto (4 h 40, 12 services). En train, Kumamoto se trouve à la jonction des lignes *Kagoshima* et *Hôhi*.

Il faut quitter le centre ville pour trouver des *ryokan*. Pour réserver un *minshuku,* téléphoner au 096-355-2634. A 1 h 30 en car (et 1 h en train) de Kumamoto, les *ryokan* de la station thermale **Kikuchi-onsen** sont plus agréables que ceux de la ville.

Si on choisit de filer vers le sud à

partir de Kumamoto, la ligne de chemin de fer qui longe la côte ouest du Kyûshû passe par le port de **Minamata,** un port comme les autres mais dont le nom baptise aussi la maladie monstrueuse provoquée par l'accumulation de mercure dans l'organisme. La firme *Chisso,* unique employeur de la ville, utilisait le mercure comme catalyseur dans sa production d'acétaldéhyde. Ce mercure, transformé en mercure organique, rejeté dans la baie, contaminait les poissons. Le dossier Minamata n'est pas fermé. 1200 victimes de la pollution par le mercure sont officiellement reconnues, mais 4500 sont sur des listes d'attente. On estime à 100000 le nombre de victimes potentielles.

Le volcan Aso

Premier record : la caldeira fait 128 km de circonférence ! Second record : le volcan donne l'impression d'être creusé à partir du niveau de la mer. On s'élève à peine pour atteindre l'immense cratère et dominer un spectacle grandiose de rougeoiements et de bouillonnements !

Des cars partent de Kumamoto ou des gares Akamizu, Aso et Miyaji de la ligne Hôhi. Compter respectivement 50, 25 et 13 mn à partir d'Akamizu, Aso et Miyaji. Puis téléphériques pour le sommet.

L'auberge de jeunesse *Kumamoto Y.M.C.A. Aso Camp,* tél. 09673-5-0124, à 30 mn à pied de la gare d'Akamizu, dégage une ambiance familiale et montagnarde bien sympathique, mais le ménage ne semble pas être fait régulièrement...

Le choix est difficile parmi les *ryokan* des stations thermales d'**Uchinomaki, Akamizu** et **Yunotani.**

A Minami-Aso, le *kokuminshukusha* **Minami-Aso** a le charme de voisiner avec le très beau *ryokan* **Taniyama,** où l'on peut se baigner en plein air dans une vasque d'eau thermale située presque en dessous d'une chute d'eau d'une cinquantaine de mètres.

En route pour le cratère, et à mi-hauteur, un musée explique la place exceptionnelle du Japon dans la ceinture de feu du Pacifique. Beaucoup de croquis aux belles couleurs sont autant d'explications géologiques... mais hermétiques à celui qui ne lit pas le japonais.

Les dix vallées de Yabakei

A peu près équidistante de Aso, Oita et Fukuoka, et accessible en car à partir de ces trois villes, la vieille ville d'**Hita** est non seulement un point de départ pour l'excursion à travers les gorges profondes et les vallées luxuriantes qui se succèdent jusqu'à Nakatsu, sur la côte nord-est de l'île Kyûshû, mais aussi un des deux foyers de la poterie *Onda.*

La mairie d'Hita (tél. 09732-3-3111) dirige avec beaucoup de courtoisie les étrangers passionnés de céramique vers les fours cachés des environs, et notamment dans le village Sarayama. Le village de Koishiwara de l'autre côté de la montagne utilise les mêmes procédés de tour et de cuisson que pour les *onda-yaki.*

Il faudra compter une journée pour la visite des dix vallées de Yabakei (possible en voiture ou en car de tourisme) dont les paysages ont souvent été reproduits en *Sumie* (voir :

奉納
千歳神社
氏子中
輪を除く
化粧品

千歳神社
氏子中

« Le Japon de A à Z »). De Hita, compter 40 mn jusqu'à Morizane-onsen, 1 h 20 jusqu'à Hon-Yabakei, et 2 h jusqu'à Nakatsu. **Morizane, Shin-Yabakei** et **Shigira** sont trois stations thermales avec hôtels calmes et confortables.

On conseillera les *minshuku* de **Ura-Yabakei,** perdus au fond de la vallée. Réservation au 09795-6-2111 (accès possible aussi à partir de la gare Nakatsu, sur la ligne *Nippô* : 55 mn de car en direction de Hita et Morizane, descendre Kakizaka et changer pour Ifuku - 40 mn).

Le sanctuaire d'Usa

A 20 km à l'est de Nakatsu, et à 6 km au sud de la gare d'Usa (10 mn en car à partir de la gare), le sanctuaire Usa occupe une place proche de celle de Ise et Izumo dans la hiérarchie des sanctuaires du Japon. La visite en est vivement recommandée, avec mention spéciale pour la salle des trésors, ses peintures et ses collections de masques et de costumes de Nô.

A 10 mn en car à partir d'Usa se trouvent *Bungo-Takada* et ses superbes statues de Bouddha sculptées dans le rocher. Son château, en revanche, ne mérite guère de visite. Mais on trouvera à Bungo-Takada de nombreux *minshuku*.

Beppu

A 120 km au sud-est de Kita-Kyûshû, et à 10 km d'Oita, la source thermale de Beppu est aussi le port d'embarcation pour l'île de Shikoku (Matsuyama) ou les excursions à travers le millier d'îlots de la mer Intérieure.

Des bateaux Beppu-Osaka quittent Beppu à 16 h 30, 19 h 20 (ferry) et 21 h tous les jours. Arrivés à Osaka à 7 h 30 le lendemain matin, 8 h 20 et 13 h 10. Le service est assuré par *Kansai-Kisen,* tél. 06-572-5181 à Osaka. De Osaka, les départs ont lieu à 14 h 20, 19 h et 21 h.

Service maritime Beppu-Kure-Hiroshima, par *Hirobetsu-Kisen,* tél. 082-253-0909 à Hiroshima et 0977-21-2364 à Beppu. Départ de Beppu à 15 h, arrivée 20 h 30 à Hiroshima et 21 h 45 à Kure. Pour Shikoku, Beppu-Yawatahama et Uwajima de Shikoku.

A Beppu, source thermale et station balnéaire de renom, les *ryokan* sont presque aussi nombreux que les singes. Une vieille auberge de bois avec *rotenburo,* Kannawaen. Tél. 0977-66-2111 (à partir de 15 000 yens). On peut aussi, à Beppu, prendre des bains de sable.

Plus modeste et beaucoup plus attachante est la station thermale de **Yufuin** qui s'étale dans une des plus belles vallées japonaises, à l'intérieur de l'île donc, avant d'arriver à Beppu. Une très belle (et très chère) auberge, qui donne une idée de ce qu'était le bon goût japonais il n'y a pas trop longtemps : Tamanoyu, tél. 0977-84-2158. Réservation indispensable.

En plus du cadre exceptionnel de montagnes, on trouvera à *Yufuin* une eau thermale propre à soigner tous les maux !

Pour se rendre au **Jigoku,** les « sources d'enfer », environ 3 000 sources de couleurs et de tons variés, aussi curieuses qu'impressionnantes, il vaut mieux partir de la gare de **Kamegawa,** à 5 km de Beppu. L'itinéraire passe par les geysers et solfatares les plus pittoresques.

Oita et Usuki

Oita est, à 12 km à l'est de Beppu, un autre port d'accès pour Matsuyama et Kôbe. Départs de Oita à 16 h et 19 h par la compagnie *Diamond Ferry* et arrivée le lendemain à Kôbe à 6 h et 7 h.

Si l'on ne prend pas de bateau, il est inutile de s'arrêter à Oita. En revanche, à 25 km de là, il faut absolument aller à *Usuki* voir les magnifiques et imposantes statues de Bouddha sculptées dans le roc. Une soixantaine de Bouddha de pierre *(sekibutsu)* ont été retrouvés relativement récemment dans cette baie d'Usuki. On les date du IXe siècle, mais on continue à s'interroger sur leur origine et surtout sur le choix du site d'Usuki. Ces *sekibutsu* si remarquables pourraient être à eux seuls un but de voyage dans le Kyûshû. Ceux d'Usuki sont donc à voir en priorité avec ceux de Bungo-Takada (voir plus haut). Curieusement, ces merveilles archéologiques ne sont guère exploitées par les Japonais. D'Usuki, neuf bateaux partent tous les jours pour Yawatahama, dans Shikoku.

LES VILLES ET LES VOLCANS DU SUD

Pour découvrir le sud du Kyûshû, on peut se rendre directement en bateau à Hyûga sur la côte est de l'île, à partir de Kawasaki (voir : « Comment partir de Tôkyô »), Higashi-Kôbe (départ tous les jours à 19 h) et Osaka Minami-Kô (départ à 17 h 30). Hyûga est une ville industrielle sans grand intérêt touristique, mais bien équipée en *ryokan* pour loger les voyageurs. A Mimitsu ou Hosojima, à 15 mn de car de Hyûga, on trouvera des *minshuku*.

Miyazaki

A partir d'Oita, il faut 3 h 30 en train rapide pour atteindre Miyazaki (au sud-est de Kyûshû), et 4 h 40 à partir de Kumamoto. En car, compter 4 h 40 à partir de Kumamoto. La capacité hôtelière de Miyazaki peut satisfaire les amateurs de confort occidental comme de confort au ras du sol. Le *Heiwadai,* avec un jardin parsemé de statuettes d'argile antérieures à l'introduction du bouddhisme, les *haniwa,* figure parmi les curiosités les plus intéressantes de Miyazaki. Ce parc est ouvert de 9 h à 17 h et est à 30 mn de car à partir de la gare Minami-Miyazaki.

A une dizaine de kilomètres au sud de Miyazaki, on s'arrêtera dans la mini-île d'*Aoshima* pour se promener au milieu d'une végétation subtropicale luxuriante.

Kushima

De Miyazaki, les cars de la compagnie *Miyakô* mettent 3 h pour se rendre plein sud, au cap Toi-Misaki, où des chevaux sauvages gambadent dans une nature qui l'est un peu moins, mais qui est néanmoins très belle. A partir de Kushima, compter 1 h 15 en car. A Kushima, comme au cap Toi, quelques *ryokan* accueillent les voyageurs. Au cap Toi, *minshuku Koganesô,* tél. 09877-6-1029 ou *Sango-Sô,* tél. 09877-6-1535. Sinon, un hôtel très isolé, confortable mais impersonnel. Cher.

Kirishima

A la frontière des préfectures de

LES PRINCIPALES LIAISONS DU SUD KYÛSHÛ

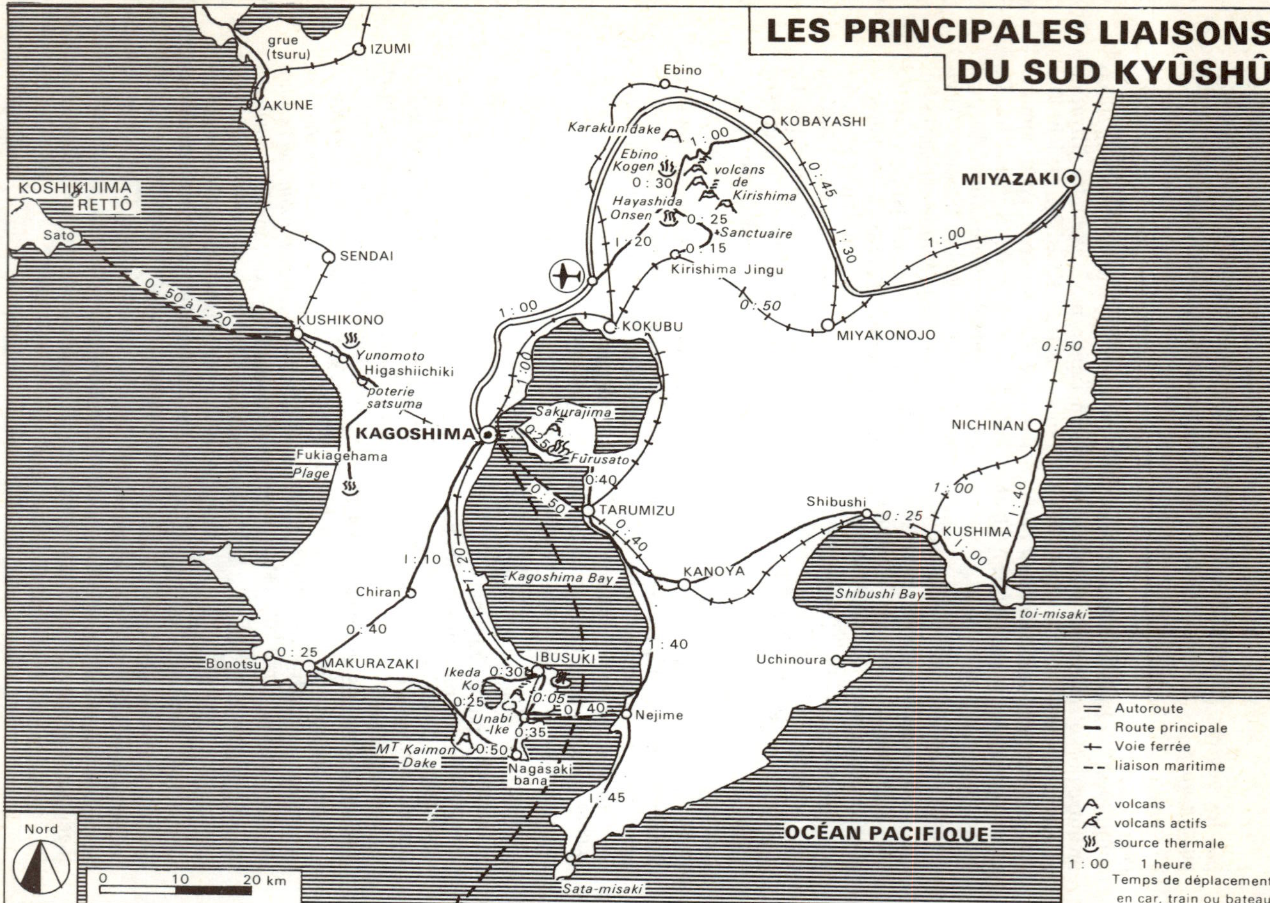

Miyazaki et de Kagoshima, les monts Kirishima forment une chaîne de 23 volcans qui sont autant de buts de balades, voire d'escalade, quand on veut fuir la chaleur estivale. Ceux qui viennent de Miyazaki et se dirigent vers Kagoshima auront vivement intérêt à passer par Ebinokogen, c'est-à-dire les monts Kirishima, même s'ils ont un *rail pass* à amortir. Les cônes volcaniques plus ou moins fumants, ou remplis de lacs d'un vert profond sont encore plus extraordinaires en mai-juin à la saison des azalées, en octobre quand fleurissent les cosmos, en novembre avec les érables ou... sous la neige ! Des bus express relient Miyazaki à Ebinokogen en 2 h 15. A 1200 m, Ebinokogen présente un spectacle fascinant de fumerolles sulfureuses au pied du volcan éteint Karakunidake (1700 m) dont on peut faire l'ascension (musclée...) en 1 h 30 pour avoir une vue plongeante sur son ancien cratère de 400 m de profondeur, ainsi que, plus loin, sur le Sakurajima fumant au milieu de la baie de Kagoshima ! Ebinokôgen-Kagoshima en bus express (2 h 30). Les *ryokan* ne manquent pas dans les nombreuses stations thermales de **Hayashida-Onsen, Iôdani, Maruo, Shinyu, Yunotani, Sekibira,** etc., où l'on pourra également apprécier les bains en plein air *rotenburo*. Voir la très belle auberge de *Karakunidake-sô* à Ebino Kôgen, qui a déjà ravi quelques Français et qui a eu les honneurs d'un reportage télévisé.

Parmi les promenades sympathiques, on conseillera l'ascension du mont Karakuni. A partir du Karakunidake-Tozanguchi, compter 1 h 30. Mais rien n'empêche de continuer vers les monts Shishido et Shinmoe et le plateau Takachihogawara. En tout, 7 h de marche.

Le mont Karakunidake détient les records de béance de ces volcans avec un cratère de 900 m de diamètre, et 300 m de profondeur.

Osumi et Satsuma

Du cap **Sata-Misaki,** à l'extrémité de la péninsule **Osumi,** la vue est splendide avec le **Fuji de Satsuma** (le mont Kaimondake), la mer et les îles en toile de fond. Minshuku en bordure de plage, idéal pour les baignades : *Hokui 31 do-ya* ou **« Auberge du 31e parallèle »,** chez Mme Nakamata Echiko. Tél. 09942-7-3832.

A partir de Shibushi sur la ligne de chemin de fer *Nichinan,* cars jusqu'à Kanoya et changer pour Otomari, 3 services par jour et 3 h de trajet. Autre car de Otomari jusqu'au cap (20 mn).

En bateau à partir de Kagoshima (quai Bosado), il vaut mieux aller à Tarumi et, de là, prendre un car jusqu'à Nejime, puis un car de correspondance pour Sata-misaki. A partir de Yamakawa (à 10 km au sud de Ibusuki où il faudra absolument aller prendre un bain « thérapeutique » dans une source thermale à même la plage), bateau jusqu'à Nejime puis un car. Il y a trois *minshuku* à **Tajiri ;** deux *ryokan* et deux *kokumin shukusha* à **Otomari.**

Kagoshima, à l'ombre du Sakurajima

Toujours avides de comparaison avec l'Occident, les Japonais n'hésitent pas à baptiser Kagoshima le « Naples » de l'Orient. La correspondance est heureuse, surtout à cause de l'île au volcan actif **Sakurajima,** à 3 km de la ville. Au XIXe siècle, Kagoshima fut marqué par la personnalité de Saigô Takamori (1817-1876), un des hommes les plus écoutés par le clan Satsuma, et fomentateur d'une révolte contre le nouveau gouvernement Meiji.

De Kagoshima partent des bateaux pour l'archipel des îles **Nansei.** La gare de Kagoshima est sur la ligne *Nippô*. De Kumamoto, compter 3 h 20 et, de Miyazaki, 2 h.

Pour s'y rendre en avion : A.N.A. dessert Kagoshima à partir de Tôkyô, Nagoya, Osaka, Okinawa.

J.A.S. dessert Kagoshima à partir de Tôkyô, Osaka, Okayama, Matsuyama, Fukuoka, Oita, Tanegashima, Yakushima, Tokunoshima, Amami-Oshima, Okinoerabu et Yoronjima.

A.N.K. dessert Hiroshima, Fukue et Amami-Oshima.

En bateau. De Osaka, par *Nippon Kôsoku Ferry* (21 h), les bateaux quittent Osaka Minamikô tous les jours pour Shibushi sauf du 25/7 au 25/8 ; pendant ce mois, le bateau arrive à Kagoshima. Tél. à Kagoshima : 0992-61-1411. De Naha (de 20 h à 24 h) par Oshima Unyu, Ryûkyû Kaiun et Shôkoku-Yûsen.

L'équipement hôtelier de Kagoshima peut satisfaire tous les goûts. L'auberge de jeunesse **(Kagoshima Fujin Kaikan Youth Hostel)** vaut une mention spéciale. Son architecture, son ambiance décontractée et la personnalité extraordinaire d'une aubergiste à laquelle on ne sait plus donner d'âge (Mme Shimo) en font un lieu de séjour tout à fait recommandable. On y trouvera de plus une petite brochure trimestrielle éditée en anglais qui est une véritable mine de renseignements pour ceux qui voyagent dans le sud du Kyûshû. Tél. 0992-511087.

Sinon, on conseillera de choisir son hôtel à Kagoshima en fonction de la source thermale. En effet, la préfecture de Kagoshima avec quelque deux mille « Onsen » est la troisième préfecture la mieux « thermalisée » du Japon après Oita et Shizuoka. Environ 175 de ces sources thermales se trouvent dans la ville même de Kagoshima, ce qui explique que bien des bains publics *(sentô)* soient des sources thermales. Par exemple, à 5 mn à pied de l'auberge de jeunesse, se trouve le bain public *Kasuga Onsen* (entrée 260 yens) ! Nous conseillons surtout le **Ryokan Sakurajima** (tél. 0992-22-60-66) à proximité du quai des ferries pour Yakushima et Tanegashima, à prix très raisonnable. Plus chers : l'**hôtel Maeda** tél. 0992-53-1212) qui a un *onsen* avec sauna et le **Sunroyal Hotel** (tél. 0992-53-20-20) avec *onsen* au 13e étage, donnant sur le front de mer et le Sakurajima !

A 5 mn à pied de la gare de Kagoshima, se trouve le quai **Sakurajima Sanbashi** d'où partent toutes les 10 à 30 mn entre 0 h 30 et 20 h 30 les Sakurajima ferries : 15 mn pour aller au Sakurajima, d'où l'on peut très facilement prendre des cars pour faire le tour de l'île.

A Kagoshima même, la visite commence par **Iso teien,** ravissant ensemble de jardins et villas (dus au 19e seigneur Shimazu au XVIIe siècle) étagés sur une colline qui commande une vue splendide sur la baie et le Sakurajima. Accès en bus (35 mn) direction nord à partir de la gare Nishi-Kagoshima, ou 5 mn à pied à partir du terminus du tramway n° 2 Shimizuchô.

Le **Shôkoshûseikan,** tout près des jardins *Iso,* était vers 1840, le plus grand ensemble industriel du Japon avec hauts fourneaux, fonderies de canons, usines de verrerie et textiles. On y verra les collections des seigneurs Shimazu ainsi que les premiers produits manufacturés dans la région et le **Ijinkan,** la résidence spécialement construite pour les techniciens européens venus enseigner leur savoir-faire à Kagoshima.

L'ultra-moderne musée préfectoral **Reimeikan,** inauguré fin 1983, conserve des collections sur les arts populaires et traditions historiques de la région : excellent résumé de ce que les alentours de Kagoshima ont à offrir (tél. 0992-22-51-00, tramway n° 1, descendre à Shiyakusho-mae, ou n° 2, descendre à Shigakko-ato).

Dans la banlieue sud, dans le quartier de Taniyama, on pourra voir à **Oshima Tsumugi no sato** (tél. 0992-68-03-31) des démonstrations de fabrication du textile de soie « Tsumugi », typique des îles Amami (le processus est très complexe : le dessin est obtenu par teinture préalable des fils de trame et de chaîne...). Dans le même quartier, possibilité de visiter une distillerie de **Shochû : Honboshuzo.** Tél. 0992-68-14-31. Accès par les bus **(Kagoshima kotsu)** n° 3, 4, 5.

Kagoshima peut être une étape-achats intéressante avec la céramique *Satsuma*-yaki (voir l'atelier *Shinjukan* à Higashi-ichiki qui expose les plus belles collections), les tissages *Oshima-Tsumugi,* l'artisanat de bambou et, pour le folklore et la photo-souvenir... les navets gigantesques de Sakurajima.

A 25 km au sud de Kagoshima (1 h de car), le village de Chiran vaut une visite pour ses vieilles maisons de *samurai* et ses beaux jardins. Très bon thé.

Plus à l'ouest vers Bônotsu, la côte splendide gagnera à être découverte à partir d'un moyen de transport individuel (location de voiture, stop... camping recommandé en été). Les plages rocheuses sont régulièrement coupées de mini-plages de sable fin ! A Bônotsu même on s'arrêtera voir le musée qui relate les échanges entre la Chine et le Japon aux VIIIe et IXe siècles. A Fukiagehama (accès à partir du 1er juin), l'auberge de jeunesse est en pleine campagne. C'est l'endroit où rester pour qui s'intéresse à la ponte des tortues marines. Pour voir des grues *Tsuru* en hiver, il faudra aller plus au Nord, près de Izumi. Le Sud, vers Ibusuki ne mérite qu'une courte visite distrayante dans les bains-jungle du **Health Center** du **Kankô Hotel** et dans les bains de sable. Tout le front de mer est exploité pour le tourisme jusqu'à l'écœurement. Du côté de Nagasakibana, en revanche, on apprécie les plages immenses de sable noir, toujours désertes et la vue sur le **Kaimondake.** Le **Kaimondake Kokuminshukusha** présente le côté sympathique d'avoir les pieds dans l'eau.

Les îles Koshikishima

Trois îles **Kami-Koshiki, Naka-Koshiki** et **Shimo-Koshiki** baignent dans la mer au large de la ville de **Kushikino.** En juillet et août, elles deviennent complètement roses avec la floraison des iris sauvages *Kanoko-yuri*. Loin d'être assaillies par les touristes, ces îles sont extrêmement agréables et — ce qui ne gâche rien — très faciles d'accès : trois bateaux par jour à partir de Kushikino, renseignements : 09963-2-6458.

La plupart des *ryokan* et *minshuku* sont concentrés autour de Satomura, dans l'île de Kamikoshiki.

LES ILES DE SATSUNAN

A partir de Kagoshima, une suite de petites îles pointille le Pacifique jusqu'à Okinawa. Dans l'ensemble très attrayantes, il vaut mieux les éviter en septembre lorsqu'elles sont balayées par les typhons.

Le premier trait du pointillé est marqué par l'île de **Tanegashima,** où une poignée de Portugais échoués sur ses rivages familiarisèrent les premiers les Japonais avec l'usage des armes à feu au milieu du XVIe siècle.

A côté de cette île toute en longueur et sans beaucoup de relief, l'île montagneuse de **Yakushima,** à 30 km au sud-est, est un véritable havre écologique. Le plus beau trésor de Yakushima est sa forêt de vieux cryptomères *sugi* dont certains ont plus de 7 000 ans. Des randonnées pédestres y sont balisées. En mai, les amateurs de mer et montagne trouvent leur paradis à Yakushima parce qu'il y est possible de faire du ski et de se baigner ensuite dans le Pacifique.

Pour Yakushima, les bateaux partent de Kagoshima. Un ou deux bateaux tous les jours pour Miyano au nord de l'île. Renseignements : tél. 0992-26-0731 ou 0992-23-4251. Il existe un service de bateau par jour également entre le port **Shimama** de l'île **Tanegashima** et **Miyano-Ura.** Durée 1 h 40.

En avion : J.A.S. dessert **Yakushima** trois fois par jour à partir de Kagoshima. Un vol Tanegashima-Osaka, 5 vols Kagoshima-Tanegashima.

Les hôtes des *minshuku* et pensions se font en général un plaisir de guider les visiteurs à travers les beautés naturelles de cette île où des milliers de singes vivent en liberté.

Plus au sud, les neuf îles de l'archipel **Tokara** sont l'objet d'un « circuit » en bateau à partir de Kagoshima. Le bateau s'arrête environ une heure dans les îles : **Kuchinoshima, Nakano-Shima, Tairajima, Suwanosejima, Akusekijima, Kodakarajima** et **Takarajima** puis file sur **Naze** dans l'île **Amami-Oshima.** Compter à peu près 17 h. Cinq à huit départs par mois en moyenne mais la fréquence double presque en été. S'adresser à la mairie de Toshima-mura, tél. 0992-22-2101 ou au bureau de représentation de la préfecture de Kagoshima à Tôkyô. Tél. 545-4777. Ils ont les horaires pour le mois suivant.

LES ILES AMAMI

Oshima, Kikaijima, Tokunoshima, Okino Erabujima et Yoronjima composent du nord au sud cet archipel d'îles paradisiaques où il ne manque que les cocotiers pour compléter le tableau de mer corallienne, de sable fin, d'hibiscus et de fruits tropicaux, et parfaire l'image de l'île tropicale de rêve. De plus en plus de jeunes Japonais « émigrent » vers les îles Amami pour y mener une vie communautaire, y manger des produits naturels et faire de l'artisanat. La plus petite de ces îles, **Yoron,** est peut-être la plus belle.

Dans les îles Amami comme à Okinawa, le serpent venimeux *habu* n'aime pas être réveillé le jour et n'hésite pas à mordre de façon mortelle les gêneurs. Les tissus *Oshima Tsumugi* sont réputés pour leur solidité et la douceur de leur texture, mais ils sont très chers.

Le camping est très répandu dans chacune de ces îles, et les *minshuku, ryokan* et *kokumin-shukusha* sont en nombre suffisant pour abriter tous ceux qui préfèrent un toit plus solide. On peut louer des vélos dans toutes les îles...

Comment se rendre aux îles Amami

En bateau : Tôkyô-Naze (île d'Oshima) par Oshima Unyu, 39 h, (voir départs Tôkyô). Le bateau continue sur Yoron et Okinawa.

Osaka-Oshima par *Kansai-Kisen.* Le bateau continue sur Okinawa, 30 h 45. Quatre à six services par mois.

Kôbe - Yoronjima par *Oshima-Unyu,* 38 h, en passant par toutes les îles Amami.

Pour confirmer les départs de *Oshima-Unyu,* on pourra téléphoner au 03-273-8911 à Tôkyô, au 0992-26-4141 à Kagoshima et au 0988-61-1881 à Naha.

De Kagoshima, 4 ferries par semaine partent à 17 h et arrivent le lendemain matin à 8 h 50 à Naze. Un autre bateau quitte Kagoshima presque tous les jours à 17 h 50 et arrive le lendemain matin à 5 h à Naze. Un bateau de *Shôkoku-Yûsen* suit le même horaire les jours impairs. Ce bateau continue sur Tokunoshima, Okino-Erabu et Yoron.

Okinawa (Naha)-Naze, 14 h. *Oshima-Unyu* et *Shôkoku-Yûsen* se complètent pour faire partir au moins un bateau par jour, en général à 8 h du matin, arrivée Naze à 21 h 50. On peut téléphoner à *Shôkoku-Yûsen* à Tôkyô, tél. 03-274-0502 ou à Naha, tél. 0988-62-8774 pour s'assurer des départs.

En avion : J.A.S. et A.N.K. desservent Amami-Oshima 8 fois par jour à partir de Kagoshima et une fois, d'Okinawa. J.A.S. dessert chacune des cinq îles Amami à partir de **Kagoshima.**

Okinawa

Mensore Okinawa. On file vers Okinawa comme vers la dernière pointe de l'archipel. On va plonger dans ses eaux coralliennes, lézarder sur ses plages, y passer sa lune de miel, puisqu'il paraît que la mer y est plus belle qu'autour des îles micronésiennes.

En fait, Okinawa ouvre le chemin à tout un chapelet d'îles dont les plus beaux fleurons sont **Ishigaki** et **Taketomi.** La préfecture d'Okinawa regroupe quarante-six îles dont la plus méridionale est celle d'**Hateruna. Yonaguni,** à 80 km de Taiwan, marque la frontière ouest. Okinawa a retrouvé sa nationalité japonaise en 1972, mais les forces militaires américaines n'ont pas disparu pour autant. 29 000 militaires se répartissent sur cent vingt bases (23 % du sol) dont les principales sont *Kadena, Butler* et *Makimoto.*

Okinawa jouit d'un climat tropical ; huit mois par an la température dépasse 20 °C. Les hibiscus rouges font partie du décor toute l'année. Les cerisiers fleurissent dès janvier. L'emblème de la préfecture est la fleur *deigo*. Okinawa reçoit de plein fouet les typhons en août et septembre, avec des vents pouvant atteindre 80 km à l'heure, ce qui explique que les maisons aient des toits très bas. La saison des pluies a lieu en mai-juin.

Les habitants d'Okinawa ont la peau très mate, et les yeux plus ouverts sur le soleil et sur la mer. La musique a des rythmes plus hawaïens. Les hommes jouent du *sanshin,* le banjo à peau de serpent dont est dérivé le *shamisen,* pendant que les femmes dansent. Le groupe des Champlouse a fait beaucoup d'émules en branchant ses *sanshin* sur des amplis. La langue d'Okinawa est difficilement compréhensible pour les Japonais de Honshû. Les *kanji* des noms de lieux, surtout, se lisent différemment. L'occupation U.S. n'a pas appris beaucoup d'anglais aux insulaires : on se heurte à la même incompréhension que dans Honshû.

Okinawa est un point stratégique important : Shanghai, Manille, Séoul, Hong Kong, Taipeh, Tôkyô se trouvent dans un rayon de 1 800 km. Cette situation équidistante entre la Chine, l'Asie du Sud-Est et le Japon a toujours privilégié Okinawa en en faisant un carrefour de civilisations. Alors que le Japon se repliait sur lui-même, le royaume des Ryû-Kyû maintenait des échanges avec l'extérieur, et développait un artisanat extraordinaire, notamment des teintures, des laques, de la céramique, des objets de verre.

Okinawa produit en abondance des ananas et de la canne à sucre, et élève des porcs. Les meilleures spécialités de la table sont les *ashitebichi* (pieds de porc) et les filets de porc couverts de sésame *(minudal)* ainsi que la soupe au serpent de mer *Erabu no suimono*. On boit un alcool de riz très fort *(awamori)*. Les gâteaux sont très inspirés par la pâtisserie chinoise.

Okinawa est connu pour ses serpents, et surtout pour le *habu,* le long serpent d'un ou deux mètres, dont la morsure est mortelle. Le *habu* se cache le jour dans les buissons ou les lézardes des murs, et sort la nuit. Si vous êtes mordu, appelez du secours, sucez le sang envenimé, et évitez de bouger.

Pour visiter les îles d'Okinawa par avion, on pourra s'adresser à *Kôkyô Shisetsu Chizu,* tél. 0988-57-8443 ou à *Nihon Flying Service,* tél. 0988-57-4658.

Sur toutes les plages, on pourra louer des équipements de plongée, ou au moins acheter un masque.

PRINCIPALES FETES A OKINAWA

Beaucoup de rites liés au culte des ancêtres témoignent d'une origine chinoise très nette. Par exemple, pour les fêtes de *Jûrokunichisai* à la fin février (en fait, le 16 janvier du calendrier lunaire), les *Monchû* — ces familles au sens très large, qui peuvent compter jusqu'à 2 000 personnes — se réunissent autour des tombeaux de famille, et passent une journée à chanter et à danser. *Shiimii* (le 20 janvier du calendrier lunaire) se traduit aussi par de joyeux pique-niques très arrosés de saké devant ces grands tombeaux de famille.

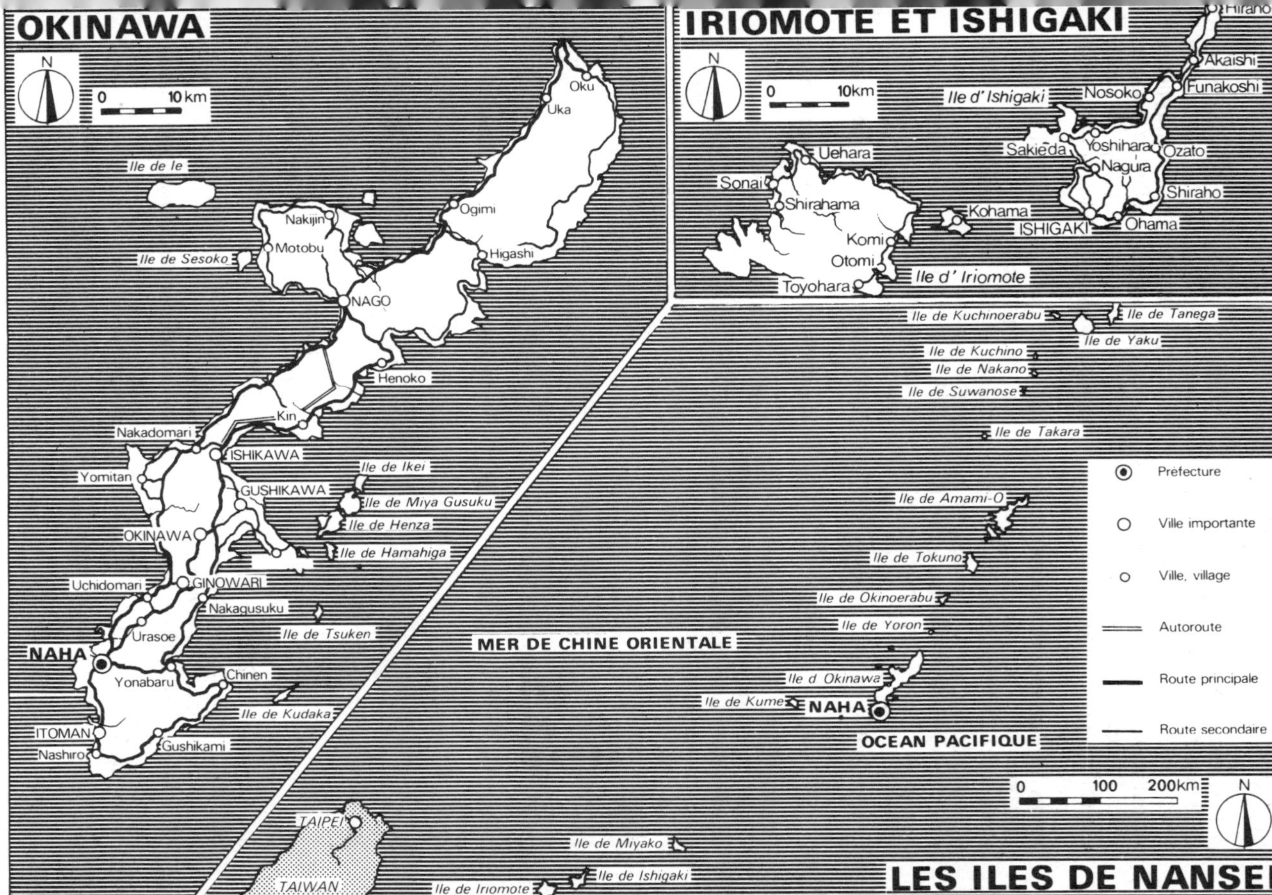
OKINAWA
N
0 10 km
Ile de Ie
Ile de Sesoko
Nakijin
Motobu
NAGO
Oku
Uka
Ogimi
Higashi
Henoko
Kin
Nakadomari
ISHIKAWA
Yomitan
GUSHIKAWA
OKINAWA
Ile de Ikei
Ile de Miya Gusuku
Ile de Henza
Ile de Hamahiga
Uchidomari
GINOWARI
Nakagusuku
Urasoe
Ile de Tsuken
NAHA
Yonabaru
Chinen
Ile de Kudaka
ITOMAN
Nashiro
Gushikami
IRIOMOTE ET ISHIGAKI
N
0 10km
Ile d' Ishigaki
Nosoko
Funakoshi
Akaishi
Hirano
Sakieda
Yoshihara
Ozato
Nagura
Shiraho
Uehara
Sonai
Shirahama
Kohama
ISHIGAKI
Ohama
Komi
Otomi
Toyohara
Ile d' Iriomote
Ile de Kuchinoerabu
Ile de Tanega
Ile de Yaku
Ile de Kuchino
Ile de Nakano
Ile de Suwanose
Ile de Takara
Ile de Amami-O
Ile de Tokuno
Ile de Okinoerabu
Ile de Yoron
MER DE CHINE ORIENTALE
Ile d Okinawa
Ile de Kume
NAHA
OCEAN PACIFIQUE
Préfecture
Ville importante
Ville, village
Autoroute
Route principale
Route secondaire
0 100 200km
N
TAIPEI
TAIWAN
Ile de Miyako
Ile de Ishigaki
Ile de Iriomote
LES ILES DE NANSEI

A Itoman, au sud de l'île principale d'Okinawa, on pourra visiter le tombeau de *Kôchibara-monchû,* grandiose exemple des tombeaux des *Monchû*. Toutes les dates des fêtes sont établies d'après le calendrier lunaire, et quelquefois, comme le festival *Tanetori* à Taketomi, correspondent à un jour favorable du calendrier lunaire (*voir* jours *kichi* et jours *kyô* dans : « Superstitions »). On indiquera les dates du calendrier lunaire entre parenthèses. Pour obtenir des précisions, il sera prudent de téléphoner à la représentation de la préfecture à Tôkyô au 287-1661.

Février

Fin du mois (16 janvier lunaire). *Fête de Jûrokunichisai,* à Miyako, Yaeyama et au nord de l'île principale.

Mars

Début du mois (20 janvier lunaire). *Juri-Uma,* fête des vieux quartiers de filles de joie, à Naha. Et partout dans les îles, rite *Shiimii,* le même jour.

Avril

Milieu du mois (3 mars lunaire). *Sanitsu* (on se réunit sur les plages de l'île pour jouer, faire du théâtre, des courses de chevaux, des combats de lutteurs, etc.), dans l'île de Miyako.

Mai

3-4-5. *Festival Hârii* (pour que la pêche soit fructueuse, avec courses de bateaux en mer, et autres joutes), dans le port de Naha, à Naha. Le festival a lieu ensuite dans presque tous les ports.

Juillet

(Jour *kichi* de juin, au calendrier lunaire). *Akamata*. Un homme élu des dieux, couvert de feuilles de vigne et portant un masque rouge et noir, descend de la montagne, et rend visite dans toutes les maisons pour y apporter du bonheur. A l'aube, il retourne vers le pays des dieux, dans les îles Yaeyama. Le festival Akamata fait partie des rites mystérieux des îles des *Ryû-Kyû*. Il est rigoureusement interdit de prendre des photos, d'enregistrer et même de prendre des notes.
22. *Tsunahiki* (joutes avec une grande corde), à Yonahara.
Fin du mois (jours fastes du mois de juin, au calendrier lunaire).
Festivals de Iejima et Miyako, avec joutes à cheval, etc.
Fin du mois, *Hônensai* (danses et prières devant les sanctuaires pour de bonnes récoltes), dans l'île d'Ishigaki.

Août

9-16. *Angamâ,* qui correspond à la fête d'O-Bon (les jeunes se déguisent devant les tombeaux et interprètent des pièces comiques dans lesquelles on imagine les conversations qui se tiennent sur le pont entre le monde des vivants et le monde des morts), dans la ville d'Ishigaki, dans l'île d'Ishigaki.
9-11. *Eisâ* (c'est la fête d'O-Bon, on joue du tambour et du *sanshin*), dans toutes les îles.
15. *Unjami,* fête d'O-Bon, dans le village de Unjami, à Shioya.

Septembre

8. *Tsunahiki* (joutes avec une grande corde), à Itoman, dans l'île d'Okinawa.
8. *Usudekku* (on se réunit et on danse devant les autels des ancêtres, en

mangeant des *mochi* — gâteaux de riz — et des haricots rouges), un peu partout dans les îles.
15 juillet lunaire. Danses pour le repos des ancêtres, à Miyako, dans l'île de Miyako.

Octobre
10. Festival de *Naha,* à Naha, dans l'île d'Okinawa.

Novembre
Un jour *kichi* du mois d'octobre au calendrier lunaire. *Festival Tanetori.* Pendant huit jours se succèdent les danses qui miment toutes les saisons agricoles. Ce sont principalement les femmes qui dansent, et les hommes qui jouent de la musique. Les danses traduisent le pouvoir des femmes, vestige d'une organisation matriarcale, dans l'île de Taketomi.

Décembre
Fin du mois. *Fête Izaihô.* Fête de la femme, qui ne se produit que tous les 12 ans. Toutes les femmes âgées de 30 à 70 ans y ont participé l'hiver 1978 : la prochaine aura lieu en 1990, à Kukarajima (à 30 mn en bateau au sud de Naha, île Okinawa).

COMMENT SE RENDRE A OKINAWA
En bateau ou en avion, même si on se dirige vers les îles très méridionales d'Ishigaki ou Iriomote, on passe par Naha.

En avion
A.N.A. dessert Naha, à partir de Sendai (1 vol par jour), de Tôkyô (4 vols par jour), d'Osaka (3 vols par jour), de Nagoya (2 vols par jour), de Hiroshima (1 vol), de Fukuoka (2 vols par jour), de Oita et de Kumamoto (1 vol par jour), de Kagoshima (4 vols par jour) et de Nagasaki, Miyazaki (respectivement 1 vol par jour).

J.A.L. dessert tous les jours Okinawa, à partir de Tôkyô (5 vols), d'Osaka (3 vols) et de Fukuoka (3 vols).

A.N.K. dessert Naha de Amami-Oshima.

L'aéroport de Naha est à 20 mn en bus de la gare routière de Asahibashi, d'où partent des bus pour toutes les directions de l'île, et pour le port. L'Office du tourisme, à l'aéroport, vous remettra une carte de Naha en japonais.

En bateau
De Tôkyô. Comptez 51 à 55 h par la ligne *Oshima Unyu* ou *Ryû-Kyû Kaiun.* La première s'arrête à Shibushi (près de Kagoshima dans Kyûshû) et dans les îles Amami-Oshima et Yoron (départs de 4 à 6 fois par mois) et la seconde file directement jusqu'à Naha (départs 4 ou 5 fois par mois). (Voir « Pour quitter Tôkyô ».)

D'Osaka. Comptez 33 h par *Arimura Sangyô* et *Ryû-Kyû Kaiun* (bateaux directs : 9 liaisons par mois par la première compagnie, et 5 par la seconde). La compagnie *Kansai Kisen* (7 liaisons par mois) est moins rapide (41 h) : elle fait escale à Kôbe et Amami-Oshima. Les deux compagnies *Arimura Sangyô* et *Ryû-Kyû Kaiun* assurent des départs fréquents pour les îles de Miyako et Ishigaki (19 départs par mois).

Un bateau par semaine continue sur Taiwan. Voir « Pour quitter Tôkyô ».

Réductions : 20 % pour les étudiants. Vous avez droit à une réduction de 10 % si vous faites l'aller-retour en moins de deux semaines.

Réservations : aux bureaux de *Arimura Sangyô* de Tôkyô (tél. 562-2091), d'Osaka (tél. 06-531-9271), d'Okinawa (tél. 0988-68-2191), de Miyako (tél. 0980-72-2128), d'Ishigaki (tél. 098082-3844), de Taipeh (tél. 02-771-5911), de Keelung (tél. 032-248151) et de Kao Sioung (Ta-Kao) (tél. 07-551-0281).

Ryû-Kyû Kaiun part d'Osaka 5 à 7 fois par mois (plus de bateaux circulent en été). Les départs ont lieu à 18 h 40 (vérifier les jours au bureau d'Osaka, tél. 06-538-0051). Arrivée le 3e jour à 9 h du matin à Naha. Départs aussi de Hakata (4 à 8 fois par mois, 27 h de trajet) et de Kagoshima (au moins 6 départs par mois, 21 h de trajet).

Ces bateaux continuent sur Ishigaki et certains s'arrêtent à Miyako. *Ryû-Kyû Kaiun* dessert Ishigaki 7 fois par mois, départ de Naha à 19 h, arrivée le lendemain à 8 h 30. Sinon, arrivée à 9 h 30 à Miyako et 15 h à Ishigaki.

OU ALLER A OKINAWA

Le port ou l'aéroport d'arrivée est à **Naha,** au sud-ouest de l'île principale. Naha ouvre la porte à la découverte du sud de l'île, avec le port d'**Itoman,** particulièrement en fête, lorsque les bateaux sont de retour de pêche du Pacifique et laissent flotter fièrement de larges banderoles aux couleurs vives, le champ de la bataille d'**Okinawa** entre Itoman et Gushikami où les combats d'avril à juin 1945 firent 12 000 victimes du côté américain et 90 000 du côté japonais, et, à une dizaine de kilomètres au sud de Naha, les grottes **Gyokusendô.** La plage de **Niibaru,** au sud-est de l'île, est une halte indispensable dans une telle journée de tourisme à l'intérieur des terres.

Les plages

Sur la côte ouest de l'île se succèdent des plages superbes qu'on qualifierait même de « paradisiaques » si elles n'étaient payantes.
A **Moon Beach** (entrée payante), petite crique bien protégée, on retrouve beaucoup des voyageurs d'une compagnie aérienne japonaise qui dessert l'île très fréquemment. A 2 km au nord de Moon Beach et à 2 h de car de Naha, **Tiger Beach** est plutôt fréquentée par les Américains résidants à Okinawa et les Okinawais : on peut y louer des bateaux, et l'hôtel de la plage propose des chambres avec *tatami* (tél. 098964-3122). A **Manza Beach,** 5 km plus au nord (entrée payante), camping et location de bungalows avec *tatami* ou lits rendent la plage plus populaire.

A **Okuma,** plus au nord après la péninsule de Motobu, la plage « américaine » jouxte celle qui est réservée aux Japonais. On peut y louer des bateaux à moteur, des skis nautiques, des voiliers, des kayaks, des barques, des matelas pneumatiques, des raquettes de badminton, etc.

Les plages de la côte est, en revanche, ne sont pas très enchanteresses. La baie de **Kin** est bordée de petites plages gratuites et désertes, mais au sable plus grossier.

Beaucoup plus attirantes que ces plages payantes sont celles de l'île de

Iejima (bateaux à partir de Motobu) ou de l'île de **Kumejima.**

NAHA

La grande artère de référence est la *Kokusai-ô-dôri,* où boutiques de coraux et souvenirs divers, céramique, tissus imprimés Bingata et restaurants s'enchaînent sur presque 2 km. *Tsuboya* est un quartier de Naha où sont groupés les fours de céramique qui respectent les traditions d'Okinawa. Dans cette production pléthorique qui n'épargne pas les lions-souvenirs, de très belles pièces aux touches de couleurs vives se distinguent. Pour se rendre à Tsuboya, il faut tourner à droite après le Naha Plaza Hotel sur la Kokusai-ô-dôri, quand on vient du terminus des cars, et s'enfoncer dans les ruelles.

Naha fascine surtout par son marché où la nonchalance des vieilles femmes accroupies à côté de régimes de bananes et de fatras d'ananas s'explique peut-être par leur passion pour les feuilletons de *samurai* du petit écran, plutôt que pour les acheteurs éventuels.

Près du port, le sanctuaire **Naminoue** est dédié aux *kami* ancêtres de la famille impériale. La porte **Shurei-nomon,** que l'on voit en général reproduite sur tous les dépliants touristiques, est typique de l'architecture des Ryû-Kyû. Elle a été restaurée après la guerre.

Se loger à Naha

Le **Okinawa Harbor View Hotel,** tél. 0988-53-2111, le **Naha Tôkyû Hotel,** tél. 68-2151, le **Okinawa-Miyako Hotel,** tél. 87-1111 et le **Okinawa Grand Castle,** tél. 86-5454 sont parmi les hôtels les plus luxueux de Naha.

En revanche, le **Oriental Hotel,** tél. 68-0883, le *ryokan* **Narumi,** tél. 67-2138, le **Okinawa Daiichi Hotel,** tél. 67-3116 et le **Nihon Hotel,** tél. 33-1653, sont des hôtels bon marché.

LA PARTIE NORD DE L'ILE

C'est dans le Nord de l'île, une fois dépassée la péninsule de Motobu, qu'on trouve le plus de maisons caractéristiques d'Okinawa.

Hentona. Ce petit port peut être une étape judicieuse pour les balades dans le Nord. L'hôtel *Miyashiro,* tél. 098-042-2337, loue des bicyclettes. Sinon, les *minshuku* ne manquent pas, surtout à la sortie de la ville vers Hedo. La plage de **Okuma** est à 4 km au sud de Hentona.

Le cap Hedo. Plein nord, vers le cap Hedo, la route est surtout très belle entre **Isagawa** et le cap. Il y a un *minshuku* à **Ginama,** à l'entrée du village quand on vient de Hentona : renseignements à la mairie du village Kunigami : tél. 0980-41-2101. A partir de Ginama, c'est-à-dire 3 km avant le cap, la route devient mauvaise. *Minshuku* également au cap Hedo. L'extrême Nord de l'île et la côte ouest sont parmi les rares endroits du Japon où le camping sauvage est possible et permis.

L'intérieur. S'il est vrai que la mer est belle à Okinawa, il est aussi exact que l'intérieur des terres, surtout dans le Nord de l'île, vaut vraiment la peine d'être vu. Les cars n'y pénètrent pratiquement pas, et les voitures y sont rares, mais les marches dans les montagnes de l'intérieur sont récompensées par la vue d'immenses champs d'ananas et de canne à sucre, et la découverte de paisibles petits hameaux où sont retirés quelques artisans.

Kijoka. A une dizaine de km au sud de Hentona, on trouvera des tissages.

Esu. Plus au sud et plus haut perché, ce village, à 6 km de la côte, abrite des potiers qui tournent à la main et cuisent au feu de bois une poterie bien différente de celle de Tsuboya.

L'île de Iejima

C'est de Tokuchi-Shinkô que partent trois ou quatre fois par jour et cinq fois le dimanche les ferries pour l'île de Iejima. Le trajet dure 40 mn. Renseignements bateau. Tél. 0980-49-2255. Dans l'île, près du port d'arrivée, on pourra louer des vélos et contourner cette île de 22 km de circonférence où les plantations de canne à sucre et quelques fermes d'élevage composent le paysage. Le camping sur la très belle plage à l'est de l'île **(Ie-Sei-Shônenmura)** est admirablement bien situé. La location d'une tente à quatre places n'est pas chère.

L'île de Iejima a un charme particulier qui tient peut-être à l'absence d'hôtels de luxe. Les *minshuku* y sont nombreux. C'est dans cette péninsule de Motobu que se tint en 1975 l'Exposition océanographique.

Minnajima. A l'ouest de Motobu, c'est une petite merveille d'île, format mouchoir de poche, bordée sur les trois quarts de sa circonférence de sable fin et blanc.

LES ILES MIYAKO

Trois ou quatre fois par semaine, des bateaux de *Arimura Line* ou de *Ryû-Kyû-Kaiun* (tél. 0988-68-1126) partent de Naha en direction de l'île au nom presque magique d'**Ishigaki** (tél. de *Arimura* à Naha : 0988-68-2191). Le trajet dure entre 14 h et 20 h. En route, peu de touristes japonais s'arrêtent dans l'île de Miyako puisque, selon les critères japonais, « il n'y a rien à voir ». A tel point que l'île de Miyako et ses satellites d'**Irabu** et **Shimoji** dégagent une impression très séduisante de terre à découvrir. **Hirara** est le port d'accès à l'île de Miyako et le point de départ pour **Nagayama,** dans l'île d'Irabu. Comme à Naha, on y découvrira un marché et une nonchalance toute tropicale. On peut louer des vélos et se risquer ainsi dans les chemins de terre qui longent les côtes et permettent de dominer les falaises du Sud ou se rendre aux magnifiques plages dissimulées derrière des dunes à **Sunayama,** à 5 km au nord de Hirara, ou à celle plus populaire et moins extraordinaire de **Painagama,** à 2 km de Hirara. Une route traverse l'île de Hirara au cap Agari-Henna-zaki, au sud-est.

La petite île voisine d'**Irabu,** qui a commencé il y a 8 ans à s'équiper de *ryokan,* permet d'accéder à l'île de **Shimoji** à laquelle elle est reliée par des ponts. C'est sur la côte ouest de cette île que la mer turquoise vient couler doucement sur des plages blanches où sont éparpillés des grains de sable en forme d'étoile. C'est là aussi que les pêcheurs viennent étaler le contenu de leurs filets de couleur vive, plein de poissons d'espèces tropicales.

Du port Hirara de l'île Miyako,

compter 15 mn pour se rendre à Irabu. Onze services de vedette par jour.

En avion, S.W.A.L. dessert Miyako environ 5 fois par jour à partir de Naha (45 mn de vol), Miyako est aussi reliée par avion à Ishigaki (2 vols par jour) et à l'île Tarama (2 vols par jour). Réductions si aller-retour dans les 10 jours.

LES ILES YAEYAMA

C'est du port d'Ishigaki que partent les bateaux pour l'île voisine de **Taketomi,** ou la dernière île mystérieuse du Japon **Iriomote** ou encore la frontière sud-ouest de l'archipel, l'île de **Yonaguni.**

L'île d'Ishigaki est un petit joyau ! Les plus belles plages du Japon comparables aux plus beaux fleurons du Pacifique se trouvent au nord-ouest de l'île, près du site de **Kabira,** rendu très célèbre par d'innombrables photos de dépliants touristiques. Selon les goûts, on choisira pour se loger l'hôtel *Cavilla,* tél. 103-2229, admirablement situé face au paysage tant reproduit, ou un *minshuku* tenu par des jeunes exilés du Kansai, le *Hyôtan Mura,* tél. 098088-2342, ou un autre, *Yadpice,* tél. 098088-2368 (location de planches à voile) ou les campings en bordure de plage. On pourra se faire aider par l'Office du tourisme d'Ishigaki pour faire son choix : 09808-2-9911.

La côte est de l'île est une terre d'élevage qui rappelle les paysages d'Irlande.

Taketomijima

C'est une île « mouchoir de poche » où le sable a une forme d'étoile, et où les gens vivent un peu de la pêche et beaucoup des passagers débarqués par chacun des sept bateaux qui relient chaque jour Ishigaki à Taketomi. Aucun village près du débarcadère, mais deux micro-bus sont généralement là pour proposer bicyclettes à louer ou hébergement. Taketomi représente vraiment un ailleurs un peu irréel avec des vieilles maisons en pierre et aux toits de tuile rouge, et entourées de murets de vieille roche. Aucune route asphaltée, mais des chemins de terre ou de sable extrêmement bien entretenus. On peut faire le tour de l'île à pied (20 km) et marcher sur ces plages de sable fin. Le tour de l'île ne doit pas faire négliger le petit musée où sont exposés masques, photos des festivals de l'île et coraux. Les *minshuku* y sont en général extrêmement sympathiques.

L'île de Iriomote

Un peu plus à l'ouest, l'île de Iriomote, d'après les prospectus japonais, est la dernière terre mystérieuse du Japon. L'unique route ne contourne pas complètement l'île, mais permet d'avoir une bonne vue des forêts de mangrove qui recouvrent encore cette terre où des expéditions à pied permettront peut-être d'apercevoir ce curieux chat sauvage **Iriomote-Yamaneko.** A partir du terminus de la ligne d'autobus, le port de **Shirahama** en fait un hameau d'une dizaine de maisons en bois qu'on atteint après 1 h 30 de route à partir du débarcadère de Ohara, on aura intérêt à continuer l'itinéraire circulaire en bateau. Les côtes sauvages et la mer qui s'enfonce dans l'île montagneuse en de nombreux bras sont de toute beauté. Liaisons de bateau : Ishigaki — via île Kohama ou

Kuroshima — Ohara (3 à 7 services par jour selon la saison) et Ishigaki — île Hatoma-Funaura (ou Shirahama) (3 ou 4 services par jour).

L'île de Yonaguni

Le dernier trait du pointillé qui relie le Japon à Taiwan n'est séparé que de 157 km de la Chine nationaliste. Yonaguni, à 127 km de Ishigaki, est une petite île dont on appréciera la nature non domestiquée et des falaises qui la font ressembler à celle de Miyako. Les *ryokan* et *minshuku* y sont nombreux. On peut même y louer des voitures.

Pour s'y rendre en avion, 1 à 2 vols S.W.A.L. par jour à partir de Ishigaki.

En bateau, 1 service, tous les 3 jours (6 h 30) par *Fukuyama-Kaiun*. Tél. de la compagnie à Ishigaki : 098087-2555. Les bateaux partent à marée haute.

Tôhoku

La région du Tôhoku représente, avec les six préfectures de Aomori, Akita, Iwate, Yamagata, Miyagi et Fukushima, le Japon du Nord et des neiges, riche en folklore mais retardataire sur le plan économique. De décembre à avril, le versant ouest dort sous d'épaisses couches de neige, rendant la culture impossible et encourageant l'exode rural. L'été attire les foules pour les festivals hauts en couleur, de Nebuta, Kantô, Tanabata, Hanagasa ou Nouma-Oi. La beauté du site naturel de Matsushima, des parcs nationaux de Towada-Hachimantai, Bandai-Asahi, la côte rongée de Rikuchû ou les volcans chargés de légendes comme les monts Iwate (2 041 m), Hakkôda (1 585 m), Zaô, Bandai, etc., et les lacs sont d'autres facteurs d'attrait.

Au Moyen Age, trois clans — dont celui des Fujiwara — dominèrent la région et la firent prospérer à partir du commerce de la poudre d'or et des chevaux. Ensuite, le Tôhoku resta instable et divisé sous les lois de plusieurs seigneurs à l'époque Edo, et fut négligé par le gouvernement Meiji. Ce n'est que depuis la Seconde Guerre mondiale que la région amorce réellement sa modernisation.

Le Tôhoku, avec ses fêtes liées au calendrier des récoltes ou célébrées en l'honneur d'animaux, comme les chevaux sauvages (à Sôma) et les vers à soie *(Oshira-sama),* avec ses superstitions, ses légendes, avec ses maisons construites pour résister à la neige, et sa vie religieuse, présente une image du Japon pauvre et traditionnel. L'accent du Tôhoku est souvent considéré péjorativement comme un accent campagnard. Les conditions climatiques ont forgé un caractère réfléchi et patient.

LES FETES DU TOHOKU

Elles permettent de découvrir au moins quatre éléments folkloriques originaux comme les *Yamabushi Kagura,* les danses des rizières *(Taue Odori),* les danses de prière avec un sabre *(Nembutsu Kenbai)* et les danses du lion *(Shishimai).*

Nouvel an et janvier

31 décembre *Namahage* à Oga, préf. Akita.

31 décembre-1er janvier *Shô-Reisai* au sanctuaire Dewa-Sanzan à Haguro, préf. Yamagata.

1-2. *Dainichidô-Bugaku* à Kazuno, préf. Akita. Accès par la ligne Hanawa, gare de Rikuchû.

2-3, à partir de 10 h, *Hayachine Kagura* (danses sacrées d'origine shinto) au village de Take, accessible en bus à partir de Hanamaki. Take est un hameau d'une quinzaine de maisons, près du village de Ohasama. Ce sont les villageois eux-mêmes qui interprètent les *Kagura*. Un festival qui se perpétue depuis au moins six cents ans.

7. *Hadaka Mairi* à Yanaizu, préf. Fukushima. Une trentaine d'hommes « nus » en *fundoshi* et *hachimaki* vont

法隆寺農業協同組合
いかるがの里でお心を
お休め下さいませ
明治キャラ

faire des offrandes au sanctuaire (cette fête a lieu également à Honjô dans préf. Akita le 16 janvier).
10. *Yamagata Hatsu-Ichi,* première foire de l'année dans la ville de Yamagata, préf. Yamagata.
13-15. Danse *Mochitsuki* au cours de laquelle on pile des gâteaux de riz, à Mutsu, préf. Aomori.
14. *Bange Tawara Hiki,* deux groupes s'affrontent en tirant une corde à laquelle est accroché un énorme sac de paille, à Aïzu-Bange, préf. Fukushima.
14. *Donto-Yaki* au sanctuaire Osaki-Hachiman à Sendai, préf. Miyagi.
17. Fête des *Bonten* à Akita, préf. Akita.
20. *Jôgyôdô-Matsuri* au temple Môtsûji, avec danses *Ennen-no-mai* de l'époque Heian, à Hiraizumichô, préf. Iwate.
Fin du mois (7-8 janvier lunaire). *Somin-sai* à Mizusawa : des hommes « nus » se disputent un sac porte-bonheur appelé *Sominbukuro,* préf. Iwate.

Février

1-2. Fête d'Ogi avec des représentations de théâtre Nô interprétée par les paysans, dans les deux sanctuaires Kasuga à Kushibikimachi, accès à partir de Tsuruoka, préf. Yamagata.
11. *Mizukake* à Daitô, préf. Iwate. Accès par Ichinoseki au sud de Hiraizumi.
13-14-15. *Namahage* à Oga, préf. Akita.
14. *Hifuri-Kamakura,* procession où tous les pèlerins portent une petite torche faite d'un cordon de paille, à Kakunodaté, préf. Akita.
15. *Takeuchi* (combats de perches de bambou) à Rokugô, préf. Akita.
15-16. *Kamakura* (on construit des igloos de neige pour les enfants et offrandes aux divinités de l'eau) à Yokote, préf. Akita.
15-17. *Kuromori Kabuki,* représentations de théâtre Kabuki par les paysans, tradition de plus de 200 ans, près de la ville de Sakata, préf. Yamagata.
16-17. Fête de *Bonten* à Yokote, préf. Akita.
17-20. *Hachinohe-Emburi* (grandes processions de paysans) à Hachinohe, préf. Aomori.

Mars

18-24. *Higan-Jishi,* danse du lion pour annoncer le printemps. La fête fait le tour des villages du bassin Aïzu-Bonchi, préf. Fukushima.

Avril

3 mars lunaire. Festival *Ohazama* au sanctuaire à Kannarichô, préf. Miyagi. Accès par Sawabe, sur la ligne privée Kurihara, à partir de Ishikoshi.
15. *Hotei-sai* au sanctuaire Shiratori-jinja : procession autour d'un char décoré avec une poupée de la divinité Hotei. Tradition de plus de 1 000 ans à Murata-chô, préf. Miyagi.

Mai

1. Danse *Chôkurairo-Mai* à Kisakata, préf. Akita : fête traditionnelle des moines de montagne *Yamabushi* du mont Chôkai, avec danses de petits garçons déguisés en filles.
1-5. *Hiraizumi-Fujiwara-Sai,* à Hiraizumi, préf. Iwate.
15-16. *Oshira-Kô* (la prêtresse Itako appelle les âmes des morts) à Hirosaki, préf. Aomori.
25. *Bakemono-Matsuri,* hommes et femmes masqués et coiffés de cha-

peaux de paille offrent aux passants du *saké* dans la rue, à Tsuruoka, préf. Yamagata.
29. Festival d'*Hibuse* (danses du tigre) à Naka-Niida-machi, préf. Miyagi, au nord de Sendai.

Juin
10. *Fuke-no-yu Konsei-san,* à la station thermale Fuke-no-yu, ville Kazuno, préf. Akita : les femmes qui désirent des enfants font une procession en portant d'énormes phallus en bois et vont au sanctuaire.

Juillet
12-13. *O-Taue-Matsuri* à Aizu-Takada, préf. Fukushima. Danse de repiquage du riz par des hommes déguisés en femmes, et procession jusqu'au sanctuaire Sarutahiko.
14-15. *Odaiko* à Takanosu-chô, préf. Akita, ligne Ou, gare Takanosu. Processions du *samurai* avec des tambours de 3 m de diamètre. A l'origine, c'était une prière pour la pluie.
15. *Hanamatsuri* et représentations de *Kurokawa-Nô* (également le 15 août) à Hagurosan, préf. Yamagata.
20-24. *Osorezan Taisai* (la prêtresse Itako appelle les âmes des morts) à Mutsu et au mont Osore, préf. Aomori.
23-24-25. *Sôma-Nouma-Oi* (des hommes vêtus de blanc essaient d'attraper des chevaux sauvages dirigés par 1 000 cavaliers en armures comme autrefois) à Haramachi (Hibarigahara), préf. Fukushima.
29-30. Grands feux d'artifice, à Ishinomaki, préf. Miyagi.
Fin du mois (23, 24 lunaire). *Sai-no-Kawara* à Kawakura, Kanagichô, préf. Aomori (la prêtresse Itako appelle les âmes des morts).

Août
1er *Hayachine Kagura* à Take (Ohasama). Voir 2-3 janvier. Représentations de *Kagura* par les paysans du village.
1-2. Feux d'artifice à Hirosaki, préf. Aomori.
1-7. Fête *Neputa* à Hirosaki et Noshiro, préf. Aomori.
3-7. Fêtes *Nebuta* à Aomori (grandes processions pour accueillir les âmes des morts).
3-7. *Mushiokuri* à la ville Goshogawara, préf. Aomori. Procession avec un énorme insecte au corps de serpent et à tête de bois afin de chasser les mauvais esprits et obtenir une bonne récolte.
5-7. Fêtes *Kantô* à Akita. Processions avec d'immenses échafaudages de lanternes pour accueillir les âmes des morts.
6-7. *Tanabata E-dôrô* à Yuzawa, préf. Akita. Fête peut-être moins importante que celle de Sendai, mais plus élégante.
6-8. Fêtes de *Tanabata* à Sendai, préf. Miyagi.
6-8. Fêtes de *Hanagasa* à Yamagata, préf. Yamagata.
13-19. *Sasara-Shishimai* au sanctuaire Kashima à Kakunodate, préf. Akita.
15-16. *Michinoku Kyôdo Geinô Matsuri,* festival de musique et de danses de la région, à Kitakami, préf. Iwate.
14-16. *Andon-Dashi* à Oohasama, préf. Iwate.
16. *Okuri-Bon* à Yokote, préf. Akita. Adieu aux âmes, avec un bateau tout éclairé de bougies qui remonte la rivière.
16. *Funakko-Nagashi* à Morioka, préf. Iwate. Adieu aux âmes, en faisant couler un bateau enflammé.
16-18. *Nishimonai-Bon-Odori,* danse de O-Bon à Ugo-chô, préf. Iwate.

18. Festival *Oyu-Onsen* (concours de tambours) à Kazuno, préf. Akita.
21-25. *Kemanai-Bon-Odori,* danse de O-Bon à Kazuno, préf. Akita.
27. Festival de feux d'artifice à Omagari, préf. Akita.
31 août-1er sept. Cérémonie religieuse des moines dans la montagne au mont Haguro, préf. Yamagata. Accès à partir de Tsuruoka.

Septembre
1-5. *Osorezan-Akimairi* à Mutsu (Osorezan), préf. Aomori.
8. *Koma Odori* (danses de chevaliers) à Fujisato-Chô, préf. Akita. Accès à partir de la gare de Futatsui, sur la ligne Ou.
5-7. Festival de Hanamaki, danses Shishimai avec des masques de cerfs à Hanamaki, préf. Iwate.
7-9. Festival de *Kokeshi* à la station thermale Naruko, préf. Miyagi.
14-15. *Morioka Hachimangû-Saï* à Morioka, préf. Iwate. Fête du sanctuaire.
14-15. *Toono Hachimangû-Saï,* fête du sanctuaire à Toono, préf. Iwate. Concours de danses du cerf Shishimai.
14-16. Jangara (danses de Nembutsu) à Iwaki, préf. Fukushima.

Octobre
6. *Iizaka Kenka-Matsuri,* dans la ville de Fukushima. Les jeunes garçons se disputent l'entrée du sanctuaire avec leurs chars.

Novembre
7. *Shimotsuki-Kagura* à Omori-machi, préf. Akita. Danse *Kagura.*
1-20. Festival de poupées en chrysanthèmes à Nihonmatsu (parc du château Kasumiga-Jô). Au sud de Fukushima, préf. Fukushima.

Décembre
1er dimanche. *Kobatayama Hatamatsuri* à Tôwa-machi, préf. Fukushima. Cent drapeaux dans la montagne.

COMMENT SE RENDRE DANS LE TOHOKU

En train. Le plus simple et le plus pratique est le train à partir de Tôkyô *(Ueno).* Beaucoup de « rapides » et peu de locaux circulent sur cette ligne. En juin 1982, on a mis en service une nouvelle ligne du *Shinkansen,* Tôkyô-Morioka. Depuis mars 1988, les 54 km de tunnel dans le détroit de Tsugaru permettent une liaison ferroviaire jusqu'à l'île de Hokkaidô.

Par la route. Les bus *Tôhoku Kyûkô* font le trajet Tôkyô-Sendai-Yamagata et *Keihin-Kyûkô, Tôkyô-Hirosaki,* de nuit. (Voir : « Comment partir de Tôkyô ».)

En avion. J.A.S. dessert Aomori (de Sapporo, Tôkyô, Osaka), Misawa (de Sapporo et Tôkyô), Akita (de Sapporo et Osaka), Hanamaki (de Sapporo, Nagoya et Osaka), Sendai (de Hakodate, Nagoya et Fukuoka), Yamagata (de Sapporo et Osaka).

A.N.A. dessert Akita (de Tôkyô et Nagoya), Yamagata (de Tôkyô) et Sendai (de Sapporo, Niigata, Komatsu, Osaka, Nagoya et Okinawa).

En bateau. Liaisons Hachinohe-Tomakomai (Hokkaidô) ; Nagoya-Sendai-Tomakomai ; Aomori ou Oma-Hakodate ; Aomori ou Hachinohe-Muroran. (Voir bateau pour Hokkaidô.)

Le Tôhoku du nord au sud

Le mont Osore

Osorezan est le nom religieux d'une petite chaîne volcanique d'où s'échappent toujours des fumées qui donnent à la montagne des allures d'enfer. De mai à octobre, le mont sacré est accessible au touriste par un service de bus (40 mn), à partir de la gare de chemin de fer Tanabu (dans la ville de Mutsu). A Osorezan, des prêtresses aveugles, les *Itako,* communiquent avec les morts. On les rencontrera surtout à l'occasion des grandes fêtes *Osorezan-Taisai* (20-24 juillet) et *Osorezan-Akimairi* (1-5 septembre), mais souvent aussi les samedi et dimanche.

On peut passer la nuit dans le temple d'Osorezan (tél. 01752-2-3825), ou dans les stations thermales des environs. *Ryokan* au pied du mont Osore et à **Yagen.** *Minshuku* à **Fukuura** ou **Ushitaki.** Renseignements : tél. 0175-38-2225.

A Mutsu, l'auberge de jeunesse se trouve dans le temple *Jônenji* tél. 01752-2-1891), à 5 mn à pied de la gare Tanabu, fermée de novembre à mars. Camping, de juin à novembre, à **Ohata-Machi,** à 25 mn en bus de Ohata, sur la ligne *Ohata*.

Le mont Hakkôda

La côte de la péninsule de **Shimokita** est surtout très belle du côté ouest, de Wakinosawa à Hotokegaura.

Belle région de lacs, de marécages et de stations thermales, sur fond de volcan éteint. Ascension possible à partir de la station thermale **Sukayu Onsen** (un *ryokan,* tél. 01773-8-6573). La gare de départ du téléphérique se trouve à 7 km de Sukayu. Nombreux *ryokan* dans les autres stations thermales au pied de Hakkôda-San : à **Jôgakura Onsen, Yachi Onsen, Sarukura Onsen,** etc.

Le parc national Towada-Hachimantai

Le lac Towada est le 3e lac de cratère le plus profond du Japon, avec 331 m. De mi-avril à début novembre on peut contourner en bateau les deux promontoires au sud du lac, en traversant le lac de Nenokuchi à Yasumiya (compter 1 h). Dans ces villes, on pourra louer des vélos, au bord du lac.

A *Towada-Onsenkyô,* nombreux *ryokan,* auberges de jeunesse et campings à Nenokuchi (renseignements et réservations au 0176-75-2506).

Yasumiya est beaucoup plus touristique. On pourra visiter, entre autres, un musée et un sanctuaire.

L'ascension du **mont Towada** à pied (2 h) part de *Utarube* (à 20 minutes de bus de Nenokuchi) où on trouvera de nombreux *minshuku,* et un hôtel bon marché, dans une maison de paysans (tél. 0176-74-2007) à **Onsenkyô.**

Le bus Aomori-Yasumiya passe par les monts Hakkôda et les stations thermales de **Sukayu** et **Tsuta,** avant de longer la magnifique vallée de **Oirase,** bordée d'érables et jalonnée de cascades. Autre accès au lac de Towada, en bus, à partir de Odate et de Towada-Minami (en passant par Oyu et le col Hakka), de Hirosaki, Hachinohe ou de Misawa (en passant par la vallée d'Oirase) et à partir de Morioka (par Oyu et Hakka).

Hachimantai

C'est une zone de hauts plateaux

d'où dépassent les monts Iwate, Komagatake. Nombreux *ryokan* à Hachimantai et à Matsukawa Onsen : **Kyôun-Sô,** tél. 01957-8-2256.

Essayer de faire étape à **Goshogake,** à l'extrémité de la route à péage qui part de Toroko, 20 km au sud de Hachimantai (soit à 1 h de bus) où se trouvent exceptionnellement le système de chauffage coréen par le sol, le *ondol,* et les ébullitions boueuses *(Goshogake Jigoku)* semblables à celles de Beppu, dans le Kyûshû. Parmi toutes les stations thermales du plateau d'Hachimantai, on conseillera aussi **Tamagawa** (à 1 h 30 en bus de Hachimantai) et son *rotenburo.*

Hachinohe

C'est le second port de pêche de l'archipel après Kushiro, à Hokkaidô. Excellent *sashimi* garanti. C'est aussi une ville industrielle. S'y arrêter absolument pour le *Emburi-Matsuri* au sanctuaire Shiragi, du 17 au 20 février, et pour la fête des trois sanctuaires, du 21 au 23 août. Accès aussi à partir de Aomori, Kuji ou Sendai. Bus pour Kuji, en direction du parc côtier Rikuchû.

Camping, en juin et juillet, en bord de mer, près d'Hachinohe, à 5 mn à pied de la gare Tanesashi, sur la ligne J.R. *Hachinohe.*

Hirosaki

A une demi-heure de bus de la gare, on trouve la plupart des temples, dont le **Chôshô-ji,** où l'on peut dormir à condition d'en respecter la discipline (Henshôji, tél. 01723-2-8714). On pourra rapporter tissus *Kogin-Sashi,* laque *Tsugaru,* céramique *Tsugaruyaki.*

Le mont Iwaki

C'est un volcan éteint de 1625 m, dont on peut atteindre le sommet en 4 h de marche, à partir de la station thermale de **Hyakuzawa,** mais il y a aussi un téléphérique! On l'appelle aussi le **Tsugaru Fuji.** A son sommet se trouve la partie sacrée du sanctuaire de Hyakuzawa, dédié à la divinité de la montagne. De grandes fêtes y ont lieu, le 1er août du calendrier lunaire (aux environs du 20 septembre).

De juillet à août, on peut camper à **Iwaki-Machi** *(Iwakisan Yaei-Jô Camping),* à 40 mn de bus de la gare de Hirosaki, sur la ligne J.R. *Ou.*

Akita et la péninsule d'Oga

En été, la péninsule d'**Oga,** le lac **Tazawa,** le **mont Chôkai** et ses stations thermales attirent plus que la ville d'Akita elle-même, avec ses 300000 habitants. La préfecture d'Akita est particulièrement riche en folklore : le 31 décembre et pour le nouvel an, les *Namahage* descendent dans les foyers pour punir les enfants désobéissants ou paresseux (voir : « Le Japon de A à Z »). A **Yokote** (à 80 km au sud d'Akita), les 15 et 16 février, les enfants font des offrandes aux divinités de l'eau, à l'intérieur d'igloos de neige, et invitent les passants à se réchauffer autour du brasero en leur offrant une boisson chaude à base de riz *(amazake).* Le lendemain commence dans la même ville un concours de *bonten* (voir : « Le Japon de A à Z ») très arrosé de saké. La fête de la fertilité (17 février) atteint son paroxysme lorsque les différents groupes d'hommes portant des *bonten,* symboles du sexe masculin, dépensent toute leur énergie à grimper la montagne enneigée, au sommet de

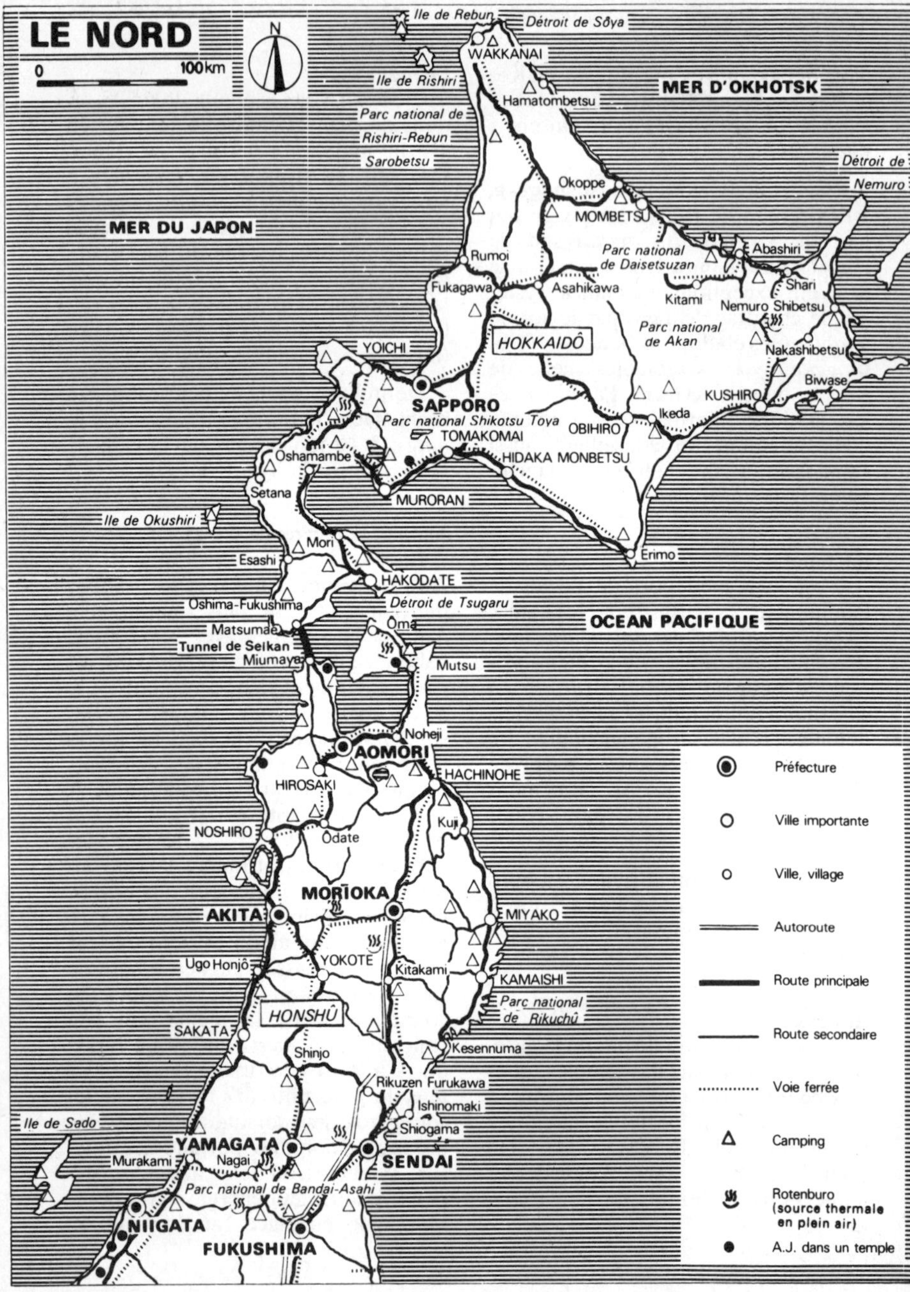

LE NORD
N
0
100km
Ile de Rebun
Détroit de Sôya
WAKKANAI
Ile de Rishiri
MER D'OKHOTSK
Hamatombetsu
Parc national de
Rishiri-Rebun
Sarobetsu
Détroit de
Nemuro
Okoppe
MOMBETSU
MER DU JAPON
Abashiri
Parc national
de Daisetsuzan
Rumoi
Shari
Fukagawa
Asahikawa
Kitami
Nemuro Shibetsu
Parc national
de Akan
HOKKAIDÔ
YOICHI
Nakashibetsu
Biwase
SAPPORO
KUSHIRO
Parc national Shikotsu Toya
Ikeda
OBIHIRO
TOMAKOMAI
Oshamambe
HIDAKA MONBETSU
Setana
MURORAN
Ile de Okushiri
Mori
Erimo
Esashi
HAKODATE
Oshima-Fukushima
Détroit de Tsugaru
Matsumae
OCEAN PACIFIQUE
Ôma
Tunnel de Seikan
Miumaya
Mutsu
Noheji
AOMORI
HACHINOHE
HIROSAKI
Kuji
NOSHIRO
Ôdate
MORIOKA
AKITA
MIYAKO
YOKOTE
Ugo Honjô
Kitakami
KAMAISHI
Parc national
de Rikuchû
HONSHÛ
SAKATA
Kesennuma
Shinjo
Rikuzen Furukawa
Ishinomaki
Ile de Sado
Shiogama
YAMAGATA
Murakami
Nagai
SENDAI
Parc national de Bandai-Asahi
NIIGATA
FUKUSHIMA
Préfecture
Ville importante
Ville, village
Autoroute
Route principale
Route secondaire
Voie ferrée
Camping
Rotenburo
(source thermale
en plein air)
A.J. dans un temple

laquelle se trouve un sanctuaire vide, symbole de la féminité. Les festivals des *bonten* de Yokote est une réplique du festival d'Akita, du 17 janvier. Plus violents sont les combats à coups d'immenses perches de bambou, qui se déroulent aussi le 15 février à **Rokugô** (à 15 km au nord de Yokote), puisqu'il y a déjà eu des morts et que le port du casque est désormais obligatoire pendant le festival. En été, les fêtes d'*O-Bon* de Nishimonai sont parmi les plus animées du Japon.

Dans cette région d'Akita, une des spécialités de la table est le *shottsuru nabe :* grand assortiment de poisson salé, de coquillages et de légumes, qu'on fait cuire dans un bouillon au milieu de la table, à la manière du *sukiyaki* ou du *nabe.* On mange aussi des *kiritampo :* rouleaux de pâte de riz, que l'on grille autour de baguettes sur les cendres.

A acheter : boîtes de thé, plateaux, etc., en bois de cerisier *(kabazaiku).* Le centre artisanal est à **Kakunodate,** par ailleurs charmante petite ville avec musée, maisons de *samurai,* célèbres cerisiers et chaleureuse hospitalité d'un *minshuku* exceptionnellement beau (ancienne maison de commerçants) : **Hyakusuien,** tél. 01875-5-5715.

A **Oga,** nombreux *minshuku, business hotels, ryokan,* auberges de jeunesse et *kokumin shukusha* (tél. 01853-3-3181). A Yokote, *ryokan Shûhôkaku,* tél. 01823-2-2684.

Le lac Tazawa

C'est le plus profond du Japon. De fin avril à début novembre, on peut en faire la traversée en bateau, et aller admirer de plus près la statue de la princesse Tatsuko, à l'ouest du lac. Autour du lac, on trouvera de nombreux *ryokan,* et quelques *minshuku* à **Haruyama** et **Ishigami.** Possibilité de camping près du lac.

La préfecture d'Iwate

Région de légendes et de contes folkloriques qui ont influencé des écrivains contemporains, comme *Ishikawa Takuboku* et *Miyazawa Kenji.*

Le mont Kurikoma (1 628 m)

Il présente une silhouette tellement irrégulière qu'on l'appelait autrefois *l'Enfer* (1 628 m). A partir de **Ichinoseki,** on accède en 3 h de bus à la station thermale de **Sukawa,** d'où on peut faire l'ascension à pied en 1 h 30.

Hiraizumi

Ce fut un grand centre politique et religieux pendant un siècle à partir de 1090. L'auberge de jeunesse se trouve dans le temple **Môtsû-ji,** tél. 01914-6-2331, à 10 mn à pied de la gare de Hiraizumi.

A 8 km de la gare (accessible en bus) se trouve le **Chûson-ji,** autrefois le plus grand temple du Tôhoku. Deux bâtiments *(Konjiki-Dô* et *Kyôzô)* subsistent encore aujourd'hui malgré les destructions du Moyen Age. Le *Konjiki-Dô* est considéré comme trésor national.

On peut dormir dans les temples du **Chûson-ji** (tél. 01914-6-2211). Il y a aussi un *kokumin shukusha* (tél. 01914-6-2131). Camping de juillet à septembre à Misawa, à 30 mn à pied de la gare de Misawa *(Ogawara Kohan Camping).*

Hanamaki

Bourgade industrielle que l'on pourra visiter au moment du festival (5-7 septembre) durant lequel ont lieu des danses *Shishi* avec des masques de cerfs. Hanamaki est la gare de départ des bus qui desservent les stations thermales des environs, dont la plus attachante est **Hanamaki Onsen** (la dernière de la vallée, à une demi-heure de bus de Hanamaki). *Ryokan Aobakan,* tél. 01982-7-2111.

Morioka

C'est le chef-lieu de la préfecture d'Iwate. Le musée folklorique, légèrement à l'écart de la ville (une demi-heure en bus), garde dans ses murs une ancienne maison de commerçants, et expose sur deux étages des peintures de l'école de Fontainebleau et du propriétaire du musée, des collections d'objets en fonte et de tissages de la région.

En plus des hôtels classiques, il y a 3 *minshuku* à **Morioka,** mais légèrement en dehors de la ville.

Parc naturel côtier de Rikuchû

C'est un peu les Alpes du Pacifique. La côte fait alterner falaises, criques, calanques et grottes. Juin et juillet sont les meilleurs mois pour apprécier le site, surtout en raison des fleurs de montagne.

Au nord, à partir de **Kitayamazaki** (accessible en bus à partir de Kuji), on domine la mer pendant 10 km, du haut d'un mur de roc de 200 m.

Minshuku et deux *ryokan* le long de la route. Camping possible toute l'année, en bordure de mer, à Fudai Hama-Onchi, à 15 mn à pied de la gare J.R. de Fudai, sur la ligne *Kuji.*

Miyako, accessible en train ou en bus de Morioka, est le point de départ des vedettes d'excursion qui longent la côte de Rikuchû et s'arrêtent à **Jôdo-ga-Hama** (à 4 km de Miyako, accessible aussi en bus), le site le plus apprécié du parc national, avec sa plage de sable blanc encadrée de pins.

A partir de Miyako, on peut rayonner (en bus, vélo ou auto) vers le nord et les grottes de **Ryûsendô :** service de bus gratuit à partir de la gare de Iwaizumi entre mai et octobre, mais l'entrée des grottes est très chère ! Camping à côté des grottes, ouvert de juillet à septembre, accessible en 20 mn de bus, à partir de la gare de Iwaizumi. Par ailleurs, les *ryokan* de Iwaizumi valent un séjour pour les bains de lait *(Gŷunyû Buro).* Voir les *ryokan Hôraiya* ou *Marunaga* et *Sawaya* près des grottes de Ryûsendô.

A Miyako, *minshuku* et *ryokan* sont nombreux. Pour réserver un *minshuku,* tél. 0193-62-3574 *(Miyako Minshuku Center).* Camping en bord de mer, **Numanohama,** ouvert de juin à septembre, 25 mn en bus de la gare de Miyako, tél. 0193-87-2611, Office du Tourisme de Tarôchô.

La côte sud de Rikuchû devient très pittoresque à **Goishi Kaigan.** De très belles promenades à pied, en bord de mer, que l'on peut faire au départ de **Ofunato.** Téléphoner à l'office du tourisme : 0192-29-2359 pour réserver dans une auberge.

AUTOUR DE SENDAI

Sendai, métropole du Tôhoku (700 000 habitants), est une ville moderne. Les fêtes de Tanabata, du 6 au 8 août, sont parmi les plus spectaculaires du Japon. En début d'année aussi, on fait un grand feu *(Donto-Yaki)* pour brûler les décorations du nouvel an.

Shiogama

Grand port de pêche qui s'est développé autour du grand sanctuaire (au sommet du **mont Ichimori**) dédié au dieu de la navigation. De Shiogama s'ouvre toute la baie de **Matsushima.**

Le temple **Zuigan-Ji** (au nord-est de la gare J.R. *Matsushima Kaigan*) est le plus grand temple Zen du Tôhoku (secte *Rinzai*).

Matsushima

Avec 260 îles couvertes de pins, c'est l'un des plus beaux sites du Japon. On y accède à partir de la gare Matsushima Kaigan (ligne locale *Sengoku* venant de Sendai) ou à partir de Matsushima sur la ligne principale de *Tôhoku* (vérifier que le train s'arrête bien à Matsushima). Des bateaux proposent des excursions dans la baie. Au choix, l'itinéraire classique d'une heure ou le circuit « de luxe » en 3 h. Se renseigner à l'office du tourisme de Matsushima, tél. 02258-8-2611, ou à la compagnie de bateaux, tél. 022-366-5111 (Matsushima-wan Kankô Kisen).

Pour les auberges, en été, il est prudent de réserver (les Japonais le font un mois à l'avance). Quelques *minshuku* restent ouverts toute l'année aux alentours du site, à **Okumatsushima** ou **Ohama.** Bus à partir de la gare de Nobiru.

Kinkazan

Une petite île de 11 km^2, à l'extrémité de la péninsule d'Ojika. Bateau depuis Ishinomaki, Ayukawa et Onagawa. C'est l'île des singes et des daims, et une île volcanique sacrée, comme Osorezan.

Pour qui aime les poupées en bois peint du Tôhoku, les *kokeshi,* une étape dans les stations thermales de **Naruko** s'impose, avec une visite au musée Kokeshi (festival du 7 au 9 septembre).

Encore à l'ouest de Sendai, à *Sakunami Onsen* précisément, il faudra rester au *ryokan* **Iwamatsu** (cher) pour apprécier un des plus beaux *rotenburo* du Japon.

Autour de Yamagata

Une demi-journée suffira à Yamagata même pour se promener dans le quartier des temples *(Teramachi)* autour du temple Shôzenji et pour visiter les ateliers de céramique sobre et bon marché de **Shichiemon,** Hirashimizu 15-3. Tél. 0236-42-7777. La préfecture de Yamagata, en revanche, est plus riche en sites et curiosités. Citons surtout *Yamadera,* connu et vénéré pour avoir été une des étapes du poète Bashô. On aura une vue générale de la montagne à partir de la vieille gare en bois de Yamadera. L'ascension jusqu'aux temples les plus élevés, ensevelis sous la neige en hiver, doit se faire avec de bonnes chaussures (possibilité d'en emprunter ou d'en louer au temple du début du parcours, mais pointures japonaises uniquement !). Il y a mille marches, qui valent vraiment la peine d'être montées.

A 2 h 30 de train de Yamagata, à l'autre extrémité de la préfecture, on atteindra la petite ville de **Tsuruoka** (voir son musée *Chidokan* qui conserve d'anciens instruments agraires et des meubles ayant appartenu aux seigneurs du pays), et, tout près, le village de **Kushibiki-machi** qui perpétue une tradition de théâtre Nô depuis 450 ans. Ce sont les villageois eux-mêmes qui rivalisent dans un concours de Nô, chaque année dans la nuit du 1er février, en guise d'offrandes et de prières pour de bonnes récoltes : un des festivals les plus authentiques et les plus attachants du Japon.

Parc (quasi) national de Zaô

Au sud-ouest de la ville de Yamagata, le parc quasi national rassemble autour du mont Zaô divers volcans. Jusqu'au VIIe siècle, les femmes y étaient interdites. De la mi-décembre au début avril, toutes les montagnes de Zaô se couvrent de pistes de ski. Les vents violents laissent sur les sapins une couche de givre. La station thermale de Zaô devient l'une des plus agréables stations de ski du Japon. A **Bôdaira** (accessible en bus à partir de la gare), on peut faire du ski de fond (*Hütte Heidi,* tél. 0236-79-2042).

De Zaô Onsen à Tôgatta Onsen, la *Zaô echo line* est une autoroute à péage de 26 km, qui permet une vue magnifique sur les différents sommets du parc. L'eau du cratère du mont Zaô est connue pour changer de couleur avec l'heure du jour.

Tendô et Yamadera

Au nord de Yamagata, Tendô fabrique 90 % des jeux d'échecs du pays. Fin avril, les hommes remplacent les pions pour jouer un jeu d'échecs humain, pendant la fête des cerisiers, au parc Maizuru.

Sagae

C'est une ville-temple autour du **Jion-ji,** très beau temple au toit de chaume. On se rend au temple en bus, à partir de la gare de Sagae, ligne *Aterazawa,* à partir de Yamagata, ou bien à pied à partir de la gare Uzen-Takamatsu, sur la même ligne. Le 8 mai, s'y déroule la fête *Issai-Kyô-e* au cours de laquelle on pourra voir des représentations de Bugaku, devant le temple. Tout autour du Jion-ji, on pourra s'arrêter dans beaucoup de temples. Sagae est aussi une station thermale.

Le mont Haguro

Grand centre de pèlerinages depuis 1381. La grande allée de cryptomères qui mène au temple et la pagode à cinq étages sont considérées comme trésors nationaux. Le mont Haguro est l'un des monts sacrés de **Dewa** (les deux autres étant les monts Gassan et Yudono), respectés par tous les adeptes de la secte *Shugendô* du bouddhisme ésotérique, depuis le VIe siècle.

On peut se rendre au mont Haguro toute l'année en bus, à partir de la gare de Tsuruoka, sur la ligne J.R. *Uetsu*. Pour les monts Gassan et Yudono, les bus circulent de juin à la fin octobre.

Nombreux *ryokan* à Haguro. On peut aussi dormir dans les temples de la montagne, comme *Miyatabô,* tél. 0235-62-2268.

Le parc national de Bandai-Asahi

Autour des trois chaînes volcaniques et du lac Inawashiro (le 3e du Japon) le parc national de Bandai-Asahi est le plus ancien du pays. En auto ou en moto, on recommandera les routes à péage *Bandai Gold Line* et *Lake Line* à partir de la ville d'Aizu Wakamatsu ou d'Inawashiro.

Aizu Wakamatsu occupait une position stratégique très importante dans le Japon du Nord-Ouest. Les suzerains d'Aizu sont connus pour leur résistance à la restauration Meiji. En 1868, dix-neuf garçons de quinze ans, induits en erreur par une fumée qu'ils prirent pour l'incendie du château d'Aizu, se suicidèrent ensemble, en se faisant *seppuku* (voir : « Le Japon de A à Z »).

Location de vélos dans presque toutes les auberges. En juillet et août, location de tentes et de bungalows près du lac **Hibarako.** *Hôtel Hibarasô,* tél. 0429-32-6200. *Kokumin Shukusha Urabandai,* vers le lac **Goshikinuma,** tél. 0241-32-2923. Accès à partir de la gare Inawashiro : prendre l'autocar en direction de Fukushima (30 mn) ; descendre à Goshikinuma-iriguchi. *Minshuku* sympathique à **Urabandai :** *Wasezawa,* avec spécialités culinaires de la région. Réservation par l'Association des *minshuku* du lac Hibara, tél. 0241-34-2127. Très nombreux *minshuku* au bord du lac Inawashiro.

On peut se rendre à Kôriyama en 1 h 21 en train super-express *Tôhoku-Shinkansen* à partir de Tôkyô-Ueno et changer pour Inawashiro.

Hokkaidô

L'île septentrionale de Hokkaidô reste originale par son climat, son milieu naturel et sa population. L'hiver y est rude, avec un minimum absolu de – 40 °C enregistré chaque année à **Asahikawa.** De janvier à mars, la mer d'Okhotsk est prise dans les glaces, tandis que toutes les montagnes de l'ouest se transforment en pistes de ski. L'été, dépourvu de l'humidité qui colle à l'île de Hondo, attire tous les vacanciers.

La rencontre des courants froid et chaud autour de l'île favorise les bancs de poissons au point d'en faire la 3e zone de pêche la plus riche du monde. Hakodate, Otaru, Wakkanai, Kushiro, Abashiri et Mombetsu sont des grands ports de pêche. Par ailleurs, le relief volcanique troue l'île de nombreux lacs, qui font la beauté des trois parcs naturels nationaux : Shikotsu-Tôya, Daisetsuzan et Akan.

La mise en valeur de Hokkaidô a commencé avec les colons envoyés par le gouvernement Meiji, alors qu'il s'inquiétait de l'avance russe en Extrême-Orient. Ce développement très récent a forgé une indépendance et un esprit de pionnier qui caractérisent les natifs de Hokkaidô, les *Dosanko.*

Auparavant, l'île — domaine des **Ainu** — était restée longtemps indépendante de l'empereur. Ce n'est qu'à la fin de l'époque Kamakura que les Japonais se dirigèrent vers Hokkaidô, et se heurtèrent à la présence d'une autre ethnie. Les Ainu leur résistèrent et finirent par se soumettre après la révolte de Kunashiri en 1789.

Officiellement, il resterait aujourd'hui 24 160 Ainu, mais ils s'estiment quant à eux 40 000 ! Ce sont leurs légendes qui dominent et qui caractérisent toujours l'île de Hokkaidô. Les Ainu ont longtemps transmis leur civilisation par des poèmes lyriques chantés, les *Yûkara.* Mais aujourd'hui leurs villages-réserves (Shiraoi, Nibutani...) ressemblent davantage à des pièges à touristes. En revanche, on verra avec intérêt le musée des objets ainu à **Nibutani** (accès en bus à partir de la gare J.R. *Tomikawa*), les fêtes *Pekanpe* à **Kushiro** et *Orochon* à **Abashiri.** Les rites ainu de l'ours *Iyomante* n'ont guère lieu maintenant que tous les huit ans à Nibutani.

Après la Seconde Guerre mondiale, Hokkaidô apparaît comme un nouveau monde encore vierge. C'est là qu'on verra les plus grandes fermes laitières. Le Sud de l'île, autour de Sapporo, apparaît aujourd'hui très industrialisé, et contraste avec le Nord et l'Est, beaucoup plus sauvages. Juin et juillet sont les meilleurs mois pour un voyage à Hokkaidô.

PRINCIPALES FETES A HOKKAIDO

Janvier

17, *Kanchû-Misogi* (purification dans l'eau) au sanctuaire Samekawa à Kikonai. Fête de fertilité. Kikonai se trouve sur la ligne J.R. *Esashi.*

Février

Du 1er jeudi au dimanche suivant. *Festival de neige* à Sapporo. Grands concours de constructions en neige de tous genres, à une échelle très imposante, plus une ambiance de kermesse généralisée avec podiums de chants, de danses, etc.
Du 1er dimanche au 14. Festival des glaces flottantes de Kushiro à Abashiri.

Mars

Début. Festival de la neige à Niseko (sur la ligne de Hokadate à Otaru).

Mai

Début. Fête des cerisiers à Matsumae. Danse *kagura.*
Fin. Fête des lilas au parc Odôri, à Sapporo.

Juillet

Début. Fête du lac Tôya.
7 au 9. Fête du sanctuaire Iwanai. Procession de cent bateaux dans le port d'Iwanai (au sud-ouest de Hokkaidô).
4e vendredi au dimanche suivant. *Fête de Dosanko* à Shiraoi.
4e samedi. *Fête du feu Orochon* à Abashiri. Danse *kagura* de pêcheurs et de chasseurs. Départ de la procession de Moyoro-Kaizuka vers 19 h.
3 derniers jours. Festival Ushio à Otaru.

Août

1ers samedi et dimanche. Fête du feu à Shôwa-Shinzan (la montagne est née de l'éruption de 1943-1945).
2 au 6 août. 10 000 personnes à Hakodate pour les fêtes du port.
9 au 11 août. Fête du sanctuaire Ubagami-Daijingû à Esashi. Procession de chars. (Tout à fait au sud-ouest de Hokkaidô).
12. Feu d'artifice, lanternes dans la rivière à Yunokawa-Onsen (tout près de Hakodate).
21-22. Danse *Shironuka-Koma odori* à Shironuka.
Fin. *Festival Pekanpe :* danses religieuses traditionnelles des Ainu à Kushiro.
Dernier week-end. Fête des enfers à Noboribetsu.

Septembre

Début. Fête du saumon à Ishikari.
3e week-end. Concours de chanson *Esashi-Oiwake* à Esashi.

Octobre

10. *Fête Kotan* (d'origine ainu) à Asahikawa.
8 au 10. Fête de Marimo sur le lac Akan (fêtes récentes, mais on peut y voir des danses ainu).

COMMENT SE RENDRE A HOKKAIDO

Par avion

J.A.S. dessert Memanbetsu et Kushiro à partir de Sapporo ; et Asahikawa, Kushiro, Obihiro, Memanbetsu, Sapporo (Chitose) à partir de Tôkyô. Hakodate est desservi à partir de Sendai et Sapporo à partir de Aomori, Misawa, Akita, Hanamaki et Yamagata.

A.N.A. dessert Sapporo (Chitose) à

partir de Sendai, Tôkyô, Nagoya, Niigata, Komatsu, Osaka et Hiroshima ; Hakodate à partir de Tôkyô et Nagoya, et Kushiro à partir de Tôkyô.

La J.A.L. dessert Sapporo 12 fois par jour à partir de Tôkyô, 3 fois d'Osaka. Compter 1 h 25 de Tôkyô à Sapporo.

La ligne locale A.N.K. (Air Nippon) dessert les îles de Okushiri, Rishiri et Rebun, ainsi que Mombetsu, Wakkanai, Nakashibetsu, à partir de l'aéroport de Sapporo.

L'aéroport de Sapporo est à **Chitose** (à 70 mn en car de la gare de Sapporo), qui est en même temps une base des forces d'autodéfense.

Par bateau

Tôkyô - Tomakomai par *Nihon Enkai Ferry* en 31 h 30.

Tôkyô - Kushiro par *Kinkai Yûsen* en 33 h. Voir : « Comment partir de Tôkyô ».

Le prix et l'horaire du chemin de fer Tôkyô - Sapporo incluent la traversée Aomori - Hakodate (3 h 50). Si on atteint Aomori par un autre moyen que le train, on peut traverser avec la compagnie privée *Higashi Nihon Ferry* en 4 h. Ne vous chargez pas trop, car les ports sont généralement éloignés des gares et plus encore des centres villes. Tél. 0138-42-6251 à Hakodate, et 03-542-4511 à Tôkyô.

Aomori - Muroran par *Higashi Nihon Ferry*. Traversée en 7 h, 2 services par jour.

En juin, juillet et août, traversée possible de Miumaya à Fukushima (3 services par jour, 2 h de traversée).

Noheji - Hakodate : de 3 à 12 services par jour, durée 4 h 40.

Accès de Oma : Oma - Hakodate : 2 ou 3 départs par jour, durée 2 h. Oma - Toi du 1er au 20 juin, durée 1 h, 1 départ par jour.

Accès de Hachinohe : 3 services par jour jusqu'à Tomakomai, durée 9 h.

Accès de Sendai : 2 services par jour, chacun par compagnie différente, jusqu'à Tomakomai, 16 h 30 de traversée.

D'autres accès à partir de Maizuru, Niigata à Otaru.

En chemin de fer

Depuis la mise en service du tunnel *Seikan* en mars 1988, le service de ferries J.R. entre Honshû et Hokkaidô a été supprimé. Le tunnel raccourcit la liaison Aomori-Hakodate de 40 mn. Il pourra un jour (?) être utilisé par le *shinkansen* mais le prolongement de la ligne au-delà de Morioka est encore loin d'être réalisé.

Plusieurs lignes de train couvrent l'île, complétées par un réseau de cars assez important. Par exemple : Hakodate - Oshamanbe, Sapporo - Rumoi, Sapporo - Muroran, Sapporo - Kushiro et Asahikawa - Mombetsu se parcourent en car. Attention aux modifications d'horaire : on a souvent l'impression que Hokkaidô s'endort dès que la vague de pointe de juillet-août s'est apaisée. A la fin de l'été, les bateaux ne circulent plus et les *minshuku* ferment leurs portes.

Pour sa faune et sa flore, Hokkaidô mérite d'être visité près de la nature. A vélo, de mai à fin octobre, on recommandera surtout les environs de

Abashiri et du lac **Saroma** (location à la gare de Hamasaroma sur la ligne de Yûmô). Location de voitures *Toyota, Nissan, Mazda* et *Nippon rent-a-car,* dans toutes les principales villes.

Que voir à Hokkaidô

LE SUD DE L'ILE

Hakodate

Depuis la mise en service le 13 mars 1988 du tunnel *Seikan* reliant Honshû à Hokkaidô, Hakodate se présente davantage comme la ville du bout du tunnel que comme le port ouvert au commerce étranger en juin 1859 et commandant de façon stratégique le détroit de Tsugaru. Les ferries ont disparu. On n'accède plus à Hakodate par la mer, mais Hakodate, troisième ville de Hokkaidô, reste une petite ville commerçante très séduisante. On en fait le tour en tramway et à pied. A pied, pour découvrir ce qui reste de l'ancienne concession étrangère dominée par le mont Hakodate, avec l'ancien consulat russe, le mémorial chinois, le cimetière des étrangers et les édifices religieux tels l'église orthodoxe catholique ou le temple Higashi-Honganji, premier édifice en béton armé du Japon.

A pied aussi, de bon matin (à partir de 5 h) et tout près de la gare, à travers le marché. Très agréable au moment des cerisiers en fleur et des glycines est la visite du parc de l'ancien château **Goryôkaku** (l'étoile à cinq branches) construit pour défendre Hokkaidô des étrangers mais qui servit en fait de champ de bataille à la guerre d'Hakodate. De jour, quand la vue est dégagée, on aura intérêt à se rendre au sommet de la tour érigée à l'orée de *Goryokaku* pour se rendre compte du panorama.

Autre visite intéressante : le **jardin du couvent des trappistes** et trappistines. Les moines et sœurs ne quittent leur vie contemplative qu'en cas d'absolue nécessité, c'est-à-dire pour aller à l'hôpital ou pour voter. Ils sont autosuffisants, fabriquant un très bon beurre et de délicieux biscuits et bonbons (en vente également à l'aéroport de Chitose et dans les boutiques de Hakodate). Le couvent des trappistes est situé relativement près de l'aéroport de Hakodate et tout près de la plus ancienne station thermale de Hokkaidô, **Yunokawa Onsen.**

Beaucoup d'hôtels, de *ryokan* (surtout dans **Wakamatsuchô** et **Matsukaze**), de *business hotels* et de *minshuku.* Renseignements sur toutes les possibilités d'hébergement à la section de tourisme de la mairie, tél. 0138-23-6161.

La gare routière *(Hakodate Bus Terminal)* se trouve à Matsukazechô, à 10 mn à pied de la gare centrale. En sortant à droite de la gare J. R., on pourra se procurer une carte de la ville, au bureau d'information.

Hakodate Yama vaut surtout la peine pour la vue nocturne sur la ville et le port. On y verra un monument à la mémoire de Inô Tadataka, le premier géographe japonais à avoir réalisé une carte au Japon. Accès par téléphérique et bus.

A 2 h à partir du *Hakodate Bus Center,* **Esan Tozanguchi** permet d'accéder au volcan Esan (618 m et toujours en activité). Pendant les deux premières semaines de juin, il est couvert d'azalées. L'ascension du volcan demande une petite heure. Possibilité de camping au mont Esan.

Onuma

Idéal pour les balades à pied : il y a un sentier de randonnée de 14 km et on peut canoter sur le lac. On se renseignera à l'auberge de jeunesse : *Onuma Y.H.*, tél. 0138-67-2172. Réservation pour les *minshuku* au 0138-67-2170. Pour plus d'exercice, le volcan Komagatake demande 3 h d'ascension mais permet une vue splendide.

Campings : *Higashi-Onuma,* d'avril à novembre, *Nanae-Machi,* à 5 km à pied de la gare de Chôshi-Guchi sur la ligne Hakodate, et *Yokotsu-Dake* à Okawa, *Nanae-Machi,* à 30 mn à pied de la gare de Kikyô sur la ligne Hakodate.

Renseignements à l'Office de Tourisme de Onuma. Tél. 0138-65-2511.

Matsumae

C'est la plus vieille ville de Hokkaidô, et la seule à posséder un château (depuis 1850). Les danses *kagura* de Matsumae entretiennent des traditions de 300 ans et sont représentées à de nombreuses occasions (le 7 janvier, puis en février, en août et le 23 novembre).

Quelques *minshuku.* Pour réserver, tél. 01394-2-2726.

Esashi

Ancien port de pêche aux harengs, très prospère de la fin de l'époque Edo au début de Meiji. On visitera **Yokoyama-Ke** et **Nakamura-Ke,** magnifiques maisons de patrons-pêcheurs d'autrefois. Bateau pour l'île **Okushiri** (cap Aonae).

Campings. *Kumaishi Seishônen - Ryokô-Mura Kyanpujô* à Taira, *Kumaishi-Machi,* 1 h 40 en bus de la gare de Esashi.

Renseignements à l'Office du Tourisme d'Esashi. Tél. 01395-2-1020.

Otaru

C'est un vieux port, devenu prospère grâce à la pêche aux harengs pendant les époques Meiji et Taishô. Visiter **Nishin-Goten,** grande maison d'un patron-pêcheur. Les *minshuku* se trouvent tous en dehors de la ville et ne fonctionnent qu'entre juillet et fin août. *Minshuku Zenibako,* tél. 0134-62-2250. Renseignements : tél. 0134-33-1661. A **Yoichi,** on peut visiter la distillerie de whisky *Nikka,* sauf les jours fériés et en réservant trois jours à l'avance.

Liaison de bateau : Otaru - îles Rishiri et Rebun. Tél. 0134-22-0830.

A partir de Kutchan (point de départ des nombreuses stations de ski proches de Sapporo). On peut escalader le « Fuji » de Hokkaidô (1 893 m), à savoir le **mont Yôteizan.** La montée prend 4 h.

Sapporo

Le centre administratif, économique et culturel de Hokkaidô. C'est une ville jeune, moderne et extrêmement séduisante. La vie nocturne y est particulièrement animée dans le quartier *Susukino* (3 700 bars, cabarets, restaurants). Une ligne de métro traverse la ville du nord au sud depuis les jeux Olympiques de 1972.

Le festival de neige (début février), qui existe depuis 1950, attire les foules internationales. On rapporte la neige par dizaines de camions de la campagne environnante pour réaliser des sculptures de glace très impressionnantes. A la fin du festival toutes les constructions sont détruites pour éviter les accidents.

A Sapporo, on mangera du maïs grillé, la variante locale de la soupe aux nouilles *(ramen),* du mouton grillé *(jingiskan)* et on boira de la bière, de préférence au *Sapporo Bier Hall.* Peu de curiosités en ville, à part le jardin botanique fier de ses 5 000 variétés de plantes et le musée d'art moderne construit en 1977.

Le parc Odori, entouré par un centre commercial, est toujours un lieu de détente pour les habitants de Sapporo. Pendant trois jours, jusqu'au dernier dimanche de mai, on y célèbre les *fêtes du lilas.*

Le mont Moiwa, à 531 m (par téléphérique ou voiture), permet une belle vue d'ensemble de la ville.

Shinrin-Kôen, à une courte distance en bus du métro Shin-Sapporo, est la porte d'accès à la forêt sauvage de Noboro *(Noboro Genshi Rin).* C'est au centre de cette forêt que se trouve le *mémorial de la colonisation de Hokkaidô,* à voir absolument pour comprendre un peu la vie ainu et ce que représente pour les Japonais la colonisation de Hokkaidô. Tout près, se trouve le *Kaitaku-no-Mura* ou village des pionniers qui rassemble, comme le *Meiji Mura* près de Nagoya ou Williamsburg aux Etats-Unis, des gares, fermes, auberges, églises de la fin du XIXe siècle.

A partir de Sapporo, on accède à de nombreuses pistes de ski : **Niseko Hirafu** est l'une des trois plus célèbres stations de sports d'hiver du Japon avec Zaô et Shiga Kôgen (dans Honshû). La Coupe du monde de ski 1979 s'est tenue à **Niseko Furano** (on peut y faire du ski de nuit).

Parc national de Shikotsu-Tôya

C'est l'une des grandes attractions touristiques de la région, autour des volcans en activité que sont **Shôwa Shinzan** et le **mont Usu,** les **monts Tarumae** et **Eniwadake** et les lacs de caldeira qui en résultent (lacs **Shikotsu** et **Tôya**). On conseillera de rester autour du lac **Tôyako,** accessible très facilement en train à partir de Hakodate (150 km, 2 heures en « rapide ») ou de Sapporo (165 km, et 2 h 10). La station thermale de **Tôya** est accessible en bus à partir de Sapporo (2 h 30), Noboribetsu (1 h 40) (de juin à mi-octobre), Kutchan (1 h 40) Muroran (1 h 45) et de Tôya (15 mn). Au lac Tôya, pas de *minshuku,* mais de nombreux *ryokan.* Un *kokumin shukusha* se trouve à **Kitayuzawa,** à 18 km du lac : **Horohorosô,** tél. 0142-68-6321. On peut louer des vélos dans les auberges de jeunesse et au bureau de tourisme, tél. 01427-5-2649.

Nombreux campings, en juillet et août, dans la région : *Naka - Tôya Kyampujô* à Naka-Tôya, *Sôbetsu-Machi* (20 mn en bus de la gare Sôbetsu sur la ligne J.R. *Iburi*), et en bord de mer, *Arutori Misaki Kyampujô, Mukai-Usu-Machi, Date-Shi,* à 25 mn à pied de la gare Usu sur la ligne J.R. *Muroran.* Plus à l'ouest, mais aussi en bord de mer, se trouve le camping *Rebunka,* à 10 mn à pied de la gare de Rebun sur la ligne J.R. Muroran.

Au lac **Tôya,** le **musée des volcans** raconte la naissance de la montagne Shôwa Shinzan (407 m) en 1943. Tout le cadre est très agréable, avec la pureté du lac et la vue sur le mont Ezo-Fuji.

Le lac **Shikotsu,** très calme et entouré de forêts sauvages, est le pendant du lac Tôya. Les *minshuku* autour du lac ne fonctionnent que l'été. Une dizaine de *ryokan* et une auberge de jeunesse (*Shikotsu-Ko,* tél. 0123-25-2311) où l'on peut louer des vélos. Accès en bus de Sapporo (1 h 30), de Chitose (40 mn) et de Tomakomai (45 mn).

Shiraoi

A 10 mn à pied de la gare de Shiraoi se trouve un village ainu restauré : une cinquantaine de boutiques vendent des sculptures en bois. Dans le village, les Ainu aux vestes très colorées et les femmes aux lèvres tatouées dansent très complaisamment pour les photos des touristes, qui repartent tous après une ou deux pellicules et quelques emplettes sans s'arrêter à la plage de sable noir. Une auberge de jeunesse : *Shiraoi Y.H.,* tél. 0144-82-2302, à 15 mn à pied de la gare.

Le cap Erimo

Il rappelle Etretat par ses falaises. En septembre, au moment des typhons, des vagues de plus de deux mètres s'abattent très férocement contre elles. Criques de galets sur lesquels on fait sécher les algues *(konbu)* au petit matin. Toute la côte est sauvage et parsemée de temps à autre de fermes d'élevage. Deux *minshuku* sont ouverts entre début mai et fin octobre : *Sumiresô* et *Suzuransô* et une auberge de jeunesse : *Erimo-Misaki Y.H.* Camping : *Hyakunin Hama,* de juin à octobre, en bord de mer à **Erimo.** Accès en 70 mn de bus à partir de la gare Samani, ligne J.R. *Hidaka.* 2 *minshuku* à Samani. Un autre camping, en bord de mer également, mais plus près de **Hiroo :** camping *Oshirabetsu Yaei-Jô, Oshirabetsu, Hiroo-Machi,* à 25 mn en bus de la gare de Hiroo, ligne J.R. *Hiroo,* de juillet à septembre. Office du tourisme : tél. 01466-2-2241.

L'EST DE HOKKAIDO

Les estivants s'y précipitent de mai à octobre pour apprécier surtout les côtes de Akkeshi, la péninsule Nemuro, le lac Fûren, la péninsule Notsuke, les grandes étendues de plaines sauvages et les superbes grues *Tanchô.* La péninsule de Shiretoko est encore presque vierge et on apprécie Abashiri pour ses fleurs et ses couleurs. En hiver, les mêmes régions deviennent encore plus pittoresques, lorsque toute la mer est prise par les glaces.

La grande plaine de Tokachi, autour de Obihiro, est plantée de céréales et de vigne. Au pied du volcan actif de Tokachidake (qu'on peut grimper en 4 h à partir de Shirogane, entre Furano et Asahikawa), nombreuses stations thermales. *Kokumin shukusha* près de Obihiro : *Makubetsu-onsen-hotel,* tél. 0155-56-2121. Ligne *Nemuro,* gare Satsunai et bus.

Le lac Shikaribetsu

Petit mais très profond. On peut le traverser en bateau. C'est là qu'on trouve les saumons *oshorokoma* qui ne peuvent plus regagner la mer, après que l'éruption du volcan les ait enfermés dans le lac.

Le parc national Akan

Situé autour du lac **Akan,** du lac **Kussharo** et du lac **Mashû** (mystérieux et sacré chez les Ainu), c'est un site naturel très grand que l'on a intérêt à parcourir en voiture ou en vélo (attention aux pentes !). Location de bicyclettes auprès des compagnies de bus *Akan.* En bus, le tour du parc national peut commencer à Bihoro. Le circuit comprend le col de Bihoro, le lac de Kussharo, les sources thermales de Kawayu, le mont Iô, le lac Mashû et les sources thermales de Teshikaga et finalement le lac Akan. Compter 6 h pour le tout avec 15 mn à chaque arrêt.

Les *ryokan* autour du lac sont plutôt chers, mais nombreux sont les *minshuku.* Trois auberges de jeunesse : *Akan Kohan Y.H.,* tél. 0154-67-2241, *Chôritsu Akan Y.H.,* tél. 0154-67-2445 et *Akan Angel Y.H.,* tél. 0154-67-2954. Un *kokumin shukusha : Nonaka Onsen,* tél. 01562-9-7321.

On accède au col de Bihoro (vue splendide sur le lac Kussharo et sur la chaîne de montagnes) en 40 mn de bus, à partir de la gare de Bihoro (direction lac Akan).

On trouvera de nombreux *ryokan* et *minshuku* autour du lac **Kussharo** et un hôtel raisonnable : *Hôtel Tôkô,* tél. 01548-3-2281. Un *kokumin shukusha* à Kawayu, tél. 01548-3-2611, et des auberges de jeunesse. Renseignements au : 01548-2-4170. *Camping Sunayu,* Teshikaga-Machi, à 40 mn de bus de la gare de Kawayu, sur la ligne J.R. *Senmô.*

Le **lac Mashû** est le 2e lac le plus transparent du monde après le lac Baïkal. Il est dominé à l'est par le **mont Kamuinupuri,** « la montagne des Dieux » (en ainu). Mashû est réputé pour sa pureté mais aussi pour ses brouillards, surtout au début du mois d'août.

L'Office du Tourisme (tél. 01548-2-2191) aidera dans le choix d'une étape. Nombreux *ryokan* et *minshuku,* un *kokumin shukusha* (*Kôfûen,* tél. 0154-82-2376) et deux auberges de jeunesse. On accédera au lac Mashû en train à partir de Kushiro (1 h 35 en express), de Abashiri et Teshikaga. Bus ensuite jusqu'au lac.

Le **lac Akan,** au pied des volcans **O-Akan** (homme) et **Me-Akan** (femme), est parsemé de plusieurs îles. Circuits en bateau (1 h 30). Le lac est connu pour ses *marimo,* petites mousses vertes de la grosseur d'une balle de ping-pong. Dans cet itinéraire classique du parc national, une halte-shopping s'impose au *Ainu-Kankô-Center* et dans les boutiques de tissage pour les *Yûkara-Ori* (très beaux et très chers).

Kushiro

C'est la plus grande ville de l'Est de Hokkaidô, et elle détient les records de prises de pêche de l'île. On y produit aussi du papier. A Kushiro-Shitsugen, grands marécages habités par de nombreux oiseaux sauvages, dont la grue *tanchô.* Entre le 1er novembre et le 31 mars, il est plus facile de les voir de près surtout au Centre d'observation des Tanchô *(Tanchô Kansatsu Center)* à environ 1 h 10 de bus de la gare J.R. Kushiro (Tanchono-sato, Kami-akan, Akancho.

Tél. 01546-6-3460). Jumelles recommandées. L'autre centre d'observation sur la route du lac Akan, *Tanchô Shizen kôen* à 50 mn de bus de Kushiro, est, à notre avis, très décevant !

Camping *Tôroko Motomura* à 10 mn à pied de la gare de Tôro sur la ligne J.R. *Senmô.*

Nemuro

La ville couvre toute la péninsule à l'extrémité orientale de l'île, et abrite les quartiers généraux de la campagne pour la restitution des territoires du Nord, à savoir les îles **Habomai, Shikotan, Kunashiri** et **Etorofu,** occupées par l'U.R.S.S. depuis 1945. De Nemuro à Kushiro, toute la route est très belle, mais on ne pourra y accéder qu'en voiture. Pas d'auberge avant **Hamanaka** (téléphone de l'office du tourisme : 01532-3-6111). Camping au bord de la mer à **Kiritappu,** *Hamanaka-Chô* à 25 mn en bus de la gare de Hamanaka sur la ligne J.R. *Nemuro,* de mai à octobre.

Nemuro-Shibetsu

C'est le point d'accès au paysage sinistre et sauvage de la péninsule **Notsuke,** où se dressent des pins morts mais où le sol en été est complètement tapissé de fleurs sauvages, d'iris, de lys, etc. A **Odaitô,** près de 10 000 cygnes viennent passer l'hiver. Vous aurez peut-être la chance de voir des grues *Tsuru...*

Camping à **Odaitô,** à 15 mn en bus de la gare de Nemuro-Shibetsu sur la ligne J.R. *Shibetsu.* Une auberge de jeunesse. Tél. 01538-6-2045.

Parc national de Shiretoko

La péninsule de Shiretoko est traversée sur 65 km par une chaîne de pics (dont le **mont Rausu** à 1 500 m) qui plongent dans la mer avec des falaises de 100 à 200 m. Territoire réservé aux oiseaux et autres animaux. La côte très pittoresque est ponctuée de cascades. On en fait le tour en bateau (du 15 mai au 15 octobre), à partir de **Utoro,** qui est par ailleurs une charmante station thermale, avec de nombreux hôtels, *ryokan* et *minshuku.* Office du Tourisme à Rausu, tél. 01538-7-2111. Camping *Noro,* en bord de mer, à Utoro, à 60 mn de bus de la gare de Shari, sur la ligne J.R. *Senmô.*

Abashiri

Les lacs et les marécages, plantés de fleurs sauvages, forment autour de Abashiri un parc quasi national, idéal pour les randonnées à vélo (c'est plat !). Sinon tour en bus à partir de Abashiri. Nombreux *minshuku* et un *kokumin shukusha : Yûaisô,* tél. 01524-32697. Office du tourisme de Abashiri, tél. 0152-43-4261. Camping de *Memanbetsu Kohan,* à 5 mn à pied de la gare de Memanbetsu, sur la ligne J.R. *Sekihoku.* A Abashiri, musée folklorique du peuple orok.

LE NORD DE HOKKAIDO

Peu de terre cultivée, paysage sauvage très varié. C'est la région la moins visitée.

Parc national Daisetsu

Le plus montagneux des parcs nationaux, avec la chaîne volcanique des **monts Daisetsu,** autour du **mont Asahidake** (2 290 m), qui crache toujours

¥700
¥500

des volutes. Le paradis des fleurs de montagne en été ! Les balades sont parfois diverties par l'apparition d'ours *Higuma*... Pour notre part, nous avons seulement pu constater des traces ! On peut atteindre le sommet en 2 h à pied, à partir du haut du téléphérique de la station thermale de Yukomanbetsu (à 1 h 40 du bus de la gare de Asahikawa).

Asahikawa

Seconde ville de Hokkaidô avec 365 000 habitants, Asahikawa est principalement tournée vers le traitement et la distribution des produits agricoles. On peut y visiter des distilleries de saké. Ne pas manquer le musée des Ainu *(Kawamura Ainu Kinenkan)* ouvert de 9 h à 18 h, de mai à octobre (accès par le bus n° 24 de la gare centrale), et la boutique de tissus très colorés, inspirés par la tradition ainu : *Erumu Yûkara Ori Mingeikan* à Sanjô 5-chôme.

Accès en train de Sapporo (1 h 50 en rapide), de Wakkanai (4 h 20 en express), de Abashiri (4 h en rapide) et de Kushiro (environ 5 h par express).

Asahikawa est le point de départ des excursions les plus pittoresques.

Sôunkyô. Des falaises de 100 m de hauteur qui surplombent le lit de la rivière Ishikari forment un canyon entrecoupé parfois de cascades. Les fêtes à Sôunkyô, les 24 et 25 juillet, sont parmi les plus grandes de Hokkaidô. Accès : 2 h en bus de la gare d'Asahikawa ou 35 mn de la gare de Kamikawa, sur la ligne *Sekihoku*.

Sôunkyô est une station thermale, avec de nombreux hôtels, *ryokan, minshuku* et deux auberges de jeunesse. Office du tourisme, tél. 01658-5-3350. Location de vélos chez *Hara Cycling*. Pistes cyclables pour **Obako** et **Kobako** (à 4 km), où l'on verra de nombreuses cascades.

Ten-ninkyô, avec les cascades Hagoromo et Shikishima, est une station thermale comparable à Sôunkyô, moins la dimension commerciale. Accès : 1 h 30 en bus de la gare Asahikawa.

Le mont Tokachidake est un volcan actif entouré de sources thermales à ses pieds. L'ascension (compter 3 h 30) commence à la station de bus Bôgaku-dai, à mi-chemin entre Furano et Asahikawa.

Hamatombetsu

Ville prospère grâce à la pêche au hareng, c'est le point de départ pour les centres touristiques des environs. Quelques *ryokan,* un *minshuku,* une auberge de jeunesse (tél. 01634-2-3108, à 20 mn à pied de la gare), un *kokumin shukusha : Kita Ohôtsukôsô,* tél. 01634-2-2610, et un camping au bord d'un lac à **Hinode,** *Hamatombetsu-Machi,* à 15 mn de la gare de Hamatombetsu, ligne J.R. *Tenhoku.*

Du cap Kitamo-Kamui, on peut voir la péninsule Shiretoko et Sakhaline, au sud-est et au nord. En chemin, quand on se dirige vers le sommet du Kamui (433 m), on dépasse des ruines de maisons troglodytiques. Accès : 25 mn à pied de la gare Menashidomari. Les alentours du lac Kutcharo sont couverts de fleurs sauvages à partir de fin juin. En octobre et en avril, c'est le domaine des cygnes. Accès : 10 mn à pied de la gare Hamatombetsu.

Toyotomi-Chô est une station thermale à 35 km au sud de Wakkanai. En louant un vélo près de la gare de Toyotomi, on atteint la plaine marécageuse et sauvage de Sarobetsu (parc national), où s'épanouissent une centaine d'espèces de fleurs de marécages et de montagne, sur 27 km du nord au sud (à 20 mn en bus de la gare de Toyotomi, ligne J.R. *Sôya*).

Wakkanai

La limite nord du Japon est un petit port de pêche qui s'est développé avec le retour des expatriés de Sakhaline après la Seconde Guerre mondiale, et qui commande le tourisme des îles **Rebun** et **Rishiri** (renseignements bateaux à Wakkanai, tél. 0162-23-3780).

Nombreux *ryokan,* neuf *minshuku* en ville, mais d'autres au cap **Noshappu,** deux auberges de jeunesse et des *business hotels*. Office du Tourisme, tél. 0162-23-6161.

De Wakkanai, excursions possibles pour le pic Sôya et pour le parc national de Sarobetsu (entre le 1er juin et le 11 octobre, durée 3 h 20). Renseignements : tél. 0162-23-5510.

L'île de Rishiri

Elle est volcanique et présente en son centre une montagne de 1 719 m, qu'on appelle le **Rishiri-Fuji.** Entre mai et septembre, deux bateaux par jour de Wakkanai au port de Oshidomari, au nord-est de l'île (durée 1 h 40). Renseignements : tél. 0162-23-3780.

Nombreux *minshuku* à Rishiri. *Kokumin shukusha* à **Kutsugata** au nord-ouest de l'île, tél. 01638-4-2001. Service de bateaux de Rishiri à Rebun, à partir des ports de Kutsugata et Oshidomari. Renseignements au 01638-2-1111.

L'île de Rebun

Deux ports, Funadomari et Kabuka, sont reliés respectivement une et deux fois par jour en été à Wakkanai. Accès possible également de Otaru (2 bateaux par semaine entre mars et octobre qui desservent d'abord Kutsugata, à Rishiri). Renseignements: tél. 0134-22-0830.

C'est de Rebun qu'on a la plus belle vue sur le Rishiri-Fuji. C'est une petite île de pêcheurs, aux belles falaises rongées par la mer et sans aucune terre cultivée. A Rebun, comme à Rishiri, quelques services de bus assurent les communications intérieures.

Pour les amateurs d'îles encore plus reculées, citons **Yagishiri,** célèbre pour la qualité de son bois *Onko-ichii,* et surtout la petite île de **Teuri,** paradis des oiseaux de mer et principalement du corbeau de mer *Ororonchô* qui ne se fatigue jamais de « chanter » aux touristes des *Ororon... ororon...*

Il existe un service de bateaux à partir de Haboro (1 h 20) jusqu'à Yagishiri. 20 mn plus tard, le bateau vous dépose à Teuri. Renseignements (en japonais) au 01646-2-1774.

L'île de Okushiri

Accessible en bateau, à partir de Esashi (1 service de bateau par jour, par la *Higashi-Nihonkai-Ferry,* en 2 h. Pas de bateau en hiver), et de Setana (en 2 h, aussi par la *Higashi-Nihonkai-Ferry,* entre mai et septembre, tél. 0162-23-3780). Nombreux *minshuku* et *ryokan,* auberges de jeunesse et *kokumin-shukusha.* Les pêcheurs y sont en même temps agriculteurs.

133

Bibliographie

Le Japon inspire beaucoup. La bibliographie en français est pourtant presque insignifiante à côté de celle en langue anglaise. A Paris, le plus grand choix de livres sur le Japon se trouve à *Tôkyô-Dô,* 4-8, rue Sainte-Anne, 75001 (tél. 42-61-08-71), ou chez *Junko,* 262, rue du Faubourg-Saint-Honoré, 75008 (tél. 42-60-89-12). Bon rayon Japon aussi à l'*Asiathèque,* 6, rue Christine, 75006, à l'*Itinéraire,* 60, rue Saint-Honoré, 75001 et dans les librairies F.N.A.C. qui tiennent à disposition de leurs clients une bibliographie Japon. Pour consulter livres, coupures de presse, dossiers thématiques, etc., *Espace-Japon,* 12, rue Sainte-Anne, 75001 - tél. 42-60-69-30 (fermé le lundi).

A Tôkyô, on se procurera facilement les ouvrages des japonologues anglo-saxons chez Maruzen, Kinokuniya ou Iéna (voir librairies internationales à « Tôkyô »). Nous indiquons ci-dessous une bibliographie sommaire n'incluant que des titres français.

AKIYAMA T., *La Peinture japonaise,* Skira, Genève, 1961, 220 p.

BARTHES R., *L'Empire des signes,* Flammarion, Champs, 1983, Paris.

BENEDICT R., *Le Chrysanthème et le Sabre,* trad. de l'anglais par Lise Mécréant, Picquier, Paris, 1987, 285 p.

BERQUE A., *Le Sauvage et l'Artifice. Les Japonais devant la nature,* Gallimard, Paris, 1986, 315 p.

BERQUE A., *Vivre l'espace au Japon,* P.U.F., Paris, 1982, 222 p.

BERVAL R. de (sous la dir. de), *Présence du bouddhisme,* Gallimard, Paris, 1987, 816 p.

BOUVIER N., *Chroniques japonaises,* L'Age d'homme, Lausanne, 1975.

COBBI Jane, *Le Végétal dans la vie japonaise,* P.O.F., Paris, 1978.

COURDY J.-Cl., *Les Japonais,* Belfond, Paris, 1979.

COYAUD M., *Mille Ans de peinture japonaise,* Phébus, Paris, 1981.

COYAUD M., *Fêtes au Japon-Haiku,* P.A.F., Paris, 36 av. de Wagram, 75008, Paris.

DOI T., *Le Jeu de l'indulgence,* trad. du japonais, Le Sycomore, 1982, 133 p.

ELISSEEF V. et D., *La Civilisation japonaise,* Arthaud, Paris, 1974, 840 p. ; éd. broché, 1988.

GARNIER C. et MORI T., *Le Japonais sans peine,* 3 tomes, Assimil, Paris, 1985-1988.

GUILLAIN R., *Le Japon, troisième Grand,* Seuil, coll. « Points politiques », Paris, 1979, 320 p.

HALLIDAY, Mc CORMACK G., *Le Nouvel Impérialisme japonais,* trad. de l'anglais, Seuil, Paris, 1987, 284 p.

HERAIL F. (sous la dir. de), *Histoire du Japon,* Horvath, Paris, 1988.

HERBERT J., *Aux sources du Japon, le Shintô,* Albin Michel, Paris, 1964.

HERBERT J., *Les Dieux nationaux du Japon,* Albin Michel, Paris, 1965.

HERBERT J., *Dieux et sectes populaires du Japon,* Albin Michel, Paris, 1967.

KATO S., *Histoire de la littérature japonaise,* trad. par Dales Saunders, Fayard, 3 tomes, Paris, 1985 et 1986.

KUWAE K., *Manuel de japonais,* l'Asiathèque, vol. 1, 1979, vol. 2, 1980.

LEROI-GOURHAN A., *Archéologie du Pacifique Nord,* Travaux (...), Institut d'ethnologie, Paris, 1946.

MORRIS I., *La Vie de Cour dans l'ancien Japon au temps du prince Genji,* Gallimard, Paris, 1969.

NAKAMURA R. et de CECCATY R., *Mille Ans de littérature japonaise,* La Différence, Paris, 1982.

NAKANE C., *La Société japonaise,* Armand Colin, coll. « U-Prisme », 1974.

PEZEU-MASSABUAU J., *La Maison japonaise,* P.O.F., Paris, 1981, 694 p.

PIGEOT J., *Michiyuki-bun, Poétique de l'itinéraire dans la littérature du Japon ancien,* Maisonneuve et Larose, Paris, 1982.

PINGUET M., *La Mort volontaire au Japon,* Gallimard, Paris, 1985.

PONS Ph., *Japon,* Le seuil, « Petite Planète », 1981, 128 p.

RAUCAT T., *L'Honorable Partie de campagne,* Gallimard, 1924. Folio, 1984.

SABOURET J.-F. (sous la dir. de), *L'Etat du Japon,* La Découverte, Paris, 1988, 403 p.

SABOURET J.-F., *L'Empire du concours, lycéens et enseignants au Japon,* Autrement, Paris, 1985, 288 p.

SABOURET J.-F., *L'Autre Japon, les Burakumin,* Maspéro, Paris, 156 p.

SAKAI C., *Histoire de la littérature populaire japonaise* (1900-1980), L'Harmattan, Paris, 1987.

SAUTTER Ch., *Les Dents du géant, le Japon à la conquête du monde,* Olivier Orban, 1987, 324 p.

SHINRAN, *Pages de Shinran,* trad. du japonais par Otani Chojun, P.U.F., Paris, 1969.

SIEFFERT R., *La Littérature japonaise. mise à jour par KATO Shuichi, P.O.F., Paris, 1973.*

SCOTT-STOKES H., *Mort et vie de Mishima,* trad. de l'anglais par Léo Dilé, Balland, Paris, 1984.

STEINBERG R. et COURTINE R., *La Cuisine japonaise,* Time-Life, 1970-1974.

SUZUKI D., *Essais sur le bouddhisme zen,* trad. sous la direction de Jean Herbert, Albin Michel, Paris, 1972, 3 volumes.

TESSIER M., *Images du cinéma japonais,* Henri Veyrier, Paris, 1981, 288 p.

TESSIER M., (sous la dir.) de *Cinéma et littérature au Japon de l'ère Meiji à nos jours,* Centre G. Pompidou, Paris, 1986, 119 p.

TURCQ D., *L'Animal stratégique, l'ambiguïté du pouvoir chez les cadres japonais,* E.H.E.S.S., Paris, 1985, 256 p.

UMESAO T., *Le Japon à l'ère planétaire,* trad. du japonais par René Sieffert, P.O.F., Paris, 1983.

VOGEL E., *Le Japon, médaille d'or,* trad. par M.-F. Marcher, Gallimard, Paris, 1980, 384 p.

WATTS A.W., *Le Bouddhisme zen,* Payot, Paris, 1960.

Ouvrages collectifs :

Des villes nommées Tôkyô, Autrement, Paris, 1984.

Japon, le consensus, mythes et réalités, Cercles d'études sur la société et l'économie du Japon, Economica, Paris, 1984, 453 p.

Périodiques :

Problèmes économiques, Documentation Française.

Notes et études documentaires, Documentation Française.

Publications du groupe d'Etudes et de documentation sur le Japon contemporain de l'Ecole des hautes études en sciences sociales.

Index

I

J

K

O

P

R

U

V-W

Y-Z

Cet index ne prend pas en compte les termes répertoriés dans « Le Japon de A à Z », pp. 87-110

Notes de voyage

Notes de voyage

Notes de voyage

Notes de voyage

Notes de voyage

Notes de voyage

Achevé d'imprimer en mai 1988
sur les presses de l'Imprimerie Clerc à Saint-Amand (Cher)
Reliure par la SIRC à Marigny-le-Chatel
N° d'édition 1911 - Dépôt légal : mai 1988 - Imprimeur n° 3883
Imprimé en France